Das Deutschbuch

Berufliches Gymnasium / Fachgymnasium

Herausgegeben von
Martina Schulz-Hamann

Erarbeitet von
Kerstin Ansel-Röhrleef, Constanze Deck, Kirsten-Alexandra Geißler, Ralf Heringhaus, Daniela Matkovic, Petra Schappert, Bernd Schepers, Martina Schulz-Hamann, Bettina Sieber, Thorsten Strübe, Sigrid Widmaier

In Zusammenarbeit mit der Verlagsredaktion

Cornelsen

Inhaltsübersicht

Literarische Texte

Literarische Texte | Medien | Pragmatische Texte | Sprachgebrauch/Sprachreflexion | Projekte

Inhaltsübersicht

Medien

Literarische Texte · Medien · Pragmatische Texte · Sprachgebrauch/Sprachreflexion · Projekte

Inhaltsübersicht

Pragmatische Texte

Literarische Texte · Medien · Pragmatische Texte · Sprachgebrauch/Sprachreflexion · Projekte

Inhaltsübersicht

Sprachgebrauch und Sprachreflexion

Literarische Texte · Medien · Pragmatische Texte · Sprachgebrauch/Sprachreflexion · Projekte

Inhaltsübersicht

Literarische Texte · Medien · Pragmatische Texte · Sprachgebrauch/Sprachreflexion · Projekte

So ist dieses Schülerbuch aufgebaut

Liebe Schülerinnen und Schüler,

Sie besuchen ein Berufliches Gymnasium oder ein Fachgymnasium. Ihr Ziel ist die allgemeine Hochschulreife. Das Unterrichtsfach Deutsch spielt dabei eine wesentliche Rolle: In Schule, Studium und Beruf wird es immer wichtiger, auf Kompetenzen im Sprechen, Schreiben, Lesen sowie im Umgang mit Texten und Medien zurückgreifen zu können.
Dieses Buch hilft Ihnen, diese Kompetenzen zu erwerben, zu festigen und auszubauen. „Das Deutschbuch" Jahrgangsstufe 11 wurde für die Eingangsklasse konzipiert.

So sind die Kompetenzbereiche gegliedert und farblich gekennzeichnet

- Literarische Texte
- Medien
- Pragmatische Texte
- Sprachgebrauch und Sprachreflexion
- Projekte
- Methoden, Arbeitstechniken und Nachschlagen

Das bedeuten die Symbole

Differenzierung

Hier gibt es Starthilfen, sie unterstützen Sie bei der Lösung der jeweiligen Aufgabe.

★ Aufgaben zur Differenzierung können zusätzlich bearbeitet werden.

Bei diesen Zusatzaufgaben recherchieren Sie im Internet.

SPRACHE UND STIL Hier finden Sie hilfreiche Formulierungen für die Bearbeitung der Aufgaben und Erstellung Ihrer Texte.

Sozialfomen

Je nach Aufgabenstellung arbeiten Sie allein, mit Partnern oder in Gruppen.

PagePlayer-App

Sie können sich ein Erklärvideo in der PagePlayer-App ansehen.

Sie können sich den Text in der PagePlayer-App anhören.

Die Inhalte der Kapitel 14 und 15 (Methoden, Arbeitstechniken und Nachschlagen) sind flexibel zu den Schwerpunkten in den einzelnen Kapiteln einbaubar.
Auch die Inhalte der Kapitel 12 und 13 sind flexibel einsetzbar und helfen Ihnen, Ihr Wissen im Bereich **Grammatik** und **Richtig schreiben** zu festigen.

Die jeweilige **Auftaktseite** eines Kapitels zeigt Ihnen, welche Kompetenzen Sie mithilfe welcher **Arbeitstechniken** und **Methoden** erlangen werden.
Im Anschluss an die Kapitel zu den Kompetenzbereichen Literarische Texte, Medien, Pragmatische Texte, Sprachgebrauch und Sprachreflexion erwartet Sie jeweils ein **Projekt.** Hier können Sie Ihre erworbenen Kompetenzen einsetzen, um den Projektauftrag qualifiziert auszuführen.

In diesem Buch wird in den Formulierungen auf **geschlechtergerechte Sprache** geachtet. Wenn nur eine grammatische Form verwendet wurde, dient dies der besseren Lesbarkeit.

Viel Freude und Erfolg im Unterricht sowie auf Ihrem weiteren Ausbildungsweg wünschen Ihnen alle, die an diesem Buch mitgearbeitet haben.

So ist die PagePlayer-App aufgebaut

Zusatzmaterialien in der PagePlayer-App

„Das Deutschbuch“ bietet neue Möglichkeiten des individuellen Lernens: die PagePlayer-App. Die zusätzlichen Materialien können zu Hause, unterwegs oder auch in der Klasse mit dem Smartphone oder dem Tablet direkt aus dem Buch heraus angesehen, angehört und bearbeitet werden.

So kommen Sie zu den Materialien in der PagePlayer-App

1. Laden Sie die kostenlose PagePlayer-App herunter. Sie können die Inhalte zu „Das Deutschbuch“ auf Ihrem Smartphone oder Tablet speichern und jederzeit aufrufen.
2. Scannen Sie mit Ihrem Smartphone oder Tablet Deutschbuchseiten mit folgenden Symbolen oder Inhalten:

Audioaufnahmen

Erklärvideos

GUT ZU WISSEN

CHECKLISTEN

Das Material wird angezeigt und Sie können es direkt starten.

Alternativ können Sie auf alle Inhalte der App auch ohne Hilfe des Schülerbuchs über das Medienmenü der App zugreifen.

Auf Seite 222 f. finden Sie eine detaillierte Übersicht der PagePlayer-Materialien für „Das Deutschbuch“.

Auffrischen, wiederholen, üben

Die Materialien in der PagePlayer-App sind vielfältig einsetzbar!

Audioaufnahmen zu ausgewählten Texten: Hier können Sie Texte hören, statt sie zu lesen, oder Sie können sie nach dem Lesen zur Auffrischung anhören.

Erklärvideos zu wichtigen Aufsatzformen: Hier bekommen Sie die Hauptinformation noch einmal erklärt und können sich auf Klausuren und Prüfungen vorbereiten.

GUT ZU WISSEN-Texte: Alle GZW aus dem Schülerbuch finden Sie hier zum Nachlesen, zur Wiederholung und Bearbeitung. Mit der Markierfunktion können Sie alle wichtigen Wörter und Formulierungen kennzeichnen und haben so Zugriff auf die wichtigen Wörter und Fakten.

CHECKLISTEN: Ob Sie an alle Aspekte beim Schreiben gedacht haben, können Sie mit den Checklisten prüfen. Fragen, die Sie mit NEIN markiert haben, zeigen Ihnen, an welchen Stellen Sie Ihre Texte überarbeiten sollten.

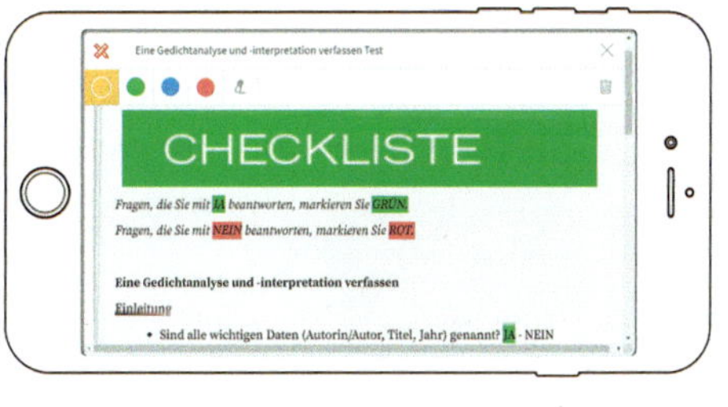

So arbeiten Sie mit diesem Buch

So sind die Kapitel aufgebaut

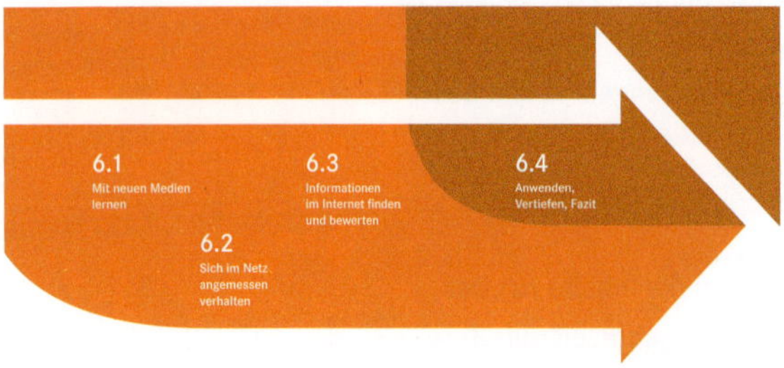

Der **Pfeil** auf jeder Kapitelauftaktseite informiert Sie über den Aufbau des Kapitels und gibt Ihnen eine erste Übersicht über dessen Inhalte.

Kompetenzen
- ✓ Chancen und Risiken des öffentlichen Diskurses im Internet darlegen
- ✓ die Darstellung der eigenen Person im Internet reflektieren
- ✓ meinungsbildende Texte von informierenden unterscheiden
- ✓ sich kritisch mit Texten auseinandersetzen
- ✓ Wirkungsabsichten von Texten erkennen

Methoden und Arbeitstechniken
- ✓ Flyer
- ✓ Mindmap
- ✓ Lernplakat
- ✓ Kugellager

Auf jeder Kapitelauftaktseite erkennen Sie mithilfe der Übersicht **„Kompetenzen“** sowie **„Methoden und Arbeitstechniken“**, welche Kenntnisse Sie auf den folgenden Seiten erwerben, festigen und vertiefen.

GUT ZU WISSEN | **Einen Flyer gestalten**

Ein guter Flyer zeichnet sich durch eine **ansprechende optische Gestaltung** (Bilder, Farben ...) aus. Die Hauptthemen sind oft in **Slogans**, die man sich leicht merken kann, deutlich auf der ersten Seite gedruckt.

Der Flyer muss das **Interesse** des Lesers **wecken** und dabei **übersichtlich und anschaulich** sein. Außerdem muss er auf die **Zielgruppe** oder den **Adressaten** angepasst sein.

Das Anliegen muss klar hervorgehen, die wichtigsten Informationen wie **Definitionen**, **Gefahren oder Folgen** sollten knapp genannt werden. Es sollten aber **nur die wichtigsten Punkte** genannt werden.

Auch Ansprechpartner werden gegebenenfalls aufgelistet, um Hilfestellungen anzubieten. Ein **Appell mit einer Warnung oder Bitte um Unterstützung** ist ebenso denkbar.

GUT ZU WISSEN fasst in kurzer, prägnanter und übersichtlicher Form das für Sie wesentliche Basiswissen zusammen.

In der PagePlayer-App können Sie alle Inhalte der GZW wiederholen und markieren.

CHECKLISTE | **Seriöse Quellen erkennen**

- ☑ Sind die Autorinnen/Autoren mit Namen genannt? Haben sie in bekannten Zeitungen publiziert?
- ☑ Ist ein Impressum vorhanden?
- ☑ Verfügt die Autorin / der Autor über Expertenwissen oder es handelt sich um eine Organisation, die über Fachwissen verfügt?
- ☑ Können die Informationen überprüft werden?
- ☑ Ist der Text sprachlich richtig?
- ☑ Gibt es Begründungen und Belege?
- ☑ Werden verschiedene Sichtweisen gegenübergestellt?

CHECKLISTEN helfen Ihnen, Ihre Texte zu überprüfen. Sie erhalten Hinweise, was Sie bei der Überarbeitung verbessern können.

In der PagePlayer-App können Sie die Checklisten bearbeiten.

SPRACHE UND STIL | **Die eigene Meinung sachlich und fair ausdrücken**

Ich bin der Meinung, dass ...	*Soviel ich weiß ...*
Meiner Meinung nach ...	*Soweit ich das sehe ...*
Ich bin davon überzeugt, dass ...	*Vielleicht liege ich falsch, aber ...*
Ich glaube/denke/finde, dass ...	*Wenn ich mich nicht täusche, dann ...*

SPRACHE UND STIL enthält Formulierungshilfen für den „richtigen Schliff“ Ihrer Antworten und Texte.

6.4

Anwenden, Vertiefen, Fazit
Das „Ich“ im digitalen Zeitalter

Anwenden, Vertiefen, Fazit greift das Thema des Kapitels nochmals auf, erweitert und vertieft es und bietet so einen zusätzlichen Aspekt.

Der **Fazitpfeil** am Ende eines Kapitels fasst das Gelernte, alle Kompetenzen und alle Teilschritte übersichtlich zusammen.

Kapitel 1

Kurzepik interpretieren

1.1 Zwischen Fabel, Parabel und Kurzgeschichte unterscheiden

1.2 Figuren charakterisieren

1.3 Die Erzählperspektive bestimmen

1.4 Eine Kurzgeschichte interpretieren

1.5 Anwenden, Vertiefen, Fazit

Die Interpretation literarischer Texte gehört zu den zentralen Schwerpunkten des Deutschunterrichts. Die epischen Kleinformen (Kurzepik) stellen aufgrund ihrer Kürze einen idealen Einstieg in die Welt des Interpretierens dar. In diesem Kapitel lernen Sie eine Fabel, eine Parabel und verschiedene Kurzgeschichten kennen.

Sie lernen Schritt für Schritt, wie man eine Textinterpretation erarbeitet. Sie erarbeiten u. a., wie man einen Text wiedergibt, Figuren charakterisiert und Erzähltechniken erkennt.

Erklärvideo zur Interpretation von Prosatexten

Kompetenzen

- ✓ Textsorten erkennen
- ✓ Inhaltsangabe von einer Nacherzählung (Paraphrase) unterscheiden
- ✓ innere und äußere Handlung erfassen
- ✓ Figuren charakterisieren
- ✓ Erzähltechnik funktional deuten
- ✓ Bezug zur eigenen Lebenswelt reflektieren
- ✓ Kurzgeschichten auf sprachliche Besonderheiten untersuchen

Methoden und Arbeitstechniken

- ✓ Fünf-Schritt-Lesemethode
- ✓ Cluster
- ✓ Innerer Monolog

Zwischen Fabel, Parabel und Kurzgeschichte unterscheiden

Zu den epischen Kleinformen gehören Texte verschiedener Sorten, z. B. Fabeln, Parabeln und Kurzgeschichten. Alle Textsorten verfügen über besondere Merkmale.

Aesop: Vom Fuchs und Raben (ca. 600 v. Chr.)

Ein Rabe hatte einen Käse gestohlen, flog damit auf einen Baum und wollte dort seine Beute in Ruhe verzehren. Da es aber der Raben Art ist, beim Essen nicht schweigen zu können, hörte ein vorbeikommender Fuchs den Raben über dem Käse krächzen. Er lief eilig hinzu und begann, den Raben zu loben: „O Rabe, was bist du für ein wunderbarer Vogel! Wenn dein Gesang ebenso schön ist wie dein Gefieder, dann sollte man dich zum König aller Vögel krönen!" Dem Raben taten diese Schmeicheleien so wohl, dass er seinen Schnabel weit aufsperrte, um dem Fuchs etwas vorzusingen. Dabei entfiel ihm der Käse. Den nahm der Fuchs behände, fraß ihn und lachte über den törichten Raben.

1 **Zeigen Sie, dass diese Fabel dem typischen Aufbau entspricht (↗ GZW „Fabel").**
Die Fabel beginnt damit, dass ein Rabe sich leckeres Essen besorgt hat und dies laut …

2 **Formulieren Sie eine Lehre, die man aus dieser Fabel ziehen kann.**

GUT ZU WISSEN | Fabel

Tiere, Pflanzen oder **Gegenstände** stehen im Mittelpunkt der Fabel. Sie verkörpern **menschliche Eigenschaften** und **Verhaltensweisen**. Durch die Kritik daran oder auch an gesellschaftlichen Zuständen sollen Fabeln meist eine **Lehre** vermitteln und den Leser zu **Reflexion und Einsicht** bewegen. Eine Fabel besteht im Normalfall aus drei Bestandteilen: **Ausgangssituation – Entwicklung des Konflikts – Ergebnis**. Am Schluss der Fabel kann ein nachgestellter **Lehrsatz** formuliert sein.

Bertolt Brecht: Der hilflose Knabe (1932)

Herr K. sprach über die Unart, erlittenes Unrecht stillschweigend in sich hineinzufressen, und erzählte folgende Geschichte: „Einen vor sich hin weinenden Jungen fragte ein Vorübergehender nach dem Grund seines Kummers. ‚Ich hatte zwei Groschen für das Kino beisammen', sagte der Knabe, da kam ein Junge und riss mir einen aus der Hand', und er zeigte auf einen Jungen, der in einiger Entfernung zu sehen war. ‚Hast du denn nicht um Hilfe geschrien?', fragte der Mann. ‚Doch', sagte der Junge und schluchzte ein wenig stärker. ‚Hat dich niemand gehört?', fragte ihn der Mann weiter, ihn liebevoll streichelnd. ‚Nein', schluchzte der Junge. ‚Kannst du denn nicht lauter schreien?', fragte der Mann. ‚Nein', sagte der Junge und blickte ihn mit neuer Hoffnung an. Denn der Mann lächelte. ‚Dann gib auch den her', sagte er, nahm ihm den letzten Groschen aus der Hand und ging unbekümmert weiter."

3 **Arbeiten Sie heraus, wofür die Begegnung im übertragenen Sinn steht, und leiten Sie daraus einen Interpretationsansatz ab (↗ GZW „Parabel").**
Auf den ersten Blick ist man versucht, das Verhalten des Mannes zu verurteilen, der einem Jungen, dem ein Unrecht geschehen ist, weiteren Schaden zufügt. Doch auch das Verhalten …

Zwischen Fabel, Parabel und Kurzgeschichte unterscheiden

GUT ZU WISSEN **Parabel**

Die Parabel ist eine kurze, gleichnishafte Erzählung, die durch sprachliche Verschlüsselungen zwingt, den Text von der **Inhalts-** auf die **Deutungsebene** zu übertragen. Diese Übertragung ist entscheidend. Die Parabel thematisiert Probleme, die für den Menschen von existenzieller Bedeutung sind, und fordert dazu auf, selbst Lösungen zu finden.

Alex Capus: Baby (2014)

Als ich kürzlich im Straßencafé saß und Zeitung las, kam eine mir unbekannte Dame mittleren Alters die Hauptgasse hinunter und stellte einen Kinderwagen neben mir ab.

„Herr Capus, könnten Sie kurz auf mein Enkelkind aufpassen? Ich muss hier rasch die Treppe hoch und eine Solothurner Torte besorgen. Das dauert nur eine Minute.“

„Selbstverständlich.“

„Für Sie ist das ja nichts Besonderes. Wo Sie doch so viele Kinder haben.“

„Ja.“

Die Dame war kaum ins Innere des Geschäfts verschwunden, als die Exfrau eines Freundes von mir die Gasse hinaufkam. „Schon wieder ein Kind!“, rief sie. „Hast du eigentlich eine Fabrik zu Hause?“

„Das nun nicht gerade“, sagte ich.

„Ich hatte gar nicht gemerkt, dass deine Frau schwanger war.“

„Das Kind ist nicht von meiner Frau“, sagte ich wahrheitsgemäß.

„Aha“, sagte die Exfrau des Freunds, zog missbilligend die Brauen hoch und ging weiter.

Als Nächstes tauchte neben der Stadtbibliothek eine pensionierte Lehrerkollegin meiner Mutter auf. Sie grüßte freundlich, pries das hübsche Baby im Kinderwagen und berichtete, dass sie kürzlich Großmutter geworden sei. „Wissen Sie, was ein Skandal ist? Dass die Krankenkassen jede Abtreibung bezahlen, aber keine künstliche Befruchtung. Viertausend Franken kostet das immerhin. Andrerseits ist das ja auch kein Betrag für so ein hübsches kleines Ding wie dieses hier.“

„Ja“, sagte ich und warf nun selber einen Blick in den Kinderwagen. Das Baby war tatsächlich sehr hübsch. Es trug ein rosa Kleidchen und schlief.

Die Frau war kaum ihres Weges gegangen, als die Großmutter des Babys mit ihrer Torte zurückkehrte.

„Alles in Ordnung?“

„Bestens“, sagte ich. „Ist das ein Mädchen in dem Wagen?“

„Natürlich, das sehen Sie doch. Alles rosa.“

„Dann könnte ich es vielleicht für ein Jahr oder zwei mit nach Hause nehmen? Meine Frau würde sich freuen. Von dieser Sorte haben wir noch keins.“

4 Zeigen Sie die Besonderheiten der Kurzgeschichte „Baby“ (↗ GZW „Kurzgeschichte“).

GUT ZU WISSEN **Kurzgeschichte**

Die **Kürze** der Kurzgeschichte sorgt für eine prägnante und authentische Darstellung der Gefühlswelt des Protagonisten. Sie **beginnt** ebenso **unvermittelt**, wie sie **endet**, und umfasst einen **sehr kurzen Zeitraum**. Es gibt nur einen **Handlungsstrang** und keine Nebenhandlungen. Die dargestellten Konflikte sind meist aus dem **Alltag** der Handelnden.

Den Inhalt wiedergeben

Bei der Inhaltsangabe ist es besonders wichtig, den Inhalt nicht zu detailliert wiederzugeben.

Doris Dörrie: Ohne Gepäck (1989)

Ich war froh, ein Abteil für mich allein ergattert zu haben. Als Erstes zog ich die Vorhänge vor, um andere davon abzuhalten, hereinzukommen. Als der Zug sich endlich in Bewegung setzte, war ich immer noch allein. Ich zog die Schuhe aus und legte mich hin. Die acht Stunden bis nach Hamburg wollte ich durchschlafen. Vom Flughafen aus wollte ich meine Eltern anrufen und ihnen sagen, ich hätte meinen Anschlussflug nach Hannover verpasst und würde in München übernachten. Ich hatte kein deutsches Kleingeld und so würden sie jetzt also in Hannover am Flughafen vergeblich auf ihren Sohn warten. Ich hatte nicht die geringste Lust, sie wiederzusehen, selbst nach zwei Jahren in Amerika nicht. Ich hatte überhaupt keine Lust, wieder hier zu sein. Ich wollte als ersten deutschen Menschen Marita in Hamburg sehen. Die war nicht so unerträglich deutsch oder war es wenigstens damals nicht gewesen. In den zwei Jahren hatte ich gelernt, wie ein Amerikaner zu reagieren. Als sich der Kapitän der Lufthansamaschine über Mikrofon meldete, fühlte ich mich an die Nazi-Schweinehunde in amerikanischen Fernsehserien erinnert und an sonst gar nichts. Nein, ich hatte nicht zurückgewollt.

In Augsburg riss eine Frau die Abteiltür auf und setzte sich wortlos hin. Sie fragte weder, ob noch ein Platz frei sei, noch sagte sie Guten Tag. Ich drehte mich mürrisch auf die andere Seite und konnte nicht mehr einschlafen. Ich fühlte mich beobachtet. Ich setzte mich auf. Sie war vielleicht Anfang dreißig, füllig, mit einem recht hübschen, klaren Gesicht. Ihre Augen waren leicht geschwollen. Sie trug lange, silberne Ohrringe, die leicht im Rhythmus des Zuges hin- und herschaukelten. Ich sah kein Gepäck und war erleichtert. Sie konnte nicht weit fahren. Ihre Handtasche hielt sie umklammert, als habe sie Angst, ich wolle sie ihr entreißen. Als sich unsere Blicke zufällig trafen, sah sie schnell weg. Ich sah kleine Schweißperlen auf ihrer Stirn.

„Kann ich vielleicht das Fenster etwas öffnen“, fragte sie mit leiser, aber bestimmter Stimme.

Wenn ich jetzt antworte, erzählt sie mir ihr Leben, dachte ich. „I'm sorry, I don't speak German.“ Sie wiederholte ihre Frage. „Se window. Can I open?“

Ich nickte. Sie hielt den Kopf aus dem Fenster. Ihre Haare flatterten. Mir wurde kühl. Ich zog meine Jacke über. Sie schloss das Fenster und setzte sich wieder hin.

Ich wollte schon meine Zeitungen auspacken, da fiel mir ein, dass ich nur deutsche dabeihatte. Ich ging nach draußen, um zu sehen, ob ich ein anderes leeres Abteil finden würde. Aber selbst in der ersten Klasse waren alle belegt. Als ich zurückkam, tupfte sie sich mit einem Taschentuch die Augen. Die Sonne ging unter.

Ein Mann in einer orangenen Jacke kam mit einem Wagen vorbei und verkaufte Brote und Getränke.

„One coffee, white, and a salami sandwich“, sagte ich zu ihm. Er sah mich verständnislos an.

„Einen Kaffee und ein Salamibrot“, übersetze sie für mich. „Was er mit weiß meint, weiß ich auch nicht.“ „With milk“, sagte ich. Sie lächelte mich kurz an. Danach war ich nicht sicher, ob sie überhaupt gelächelt hatte, denn es war sofort wieder vorbei, als hätte sie einen Vorhang zugezogen. Sie starrte ausdruckslos aus dem Fenster. Ich drehte das Licht im Abteil an. „Sis is better“, sagte sie, drehte es wieder aus und knipste mir die kleine Leselampe über meinem Kopf an. Sie saß im Dunkeln. Ihr Gesicht konnte ich kaum mehr erkennen.

„You are from America?“

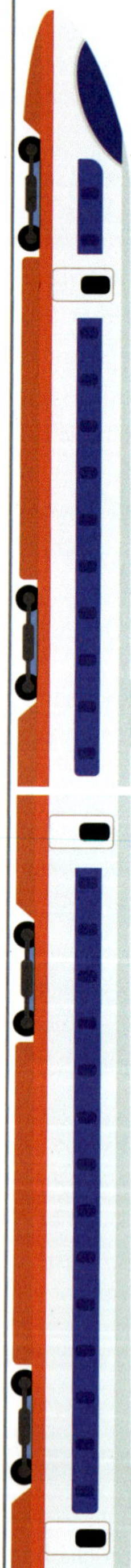

Den Inhalt wiedergeben

„Yes."

„Where?"

„New York."

„It's a dangerous city, no?"

Ich hätte mich dafür ohrfeigen können, dass ich behauptet hatte, kein Deutsch zu sprechen. Jetzt würde sie mir in ihrem grauenhaften Englisch dennoch ihr Leben erzählen.

„Ich sprechen ein bisschen Deutsch", sagte ich mit stark amerikanischem Akzent.

„Aber Sie haben doch vorher gesagt ..."

„Ich bin ein bisschen schüchtern. Habe lange nix gesprecht."

„Dafür sprechen Sie aber sehr gut. Wo haben Sie das gelernt?"

„Meinen Eltern sind Deutsche."

Sie schwieg. Ich betete, sie möge nichts mehr sagen.

„Emigranten?", fragte sie. Ich antwortete nicht, um mich nicht noch tiefer zu verstricken.

„Mein Großvater ist im KZ gestorben", sagte sie. „Er war Kommunist."

Der Zug hielt. Sie stieg nicht aus. Wie konnte man über vierhundert Kilometer ganz ohne Gepäck reisen? Und noch dazu als Frau? Ihre Handtasche war winzig, da passte noch nicht einmal ein Kulturbeutel rein.

„Ich habe nur Glück gehabt mit meinen Eltern, wissen Sie? Es ist reiner Zufall, dass sie keine Nazis waren ... ich habe mich immer gefragt, wie das sein muss, von heute auf morgen alles verlassen und nicht wissen, ob man jemals wieder zurückkommt."

„Seien Sie froh, dass es nicht so ist, heute", sagte ich, und mein künstlicher amerikanischer Akzent ging mir auf die Nerven. Er klang leichtfertig, ignorant und blöd.

„Es könnte aber wieder so werden."

„Meinen Sie?"

„Ich weiß nicht."

Plötzlich saß sie neben mir und lehnte ihren Kopf an meine Schulter. Sie war mir sympathisch. Sie war mir sympathisch durch das, was sie gesagt hatte. Sie war keine typische Deutsche. Ich bewegte mich nicht. Sie seufzte und ich sah einen Tropfen auf die roten Plastiksitze zwischen uns fallen. Ich legte meinen Arm um sie.

„Warum weinen Sie denn?"

„Ich möchte nicht darüber sprechen", sagte sie und legte ihre Hand auf mein Knie. Ich ergriff sie und hielt sie fest. Man hätte uns für ein Liebespaar halten können.

„Machen Sie Ferien in Deutschland?", fragte sie in bemüht leichtem Konversationston.

Ich rede nicht gern über mich. Ihr habe ich alles erzählt. Vielleicht, weil sie geweint hatte. Ich erzählte ihr meine ganze dumme amerikanische Liebesgeschichte in gebrochenem Deutsch. Nach einer Weile fand ich Gefallen daran, Wörter falsch auszusprechen, sie nach dem richtigen Ausdruck zu fragen, zu stammeln.

Ich war gezwungen, meine Leidensgeschichte mit einem Zweihundert-Wörter-Vokabular vor ihr auszubreiten, und je länger ich sprach, desto klarer wurde mir meine eigene Geschichte. Mit Cathy hatte es eigentlich von Anfang an keine Hoffnung gegeben.

„Wegen einer Frau verlassen Sie Ihr Land?"

„Ja", sagte ich, „nur wegen eine Frau. Zerbrechtes Herz."

Sie küsste mich. Ich knipste die Leselampe aus.

Den Inhalt wiedergeben

Sie zog die Sitze aus und machte das Abteil zu einem großen Bett. Wir hielten uns und küssten uns und hielten uns.

Als ich aufwachte, dachte ich für einen Moment, Cathy läge neben mir. Sie strich mir mit der Hand über die Augen.

„Nicht weinen", sagte sie. „Es gibt Schlimmeres."

Sie wollte das Rollo hochschieben.

„Nicht", sagte ich.

„Wir sind bald da."

„Ich möchte so bleiben. Nie aussteigen", sagte ich.

„Das geht nicht." Sie lachte zum ersten Mal in dieser Nacht. Wir waren in Hamburg.

Sie schob die Sitze zurück und ließ das Rollo hoch. Ihre Handtasche hielt sie umklammert, sie sah. mich an.

„Warum hast du kein Gepäck?", fragte ich leise. Sie sah zu Boden, hob dann den Kopf und sah mir gerade in die Augen.

„Ich gehe nur Zigaretten holen", sagte sie.

Ich tat, als sei mir der Begriff unbekannt.

„Ich habe drei Kinder und einen Mann. Gestern Abend bin ich aus dem Haus gegangen … Einfach so." Sie sah erstaunt aus.

Wir gingen zusammen den Bahnsteig entlang. Ich wollte ihr alles sagen. Dass ich gar nicht Amerikaner bin, dass meine Eltern keine Emigranten sind, dass ich Deutsch spreche. Dass die Geschichte von Cathy eine wahre Geschichte ist.

Als ich mich umdrehte, war sie verschwunden. Ich wartete eine halbe Stunde. Dann rief ich Marita an. Sie war nicht zu Hause. Ich suchte in meinen Taschen nach einer Zigarette. Ich fand einen langen, silbernen Ohrring.

1 Lesen Sie die Geschichte (↗ GZW „Fünf-Schritt-Lesemethode", Kapitel 7, S. 93).

2 Beantworten Sie die W-Fragen – Wer? Wo? Was? Wann? – und stellen Sie Ihre Ergebnisse grafisch dar (Schritt 2).

3 Lesen Sie die Kurzgeschichte nun gründlich durch, gegebenenfalls mehrmals. Gibt es unbekannte Wörter? Schlagen Sie diese nach (Schritt 3).

4 Stellen Sie nun eine Vermutung auf, worüber es in der Kurzgeschichte geht.

Die Geschichte handelt von …

5 Suchen Sie im Text die Passagen heraus, die die äußere Handlung darstellen, und die, die innere Handlung abbilden. Übertragen Sie die Tabelle und ergänzen Sie die Passagen (↗ GZW „Innere und äußere Handlung").

äußere Handlung	*innere Handlung*
Z. 15: Ich drehte mich mürrisch auf die andere Seite	*Z. 16: Ich fühlte mich beobachtet*

Den Inhalt wiedergeben

GUT ZU WISSEN Innere und äußere Handlung

Um den Inhalt eines literarischen Textes zusammenfassen zu können, hilft es, zunächst den Aufbau nachzuvollziehen.

Dabei orientiert man sich an den **von außen sichtbaren Handlungen** der Figuren (= äußere Handlung) und dem, was sich **in den Gedanken oder im Bewusstsein** der Figuren abspielt (= innere Handlung).

6 **Wenden Sie nun den Schritt 4 der Fünf-Schritt-Lesemethode an: Teilen Sie den Text in Handlungs- bzw. Sinnabschnitte ein und fassen Sie dann jeden Handlungs- bzw. Sinnabschnitt in einem Satz zusammen (↗ GZW „Fünf-Schritt-Lesemethode", Kapitel 7, S. 93).**

7 **Verfassen Sie eine Einleitung zur Kurzgeschichte.**
Die Kurzgeschichte „Ohne Gepäck" von Doris Dörrie aus dem Jahr 1989 handelt von …

8 **Fügen Sie die einzelnen Sätze zu einer Inhaltsangabe zusammen (Schritt 5). Verwenden Sie dafür GUT ZU WISSEN „Inhaltsangabe".**

GUT ZU WISSEN Inhaltsangabe

Die Interpretation eines literarischen Textes beginnt mit der Wiedergabe des Inhalts. Dabei wird der literarische Text kurz zusammengefasst und in einem Einleitungssatz neben den **Informationen zur Autorin / zum Autor, Titel und Entstehungszeit** die zentrale **Deutungshypothese (Hauptaussage)** formuliert.

Besonders wichtig ist, dass die Inhalte nicht detailliert nacherzählt werden, sondern auf **das Wesentliche** reduziert werden. Eine Inhaltsangabe ist neutral und **sachlich** und darf weder Interpretations- noch Spannungselemente enthalten. Die Inhaltsangabe wird im **Präsens** verfasst.

9 **Vergleichen Sie die beiden Muster. Sammeln Sie in einer Tabelle, was die Inhaltsangabe von der Nacherzählung unterscheidet.**

Inhaltsangabe	***Nacherzählung***
knapp	…

MUSTER Inhaltsangabe

Der Protagonist ist mit dem Zug unterwegs nach Hamburg. Er bereitet sich für die Fahrt durch die Nacht vor.

MUSTER Nacherzählung

Der Protagonist ist gerade in den Zug eingestiegen. Er sitzt in einem Abteil für sich alleine. Zuerst zieht er die Vorhänge vor und dann setzt er sich hin. Er freut sich, dass er immer noch alleine ist. Danach zieht er sich die Schuhe aus und dann legt er sich hin.

Figuren charakterisieren

Charakterisierung und Beschreibung der Beziehung der Figuren sind wichtige Elemente einer Interpretation. Wie Figuren miteinander kommunizieren, lässt Rückschlüsse darauf zu, wie sie denken, fühlen ... Durch Figuren können auch Aussagen über das Individuum gemacht werden.

David Wagner: Badeschlappen (2002)

Neun Monate nach unserer Trennung, acht Monate nachdem sie ausgezogen war – ich hatte noch nicht aufgehört, an sie zu denken, ich hatte bloß aufgehört, auf sie zu warten –, stand sie plötzlich vor der Tür unserer Wohnung und fragte nach Geld, sie sagte, sie brauche Geld, *kannst du mir was leihen, ich brauche Geld, ich brauch dringend Geld,* ich sah, wie aufgeregt sie war, und fragte nicht: Was machst du denn, wie geht es dir, ich staunte und vergaß, dass ich in meiner Schlafanzughose im Flur stand, einer Hose, die ich anzog, um es abends auf dem Sofa bequemer zu haben. Und um die Bürohosen nicht zu zerknittern. Sie sagte, *du warst doch nicht schon im Bett, oder gehst du jetzt so früh schlafen?* und sah auf meine nackten Füße, die in meinen, ihren alten, Badeschlappen steckten, ich hätte antworten können: Du weißt doch, wie früh ich aufstehen muss, die Arbeit ist mehr geworden, ich habe noch weniger Zeit als früher. Oder viel mehr, weil du nicht mehr da bist, dachte ich und sagte nichts und dachte: Zu Hause ist mir eigentlich immer fernsehlangweilig, denn du bist nicht mehr da, gern hätte ich auch gesagt: Früher, früher haben wir uns immerhin gestritten. Und so für Unterhaltung gesorgt, aber ich sagte, *ja, es geht mir gut, es geht mir blendend,* versuchte ich zu lügen und sagte, *ja, ich war im Urlaub* und sagte nicht, dass der Urlaub allein der grausamste meines Lebens gewesen war; im Club um mich herum nur Paare, Paare mit Kindern und alleinerziehende Mütter, die überall und immerzu alles daransetzen, kennengelernt zu werden. Ihr gegenüber, sie stand vor der Tür der Wohnung, in der wir gemeinsam gewohnt hatten, versuchte ich in zwei Sätzen sehr glücklich zu wirken. Sie machte sich nicht über den laufenden Fernseher lustig, sie sagte nichts, kein Wort über die Verwahrlosung der Wohnung, die schon im Flur sichtbar wurde, *ich brauche Geld,* hörte ich sie sagen und dachte, dass sie selbst mir vielleicht gar nicht mehr fehlte, vielleicht habe ich gar nicht mehr auf sie gewartet, vielleicht habe ich mich an den Schmerz gewöhnt und mich bloß tief in mein Selbstmitleid gekuschelt – noch ein halbes Jahr und wir wären weit genug voneinander entfernt, uns ganz normal zu begegnen, dachte ich und fragte, bloß weil sie auf eine Antwort wartete und trotz Aufforderung, trotz allen Bittens nicht hereinkommen wollte, *wie viel, wie viel brauchst du?* Ich gab ihr vierzehn- oder fünfzehnhundert Franc, so viel ich in der Wohnung hatte, und wusste, dass ich nicht fragen durfte, wozu sie es brauche, ich gab ihr das Geld und wusste, dass ich ihr eigentlich nichts hätte geben dürfen. Durch all ihre Aufregung hindurch lächelte sie mich von irgendwoher an, sie stand gerahmt in der offenen Tür, hatte abgenommen und lange nicht geschlafen. Ich gab ihr Geld und hatte das Gefühl, als bezahlte ich ihr Verschwinden, als kaufte ich mich los von dem Zwang, an sie zu denken – und hoffte andererseits, sie mit dieser Schuld wieder neu an mich zu binden. Ich wusste schon, ich würde ein paar Wochen über immer wieder an sie denken müssen, abends, vor dem Fernseher, und morgens im Bett, wenn ich viel zu früh aufwache und nicht wieder einschlafen kann. Und unter der Dusche glauben, die Türklingel nicht zu hören, ihren Anruf, den einen wichtigen Anruf, der alles wie früher werden lassen würde, zu verpassen. Als ich drei oder vier Tage später von der soundsovielten Seine-Toten des Jahres las, dachte ich natürlich nicht an sie. Wieso auch. Ich dachte sowieso die ganze Zeit an sie, versuchte immer wieder sie zu erreichen und hörte doch nur, sooft ihr Anrufbeantworter sich einschaltete, wieder und wieder ihre Stimme vom Band.

Figuren charakterisieren

1 Charakterisieren Sie den Ich-Erzähler (↗ GZW „Literarische Figuren charakterisieren").

a) Beschreiben Sie die Lebenssituation des Ich-Erzählers.

b) Notieren Sie, was der Ich-Erzähler sagt –, und was er tatsächlich denkt.

c) Worin besteht die Konfliktsituation des Ich-Erzählers in dieser Kurzgeschichte? Belegen Sie Ihre Deutungshypothese anhand verschiedener Textstellen.

Der Protagonist der Geschichte wird unerwartet ... besucht. Er ist hin- und hergerissen ...

d) Der Protagonist schildert sein Leben nach der Beziehung anders, als es wirklich ist. Stellen Sie Schein und Realität einander gegenüber und stellen Sie Mutmaßungen an, was diese Verhaltensweise sowohl über die Hauptfigur als auch über die Beziehung des Paares aussagt.

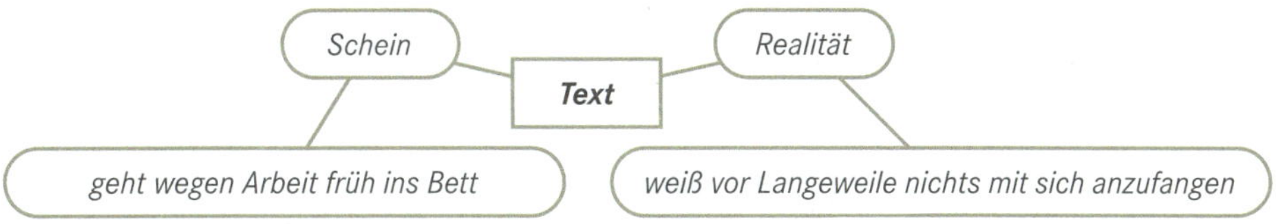

e) Erläutern Sie, warum der Protagonist das Schicksal seiner Ex-Freundin verneint.

2 Tragen Sie zusammen, was Sie über die Ex-Freundin des Protagonisten erfahren und welche Rückschlüsse Sie daraus auf den Charakter des Protagonisten und ihre Beziehung ziehen können (↗ GZW „Literarische Figuren charakterisieren" und Sprache und Stil).

SPRACHE UND STIL – Figuren charakterisieren

Die Hauptfigur erscheint ..., obwohl sie ...
Man kann den Protagonisten als ... bezeichnen, denn er ...
Der Ich-Erzähler ist ..., was man daran erkennt, dass ...
An ... wird deutlich, dass ...
Am Beispiel dieser Figur will der Autor kritisieren, dass ...

3 Am Ende der Kurzgeschichte spricht die Hauptfigur von „Schuld". Erläutern Sie, wofür die Hauptfigur sich schuldig fühlt, und nehmen Sie Stellung dazu.

Obwohl die Hauptfigur gemerkt hat, dass ..., hat sie nichts unternommen, außer ihr Geld zu geben. Sie gibt sogar zu, dass sie „ihr eigentlich nichts hätte geben dürfen" (Z. 26 f.) ...

★ **4 Verfassen Sie einen inneren Monolog (↗ GZW „Darbietungsformen des Erzählens", S. 22) der Ex-Freundin, nachdem sie den Protagonisten wieder verlassen hat.**

Zum Glück hat er mir Geld gegeben. Nicht viel, aber für ein bisschen Stoff reicht es. Wie sah der eigentlich aus? Ganz verwahrlost ...

GUT ZU WISSEN – Literarische Figuren charakterisieren

Erkenntnisse zum Wesen einer Figur gewinnen Sie aus der Untersuchung der **Art und Weise**, wie die Figur mit anderen kommuniziert **(Figurenrede)**, wie sie **handelt** (Handlungsschritte) und wie sie **durch andere Figuren charakterisiert** wird. Auch die Einblicke in **das innere Geschehen der Figur** (erlebte Rede, innerer Monolog) sind von zentraler Bedeutung.

Die Erzählperspektive bestimmen

Jede Geschichte hat einen Erzähler. Diesen sollte man nicht mit der Autorin / dem Autor verwechseln. Vielmehr beeinflusst die Autorin / der Autor mit der Entscheidung für einen bestimmten Erzähler und eine bestimmte Darbietungsform den Fluss der Geschichte und kann mitunter das Verständnis aufseiten der Lesenden lenken, wenn nicht sogar manipulieren.

Robert Walser: Eine verflixte Geschichte (1916)

Lass dir, lieber Leser, über eine Liebe erzählen, die von viel zu hoher und zarter Art war, als dass sie irgendeine handfeste, ordentliche Folge hätte haben können. Ich sollte freilich einen langen und feingegliederten Roman über ein so rührend schönes Thema schreiben, aber es ist gegenwärtig so schönes, helles und heißes Wetter; da geht ein so ordinärer[1] Mensch, wie ich einer bin, gern spazieren, oder er pflegt mit sichtlichem Behagen, in einem schattigen Platanengarten[2] ein Glas Bier zu trinken, oder er geht bei erquickendem[3] Westwind in den nahe gelegenen See baden. Daher fasse ich mich kurz und sage, dass vor etlicher Zeit eine Frau (o wäre sie doch eine Schwedin, Russin, Dänin!) einen jungen Mann liebte, und zwar so leidenschaftlich liebte, dass sie am liebsten mit ihm in die weite Welt hätte fliegen mögen, aber das Krumme an der Sache war, sie war verheiratet, und das noch Krummere bei der Geschichte war, sie war nicht fähig, ihrem Gatten ein Leid zuzufügen. Hier, o du verehrter Leser von schwedischen und nordischen Romanen, komme ich und trete ich nun kniedick und tief in das, was man den dänischen oder psychologischen Roman nennt. Ich fahre also mit zitternder Feder, nein, Hand (und daher Feder!) fort und teile mit, was ein Schriftsteller von Herz nicht mitteilen kann, ohne zu schluchzen, nämlich, dass die Frau fast den gesunden Verstand einbüßte. Auch der gute Gatte büßte ihn beinahe ein. Beide Leute waren nämlich zu fein, vornehm und feinfühlend, als dass sie es über sich gebracht hätten, sich gegenseitig ein Leid anzutun. Verzwickte und verwickelte Geschichte, in welche ich Unbesonnener[4] mich da verwickle. Die Frau wäre allzu gern mit ihrem stürmischen Geliebten auf und davon gegangen, aber sie war zu edel zum Davonlaufen, und sie liebte ja, ach du guter Gott, beide: ihren Mann sowohl wie den jungen Mann. Fürchterlicher Zustand. Jetzt, jetzt, bei der Ehre, die ich als flotter Federzeichner und -führer genieße, jetzt dänelt und schwedelt es, dass es mir, wie ich felsenfest glaube, weit und breit niemand nachmacht. Kann ich mit meinem Liebhaber fortreisen und das Weite suchen, wenn ich gleichzeitig von Herzen gern bei meinem braven Gatten zu Hause sitzen bleiben möchte? Kann ich den Geliebten genügend lieben, wenn ich nicht aufzuhören vermag, den leibeigenen und zugewandten Gatten zu lieben? Hier, so dünkt[5] mich, wimmle es von echten, wo nicht gar waschechten Seelen- und Romanproblemen. Doch weiter! Der gute Mann wollte ja aus ganzer Seele gern seiner Frau erlauben, davon zu brennen, damit sie sich an einem unerhörten ungeheuren Liebesglück berausche, aber er gab ihr doch auch die Erlaubnis wieder nicht, denn dieselbe würde ihm ja das Herz zerrissen haben. Aus Liebe erlaubte er es ihr gern, doch wiederum aus Liebe und aus sonst gar nichts anderem bat und beschwor er sie, hübsch artig bei ihm zu Hause zu bleiben, damit er nicht den gesunden und armen Verstand verliere, den er doch gern aus Liebe zu ihr verlieren und für immer vermissen wollte. Die Frau

Die Erzählperspektive bestimmen

weinte, weil sie erstens nicht mit dem Geliebten in die Welt hinausziehen, und zweitens, weil sie nicht ruhig zu Hause bei ihrem Mann zu sitzen und sorgfältig, wie bisher, die Haushaltung zu machen mehr die Kraft fand. Der Mann weinte, vergoss Tränen und gebärdete sich wie ein Verzweifelter, erstens, weil er ja genötigt war, der Frau zu sagen, sie solle gefälligst zu Hause bleiben und sich ruhig verhalten, was ihm Schmerz verursachte, da er ja als liebender Mann seiner Frau alles gewähren wollte, und zweitens, weil er seiner Frau alles Mögliche und alles Erdenkliche gönnte, aber doch nicht konnte. Die Frau wollte wohl, war aber nicht imstande, und ebenso wollte der Mann wohl, aber er konnte nicht. Und so weinten sie beide. Auch der junge Mann musste wohl oder übel mithelfen weinen. Alle drei schluchzten zum Erbarmen. Sie waren eben alle drei zu fein und daher wurde nichts draus und hiermit ist die Geschichte aus.

1 ordinär: gewöhnlich
2 der Platanengarten: Park, der aus Platanen (bestimmte Baumart) besteht
3 erquickend: erfrischend
4 der Unbesonnene: gedankenloser Mensch
5 es dünkt mich: es kommt mir so vor

1 **Untersuchen Sie den Aufbau der Kurzgeschichte. Ordnen Sie die folgenden Funktionen den entsprechenden Textteilen zu: Hinführung zum Thema – Entfaltung des Konflikts – Zuspitzung des Konflikts – Lösung.**

2 **Beschreiben Sie, wie sich der Erzähler in der Kurzgeschichte zu erkennen gibt und welche Wirkung die Wahl der Erzählperspektive hat (↗ GZW „Erzählperspektive“).**

Der Erzähler gibt sich durch die Wahl der auktorialen Erzählperspektive von Anfang an zu erkennen. Er überhöht sich in einer Allwissenheit, indem er direkt den Leser anspricht („... lieber Leser, ...“ (Z. 1) ...

3 **Untersuchen Sie, welche Darbietungsform des Erzählens genutzt wird und wie diese wirkt. Belegen Sie am Text (↗ GZW „Erzählperspektive“).**

An dieser Kurzgeschichte ist besonders auffallend, dass sie völlig ohne direkte Rede auskommt. Der Erzähler verwendet durchweg den Erzählbericht, da er ...

GUT ZU WISSEN – Erzählperspektive

Der Autor und der Erzähler eines literarischen Textes sind nicht identisch. Der „echte“ Autor kreiert im Rahmen seiner dichterischen Freiheit eine Figur, die die Geschichte erzählt. Hierfür stehen dem Autor mehrere Möglichkeiten offen. Er wählt zwischen den **Erzählformen** *Ich-Erzähler* oder *Er-/Sie-Erzähler*. Außerdem legt er die Erzählperspektive fest, aus der erzählt wird:

Die **auktoriale** Erzählperspektive: Der allwissende Erzähler steht über dem Geschehen, kommentiert und bewertet es und kennt alle Zusammenhänge. Er kann Vergangenes und Zukünftiges wiedergeben.

Die **personale** Erzählperspektive: Die Handlung wird aus der Sicht einer am Geschehen beteiligten Figur erzählt. Der Leser erfährt somit nur von Gefühlen/Gedanken dieser Figur.

Die **neutrale** Erzählperspektive: Der Erzähler steht außerhalb der Handlung und berichtet eher sachlich.

Die Erzählperspektive bestimmen

GUT ZU WISSEN Darbietungsformen des Erzählens

Nicht nur die Erzählperspektive ist von Bedeutung für die Interpretation eines Textes, sondern auch, wie das Erzählte präsentiert wird: die Darbietungsart. Der Erzähler kann folgende Formen des Erzählens nutzen:

Erzählbericht: Der Erzähler vermittelt den Handlungsverlauf, d. h. das miterlebte, beobachtete oder in Erfahrung gebrachte Geschehen. Dieser Bericht kann Beschreibungen, z. B. von Figuren, Orten, Ereignissen, enthalten. Je nach Erzählhaltung präsentiert er das Geschehen als objektiver Betrachter (personal) oder er streut Kommentare und Beurteilungen ein (auktorial, Ich-Erzähler).

Mithilfe der **Figurenrede** lässt der Erzähler die Figuren zu Wort kommen. Dazu hat er verschiedene Möglichkeiten:

- **szenisches Erzählen:** Der Erzähler tritt weitgehend in den Hintergrund. In der Textinterpretation spielen szenische Passagen häufig eine zentrale Rolle, weil durch die Art und Weise der Kommunikation die Figuren ihr Inneres sowie ihr Verhältnis zueinander transparent werden lassen.
- **erlebte Rede:** Hier werden die Gedanken und Gefühle in der 3. Person wiedergegeben.
- **innerer Monolog:** Hier gibt die Figur in der Ich-Form wieder, was sie denkt und fühlt.

4 Eine Schülerin hat einen Text zur Erzählperspektive und Darbietungsform verfasst.

a) Lesen Sie das Muster.

b) Überprüfen Sie, ob die im Muster gemachten Aussagen am Text belegbar sind.

c) Erweitern Sie das Muster, indem Sie passende Textbelege darin ergänzen. Verwenden Sie auch Sprache und Stil.

MUSTER Erzählperspektive und Darbietungsform

Der Autor verwendet eine auktoriale Erzählperspektive, was man bereits zu Anfang der Kurzgeschichte erkennt, da er sich direkt an seine Leserinnen und Leser wendet. Er verfügt eindeutig über mehr Wissen als die Hauptfiguren der Geschichte und erhebt sich durch seine Haltung über Figuren und die Leserinnen/Leser. Auch kann man dem Erzähler nicht so richtig glauben, denn er könnte, was er schreibt, ernst meinen oder aber sich auf ironische Weise über das Liebestrio lustig machen. Von Beginn an lässt der Erzähler die Leserinnen und Leser an seinen Gedankengängen über das Thema seines Textes und seine Schreibmotivation teilhaben. Fast scheinen Autor und Erzähler eins zu sein. Später dann gibt der Erzähler tiefe Einblicke in die Befindlichkeiten aller an der Dreiecksgeschichte beteiligten Figuren. Außerdem scheint er sich geradezu über den Verlauf der Liebesgeschichte lustig zu machen und über die Art und Weise, wie die Beteiligten agieren ...

SPRACHE UND STIL Erzählperspektive und Darbietungsform darlegen

Die Kurzgeschichte ist in ... Erzählperspektive verfasst.
Der Erzähler gibt Einblicke in ...
Durch die ... Erzählperspektive erscheinen die Handlungen der Figuren ...
Die Leserin / der Leser ist so in der Lage ...
Die Wahl der ... als Form der Darbietung verstärkt noch ...
Auf die Leserin / den Leser wirkt die Erzählung, als ob ...

Eine Kurzgeschichte interpretieren

Eine Interpretation befasst sich mit Inhalt, Figuren, Erzählperspektive und Darbietungsform.

Axel Hacke: Sommerfest bei T. (1999)

Nun war neulich wieder das jährliche Sommerfest bei T., ganz oben in einem Schwabinger Altbau. Paul und ich wurden von der schwitzenden Menge auf den Balkon hinausgedrängt wie in eine Art Überlaufbecken … oder, es fällt mir gerade ein: War es gar nicht Paul persönlich, sondern sein Sommerfest-Klon? Es können in dieser Stadt zwanzig Sommerfeste am gleichen Abend stattfinden, Paul ist zu jedem eingeladen und auf jedem anwesend, er lässt keines aus. Das legt den Verdacht nahe, dass er zu Haus einige Sommerfest-Klone im Schrank hat, die er bei Einladungen auf die Piste schickt, während er selbst daheim gemütlich ein Weißbier verzehrt, auf dem Balkon. Wir standen also da wie auf dem dritten Rang in der Oper und guckten in den dunklen Innenhof des alten Hauses, und es war wirklich so, als blicke man in einen Theatersaal ohne Bühne hinab, als finde, was es hier zu sehen gab, auf den anderen Balkonen statt wie auf Minibühnen: die lesende Frau, das essende Paar. Ein wortloses Stück mit wenigen Personen. Paul (oder Pauls Klon) erzählte, wie er einmal seinen besten Freund mit dessen bester Freundin in ihrer Wohnung betrog, als der Freund von draußen an die Tür hämmerte, Einlass begehrend und behauptend, er wisse , da drin sei ein Mann, er wisse nur noch nicht, welcher. Aber gleich werde er es wissen, im nächsten Moment, wenn er diese Tür eingetreten haben werde – und Paul (oder war es sein Rendezvous-Klon?) machte sich über den Balkon davon, der im ersten Stock lag, kletterte an einem Stahlträger zu Boden und floh wie Romeo vor Julias Mutter in der Balkonszene: „Leb wohl, leb wohl! Ein Kuss! – ich steig hinab."

Am nächsten Tag, sagte Paul, habe er den Freund getroffen, und er habe ihm die Geschichte aus seiner Sicht erzählt. Er habe gesagt, er hätte schwören können, dass sie ihn betrüge und dass da jemand gewesen sei, aber sie sei allein gewesen, er müsse sich geirrt haben, und es sei noch eine schöne Nacht geworden. Wir schauten auf die anderen Balkons hinab, dann wurde Paul von der Partymenge wieder in die Wohnung hineingesaugt, und ich blieb allein. Ich dachte daran, dass neulich auf meinem eigenen Balkon zwei Tauben nisteten und dass ich in einer Ecke ihr gemeinsames Ei gefunden und mit einer Fußbewegung vom Balkon geschubst hatte. Das Geräusch der platzenden Schale ging mir seitdem nicht aus dem Kopf, und ich fühlte mich wie ein Schwein. Aber ich würde es wieder tun, denn die Taube hat in der Stadt zu wenig natürliche Feinde. Es braucht Freiwillige, die ihr den Habicht machen. Außerdem ist der Balkon ein Außenposten meiner Wohnung. Da scheißt mir keiner rein, auch kein Turteltäubchen.

Im Sommer saßen Paola und ich abends wieder oft auf unserm Balkon, beobachteten und wurden beobachtet, sahen der Klematis beim Blühen zu und horchten auf das feucht quietschende Geräusch, das Fleißige Lieschen beim Wachsen machen. Irgendjemand spielt bei uns in irgendeiner Wohnung immer Klavier, sehr gut, Gott sei Dank. Und irgendwo gibt es immer einen schönen Ehestreit, den anzuhören sich lohnt.

Neulich knallten im Hinterhaus die Türen. Eine Nachbarin stürzte in den Hof, rief mit schriller Stimme zu uns hinauf, sie habe sich gerade von ihrem Mann getrennt und wir sollten uns keine Sorgen machen, „er zerlegt die Einrichtung". Aber dann hörten wir nichts und machten uns Sorgen, weil wir dachten, er bringt sich vielleicht um, der Arme. Wie schön es wäre, dachten wir, gäbe es Balkone, die beweglich wären wie solche Hebebühnen, von denen aus Straßenlampen repariert werden: Man könnte damit direkt vor die Wohnungsfenster anderer Leute fahren und ein bisschen hineinglotzen. Aber so weit ist die moderne Balkontechnik noch nicht, leider.

Eine Kurzgeschichte interpretieren

1 **Lesen Sie den Text mehrfach durch und notieren Sie alles, was Ihnen auffällt und was Teil einer genaueren Untersuchung für Ihren Interpretationsaufsatz werden könnte.**

Erzählperspektive — ***Bemerkenswertes*** — *Voyeurismus*

2 **Beantworten Sie die W-Fragen schriftlich.**

3 **Lesen Sie das Muster „Einleitung und Inhaltsangabe".**

a) Überprüfen Sie, ob das Muster vollständig ist und den Inhalt der Kurzgeschichte richtig wiedergibt.

b) Vergleichen Sie das Muster mit Ihrem Text und nehmen Sie gegebenenfalls Änderungen vor.

MUSTER Einleitung und Inhaltsangabe

Die Kurzgeschichte „Sommerfest bei T." wurde im Jahr 1999 von Axel Hacke verfasst. Sie handelt von der Ich-Bezogenheit der Menschen. Ein Mann macht sich auf einem Sommerfest Gedanken über die verbrachte Zeit auf Balkonen. Der Ich-Erzähler steht mit seinem Freund Paul auf einem Balkon. Dieser Freund erzählt ihm, dass er neulich in der Wohnung eines Freundes gewesen sei. Dort habe er den Freund mit seiner Freundin betrogen. Als der Ich-Erzähler danach alleine auf dem Balkon bleibt, erinnert er sich daran, wie er auf dem eigenen Balkon das Ei einer Taube vom Balkon geschubst hat und wie er eines Abends auf dem Balkon gemeinsam mit seiner Freundin den Ehekrach eines Nachbarn beobachtet hat.

4 **Charakterisieren Sie den Ich-Erzähler und seinen Freund Paul.**

5 **Arbeiten Sie die Erzählperspektive und die Darbietungsform heraus.**

a) Welche Folgen hat die Wahl der Erzählperspektive auf die Darstellung der Figuren?

b) Wendet der Autor bestimmte Darbietungsformen des Erzählens an? Wie wirken diese?

c) Belegen Sie Ihre Ausführungen durch passende Textbelege (Zitate oder Textverweise). Verwenden Sie dafür GUT ZU WISSEN „Zitate als Textbelege".

6 **Eine Schülerin hat darüber geschrieben, welche Bedeutung der Text für sie hat (↗ Muster „Bezug zur Lebenswirklichkeit herstellen"). Beurteilen Sie das Muster auf seine inhaltliche Angemessenheit hin. Überprüfen Sie, ob korrekt zitiert wurde (↗ GZW „Zitate als Textbelege"). Verwenden Sie auch Sprache und Stil „Bezug zur Lebenswirklichkeit herstellen".**

SPRACHE UND STIL **Bezug zur Lebenswirklichkeit herstellen**

Durch ... wird deutlich, dass ...

Ich kann nicht verstehen, wie ...

Bezogen auf meine eigene Lebenswirklichkeit stelle ich fest, dass ...

7 **Formulieren Sie für den Schlussteil Ihrer Interpretation, ob und wie Sie der Text angesprochen hat. Möglicherweise gibt es Aspekte im Text, die Sie kritisieren oder positiv hervorheben möchten.**

Eine Kurzgeschichte interpretieren

MUSTER Bezug zur Lebenswirklichkeit herstellen

Für den Ich-Erzähler scheint es von großer Bedeutung zu sein, wie andere Menschen ihr Leben führen. Dies wird am Ende der Kurzgeschichte deutlich, als er es geradezu bedauert, dass Balkone nicht so flexibel sind wie Hebebühnen, denn sonst könnte [man] damit direkt vor die Wohnungsfenster anderer Leute fahren und ein bisschen hineinglotzen" (Z. 40 f.). Ich stehe dieser Haltung ambivalent gegenüber, denn auf der einen Seite mag es vielleicht tatsächlich interessant sein, wie andere Menschen leben, doch kann der Grat zwischen Neugier und Voyeurismus auch sehr schmal sein. So schaut z. B. der Ich-Erzähler dem Ehestreit der Nachbarn nur zu und hilft nicht, obwohl er und seine Freundin sich wegen des Lärms bzw. des anschließenden Ausbleibens von Lärm in der Wohnung des Nachbarn fragen, ob „er [...] sich vielleicht um[bringt]" (Z. 38). Dieses passive, gleichgültige Verhalten verstärkt noch meine Abneigung, die ich gegenüber dem Protagonisten empfinde, denn ich kann nicht verstehen, wie man sich so verhalten kann, und würde es selbst nie tun.

GUT ZU WISSEN Zitate als Textbelege

Zitate sind als Textbelege von besonderer Bedeutung. Sie zeigen damit, dass Sie mit dem Text arbeiten und inhaltliche Besonderheiten erkennen und deuten können. Folgende Regeln sind zu beachten:

- Ein Zitat muss bezüglich Ihrer Interpretationsaussage **aussagekräftig** sein.
- Ein Zitat darf **niemals inhaltlich verändert** werden.
- Zitate werden durch **Anführungszeichen** („ ") gekennzeichnet.
- Zitate oder direkte Rede in Zitaten werden mit **einfachen (halben) Anführungszeichen** (‚ ') gekennzeichnet.
- **Auslassungen** werden durch eckige Klammern mit drei Punkten [...] dokumentiert.
- Nach Abschluss des Zitats steht in runder Klammer **die Seiten- und Zeilenangabe** (S. 2, Z. 1). Bei Texten, die nur auf einer Seite stehen, genügt die Zeilenangabe.
- Erstreckt sich das Zitat über zwei Zeilen, wird die zweite Zeile mit „f." angegeben (Z. 2 f.).
- Bei längeren Zitaten über mehrere Zeilen hinweg steht nach der Zahl der ersten Zeile „ff." (Z. 2 ff.).

CHECKLISTE Eine Textinterpretation schreiben

- ☑ Haben Sie im einleitenden Satz Verfasserin/Verfasser, Textsorte, Titel, Quelle und die Thematik genannt?
- ☑ Haben Sie den Text in eigenen Worten zusammengefasst (keine Zitate, wörtlichen Übernahmen oder Wertungen)?
- ☑ Beschreiben Sie im Hauptteil zunächst kurz den Textaufbau?
- ☑ Haben Sie die zentrale Figur des Textes charakterisiert?
- ☑ Haben Sie die Erzählhaltung und die Darbietungsform des Erzählens bestimmt?
- ☑ Haben Sie sprachliche Besonderheiten benannt und deren Wirkung gedeutet?
- ☑ Sind alle Behauptungen und Feststellungen am Text in Form von Zitaten und Textverweisen belegt worden?
- ☑ Haben Sie den Text hinsichtlich seiner Bedeutung für Sie gedeutet und im Schlussteil Kritik oder Ihre persönliche Leseerfahrung formuliert?

Anwenden, Vertiefen, Fazit
Sprachliche Besonderheiten untersuchen

Manchmal sind Kurzgeschichten auch sprachlich besonders gestaltet und entfalten so eine ganz besondere Stimmung. Die sprachliche Gestaltung kann die Charakterisierung der Hauptfiguren noch verstärken.

Robert Walser: Der Nachen (1914)

Ich glaube, ich habe diese Szene schon geschrieben, aber ich will sie noch einmal schreiben. In einem Nachen[1], mitten auf dem See, sitzen ein Mann und eine Frau. Hoch oben am dunklen Himmel steht der Mond. Die Nacht ist still und warm, recht geeignet für das träumerische Liebesabenteuer. Ist der Mann im Nachen ein Entführer? Ist die Frau die glückliche, bezauberte Verführte? Das wissen wir nicht; wir sehen nur, wie sie beide sich küssen. Der dunkle Berg liegt wie ein Riese im glänzenden Wasser. Am Ufer liegt ein Schloss oder Landhaus mit einem erhellten Fenster. Kein Laut, kein Ton. Alles ist in ein schwarzes, süßes Schweigen gehüllt. Die Sterne zittern hoch oben am Himmel und auch von tief unten aus dem Himmel herauf, der im Wasserspiegel liegt. Das Wasser ist die Freundin des Mondes, es hat ihn zu sich herabgezogen, und nun küssen sich das Wasser und der Mond wie Freund und Freundin. Der schöne Mond ist in das Wasser gesunken wie ein junger kühner Fürst in eine Flut von Gefahren. Er spiegelt sich im Wasser, wie ein schönes liebevolles Herz sich in einem andern liebesdurstigen Herzen widerspiegelt. Herrlich ist es, wie der Mond dem Liebenden gleicht, ertrunken in Genüssen, und wie das Wasser der glücklichen Geliebten gleicht, umhalsend und umarmend den königlichen Liebsten. Mann und Frau im Boot sind ganz still. Ein langer Kuss hält sie gefangen. Die Ruder liegen lässig auf dem Wasser. Werden sie glücklich, werden sie glücklich werden, die zwei, die da im Nachen sind, die zwei, die sich küssen, die zwei, die der Mond bescheint, die zwei, die sich lieben?

1 der Nachen: ein kleines Boot

1 Geben Sie den Text in knapper Form wieder.

2 Arbeiten Sie Erzählperspektive und Darbietungsform heraus und erläutern Sie deren Wirkung.

3 Charakterisieren Sie die Hauptfiguren.

a) Erläutern Sie, wie das Liebespaar beschrieben wird.

b) Arbeiten Sie die sprachlichen Besonderheiten heraus und deren Wirkung in Bezug auf die nächtliche Atmosphäre und die Stimmung zwischen den Liebenden (↗ Rhetorische Stilmittel, S. 214 f.).

FAZIT

1.1 Zwischen Fabel, Parabel und Kurzgeschichte unterscheiden
- Den Inhalt wiedergeben

1.2 Figuren charakterisieren

1.3 Die Erzählperspektive bestimmen

1.4 Eine Kurzgeschichte interpretieren

1.5 Anwenden, Vertiefen, Fazit
- Sprachliche Besonderheiten untersuchen

Kapitel 2

Lyrische Texte interpretieren

2.1
Lyrische Texte erschließen

2.2
Lyrische Texte interpretieren

2.3
Anwenden, Vertiefen, Fazit

Lyrische Texte findet man nicht nur in Form von Gedichten, sondern auch als Songtexte, Sprichwörter oder Werbeslogans. Während bei Epik und Dramatik die Handlung und das Geschehen im Mittelpunkt stehen, lässt die Lyrik Rhythmen hören und Bilder an den Augen vorbeiziehen. Sie weckt die Vorstellungskraft von Gerüchen, Geschmäckern und Gefühlen. Um dies zu erreichen, verwenden die Autorinnen und Autoren verschiedene sprachliche Gestaltungsmittel, die in diesem Kapitel analysiert und interpretiert werden.

Themenschwerpunkt dieses Kapitels ist die Frage nach der Rolle des Menschen in seiner Lebenswelt, nach seinem Selbstbild und dem Bild, das sich andere von einer Person machen.

Erklärvideo zur Interpretation von Gedichten

Kompetenzen

- ✓ Merkmale eines Gedichts benennen
- ✓ Form und Rhythmus eines Gedichts untersuchen
- ✓ Thema und Stimmung eines Gedichts deuten
- ✓ sprachliche Mittel untersuchen
- ✓ eine Interpretation schreiben
- ✓ eigene Verse schreiben

Methoden und Arbeitstechniken

- ✓ Kopfstandmethode
- ✓ Gedichtvortrag und szenisches Lesen
- ✓ Think-Pair-Share
- ✓ Murmelrunde
- ✓ Kaffeehaus-Methode
- ✓ Gruppenpuzzle

Lyrische Texte erschließen

Zugang zu einem Gedicht finden

Lyrische Texte sind Verstexte, wobei Verse sich im Gegensatz zu Sätzen in Prosa durch eine besondere künstlerische Gestaltung auszeichnen.

1 Lesen Sie das Gedicht. Schreiben Sie zwei bis vier eigene Verse und fügen Sie diese in das Gedicht ein.

Ein Land, das man noch nicht bereist,
ein Mahl, das man noch nicht gespeist.

Georg Philipp Harsdörffer: Das Leben des Menschen (1650)

Das Leben ist
Ein Laub, das grünt und falbt[1] geschwind.
Ein Staub, den leicht vertreibt der Wind.
Ein Schnee, der in dem Nu vergehet.
Ein See, der niemals stille stehet.
Die Blum', so nach der Blüt' verfällt.
Der Ruhm, auf kurze Zeit gestellt.
Ein Gras, das leichtlich wird verdrücket.
Ein Glas, das leichter wird zerstücket.
Ein Traum, der mit dem Schlaf aufhört.
Ein Schaum, den Flut und Wind verzehrt.
Ein Heu, das kurze Zeit bleibet.
Die Spreu, so mancher Wind vertreibet.
Ein Kauf, den man am End' bereut.
Ein Lauf, der schnaufend schnell erfreut.
Ein Wasserstrom, der pfeilt geschwind.
Die Wasserblas', so bald zerrinnt.
Ein Schatten, der uns macht schabab[2].
Die Matten, so gräbt unser Grab.

1 falben: fahl, bleich werden, sich entfärben
2 schabab machen: hier: zum Verschwinden bringen

Gary Waters

2 Sehen Sie sich die Überschrift des Gedichts und das Bild an. Erstellen Sie eine Mindmap (↗ Kapitel 14, S. 191–204) zum Thema „Das Leben des Menschen".

3 Welche Erfahrungen haben Sie beim Verfassen der Verse gemacht? Worauf haben Sie beim Inhalt und bei der Form geachtet?

4 Lesen Sie GUT ZU WISSEN „Vers, Strophe, Reim" und „Versformen". Beschreiben Sie die Strophen und Reime des Gedichts – einschließlich Ihrer eigenen Verse – mithilfe der Fachbegriffe.

GUT ZU WISSEN | **Vers, Strophe, Reim**

Der **Vers** ist eine Gedichtzeile und unterscheidet die Lyrik von Prosa und Dramatik. Verse werden zu **Strophen** zusammengefasst und bilden verschiedene Gedichtformen. Ein **Reim** kann an verschiedenen Stellen auftreten.

Form und Rhythmus eines Gedichts erschließen

GUT ZU WISSEN | **Versformen**

Endreim: Reimwörter am Versende. Die wichtigsten sind:

- der Paarreim mit dem Schema aabb (z. B. bereut-erfreut-geschwind-zerrinnt)
- der Kreuzreim abab (z. B. Glücke-Bahn-Blicke-an)
- der umarmende Reim abba (z. B. Zier-Kerzen-Märzen-ihr)
- der Schweifreim aabccb (z. B. haben-vergraben-Schaum-Schatten-Taten-Traum)

Binnenreim: Reimwörter inmitten eines Verses

Liegt **kein festes Reimschema** vor, z. B. in vielen zeitgenössischen Gedichten, spricht man von freien Versen.

Form und Rhythmus eines Gedichts erschließen

Angelus Silesius hat Gedichte und kurze Sinnsprüche verfasst, die Lebensweisheiten enthalten.

Angelus Silesius: Ohne Warum (1653)

Die Ros ist ohn' Warum; sie blühet, weil sie blühet,
Sie acht' nicht ihrer selbst, fragt nicht, ob man sie siehet.

1 Beschreiben Sie die Versform (↗ GZW „Metrik (Verslehre)“).

Der Sinnspruch „Ohne Warum“ von Angelus Silesius von ... besteht aus ... Versen mit ... Silben.

2 Begründen Sie, welche Wirkung diese Versform auf die Lesenden hat.

Durch die Zäsur nach der dritten Hebung entsteht beim Lesen der Verse eine Pause, die den Leserinnen und Lesern Zeit zur Besinnung lässt.

GUT ZU WISSEN | **Metrik (Verslehre)**

Lyrische Texte haben oft eine rhythmische Gestaltung, die in der **Metrik (Verslehre)** in Form von betonten und unbetonten Silben **(Hebungen und Senkungen)** untersucht wird. Die wichtigsten **Versfüße** sind:

Jambus xx́ – unbetont, betont	z. B.: Das Lében íst ein Láub.
Trochäus x́x – betont, unbetont	z. B.: Gróßte Nót erwä́chst aus éignen Hä́nden.
Daktylus: x́xx – betont, unbetont, unbetont	z. B.: Kúrz ist das Lében fürwáhr.
Anapäst xxx́ – unbetont, unbetont, betont	z. B.: Alle blínken die Stérne mit zítterndem Schéin.

Verbindet man den Versfuß mit der Zahl der Hebungen in einem Vers, so spricht man z. B. von einem vierhebigen Trochäus. Dies ist das **Metrum** oder **Versmaß**. Mithilfe des Metrums kann man verschiedene Versformen bestimmen, z. B. ist für Barockgedichte der **Alexandriner** sehr typisch. Dies ist ein sechshebiger Jambus mit **Zäsur** (Einschnitt) nach der dritten Hebung. **Beispiel:** *„Itzt sind wir hoch und groß, | | und morgen schon vergraben.“* Der Alexandriner wird häufig in **Sonetten** verwendet. Das Sonett verbindet zwei Strophen mit vier Versen (Quartetten) mit zwei Strophen aus drei Versen (Terzetten). Oft geschieht zwischen den Quartetten und den Terzetten ein gedanklicher Wandel.

Das lyrische Ich beschreiben

Auch in den Gedichten von Andreas Gryphius spiegelt sich das Lebensgefühl der Menschen im 17. Jahrhundert. Es wird durch ein „lyrisches Ich“ vermittelt, das näher untersucht werden soll.

Andreas Gryphius: Tränen in schwerer Krankheit (1640)

Mir ist, ich weiß nicht wie, ich seufze für und für[1].
Ich weine Tag und Nacht, ich sitz in tausend Schmerzen;
Und tausend fürcht' ich noch; die Kraft in meinem Herzen
Verschwindt, der Geist verschmacht', die Hände sinken mir.

Die Wangen werden bleich, der muntern Augen Zier
Vergeht gleich als der Schein der schon verbrannten Kerzen.
Die Seele wird bestürmt, gleich wie die See im Märzen.
Was ist dies Leben doch, was sind wir, ich und ihr?

Was bilden wir uns ein, was wünschen wir zu haben?
Itzt[2] sind wir hoch und groß, und morgen schon vergraben:
Itzt Blumen, morgen Kot. Wir sind ein Wind, ein Schaum,

Ein Nebel und ein Bach, ein Reif, ein Tau, ein Schatten;
Itzt was und morgen nichts. Und was sind unsre Taten
Als ein mit herber Angst durchmischter Traum.

1 für und für: die ganze Zeit
2 itzt: jetzt

1 Lesen Sie das Gedicht. Betrachten Sie besonders die Verben in den ersten beiden Strophen: Welches Lebensgefühl lässt sich aus der Wahl der Verben ableiten?

2 Untersuchen Sie die Haltung des „lyrischen Ichs“. (↗ GZW „Das lyrische Ich“).
Gleich mit dem ersten Wort gibt sich ein lyrisches Ich zu erkennen (Mir, V. 1).

GUT ZU WISSEN — Das lyrische Ich

In lyrischen Texten gibt es keine **Erzählinstanz** wie in der Prosa. Man spricht vom **lyrischen Ich**, das explizit („ich“, „mir“) oder implizit (verborgen) im Gedicht auftritt, Gefühle und Stimmungen vermittelt oder Wertungen vornimmt. Mögliche Fragen, mit denen man die Haltung des lyrischen Ichs erschließen kann, sind folgende:

- Was erfährt der Lesende über das „Ich“, das in dem Gedicht spricht?
- Wie nimmt es seine Umgebung, die Menschen und die Welt wahr und bewertet diese?
- In welcher Stimmung ist es selbst?

Es ist wichtig für die Interpretation eines Gedichts, zwischen der Autorin / dem Autor des Gedichts und dem lyrischen Ich zu unterscheiden. Auch wenn Gedichten häufig eigene Lebenserfahrungen zugrunde liegen, erfolgt die Auseinandersetzung damit immer über eine vermittelnde Instanz, das lyrische Ich.

Das lyrische Ich beschreiben

3 Lesen Sie das Muster „Analyse der Gedicht- und Versform einer Schülerin“.

a) Welche Versformen und Reimschemata hat die Schülerin herausgearbeitet?

b) Die Schülerin hat als Gedichtform „Sonett“ notiert. Erläutern Sie, warum dieses Gedicht ein Sonett ist (↗ GZW „Metrik (Verslehre)“, S. 29).

c) Beschreiben Sie die Gedicht- und Versform in einem zusammenfassenden Text. Verwenden Sie Sprache und Stil „Form und Inhalt eines Gedichts beschreiben und analysieren“

MUSTER Analyse der Gedicht- und Versform
Tränen in schwerer Krankheit

Sonnett

Mir ist, ich weiß nicht wie, ich seufze für und für. a
Ich weine Tag und Nacht, ich sitz in tausend Schmerzen; b
Und tausend fürcht' ich noch; die Kraft in meinem Herzen b
Verschwindt, der Geist verschmacht', die Hände sinken mir. a

Die Wangen werden bleich, der muntern Augen Zier a
Vergeht gleich als der Schein der schon verbrannten Kerzen. b
Die Seele wird bestürmt, gleich wie die See im Märzen. b
Was ist dies Leben doch, was sind wir, ich und ihr? a

umarmender Reim

Was bilden wir uns ein, was wünschen wir zu haben? c
Itzt sind wir hoch und groß, und morgen schon vergraben: c
Itzt Blumen, morgen Kot. Wir sind ein Wind, ein Schaum, d

Ein Nebel und ein Bach, ein Reif, ein Tau, ein Schatten; e
Itzt was und morgen nichts. Und was sind unsre Taten e
Als ein mit herber Angst durchmischter Traum. d

Schweifreim

SPRACHE UND STIL **Form und Inhalt eines Gedichts beschreiben und analysieren**

Das Gedicht ist in … Strophen mit … Versen gegliedert.
Die Verse weisen ein regelmäßiges Reimschema auf: …
Das Metrum ist durchgehend ein …-hebiger …
Auffällig ist die Zäsur …
Die Form des Gedichts weist darauf hin, dass …
… unterstützt den Eindruck, dass …,
… steht in auffälliger Spannung / im Kontrast / im Widerspruch zu …
Der Mensch wird in seinem Wesen als … charakterisiert.
Es gehört zu seinen Herausforderungen …

Das Menschenbild in der Barocklyrik beschreiben

Die Epoche des Barocks fällt ins 17. Jahrhundert. Dass es in dieser Zeit auch – meist adlige – Dichterinnen gibt, zeigt das Beispiel der österreichischen Lyrikerin C. R. von Greiffenberg.

1 Diskutieren Sie in einer Murmelrunde (↗ Kapitel 14, S. 191–204), inwiefern „Unglück" „beglückend" sein kann.

2 Was macht einen Menschen in seinem Leben gut und stark? Wenden Sie zur Beantwortung die Kopfstandmethode an: „Was schadet mir, was schmettert mich völlig nieder?" (↗ Kapitel 14, S. 191–204: Kopfstandmethode).

Catharina Regina von Greiffenberg: Das beglückende Unglück (1662)

Es dunken[1] uns zwar schwer die Kreuz[2]- und Trübsalzeiten,
Jedoch sie nach dem Geist sehr nutzlich seind und gut,
Dieweil, den Palmen gleich, der christlich Heldenmut
Sich schwinget hoch empor in Widerwärtigkeiten.

Man pflegt mit großer Müh die Kräuter zu bereiten,
Eh man das Öl erlangt, der Kräuter Geist und Blut;
Man brennt und läutert[3] sie bei mancher heißer Glut.
So will uns Gottes Rat auch zu der Tugend leiten.

Es muss das Spiegelglas sehr wohl geschliffen sein,
Sonst ist es nicht gerecht und wirfet falschen Schein.
Der Mensch, in dem sich Gott bespiegelt, soll er leuchten,

So muss durch Kreuzesstahl er werden zugericht.
Allein in Unglücksnacht sieht man das Licht im Licht.
Uns nutzt das Kreuz als wie dem Feld das Taubefeuchten[4].

1 dunken: scheinen
2 das Kreuz: hier: Leid
3 läutern: hier: reinigen, klären
4 das Taubefeuchten: der Tau, der das Feld befeuchtet und fruchtbar macht

3 In diesem Gedicht nimmt das lyrische Ich sehr viel Leid und Schmerz in seiner Umwelt wahr. Begründen Sie, worin sich das lyrische Ich in diesem Gedicht von dem bei Gryphius (S. 30) unterscheidet.

4 Erläutern Sie das Menschenbild, das in diesem Gedicht gezeichnet wird.

a) Suchen Sie im Gedicht nach Schlüsselwörtern, die zeigen, wie das lyrische Ich seine Lebensumstände beschreibt und bewertet.

In der ersten Strophe benutzt das lyrische Ich häufig negative Worte wie „Kreuz" und „Trübsalzeiten" und bewertet diese Lebensumstände als „schwer" (V. 1).

b) Lesen Sie GUT ZU WISSEN „Barock: Lyrik" und begründen Sie, welche charakteristischen Merkmale dieser Epoche sich im vorliegenden Gedicht widerspiegeln.

Im Gedicht spiegelt sich der barocke Todesgedanke (memento mori) im Bild des „Kreuz[es]" (V. 1, V. 14) und der Lebensgenuss (carpe diem) durch das wohltuende „Öl" (V. 6) wider.

Ein Gedicht aus dem Barock analysieren

GUT ZU WISSEN | Barock: Lyrik

Der Barock (1600–1720) ist eine Zeit mit großem Zwiespalt: Besonders zur Zeit des **Dreißigjährigen Kriegs (1618–1648)** sind sich die Menschen der Kürze des Lebens und ihrer **Vergänglichkeit** sehr bewusst. Die alltägliche Erfahrung großen Leids bewirkt aber auch eine starke Sehnsucht nach Liebe und **Sinnlichkeit**. Bedrückende Gedanken, wie **Vanitas** (Vergeblichkeit, Eitelkeit) und **Memento mori** („Bedenke, dass du sterben musst"), sowie der frohe Aufruf **Carpe diem** („Genieße den Tag") werden zu zentralen **Motiven** der Kunst.
Die Lyrik folgt strengen poetischen Regeln. Häufig wird in Gedichten über **das Wesen und die Rolle des Menschen** nachgedacht: Kann ich, unabhängig von Gott oder einer höheren Macht, die Welt verstehen? Erkenne ich sie nur, indem ich meine körperlichen Sinne benutze, oder auch durch mein Denken? Kann ich die Welt aus eigener Kraft verändern, besser machen? Kurz: Wer bin ich, wie bin ich, was sind die Aufgaben des Menschen in der Welt?

Ein Gedicht aus dem Barock analysieren

Bei der Analyse von Lyrik ist immer zu fragen, wie die Sprache mit dem Inhalt des Gedichts zusammenwirkt. Die Analyse bereitet die Interpretation, d. h. die Deutung des Gedichts, vor (↗ Rhetorische Stilmittel, S. 214 f.).

Christian Hoffmann von Hoffmannswaldau: Das menschliche Leben (17. Jh.)

Wie dürftig scheint dem Menschen das Gelücke[1].
Die Dornen pflastern seine Bahn,
er spürt mehr Blitz als Sonnenblicke
und rührt gar selten Rosen an.
Die Wiege blüht nicht ohne heiße Tränen.
die Jugend lernt mit Fallen gehn.
Sie muss sich halb verbrennen, halb versehnen
und zwischen Sturm und wilden Klippen stehn.

Wir betten uns auf Dornen und auf Spitzen
und stören unsre Ruh und Lust.
Lässt uns der Feind gleich sicher sitzen,
so tobt der Feind in unsrer Brust.
Die größte Not wächst uns aus eignen Händen.
Wir stürmen unser Herz und Haus,
und will uns gleich ein Fremder nicht verblenden[2],
so stechen wir uns selbst die Augen aus.

gelb: Stilmittel auf der Lautebene: Assonanzen und Alliteration

grün: Stilmittel auf der Satzbauebene: Parallelismus, Inversion

rot: Stilmittel auf der Bedeutungsebene: Antithetik, Wiederholung

blau: Stilmittel auf der Bedeutungsebene: Metapher, Metonymie und Synekdoche

1 das Gelücke: poetisiert für Glück
2 verblenden: bewusst täuschen, blind machen

1 Analysieren Sie die im Gedicht blau unterlegten Metaphern, Metonymien und Synekdochen.

positive Bilder für das Leben			*negative Bilder für das Leben*		
Bild	*Metapher, Metonymie oder Synekdoche?*	*steht für*	*Bild*	*Metapher, Metonymie oder Synekdoche?*	*steht für*
Rose (V. 4)	*Metapher*	*Liebe …*	*Dornen (V. 2)*		*Probleme …*

Ein Gedicht aus dem Barock analysieren

2 Diskutieren Sie das Muster „aus einer Interpretation zu ‚Das menschliche Leben'".

a) An welchen Stellen werden weitere sprachliche Elemente des Gedichts benannt?

b) Wo werden sie in ihrer Bedeutung für den Inhalt erläutert?

MUSTER aus einer Interpretation zu „Das menschliche Leben"

Betrachtet man die Tätigkeiten, die von dem lyrischen „Wir" ausgehen, so scheint dieses durchgehend aktiv gegen die eigene Gesundheit vorzugehen: „Wir betten uns auf Dornen (...)"(V. 9), „Und stören" (V. 10), „Wir stürmen" (V. 14). Es steigert sich dieses destruktive Verhalten immer weiter: „stechen uns selbst die Augen aus" (V. 16). In der Wiederholung des Wortes „Feind" (V. 11 und 12) findet sich ein deutlicher Hinweis, dass all diese Tätigkeiten eigentlich solche sind, die von äußeren Feinden ausgehen. Durch das Bild „Feind in unsrer Brust" jedoch, wobei die Brust als pars pro toto für die Gesamtheit des eigenen inneren Erlebens steht und der „Feind" metaphorisch für zerstörerische Kräfte, wird das lyrische „Wir" entlarvt, sein eigener Gegner zu sein und sich selbst von innen heraus zu bekämpfen.

Die anfängliche Hypothese, dass es die zentrale Absicht des lyrischen Ichs bzw. Wirs in diesem Gedicht ist, einen Teil der Verantwortung für das Elend der Menschen in der eigenen, negativen Lebenseinstellung zu suchen, wird an dieser Stelle intensiv unterstützt und in Vers 13 auf den Punkt gebracht, wo die personifizierte „größte Not" aus den „eignen Händen" „wächst" und nicht von „Fremden" (V. 15) herbeigeführt wird. Mit diesem zentralen Kontrast schließt das Gedicht.

3 Interpretieren Sie das Gedicht auf der Grundlage Ihrer Analyseergebnisse.

a) Formulieren Sie eine Analyse der Form (↗ GZW „Vers, Strophe, Reim" und „Metrik").

b) Analysieren Sie die sprachlichen Mittel und deren Funktion. Verwenden Sie dafür GUT ZU WISSEN „Rhetorische Mittel in Gedichten".

c) Deuten Sie Form und Sprache, indem Sie diese mit inhaltlichen Aussagen des Gedichtes und eigenen Schlussfolgerungen verknüpfen.

Die Wirkung vieler negativer Metaphern wird durch das Verb „scheint" (V. 1) relativiert: Dem Menschen „scheint" das Leben nur so schlecht. Diese Einstellung gibt er an seine Kinder weiter, sodass auch diese im Glauben aufwachsen, ihre Umgebung sei durch und durch aggressiv. Jedoch ...

★ d) Fügen Sie Ihrem Aufsatz eine geeignete Einleitung und einen abrundenden Schluss hinzu (↗ Checkliste „Eine Gedichtanalyse und -interpretation verfassen" und Sprache und Stil „Einleitung und Schluss einer Gedichtinterpretation formulieren".)

GUT ZU WISSEN Rhetorische Mittel in Gedichten

Die Analyse der Sprache eines Gedichts erstreckt sich auf verschiedene Ebenen. Auf der **Lautebene** werden Stilmittel eingesetzt, um Wörtern einen bestimmten Klang zu verleihen (z. B. durch dunkle/helle Vokale, Lautmalereien, Alliterationen und Assonanzen). Auf der **Satzebene** wird z. B. mit unvollständigen Sätzen gearbeitet (Ellipsen), Satzteile werden parallel (Parallelismus) oder gekreuzt (Chiasmus) angeordnet, um die beabsichtigte Wirkung zu erzielen.

Bilder entstehen, wenn **Bedeutungen** von Ausdrücken übertragen oder verschoben werden, z. B. durch Metaphern, Vergleiche, Metonymien, Synekdochen, Hyperbeln oder den Gebrauch von Ironie.

Diese **rhetorischen Stilmittel** (↗ Kapitel 15, S. 214) werden zum einen dafür eingesetzt, um den Versen Rhythmus und den Worten Mehrdeutigkeit zu verleihen. Zum anderen wird damit beabsichtigt, Inhalt, Form und Sprache eng zu verweben. Damit wird die Wirkung verstärkt oder man lässt Teile des Gedichts in Spannung zueinander treten.

Ein Gedicht aus dem Barock analysieren

SPRACHE UND STIL | Einleitung und Schluss einer Gedichtinterpretation formulieren

Einleitung

Das im Jahr ... von ... verfasste Gedicht
bringt zum Ausdruck, dass ...
spiegelt ...
thematisiert ...
vermittelt den Eindruck, dass ...
Das zentrale Thema des Gedichtes ist ...
Das lyrische Ich
setzt sich mit ... auseinander
hofft / leidet unter ...

Schluss

Als wichtigstes Ergebnis soll festgehalten werden ...
Wie bereits in der Einleitung vermutet ...
Ganz im Sinn der zu Anfang aufgestellten Hypothese ...
Das zentrale Thema des Gedichts erweist sich nach wie vor als aktuell ...
Meines Erachtens ... weist das Gedicht hinsichtlich seiner Motive eine auffällige Ähnlichkeit zu ... auf.

CHECKLISTE | Eine Gedichtanalyse und -interpretation verfassen

Einleitung

- ☑ Sind alle wichtigen Daten (Autorin/Autor, Titel, Jahr) genannt?
- ☑ Haben Sie das Thema des Gedichts auf den Punkt gebracht?
- ☑ Haben Sie eine Vermutung über die Hauptaussage angestellt (Deutungshypothese)?

Hauptteil

- ☑ Ist der Inhalt der Strophen kurz zusammengefasst?
- ☑ Haben Sie Gedichtform, Versart, Reim und Metrik analysiert?
- ☑ Wurde die Stimmung und Perspektive des lyrischen Ichs begründet und am Text belegt?
- ☑ Wurden die wichtigsten sprachlichen Mittel benannt und ihre Funktion für den Inhalt erläutert?
- ☑ Haben Sie aufgrund der Analyse schlüssige, weiterführende Folgerungen getroffen?
- ☑ Haben Sie alle Deutungen präzise durch Textbelege begründet?

Schluss

- ☑ Wurde die Deutungshypothese überprüft und gegebenenfalls angepasst?
- ☑ Haben Sie ggf. Hintergrundwissen über Autor, Thema und/oder Epoche eingebunden?
- ☑ Sind die zentralen Ergebnisse kurz und präzise zusammengefasst?
- ☑ Wurde das Gedicht in seiner Bedeutung für die eigene, aktuelle Lebenswelt gewürdigt?

Sprache und Stil

- ☑ Ist der Aufsatz durchgehend im Präsens geschrieben?
- ☑ Haben Sie die indirekte Rede im Konjunktiv wiedergegeben?
- ☑ Haben Sie Fachbegriffe und keine Ausdrücke der Umgangssprache benutzt?
- ☑ Haben Sie die Ergebnisse verallgemeinerbar, sachlich und objektiv formuliert?
- ☑ Ist die Wortwahl abwechslungsreich und interessant gestaltet? Liest sich der Aufsatz flüssig?

Lyrische Texte interpretieren

Ein Gedicht aus dem Sturm und Drang interpretieren

Die wichtigsten Dichter des Sturm und Drangs, Goethe (1749–1832) und Schiller (1759–1805), lehnen sich gegen starre Regelsysteme und die einengende Rationalität der Aufklärung auf.

Johann Wolfgang von Goethe: Prometheus (1773/1774)

Bedecke deinen Himmel, Zeus,
Mit Wolkendunst!
Und übe, Knaben gleich,
Der Disteln köpft,
An Eichen dich und Bergeshöh'n!
Musst mir meine Erde
Doch lassen steh'n,
Und meine Hütte,
Die du nicht gebaut,
Und meinen Herd,
Um dessen Glut
Du mich beneidest.

Ich kenne nichts Ärmer's
Unter der Sonn' als euch Götter!
Ihr nähret kümmerlich
Von Opfersteuern
Und Gebetshauch
Eure Majestät
Und darbtet[1], wären
Nicht Kinder und Bettler
Hoffnungsvolle Toren[2].

Da ich ein Kind war,
Nicht wusst', wo aus, wo ein,
Kehrte ich mein verirrtes Aug'
Zur Sonne, als wenn drüber wär'
Ein Ohr, zu hören meine Klage,
Ein Herz wie meins,
Sich des Bedrängten zu erbarmen.

Wer half mir wider
Der Titanen[3] Übermut?
Wer rettete vom Tode mich,
Von Sklaverei?
Hast du's nicht alles selbst vollendet,
Heilig glühend Herz?
Und glühtest, jung und gut,
Betrogen, Rettungsdank
Dem Schlafenden dadroben?

Prometheus von Jan Cossiers (1600–1671), nach einer Ölskizze von Peter Paul Rubens

Ich dich ehren? Wofür?
Hast du die Schmerzen gelindert
Je des Beladenen?
Hast du die Tränen gestillet
Je des Geängsteten?
Hat nicht mich zum Manne geschmiedet
Die allmächtige Zeit
Und das ewige Schicksal,
Meine Herren und deine?

Wähntest du etwa,
Ich sollte das Leben hassen,
In Wüsten flieh'n,
Weil nicht alle Knabenmorgen-
Blütenträume reiften?

Hier sitz' ich, forme Menschen
Nach meinem Bilde,
Ein Geschlecht, das mir gleich sei,
Zu leiden, weinen,
Genießen und zu freuen sich,
Und dein nicht zu achten,
Wie ich!

1 darben: Mangel leiden
2 der Tor: der Narr, der Dummkopf
3 die Titanen: Göttergeschlecht

Ein Gedicht aus dem Sturm und Drang interpretieren

1 Der Halbgott Prometheus rebelliert gegen Zeus, bringt den Menschen gegen den Willen des Göttervaters Feuer und somit Fortschritt und Zivilisation. Dafür wird er laut Überlieferung grausam bestraft.

a) Recherchieren Sie zu „Prometheus" im Internet.

b) Gestalten Sie einen Kurzvortrag.

2 Das Gedicht ist ein Monolog des Prometheus.

a) Bereiten Sie eine Lesung des Gedichts vor.

- Notieren Sie, an welchen Stellen Prometheus wütend, trotzig, drohend, ruhig, zweifelnd ... ist.
- Entscheiden Sie, welche Verse in welcher Lautstärke, Geschwindigkeit und Intonation vorzutragen sind.
- Halten Sie fest, welche Mimik und Gestik Sie einsetzen wollen, um dem Text noch mehr Nachdruck zu verleihen.

b) Tragen Sie das Gedicht betont vor (einzeln oder chorisch, in Zweier- oder Dreiergruppen).

3 Gliedern Sie das Gedicht inhaltlich: Unterscheiden Sie dabei, welche Vorwürfe das lyrische Ich, Prometheus, gegen Zeus erhebt (↗ GZW „Das lyrische Ich", S. 30).

4 Erläutern Sie, welche sprachlichen Mittel die Stimmung des lyrischen Ichs besonders stützen.

Der Neologismus „Knabenmorgen-Blütenträume" (V. 50 f.) umschreibt sehr anschaulich die Hoffnungen, die sich Prometheus anfangs gemacht hat ...

5 Ordnen Sie das Gedicht in die Epoche ein. Verwenden Sie dafür GUT ZU WISSEN „Sturm und Drang: Lyrik".

6 Setzen Sie sich im Rahmen der Kaffeehaus-Methode (↗ Kapitel 14, S. 191–204) mit den Chancen und Gefahren eines rebellischen Menschen, eines „Stürmers und Drängers", auseinander. Beziehen Sie eigene, aktuelle Erfahrungen ein.

7 Verfassen Sie eine Interpretation, indem Sie Ihre Ergebnisse aus den vorherigen Aufgaben berücksichtigen (↗ Checkliste „Eine Gedichtanalyse und -interpretation verfassen", S. 35).

GUT ZU WISSEN – Sturm und Drang: Lyrik

In der relativ kurzen Zeit des Sturm und Drang (1760–1780) spiegelt sich in der Lyrik ein **überschwängliches Selbstbewusstsein** des Menschen, der die Welt **mit allen Sinnen** und innigen **Gefühlen** erlebt. Daher dominiert eine spontan wirkende **Erlebnislyrik**, die sich auf extreme, intensive und **individuelle Erfahrungen** konzentriert.

Dem **Freiheitsdrang** der Menschen entsprechen oft freie Verse, die Sprache ist natürlich, dynamisch und expressiv. Der Dichter wird wie der Künstler allgemein als ein **„Genie"** empfunden und gepriesen, das mit seinen Mitteln die aufregende **Natur**, die Liebe und das Leben mit all seinen Höhen und Tiefen am besten begreifen und (nach-) bilden kann.

Die Werke dieser „Geniezeit" lehnen sich gegen das einseitige, vernunftbetonte Menschenbild der Aufklärung ebenso auf wie gegen jegliche Regelpoetik und verurteilen die ständische Gesellschaftsordnung mit ihren starren Konventionen.

Anwenden, Vertiefen, Fazit

Heutige Lyrik mit Barock und Sturm und Drang vergleichen

Die Frage nach der Bedeutung des Menschen, nach seinem Umgang mit Mitmenschen und der Umwelt verliert nicht an Aktualität. Die Erfahrungen früherer Epochen wirken dabei nachhaltig.

Dagmar Nick: Idylle (1992)

Von Vergänglichkeit wird nicht geredet.
Auch der Waffenstillstand vom Montag
ist schon am Dienstag gebrochen.
Wie leicht fliegt die Leuchtmunition
über den Bildschirm, wie hübsch
das Phosphorgrün der Raketen
bei Nacht.
Morgens sind die Gesichter der Toten
mit Tüchern bedeckt, die Gesichter
der Lebenden mit den Händen.
Einer wird gewinnen, verspätet.
Wir warten, todsicher
in der ersten Reihe.

1 Welche Elemente aus dem Barock und Sturm und Drang greift das Gedicht auf? Überlegen Sie erst allein, diskutieren Sie dann zu zweit und schließlich in der Klasse (↗ Kapitel 14, S. 191–204: Think-Pair-Share).

2 Analysieren und interpretieren Sie das Gedicht in Inhalt, Form und Sprache. Welches Menschenbild wird vermittelt?

3 Recherchieren Sie andere aktuelle lyrische Texte (Songs, Werbeslogans u. a.), die sich mit dem heutigen Bild des Menschen auseinandersetzen (↗ Kapitel 14, S. 291–204: Gruppenpuzzle).

a) Analysieren und interpretieren Sie einen der aktuellen Texte, der Sie besonders anspricht.

b) Vergleichen Sie den aktuellen Text mit einem Gedicht Ihrer Wahl aus diesem Kapitel.

FAZIT

2.1
Lyrische Texte erschließen
- Zugang zu einem Gedicht finden
- Form und Rhythmus eines Gedichts erschließen
- Das lyrische Ich beschreiben
- Das Menschenbild in der Barocklyrik beschreiben
- Ein Gedicht aus dem Barock analysieren

2.2
Lyrische Texte interpretieren
- Ein Gedicht aus dem Sturm und Drang interpretieren

2.3
Anwenden, Vertiefen, Fazit
- Heutige Lyrik mit Barock und Sturm und Drang vergleichen

Kapitel 3

Dramen analysieren

3.1
Ein bürgerliches Trauerspiel untersuchen: Emilia Galotti (Aufklärung)

3.2
Dialoge analysieren: Die Räuber (Sturm und Drang)

3.3
Anwenden, Vertiefen, Fazit

Dramatische Texte werden für Aufführungen im Theater geschrieben. Deshalb muss ein dramatischer Text stets in einer Beziehung zur Bühne gedacht werden. Dramatische Texte sind auch sehr oft ein Abbild gesellschaftlicher Zustände ihrer Zeit.

Im folgenden Kapitel lernen Sie zwei Dramentexte aus unterschiedlichen literarischen Epochen mit unterschiedlichen Menschenbildern kennen.

Erklärvideo zur Analyse von Dramen

Kompetenzen

- ✓ Gesprächsverläufe analysieren
- ✓ Szeneninhalt wiedergeben
- ✓ Figuren analysieren
- ✓ Theaterstücke in Zeit und Epoche einordnen und verstehen
- ✓ Bedeutsamkeit dramatischer Texte untersuchen

Methoden und Arbeitstechniken

- ✓ Mindmap
- ✓ Szenisches Interpretieren
- ✓ Dialoganalyse
- ✓ Recherche
- ✓ Gruppenpuzzle

Ein bürgerliches Trauerspiel untersuchen: Emilia Galotti (Aufklärung)

1 Erstellen Sie eine Mindmap (↗ Kapitel 14, S. 191–204) mit Ihrem Wissen und Ihren Vorstellungen von Theater. Beziehen Sie auch das Bild von Seite 39 ein.

Die junge Bürgerin Emilia Galotti möchte heiraten. Doch der mächtige Prinz Hettore Gonzaga will Emilia zu seiner Geliebten machen, Emilia gerät in die Fänge der mächtigen Adelswelt und verfängt sich immer mehr in den Intrigen des Prinzen und seines Gehilfen Marinelli.

Inhaltsangabe

1. Akt – Exposition: Der Prinz Hettore Gonzaga verliebt sich in das bürgerliche Mädchen Emilia Galotti. Marinelli, der Kammerherr des Prinzen, plant in dessen Auftrag eine Intrige, wodurch die am gleichen Tag geplante Hochzeit Emilias mit dem Grafen Appiani verhindert werden soll.
2. Akt – Steigende Handlung: In der Kirche bedrängt der Prinz Emilia, die dadurch stark verunsichert wird. Die Familie Galotti bereitet sich auf die Hochzeit vor. Der Plan Marinellis, den Grafen Appiani durch einen Vorwand wegzulocken, scheitert.
3. Akt – Höhepunkt: Marinelli schmiedet mit dem Prinzen einen neuen Plan. Emilia soll auf das Lustschloss des Prinzen entführt werden. Bei diesem Überfall wird Appiani getötet. Emilia wird auf das Schloss gebracht. Hier kommt es zu einer Begegnung mit dem Prinzen, dessen Lügen Emilia nicht glaubt. Emilias Mutter Claudia eilt zum Schloss.
4. Akt – Fallende Handlung: Der Prinz hat Angst, dass der Mordverdacht auf ihn zurückfallen könnte. Der Vater von Emilia, Odoardo Galotti, erfährt im Schloss von der ehemaligen Geliebten des Prinzen, der Gräfin Orsini, dass der Prinz in Emilia verliebt ist und hinter der Ermordung Appianis und der Entführung Emilias steckt.

„Emilia Galotti“ im Theater Meiningen (von links: Peter Liebaug, Alexandra Riemann, Ulrike Walther)

Ein bürgerliches Trauerspiel untersuchen: Emilia Galotti (Aufklärung)

5. Akt – Katastrophe: Odoardo möchte seine Tochter retten, doch sein Plan scheitert. Odoardo erzählt Emilia alles. Sie sieht nur Selbstmord als einzige Möglichkeit, um sich vom Prinzen zu befreien. Sie wird schließlich mit ihrer Zustimmung von ihrem eigenen Vater erdolcht. Marinelli wird vom Prinzen des Verbrechens beschuldigt und vom Hof verbannt.

2 **Bauen Sie ein Standbild (↗ GZW „Szenisches Interpretieren", S. 43) auf Basis der Inhaltsangabe von Emilia Galotti zu den Hauptfiguren Emilia Galotti, Hettore Gonzaga, Marinelli, Claudia und Odoardo Galotti.**

3 **Entwerfen Sie in einer grafischen Übersicht die Figurenkonstellation, die in der Inhaltsangabe genannt wird (↗ Kapitel 14, S. 191–204: Visualisierung der Figurenkonstellation).**

Gotthold Ephraim Lessing: Emilia Galotti (1772, Auszug)

Odoardo kommt vom heimischen Landgut in die Stadt und trifft Claudia, die ihm berichtet, dass Emilia allein in die Messe gegangen sei. Dies gefällt Odoardo nicht. Nach der folgenden Szene bricht er auf, um seinen zukünftigen Schwiegersohn zu besuchen.

2. Aufzug, 4. Auftritt

Odoardo und Claudia Galotti, Pirro[1]

ODOARDO: Sie bleibt mir zu lang aus –

CLAUDIA: Noch einen Augenblick, Odoardo! Es würde sie schmerzen, deines Anblicks so zu verfehlen.

ODOARDO: Ich muss auch bei dem Grafen noch einsprechen. Kaum kann ich's erwarten, diesen würdigen jungen Mann meinen Sohn zu nennen. Alles entzückt mich an ihm. Und vor allem der Entschluss, in seinen väterlichen Tälern sich selbst zu leben.

CLAUDIA: – Das Herz bricht mir, wenn ich hieran gedenke. – So ganz sollen wir sie verlieren, diese einzige, geliebte Tochter!

ODOARDO: Was nennst du: sie verlieren? Sie in den Armen der Liebe zu wissen? Vermenge dein Vergnügen an ihr nicht mit ihrem Glücke. – Du möchtest meinen alten Argwohn erneuern: – dass es mehr das Geräusch und die Zerstreuung der Welt, mehr die Nähe des Hofes war als die Notwendigkeit, unserer Tochter eine anständige Erziehung zu geben, was dich bewog, hier in der Stadt mit ihr zu bleiben, – fern von einem Manne und Vater, der euch so herzlich liebet.

Ein bürgerliches Trauerspiel untersuchen: Emilia Galotti (Aufklärung)

CLAUDIA: Wie ungerecht, Odoardo! Aber lass mich heute nur ein einziges Wort für diese Stadt, für diese Nähe des Hofes sprechen, die deiner strengen Tugend so verhasst sind. – Hier, nur hier konnte die Liebe zusammenbringen, was füreinander geschaffen war. Hier nur konnte der Graf Emilien finden und fand sie.

ODOARDO: Das räum ich ein. Aber, gute Claudia, hattest du darum recht, weil dir der Ausgang recht gibt? – Gut, dass es mit dieser Stadterziehung so abgelaufen! Lass uns nicht weise sein wollen, wo wir nichts als glücklich gewesen! Gut, dass es so damit abgelaufen! – Nun haben sie sich gefunden, die füreinander bestimmt waren; nun lass sie ziehen, wohin Unschuld und Ruhe sie rufen. – Was sollte der Graf hier? Sich bücken, schmeicheln und kriechen und die Marinellis auszustechen suchen? um endlich ein Glück zu machen, dessen er nicht bedarf? um endlich einer Ehre gewürdiget zu werden, die für ihn keine wäre? – Pirro!

PIRRO: Hier bin ich.

ODOARDO: Geh und führe mein Pferd vor das Haus des Grafen. Ich komme nach und will mich da wieder aufsetzen. *(Pirro geht ab.)* – Warum soll der Graf hier dienen, wenn er dort selbst befehlen kann? – Dazu bedenkest du nicht, Claudia, dass durch unsere Tochter er es vollends mit dem Prinzen verderbt. Der Prinz hasst mich –

CLAUDIA: Vielleicht weniger, als du besorgest.

ODOARDO: Besorgest! Ich besorg auch so was!

CLAUDIA: Denn hab ich dir schon gesagt, dass der Prinz unsere Tochter gesehen hat?

ODOARDO: Der Prinz? Und wo das?

CLAUDIA: In der letzten Vegghia[2], bei dem Kanzler Grimaldi, die er mit seiner Gegenwart beehrte. Er bezeigte sich gegen sie so gnädig –

ODOARDO: So gnädig?

CLAUDIA: Er unterhielt sich mit ihr so lange –

ODOARDO: Unterhielt sich mit ihr?

CLAUDIA: Schien von ihrer Munterkeit und ihrem Witze so bezaubert – –

ODOARDO: So bezaubert? –

CLAUDIA: Hat von ihrer Schönheit mit so vielen Lobeserhebungen gesprochen – –

ODOARDO: Lobeserhebungen? Und das alles erzählst du mir in einem Tone der Entzückung? O Claudia! eitle, törichte Mutter!

CLAUDIA: Wieso?

ODOARDO: Nun gut, nun gut! Auch das ist so abgelaufen. – Ha! wenn ich mir einbilde – – Das gerade wäre der Ort, wo ich am tödlichsten zu verwunden bin! – Ein Wollüstling, der bewundert, begehrt. – Claudia! Claudia! Der bloße Gedanke setzt mich in Wut. – Du hättest mir das sogleich sollen gemeldet haben. – Doch ich möchte dir heute nicht gern etwas Unangenehmes sagen. Und ich würde, *(indem sie ihn bei der Hand ergreift)* wenn ich länger bliebe. – Drum lass mich! lass mich! – Gott befohlen, Claudia! – Kommt glücklich nach!

1 Pirro: der Diener der Familie Galotti
2 die Vegghia: die Abendgesellschaft

4 **Setzen Sie sich mit der Szene auseinander, indem Sie eine szenische Lesung oder eine Stimmskulptur entwerfen (↗ GZW „Szenisches Interpretieren“).**

Ein bürgerliches Trauerspiel untersuchen: Emilia Galotti (Aufklärung)

GUT ZU WISSEN Szenisches Interpretieren

Das Szenische Interpretieren ermöglicht durch verschiedene kreative Verfahren einen ersten Zugang zum Textverständnis:

Szenisches Lesen: Eine Szene wird so vorbereitet, dass sie vorgetragen werden kann. Dabei sollte Folgendes vorher geklärt werden: Wie ist der Spannungsverlauf der Szene? Welche Eigenschaften besitzen die handelnden Figuren? Welche Informationen bietet der Nebentext? Worauf ist zu achten, wenn der Text vorgetragen wird? In welcher Position befinden sich die Figuren auf der Bühne? In welcher Beziehung stehen sie zueinander?

Stimmenskulptur: Im Theater werden Gefühle und Gedanken der Figuren nur mithilfe von Dialogen und Monologen zum Ausdruck gebracht. Die Möglichkeiten der Gedankenwiedergabe, wie man sie aus Romanen mithilfe der erlebten Rede kennt, bestehen nicht. Mithilfe der Stimmenskulptur werden die Gedanken der Figuren ergänzt. Sie eignet sich, um ihre Handlungsabsichten und Hintergründe zu interpretieren.
Gehen Sie am besten so vor: Ergänzen Sie in Vierergruppen auf einer Kopie des Dramentextes die Gedanken der Person. Anschließend lesen zwei von Ihnen den Originaldramentext. Hinter jeder Person steht ein anderes Gruppenmitglied und an den passenden Stellen ergänzen Sie zum gesprochenen Text die Gedanken.

Rollenbiografie: Das Verfassen einer Rollenbiografie – in der Ich-Form geschrieben – beinhaltet wichtige Informationen zu einer Figur der Szene: Name, Alter, Geschlecht, Aussehen, Sprache, Stimme, soziale Stellung, Beruf, Interessen, innere Werte usw. Als Ergänzung zu den Angaben, die aus der zu bearbeitenden Szene gewonnen werden, dienen Informationen aus dem Gesamtwerk.

Standbild: Mit dieser Methode können die Konstellation eines Problems, einer sozialen Situation oder eines Themas dargestellt werden. Beim Standbild „frieren“ Sie die Personen ein. Eine Gruppe baut die Figuren und ihre Beziehungen zueinander in einem „eingefrorenen“ Bild nach. Ein Gruppenmitglied übernimmt die Rolle der Regisseurin / des Regisseurs und positioniert die Figuren im Raum und achtet auf Mimik und Gestik. Die Beobachtenden beschreiben das Bild und stellen Verständnishypothesen auf. Anschließend kann das Bild auch noch korrigiert werden. Ein Foto des Standbildes kann hilfreich sein, damit man verbessern oder vergleichen kann.

5 **Eine Schülerin hat zu der Szene eine Dialoganalyse verfasst. Lesen Sie das Muster „Dialoganalyse“.**

a) Überprüfen Sie, ob die Ergebnisse in diesem Text durch die Dramenszene belegbar sind.

b) Erweitern Sie die Dialoganalyse um drei Aspekte und orientieren Sie sich dabei an der Checkliste „Eine Dialoganalyse verfassen“ (S. 50).

MUSTER Dialoganalyse

Die Szene handelt von einem Gespräch zwischen Odoardo und Claudia. Die beiden unterhalten sich über die Zukunft und Vergangenheit ihrer Tochter Emilia. Dieser Gesprächsverlauf lässt sich in mehrere Abschnitte einteilen.
Odoardo hat genaue Vorstellungen von Erziehung und sorgt sich um seine Tochter. Darum gefällt ihm besonders gut, dass der Graf Appiani mit seiner Tochter weit weg vom Hof auf dem Land leben möchte. Odoardo ist sehr misstrauisch gegenüber allen Menschen, selbst gegenüber seiner Familie. Diese Ansichten teilt Claudia nicht, sie ist anderer Meinung.
Zusammenfasend kann man feststellen, dass dieser Dialog die unterschiedlichen Positionen von Odoardo und Claudia zeigt. Bei Odoardo zeigt sich deutlich, dass sein Misstrauen durch die schlechten Erfahrungen, die er mit dem Prinzen und dem höfischen Leben gemacht hat, entstanden ist. Daher ist diese Szene für das gesamte Drama wichtig.

Ein bürgerliches Trauerspiel untersuchen: Emilia Galotti (Aufklärung)

6 Untersuchen Sie, inwiefern sich Elemente des bürgerlichen Trauerspiels in „Emilia Galotti“ finden lassen (↗ GZW „Das bürgerliche Trauerspiel“).

Im Mittelpunkt der Handlung in „Emilia Galotti“ stehen nicht Vertreter der Adelswelt, sondern die bürgerliche Familie Galotti. Das Schicksal von Emilia erzeugt Mitleid beim Zuschauer. Auch Verstand und Gefühl ...

GUT ZU WISSEN | Bürgerliches Trauerspiel

Im Zuge der **Aufklärung** im 18. Jahrhundert entstand das bürgerliche Trauerspiel als Ausdruck der Emanzipation des aufstrebenden Bürgertums. Im Mittelpunkt standen nicht mehr – wie beispielsweise in der antiken aristotelischen Tragödie – Figuren aus der Adelswelt, sondern Vertreter des Bürgertums. Die Dramatiker schufen bewusst ein Gegenkonstrukt zur Aristokratie. Der Zuschauer identifiziert sich mit dem **bürgerlichen Helden**. Durch diese Nähe soll Leidenschaft und Mitleid erregt werden. Im Gegensatz zum aristotelischen Drama gelten Verstand und Gefühl dabei nicht mehr als Gegensatz. Die bürgerlichen Figuren handeln **rational** und **emotional**.

Die Vertreter der Adelswelt sind die Gegenspieler der positiv besetzten bürgerlichen Figuren. Sie nutzen oft ihre Macht skrupellos aus und stürzen so die bürgerlichen Personen ins Verderben. An den adligen Figuren wird der sittlich-moralische Verfall der Aristokratie im Zeitalter der Aufklärung dokumentiert. **Bürgerlich** steht zumeist als Synonym für **menschlich**. Die Auseinandersetzung mit unterschiedlichen Wertvorstellungen sowie Familien- bzw. Generationenkonflikte lassen sich ebenfalls im bürgerlichen Trauerspiel finden.

Bekannte bürgerliche Trauerspiele sind „Miss Sara Sampson“ (1755) und „Emilia Galotti“ (1772) von Gotthold Ephraim Lessing, „Kabale und Liebe“ (1774) von Friedrich Schiller und „Die Soldaten“ von Jakob Michael Reinhold Lenz (1776).

Die rationalen Elemente im bürgerlichen Trauerspiel sind ein Spiegelbild der Epoche der Aufklärung. Die Grundprinzipien der Aufklärung finden sich besonders bei dem deutschen Philosophen Immanuel Kant.

Immanuel Kant: Beantwortung der Frage: Was ist Aufklärung? (1784)

Aufklärung ist der Ausgang des Menschen aus seiner selbst verschuldeten Unmündigkeit. Unmündigkeit ist das Unvermögen, sich seines Verstandes ohne Leitung eines anderen zu bedienen. Selbst verschuldet ist diese Unmündigkeit, wenn die Ursache derselben nicht am Mangel des Verstandes, sondern der Entschließung und des Mutes liegt, sich seiner ohne Leitung eines anderen zu bedienen.

7 Untersuchen Sie den Text von Immanuel Kant.

a) Suchen Sie Schlüsselbegriffe aus dem Text heraus.

b) Definieren Sie diese Begriffe im Sinne von Kant.

(selbst verschuldete) Unmündigkeit: sich seines Verstandes nicht ohne Anleitung eines anderen Menschen zu bedienen ...

8 Vergleichen Sie „Emilia Galotti“ mit den Grundgedanken von Kant zur Aufklärung.

Die Aufklärung möchte, dass der Mensch sich aus seiner Unmündigkeit löst und frei und unabhängig denkt. Gerade das Ende des bürgerlichen Trauerspiels „Emilia Galotti“ zeigt, dass Emilia eine freie und eigene Entscheidung trifft, indem ...

Dialoge analysieren: Die Räuber (Sturm und Drang)

Theaterzettel der Uraufführung

Die Räuber – das Gemälde einer verirrten großen Seele – ausgerüstet mit allen Gaben zum Fürtrefflichen, und mit allen Gaben – verloren – zügelloses Feuer und schlechte Kameradschaft verdarben sein Herz, rissen ihn von Laster zu Laster, bis er zuletzt an der Spitze einer Mordbrennerbande stand, Gräuel auf Gräuel häufte, von Abgrund zu Abgrund stürzte, in alle Tiefen der Verzweiflung – doch erhaben und ehrwürdig, groß und majestätisch im Unglück, und doch durch Unglück gebessert, rückgeführt zum Fürtrefflichen. – Einen solchen Mann wird man im Räuber Moor beweinen und hassen, verabscheuen und lieben.
Franz Moor, ein heuchlerischer, heimtückischer Schleicher – entlarvt, und gesprengt in seinen eigenen Minen. Der alte Moor, ein allzu schwacher nachgebender Vater, Verzärtler, und Stifter von Verderben und Elend seiner Kinder. In Amalien die Schmerzen schwärmerischer Lieb, und die Folter herrschender Leidenschaft.
Man wird auch nicht ohne Entsetzen in die innere Wirtschaft des Lasters Blicke werfen, und wahrnehmen, wie alle Vergoldungen des Glücks den inneren Gewissenswurm nicht töten – und Schrecken, Angst, Reue, Verzweifelung hart hinter seinen Fersen sind. – Der Jüngling sehe mit Schrecken dem Ende der zügellosen Ausschweifungen nach, und der Mann gehe nicht ohne den Unterricht von dem Schauspiel, dass die unsichtbare Hand der Vorsicht, auch den Bösewicht zu Werkzeugen ihrer Absicht und Gerichte brauchen, und den verworrensten Knoten des Geschicks zum Erstaunen auflösen können.

Theaterzettel der Uraufführung vom 13. 1. 1782 im Nationaltheater, Mannheim

Sonntags den 13. Jänner 1782
wird
auf der hiesigen National-Bühne
aufgeführet
Die Räuber.
Ein Trauerspiel in sieben Handlungen; für die Mannheimer Nationalbühne vom Verfasser Herrn Schiller neu bearbeitet.

Personen.

Maximilian, regierender Graf von Moor	Herr Kirchhöfer.
Karl, } seine Söhne	Herr Boeck.
Franz, } seine Söhne	Herr Iffland.
Amalia, seine Nichte	Mad. Toscani.
Spiegelberg, } Libertiner, nachher Banditen.	Herr Pöschel.
Schweizer,	Herr Beil.
Grimm,	Herr Rennschüb.
Schufterle,	Herr Frank.
Roller,	Herr Toscani.
Razmann,	Herr Herter.
Kosinsky,	Herr Beck.
Herrmann, Bastard eines Edelmanns	Herr Meyer.
Eine Magistratsperson	Herr Gern.
Daniel, ein alter Diener	Herr Bakhaus.
Ein Bedienter	Herr Epp.
Räuber.	
Volk.	

Inhaltsangabe

Zu Beginn des Dramas wird in die zentrale Handlung eingeführt: die Rivalität der beiden Brüder Karl und Franz Moor. Franz lebt am Hofe seines Vaters und spinnt eine Intrige gegen seinen älteren Bruder Karl, der in Leipzig studiert, ein luxuriöses Leben führt und sich stark verschuldet hat. Durch gezielte Falschinformationen gelingt es Franz, dass der Vater Karl als Erstgeborenen enterbt. Als Karl diese Nachricht erhält, lässt er sich dazu überreden, eine Räuberbande anzuführen. Damit ist für Karl eine Rückkehr in ein bürgerliches Leben versperrt. Eine von Franz gefälschte Nachricht, die von Karls Tod berichtet, verschlimmert den schlechten Gesundheitszustand des Vaters so weit, dass er auf dem Sterbebett liegt. Hier offenbart Franz ihm seine Machtpläne. Diese Nachricht und ihre Folgen steigern die Spannung.
Nach einem gewonnenen großen Kampf denkt Karl sehnsüchtig an seine Kindheit. Der Höhepunkt des Dramas bahnt sich an. Durch die Geschichte, die Kosinsky ihm erzählt, erinnert Karl sich an seine Geliebte Amalia. Von Sehnsucht geplagt beschließt er, mit seinen Räubern zum väterlichen Schloss zu ziehen. Er trifft dort Amalia und beide geben sich der Hoffnung hin, dass alles ein gutes Ende nimmt. Dieses Treffen verzögert die eigentliche Handlung. Zur Katastrophe kommt es am Schluss des Dramas. Franz plagt ein schlechtes Gewissen. Er bringt sich um. Der Vater wird aus der Gefangenschaft befreit. Als er die Wahrheit über Karl hört, stirbt er. Als Amalia erkennt, dass Karl durch einen Treueschwur an seine Räuber gebunden ist, fordert sie Karl auf, sie umzubringen. Karl tötet seine geliebte Amalia und stellt sich den Behörden.

Dialoge analysieren: Die Räuber (Sturm und Drang)

1 **Skizzieren Sie den Aufbau des Dramas „Die Räuber". Verwenden Sie den Text des Theaterzettels und die Inhaltsangabe von Seite 45. Ordnen Sie das Drama mithilfe des Fünf-Akt-Schemas (↗ GZW „Das klassische Drama") den fünf Sinnabschnitten zu.**

1. Sinnabschnitt: In der Exposition werden im Drama „Die Räuber" zunächst die wichtigsten Figuren beschrieben: Karl und Franz Moor sowie der Vater ... Die steigende Handlung zeigt sich darin, dass Franz ...

GUT ZU WISSEN | Das klassische Drama

Die **klassische** bzw. **aristotelische Dramenform**, zu der auch die Tragödie „Die Räuber" von Friedrich Schiller zählt, weist folgende Merkmale in Anlehnung an die Poetik des griechischen Philosophen Aristoteles auf:

- Die **Einheit** von **Zeit**, **Ort** und **Handlung** stellt eine maßgebliche Voraussetzung dar.
- Das Bühnengeschehen ist auf **eine einzige lineare Haupthandlung** ohne Nebenhandlungen konzentriert.
- Die **Szenen** sind in fünf, manchmal in drei **Akten** angeordnet.

Der erste Akt stellt die **Exposition** dar, in welcher über Ort, Zeit, Figuren und Atmosphäre informiert wird.

Durch ein **erregendes Moment** wird die Handlung entfaltet und mit der **steigenden Handlung** verschärft sich der Konflikt, bis der dramatische Höhepunkt, zugleich Wendepunkt, erreicht ist **(Peripetie)**.

Durch eine Verzögerung, das sogenannte **retardierende Moment**, kann die Spannung noch gehalten werden, beispielsweise wird plötzlich doch eine Lösung in Aussicht gestellt.

Aber dann setzt die Phase der **fallenden Handlung** ein, die in der **Katastrophe** (in der Tragödie der Untergang eines Helden, der unverdient erscheint und somit moralisch aufgewertet wird) oder in der Konfliktlösung (in der Komödie bietet ein erheiterndes Ende oft nur eine scheinbare Lösung) endet.

Beim aristotelischen Drama wird das Mitempfinden des Zuschauers mit dem Helden angestrebt. Ziel ist dabei die **Katharsis**, die seelische Reinigung des Zuschauers durch das Nachempfinden von furcht- und mitleiderregenden Handlungen auf der Bühne.

Das Fünf-Akt-Schema:

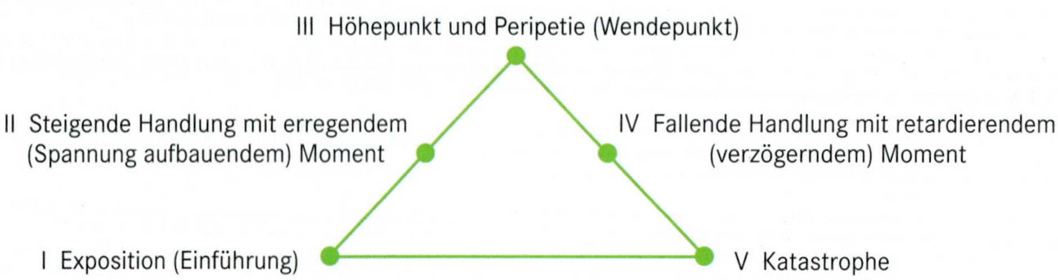

2 **Das Szenenbild auf der nächsten Seite zeigt eine Aufführung der „Räuber". Recherchieren Sie weitere Aufführungen des Dramas (↗ Kapitel 14, S. 291–204: Gruppenpuzzle).**

a) Wo wird zurzeit das Drama aufgeführt?
b) Sammeln Sie Fotos von diesen Aufführungen.
c) Vergleichen Sie die Bilder hinsichtlich Ausstattung, Kostümen, Aussehen ...

Dialoge analysieren: Die Räuber (Sturm und Drang)

Dialoge sind die Basis jeder dramatischen Handlung. Gerade im Drama „Die Räuber" von Friedrich Schiller finden sich viele Dialoge, die die Gedanken, Gefühle und Werte der handelnden Figuren wiedergeben.

Vor diesem Szenenausschnitt ruhen sich Karl und seine Räuberbande, erschöpft von einer Schlacht, aus. Karl denkt an seine Kindheit und wird wehmütig. Er hinterfragt sein bisheriges Leben. Er ist im Zwiespalt, da er nicht zurück zum väterlichen Schloss kann und er andererseits sieht, dass man als Räuber nicht wohltätig sein kann. Dann erscheint der böhmische Adlige Kosinsky und möchte Mitglied der Bande werden.

Friedrich Schiller: Die Räuber (1782, Auszug)

3. Akt, 2. Szene

Gegend an der Donau. Die Räuber gelagert auf einer Anhöhe unter Bäumen […]

MOOR: Hat dir dein Hofmeister[1] die Geschichte des Robins[2] in die Hände gespielt, – man sollte dergleichen unvorsichtige Kanaillen auf die Galeere schmieden – die deine kindische Fantasie erhitzte und dich mit der tollen Sucht zum großen Mann ansteckte? Kützelt[3] dich nach Namen und Ehre? willst du Unsterblichkeit mit Mordbrennereien erkaufen? Merk dir's, ehrgeiziger Jüngling! Für Mordbrenner grünet kein Lorbeer! Auf Banditensiege ist kein Triumph gesetzt – aber Fluch, Gefahr, Tod, Schande – siehst du auch das Hochgericht[4] dort auf dem Hügel?

SPIEGELBERG *(unwillig auf und abgehend)*: Ei wie dumm! wie abscheulich, wie unverzeihlich dumm! das ist die Manier nicht! Ich hab's anders gemacht.

KOSINSKY: Was soll der fürchten, der den Tod nicht fürchtet?

MOOR: Brav! unvergleichlich! Du hast dich wacker in den Schulen gehalten, du hast deinen Seneca[5] meisterlich auswendig gelernt. – Aber, lieber Freund, mit dergleichen Sentenzen wirst du die leidende Natur nicht beschwätzen, damit wirst du die Pfeile des Schmerzens nimmermehr stumpf machen. – Besinne dich recht, mein Sohn! *(Er nimmt seine Hand.)* Denk, ich rate dir als ein Vater – lern' erst die Tiefe des Abgrunds kennen, eh du hineinspringst! Wenn du noch in der Welt eine einzige Freude zu erhaschen weißt – es könnten Augenblicke kommen, wo du – aufwachst – und dann – möcht' es zu spät sein. Du trittst hier gleichsam aus dem Kreise der Menschheit – entweder musst du ein höherer Mensch sein, oder du bist ein Teufel – Noch einmal, mein Sohn! wenn dir noch ein Funken von Hoffnung irgend anderswo glimmt, so verlass diesen schröcklichen Bund, den nur Verzweiflung eingeht, wenn ihn nicht eine höhere Weisheit gestiftet hat – man kann sich täuschen – Glaube mir, man kann das für Stärke des Geistes halten, was doch am Ende Verzweiflung ist – Glaube mir, mir! und mach dich eilig hinweg.

KOSINSKY: Nein! ich fliehe itzt nicht mehr. Wenn dich meine Bitten nicht rühren, so höre die Geschichte meines Unglücks. – Du wirst mir dann selbst den Dolch in die Hände zwingen, du wirst – lagert euch hier auf dem Boden und hört mir aufmerksam zu!

„Die Räuber" des Berliner Ensembles, Regie: Leander Haußmann, Felix Tittel als Karl Moor in der Mitte

Dialoge analysieren: Die Räuber (Sturm und Drang)

MOOR: Ich will sie hören.

KOSINSKY: Wisset also, ich bin ein böhmischer Edelmann und wurde durch den frühen Tod meines Vaters Herr eines ansehnlichen Ritterguts. Die Gegend war paradiesisch – denn sie enthielt einen Engel – ein Mädchen, geschmückt mit allen Reizen der blühenden Jugend, und keusch wie das Licht des Himmels. Doch, wem sag ich das? Es schallt an euren Ohren vorüber – ihr habt niemals geliebt, seid niemals geliebt worden –

SCHWEIZER: Sachte, sachte! unser Hauptmann wird feuerrot.

MOOR: Hör' auf! ich will's ein andermal hören – morgen, nächstens, oder – wenn ich Blut gesehen habe.

KOSINSKY: Blut, Blut – höre nur weiter! Blut, sag ich dir, wird deine ganze Seele füllen. Sie war bürgerlicher Geburt, eine Deutsche – aber ihr Anblick schmelzte die Vorurteile des Adels hinweg. Mit der schüchternsten Bescheidenheit nahm sie den Trauring von meiner Hand, und übermorgen sollte ich meine Amalia vor den Altar führen.

(Moor steht schnell auf).

KOSINSKY: Mitten im Taumel der auf mich wartenden Seligkeit, unter den Zurüstungen zur Vermählung – werd' ich durch einen Expressen nach Hof zitiert. Ich stellte mich. Man zeigte mir Briefe, die ich geschrieben haben sollte, voll verräterischen Inhalts. Ich errötete über der Bosheit – man nahm mir den Degen ab, warf mich ins Gefängnis, alle meine Sinnen waren hinweg.

SCHWEIZER: Und unterdessen – nur weiter! ich rieche den Braten schon

KOSINSKY: Hier lag ich einen Monat lang und wusste nicht, wie mir geschah. Mir bangte für meine Amalia, die meines Schicksals wegen jede Minute würde einen Tod zu leiden haben. Endlich erschien der erste Minister des Hofes, wünschte mir zur Entdeckung meiner Unschuld Glück, mit zuckersüßen Worten, liest mir den Brief der Freiheit vor, gibt mir meinen Degen wieder. Itzt im Triumphe nach meinem Schloss, in die Arme meiner Amalia zu fliegen, – sie war verschwunden. In der Mitternacht sei sie weggebracht worden, wüsste niemand, wohin; und seitdem mit keinem Aug mehr gesehen. Hui! schoss mir's auf, wie der Blitz, ich flieg' nach der Stadt, sondiere am Hof – alle Augen wurzelten auf mir, niemand wollte Bescheid geben – endlich entdeck' ich sie durch ein verborgenes Gitter im Palast – sie warf mir ein Billettchen[6] zu.

SCHWEIZER. Hab' ich's nicht gesagt?

KOSINSKY: Hölle, Tod und Teufel! da stand's! man hatte ihr die Wahl gelassen, ob sie mich lieber sterben sehen, oder die Maitresse des Fürsten werden wollte. Im Kampf zwischen Ehre und Liebe entschied sie für das Zweite, und *(lachend)* ich war gerettet.

SCHWEIZER. Was tatst du da?

KOSINSKY: Da stand ich, wie von tausend Donnern getroffen! – Blut! war mein erster Gedanke, Blut! mein letzter. Schaum auf dem Munde, renn' ich nach Haus, wähle mir einen dreispitzigen Degen, und damit in aller Jast[7] in des Ministers Haus, denn nur er – er nur war der höllische Kuppler gewesen. Man muss mich von der Gasse bemerkt haben, denn wie ich hinauftrete, waren alle Zimmer verschlossen. Ich suche, ich frage: Er sei zum Fürsten gefahren, war die Antwort. Ich mache mich geraden Wegs dahin, man wollte nichts von mir wissen. Ich gehe zurück, sprenge die Türen ein, find ihn, wollte eben – aber da sprangen fünf bis sechs Bediente aus dem Hinterhalt und entwanden mir den Degen.

SCHWEIZER *(stampft auf den Boden)*: Und er kriegte nichts, und du zogst leer ab?

Dialoge analysieren: Die Räuber (Sturm und Drang)

KOSINSKY: Ich ward ergriffen, angeklagt, peinlich prozessiert, infam – merkt's euch! – aus besonderer Gnade infam aus den Grenzen gejagt, meine Güter fielen als Präsent dem Minister zu, meine Amalia bleibt in den Klauen des Tigers, verseufzt und vertrauert ihr Leben, während dass meine Rache fasten und sich unter das Joch des Despotismus krümmen muss.

SCHWEIZER *(aufstehend, seinen Degen wetzend)*: Das ist Wasser auf unsere Mühle, Hauptmann! Da gibt's was anzuzünden!

MOOR *(der bisher in heftigen Bewegungen hin und her gegangen, springt rasch auf, zu den Räubern)*: Ich muss sie sehen – auf! rafft zusammen – du bleibst, Kosinsky – packt eilig zusammen!

DIE RÄUBER: Wohin? Was?

MOOR: Wohin? wer fragt wohin? *(Heftig zu Schweizern.)* Verräter, du willst mich zurückhalten? Aber bei der Hoffnung des Himmels! –

SCHWEIZER: Verräter ich? – geh in die Hölle, ich folge dir!

MOOR *(fällt ihm um den Hals)*: Bruderherz! du folgst mir – sie weint, sie vertrauert ihr Leben. Auf! hurtig! alle! nach Franken! in acht Tagen müssen wir dort sein. *(Sie gehen ab.)*

1 der Hofmeister: der Hauslehrer in adligen Familien
2 Robin: gemeint ist der englische Sagenheld Robin Hood
3 kützeln: kitzeln
4 das Hochgericht: der Galgen
5 Seneca: römischer Philosoph, lehrte Gelassenheit gegenüber Schicksal und Tod
6 das Billettchen: der Brief
7 die Jast: schwäbisch: die Hitze, der Zorn

3 Gestalten Sie einen inneren Monolog von Karl Moor, in dem er seine Meinung über Kosinsky erläutert und seine Gefühle schildert.

Zunächst habe ich nichts von diesem dahergelaufenen Adelssöhnchen gehalten, sucht das schnelle Abenteuer und den Nervenkitzel. Doch diese Geschichte, von der er erzählt, ...

4 Verfassen Sie eine Dialoganalyse. Nutzen Sie dazu das Muster „Dialoganalyse" und die dazugehörigen Aufgaben zu Emilia Galotti (S. 43). Verwenden Sie auch Sprache und Stil „Dialoge analysieren" und die Checkliste „Eine Dialoganalyse verfassen" (S. 50).

SPRACHE UND STIL | Dialoge analysieren

Das Drama „..." von ..., erschienen bei ... (Ort) Jahr, thematisiert ...
Eine erste Deutungshypothese lautet ...
In der Szene geht es um ...; Die Szene zeigt, dass ...,
Der Dialog zwischen ... ist in folgende Abschnitte eingeteilt ...
Die Redeanteile sind gleichmäßig/ungleichmäßig verteilt ...
Die Figur zeigt folgende äußerliche Merkmale ...; Sie ist von Beruf, gehört zum Stand ...
Die Motive, nach der die Figur handelt, ...
Der Satz zeigt deutlich, dass die Figur ...
Die Deutungshypothese hat sich bestätigt / nicht bestätig, weil ...

Dialoge analysieren: Die Räuber (Sturm und Drang)

CHECKLISTE | Eine Dialoganalyse verfassen

- ☑ Haben Sie den Inhalt des Dialogs wiedergegeben?
- ☑ Wird der Verlauf des Gesprächs beschrieben?
- ☑ Sind das Thema oder die Themen, die angesprochen werden, zusammengefasst?
- ☑ Sind die handelnden Figuren der Szene (Motive, Handlungen, Aussehen usw.) charakterisiert?
- ☑ Haben Sie die situativen Vorgaben (Ort, Zeit usw.) erwähnt?
- ☑ Sind alle Behauptungen und Feststellungen am Text belegt worden?

5 **Im Drama „Die Räuber" (S. 47 ff.) gibt es folgendes Zitat von Karl Moor: „Mein Geist dürstet nach Taten, mein Atem nach Freiheit". Überprüfen Sie anhand dieses Zitats, der Inhaltsangabe zu den Räubern und der Szene, warum es sich um ein Drama aus der Epoche Sturm und Drang handelt (↗ GZW „Sturm und Drang").**

Karl Moor steht zum Teil in der Tradition antiker Helden. Er wagt durch seine Taten den Aufstand als Räuberhauptmann gegen die Obrigkeit, andererseits ist er auch ein tragischer Held, denn durch seinen Freiheitsdrang ...

GUT ZU WISSEN | Sturm und Drang

Der Sturm und Drang ist eine Bewegung **junger Autoren**, deren Grundhaltung die des **Protests** ist – gegen überkommene **kleinbürgerliche Moralvorstellungen**, gegen **Ausbeutungspraktiken des Adels**, gegen die **Enge der bürgerlichen Welt**, aber auch gegen Reglementierungen das literarische Schaffen betreffend. Zentraler Ausdruck des neuen Selbstbewusstseins jener jungen Autorengruppe ist der **Genie-Begriff**, der gegen den der Lehre und des angelernten Wissens gestellt wird. **Begabung**, **Inspiration**, **Kreativität** sind die neuen Quellen des literarischen Schaffens.

Das **Drama** war dabei die vorherrschende Gattung. In Anlehnung an antike Helden (z. B. die antike Sagengestalt Prometheus, der sich gegen die Götter auflehnt) und den tragischen Helden (z. B. Hamlet) aus den Dramen Shakespeares wendet sich der Dramenheld im Sturm und Drang gegen bestehende **Gesellschaftsordnungen** und tritt dabei selbst als **naturverbundenes Genie** auf. Zentrale **Motive** sind dabei **Selbsterfahrung** und die Befreiung des Individuums aus gesellschaftlichen Zwängen. Emotionen stehen im Vordergrund, der aufklärerische Rationalismus tritt in den Schatten.

Bekannte Werke des Sturm und Drang sind „Die Leiden des jungen Werther" (1774) von Goethe, „Kabale und Liebe" (1784) und „Die Räuber" (1781), beide von Schiller.

★ **6** **Erstellen Sie eine Liste mit Liedern und Songtexten, die Sie als Theatermusik zum Drama „Die Räuber" auswählen würden. Orientieren Sie sich dabei an der Inhaltsangabe und beachten Sie auch die Schlagworte des Sturm und Drang (↗ GZW „Sturm und Drang"). Begründen Sie Ihre Entscheidungen, warum Sie welches Lied an welcher Stelle im Drama platziert haben.**

Anwenden, Vertiefen, Fazit
Klassische Dramen verstehen – früher und heute

Klassische Dramen haben im Theater eine kleine treue Fangemeinde. Aber viele Zuschauer haben bei der Konfrontation mit den Motiven und Stoffen eines klassischen Dramas Schwierigkeiten. Doch gerade die Beschäftigung und die Auseinandersetzung mit den klassischen Dramen, wie Cem Özdemir sie vornimmt und wie der Theaterzettel aus dem Jahr 1782 (S. 45) zeigt, wie emotional die Themen früher waren und wie aktuell sie heute noch sein können.

Cem Özdemir: Schillerrede (Marbach, 10. 11. 2019)

[...] Ich stehe heute Abend nicht als Einzelperson vor Ihnen, sondern als einer von vielen Menschen in diesem Land, bei deren Geburt eine Einladung als Schillerredner ungefähr genauso denkbar war wie ein Flug zum Mond. Wobei die bemannte Raumfahrt durchaus Thema bei uns zu Hause war. Friedrich Schiller dagegen war es nicht. Anders als wohl den meisten hier im Saal begegnete Schiller mir nicht in der Schule. Und auch nicht zu Hause. Nein, Schiller begegnete mir zum ersten Mal auf den Buchrücken in den Regalen meiner Schulfreunde aus Bildungsbürgerfamilien. Wenn meine Freunde mich zu sich nach Hause einluden, öffnete sich mir ein Fenster zu einer anderen Welt. Die Bücherregale ihrer Eltern zu studieren, das war für mich unglaublich spannend und fremd zugleich.

Auf der Hauptschule und später auf der Realschule war Schiller nicht Teil des Unterrichts. Der Dichter, der es wie kaum ein anderer vor ihm geschafft hatte, eine Sprache fürs ganze Volk zu finden, war den Gymnasiasten vorbehalten. Dennoch oder vielleicht gerade weil meine Wahrnehmung von Schiller nicht durch drögen Schulunterricht (der, wenn ich mich an den damaligen Cem erinnere, wahrscheinlich nur auf pubertätstaube Ohren gestoßen wäre) geprägt ist, fühle ich eine gewisse Verbundenheit mit Friedrich Schiller. [...]

Friedrich Schiller war so vieles: Arzt, Jurist, Historiker, Hochschullehrer, Dichter. Für mich persönlich aber war er vor allem ein politischer Denker, ein Dichter der Freiheit, ein Bürger – ein Citoyen[1] – im wahrsten Sinne des Wortes.

Der 9./10. November ist ein Schicksalstag der deutschen Geschichte. Die friedliche Revolution 1989 war ein Glücksmoment. Die Reichspogromnacht 1938 war der furchtbare Auftakt zu einem der dunkelsten Kapitel unserer und der Weltgeschichte. 1918 wurde die erste deutsche Republik ausgerufen, der leider nur eine kurze Zeitspanne und wenig Ruhe vergönnt war. Und 1759 wurde am 10. November unser Friedrich Schiller geboren, einer der bedeutendsten Dichter deutscher Sprache, einer der politischsten Dichter seiner Zeit.

Einer, der aber auch immer wieder instrumentalisiert wurde. Schon in „Mein Kampf" wählte Adolf Hitler beispielsweise eine Überschrift aus dem „Wilhelm Tell": „Der Starke ist am mächtigsten alleine". Schiller wurde als glühender Nationalist dargestellt. Ab 1941 sollte der Tell dann allerdings auf Wunsch Hitlers nicht mehr aufgeführt und im Unterricht behandelt werden. Offenbar sah er in Tell den moralisch gerechtfertigten Tyrannenmörder. [...]

Warum beschäftigen wir uns, 260 Jahre später, immer noch mit Friedrich Schiller? Als sein erstes Drama „Die Räuber" 1782 uraufgeführt wurde, war das Publikum total elektrisiert: *„das Theater glich einem Irrenhause, rollende Augen, geballte Fäuste, stampfende Füße, heisere Aufschreie im Zuschauerraum! Fremde Menschen fielen einander schluchzend in die Arme, Frauen wankten, einer Ohnmacht nahe, zur Türe. Es war eine allgemeine Auflösung wie im Chaos, aus dessen Nebeln eine neue Schöpfung hervorbricht!"* – So schildert es ein Augenzeuge.

Schiller hatte mit seiner Sprache, mit seinen Themen einen Nerv getroffen. Was Schiller für mich, Kind türkischer Gastarbeiter, ohne bildungsbürgerliches Elternhaus, bedeutet, das bedeutete er schon zu seiner Zeit für viele Menschen: Er war ein Dichter und Denker, der nicht die Selbstvergewisserung in engen intellektuellen Zirkeln suchte, sondern der seine Ideen mit der Welt teilen wollte. Schiller war ein Bürger im besten Sinne des Wortes. Und das macht ihn heute noch so aktuell! [...]

Mit anderen Worten: Schiller war im 19. Jahrhundert das, was man heute „Popkultur" nennen würde. „Popkultur" hat oft einen negativen Klang, aber Kultur breiten Kreisen zu öffnen, das ist ja eigentlich alles andere als negativ!

Klassische Dramen verstehen – früher und heute

Möglichst viele Menschen zu erreichen, das ist auch die Kunst der Politik, die Kunst der Demokratie. Als Demokraten geht es uns allen doch darum, möglichst viele Menschen in diesem Land anzusprechen. Auch, wenn sie unsere Meinung nicht teilen.

Unser Land braucht wieder mehr Debatten. Zu lange haben wir uns im Konsens eines Status quo, bei dem es uns ja irgendwie ganz gut ging, ausgeruht. Dieser Konsens existiert heute nicht mehr. Es geht heute darum, wohin sich unser Land entwickelt. Es geht wieder um das fundamentale Thema Freiheit. […]

Stuttgarter Zeitung, 8. November 2019

1 der Citoyen: franz. der Bürger

1 Analysieren Sie die Rede von Cem Özdemir im historischen Kontext.

a) Recherchieren Sie im Internet nach der besonderen Bedeutung des 9./10. November in der deutschen Geschichte. Entwickeln Sie dabei einen Zeitstrahl, der folgende Jahre enthält: 1754, 1918, 1938, 1989 (↗ Kapitel 14, S. 291–204: Gruppenpuzzle).

b) Wie würde Schiller zu den Ereignissen aus den Jahren 1918, 1938 oder 1989 stehen? Verfassen Sie einen Kommentar zu einem der Jahre aus Sicht Schillers, beziehen Sie sich dabei auch auf die Rede von Cem Özdemir.

2 Was verstehen Sie unter „Popkultur" (Z. 72 und 73)?

a) Klären Sie die Herkunft des Wortes.

b) Nehmen Sie kritisch Stellung zur Aussage von Özdemir, dass Schiller im 19. Jahrhundert als Popkultur gelten könnte.

3 Arbeiten Sie die Kennzeichen der Epoche „Sturm und Drang" (↗ GZW „Sturm und Drang") aus dem Theaterzettel (S. 45) und aus dem Drama „Die Räuber" heraus.

Schon allein die Figur Karl Moor zeigt viele Haltungen des Sturm und Drang, auf die auch der Theaterzettel zur Uraufführung eingeht. So ist die Entscheidung, das komfortable Adelsleben aufzugeben und Räuberhauptmann zu werden, ein Beleg für die Auflehnung gegen bestehende Gesellschaftsordnungen. Auch das naturverbundene Genie lässt sich im Charakter …

4 Vergleichen Sie die Äußerungen aus dem Theaterzettel (S. 45) mit den Äußerungen von Özdemir zu Schiller und zu den Räubern.

★ **5 Entwerfen Sie einen Theaterflyer, in dem auch deutlich wird, warum es sich heute noch lohnt, „Die Räuber" von Schiller zu lesen.**

FAZIT

3.1
Ein bürgerliches Trauerspiel untersuchen: Emilia Galotti (Aufklärung)

3.2
Dialoge analysieren: Die Räuber (Sturm und Drang)

3.3
Anwenden, Vertiefen, Fazit

- Klassische Dramen verstehen – früher und heute

Projekt: Lyrikwerkstatt

GedICHt: Ein Selbstporträt in Worten und Bildern

Lyrik kann vertont und visualisiert werden. In diesem Projekt sollen Sie Selfies aufnehmen, die jeweils eine besondere, persönliche Eigenschaft von Ihnen hervorheben. Anschließend sollen Sie ein Selbstporträt in Verse fassen: Nach dem Vorbild eines Gedichtes von Arno Holz verfassen Sie ein Parallelgedicht, das, mit dem ausgewählten Selfie kombiniert, ein individuelles Wort-Bild-Kunstwerk bildet. Diese Kunstwerke der Klasse werden schließlich in einer Galerie, einem Bildband oder einem E-Book präsentiert/ausgestellt. Das E-Book bietet dabei den Vorteil, dass zusätzlich eine passende Hintergrundmusik ausgewählt werden kann.

Zum Ablauf des Projekts

1. Planung und Aufnahme der Selfies (mit Tablets oder Handys)
2. Verfassen eines Parallelgedichts zu Arno Holz: „Selbstporträt"
3. Arrangement von Gedicht und Bild zu einem ausdrucksvollen Ganzen, gegebenenfalls Wahl passender Hintergrundmusik
4. Ausstellung der Ergebnisse bzw. Erstellen des E-Books mithilfe einer App

1 Betrachten Sie die Selfies, die Schülerinnen und Schüler von sich selbst gemacht haben. Alle Fotos stellen einen Charakterzug der Person in den Vordergrund. Erläutern Sie, welche Eigenschaft die Fotografinnen und Fotografen an sich selbst hervorheben wollten.

GedICHt: Ein Selbstporträt in Worten und Bildern

2 Überlegen Sie, welche Eigenschaften Ihnen an sich selbst wichtig sind. Zeigen Sie diese Eigenschaften in drei Selfies. Gehen Sie dabei wie folgt vor:

a) Fragen Sie ergänzend auch Klassenkameradinnen, Klassenkameraden, Freundinnen, Freunde oder in der Familie, welche Charakterzüge andere bei Ihnen entdecken.

b) Heben Sie eine besondere Eigenschaft hervor, indem Sie sich nicht ganz fotografieren, sondern nur die wesentlichen Körperteile auf dem Foto zeigen (z. B. Fuß, Hände, Augen). Achten Sie auf einen passenden und bedeutungsvollen Hintergrund.

c) Bearbeiten Sie die Selfies, indem Sie passende Farben wählen und/oder Effekte einbauen, die Ihren Selbstporträts eine individuelle Note verleihen.

Arno Holz: Selbstporträt (1892)

Nur Wenigen bin ich sympathisch,
Denn ach, mein Blut rollt demokratisch
Und meine Flagge wallt und weht:
Ich bin nur ein Tendenzpoet[1]!

Auf Reime bin ich wie versessen,
Drum lob ich plötzlich die Tscherkessen[2]
Und wüst durch mein Gehirn scherwenzen[3]
Verrückt gewordene Sentenzen[4].

Mein Blut rollt schwarz, mein Herz schlägt matt,
Mein Hirn hat noch nicht ausgegoren[5],
Denn meine gute Mutter hat
Mich hundert Jahr zu früh geboren!

1 die Tendenz: die Richtung, der Trend
2 die Tscherkessen: kaukasisches Volk, das heute größtenteils in der Türkei lebt
3 schwerwenzen: schöntun, umschmeicheln
4 die Sentenz: der Spruch
5 ausgegoren: ausgereift

3 Arno Holz beschreibt sich selbst in sprachlichen Bildern. Notieren Sie in einer Tabelle, welche Eigenschaft er durch welches Stilmittel hervorhebt.

Beispiel	*Stilmittel*	*Eigenschaft*
„meine Flagge wallt und weht“		
„Verrückt gewordene Sentenzen“		

4 Drücken Sie Ihre eigene, wichtigste Eigenschaft durch sprachliche Mittel aus.

a) Bilden Sie einen Vergleich oder eine Metapher, die Ihre Eigenschaft verstärkt.

b) Personifizieren Sie die Eigenschaft oder einen Gegenstand, der Ihnen wichtig ist.

c) Finden Sie ein Reimwort oder verwenden Sie eine Alliteration.

d) Versuchen Sie, mehrere Sinne zu bedienen, indem Sie z. B. Farbadjektive verwenden.

5 Verfassen Sie ein Parallelgedicht, das dem „Selbstporträt“ von Arno Holz in der Form (Strophen, Reim, Metrum) ähnelt. Verwenden Sie Ihre sprachlichen Experimente von Aufgabe 4.

6 Arrangieren Sie ein Selfie und Ihre Verse zu einem ausdrucksvollen GedICHt, das z. B. als Bild in einer Galerie oder in einem E-Book (mit geeigneter Musik) präsentiert/ausgestellt werden kann.

7 Präsentieren Sie Ihre arrangierten Selbstporträts in einem passenden Rahmen, z. B. in einem Gallery-Walk (↗ Kapitel 14, S. 191–204).

Kapitel 4

Filme analysieren

4.1 Den Gegenstand der Filmanalyse klären

4.2 Einen Film analysieren

4.3 Einen Film interpretieren

4.4 Einen Film bewerten

4.5 Anwenden, Vertiefen, Fazit

Kaum ein anderes Medium unterhält und berührt so sehr, wie Filme das tun. Der Grund dafür ist nicht nur die Geschichte, die der Film erzählt. Die Gestaltung des Films – wie und mit welchen filmischen Mitteln die Geschichte erzählt wird – ist für die Wirkung ebenso wichtig. Filme sind bis ins Detail inszeniert. Die Auseinandersetzung damit sensibilisiert Sie für die Vielschichtigkeit von Filmen und fördert Ihre Filmkompetenz.

Sie lernen in diesem Kapitel, wie Filme analysiert, interpretiert und bewertet werden. Dabei kann im Literaturunterricht erworbenes Wissen für die Filmanalyse genutzt werden. Sie werden dazu angeleitet, die Rolle des passiven Zuschauers zu verlassen. Ihnen werden Techniken zur Analyse von Inhalt und Bauform eines Films an die Hand gegeben, die Ihr Verständnis und damit im besten Fall Ihre Freude am Film vergrößern.

Kompetenzen

- ✓ fiktionale und nicht-fiktionale Filme differenzieren
- ✓ Spielfilme als Literatur verstehen
- ✓ Handlung, Figuren, Bauform eines Spielfilms analysieren und für die Interpretation nutzen
- ✓ Wirkung und Funktion filmischer Gestaltungsmittel mithilfe von Fachbegriffen beschreiben
- ✓ genre- und regisseurbezogen interpretieren
- ✓ einen Film kriteriengestützt bewerten

Methoden und Arbeitstechniken

- ✓ Sequenzprotokoll
- ✓ selbst erstellte Filmsequenzen
- ✓ Filmkritik
- ✓ Punktabfrage
- ✓ Figurenanalyse
- ✓ Montagetechniken
- ✓ Szenisches Spiel

Den Gegenstand der Filmanalyse klären

Den Spielfilm als literarischen Text verstehen

Neuere Ansätze in der Linguistik begreifen den Film als Text. Texte müssen keine schriftliche Form haben, selbst nicht-sprachliche Elemente wie Bild und Musik können wesentlicher Bestandteil eines Textes sein. Dementsprechend lassen sich Filme analog zu herkömmlichen Texten in fiktionale und nicht-fiktionale Texte unterscheiden.

1 Erstellen Sie ein Strukturbild mit folgenden Begriffen:

Dokumentarfilm – Spielfilm – erfundene Charaktere – Interviews sowie unterschiedliche Meinungen und Perspektiven – will die Realität authentisch wiedergeben – erfundene Handlung

Grundkurs Filmanalyse: Der Spielfilm als „Literatur"

von Werner Faulstich

Warum und wozu braucht man denn überhaupt Filmanalyse – warum müssen oder können Filme analysiert werden? Eine erste Antwort lautet: Filme brauchen überhaupt nicht analysiert zu werden. Man kann selbstverständlich ins Kino gehen, Spaß daran haben – und Schluss. […]

Eine zweite Antwort auf die Frage nach der Filmanalyse lautet: Filme müssen nicht, können aber in bestimmten Fällen analysiert werden. Deshalb hier die exklusive Ausrichtung auf Spielfilme. Beim Spielfilm handelt es sich um ein komplexes ästhetisches Produkt – um *„Literatur"*. Der Film ist ein Einzelmedium, vergleichbar dem Buch, dem Radio, der Zeitung oder dem Fernsehen. Und ebenso wie bei allen diesen Kommunikationsmedien oder Vermittlungskanälen kann man in der Regel zwischen primär ästhetischen und primär pragmatischen Werken unterscheiden: zwischen „fiction" und „non-fiction". Fiktion unterliegt dem literarischen Code, den es in werkspezifischer Form prinzipiell in allen Medien gibt: den Roman im Medium Buch, das Hörspiel im Medium Hörfunk, das Fernsehspiel im Medium Fernsehen, den Comic im Medium Heftchen […] – und den Spielfilm im Medium Film. Dabei geht es nicht etwa um „Literaturverfilmung", sondern um den Film, insofern er mit den Formen des Mediums „spielt". Wie alle literarischen Produkte in allen Medien transportieren auch Spielfilme ihre Informationen nicht möglichst eindeutig, sondern umgekehrt gerade mehrdeutig, vielschichtig, mehrdimensional, polyvalent, und das heißt: interpretierbar.

Das impliziert eine dritte Antwort auf die Frage nach der Möglichkeit und Notwendigkeit der Filmanalyse: Filme können nicht nur, sondern sie sollen auch analysiert werden, um Interpretationen zu überprüfen und zu objektivieren. […]

Was heißt dabei „Interpretation"? Dem Wortsinn nach heißt es Deutung, Auslegung und meint zunächst nichts weiter als die normale Aktivität des verstehenden Zuschauers, durch die der Film als Erlebnis „Sinn" macht. Jeder Zuschauer also, sofern er den Spielfilm als eine Erfahrung (im Kopf, in der Fantasie) zulässt, interpretiert als Subjekt, und die Bedeutungsgebung liegt völlig in der Natur des ästhetischen Kommunikationsprozesses. Entscheidend dabei ist jedoch, dass der normale Zuschauer sich nicht zugleich auch der Gestaltungs- und Vermittlungsformen dieser Erfahrung, dieses „Sinns" bewusst wird. Er mag über die Bedeutung, über den Sinn eines Films inhaltsbezogen reflektieren, aber wird kaum die spezifische Weise und Form erkennen, in der diese Bedeutung konstituiert und transportiert oder evoziert wird.

Hier nun hat Wissenschaft ihre Funktion.

(aus: Grundkurs Filmanalyse. 2013)

2 **Erläutern Sie auf der Grundlage des Textes, inwiefern der Spielfilm ein literarischer Text ist. Gehen Sie dabei auf den Unterschied zum Medium Film ein.**

3 **Diskutieren Sie vor dem Hintergrund des Textes, inwieweit es sinnvoll ist, im Literaturunterricht einen Schwerpunkt auf Filme zu legen.**

Meines Erachtens könnte der Literaturunterricht im Deutschunterricht ausschließlich aus der Auseinandersetzung mit Spielfilmen beruhen, denn ... Ich sehe das anders, ...

Einen Film auswählen

Im Folgenden wählen Sie als Klasse einen Film aus, den Sie mithilfe der folgenden Seiten analysieren, interpretieren und bewerten.

1 **Erarbeiten Sie Vorschläge für einen Spielfilm, den Sie besonders gut finden und der gemeinsam im Unterricht gesehen und analysiert werden soll.**

a) Achten Sie darauf, dass der Film „mehrdeutig, vielschichtig, mehrdimensional, polyvalent, und das heißt: interpretierbar“ (Z. 30 f.) ist. Vielschichtige Filme erkennen Sie daran, dass Sie auch bei mehrfachem Sehen des Films neue Sichtweisen und Details entdecken.

b) Begründen Sie Ihre Filmauswahl genau (↗ Sprache und Stil „Filmauswahl begründen“).

SPRACHE UND STIL — Filmauswahl begründen

Begründung mithilfe des Stoffs: *Der Film überzeugt aufgrund seiner Geschichte, die er erzählt. Diese ist gesellschaftlich relevant / zeitkritisch ...*

Begründung mithilfe der Bauform: *In dem Film werden mehrere Erzählungen kunstvoll miteinander verschachtelt ...*
Der Film überzeugt durch seine originelle Erzählweise / überraschende Wendungen / die Filmmusik ...

Begründung mithilfe der Besetzung und Darstellung:
Die darstellerische Leistung von ... ist ...

Begründung mithilfe der Wirkweise des Films:
Der Film ist unterhaltsam/spannend/komisch/emotional ...
Der Film regt zum Denken an ...

2 **Präsentieren (↗ Kapitel 14, S. 191–204) Sie Ihre Ergebnisse dem Plenum und einigen Sie sich auf einen Film. Nutzen Sie hierfür eine digitale Pinnwand (↗ GZW „Punktabfrage“).**

GUT ZU WISSEN — Punktabfrage

Eine geeignete **Methode zur Entscheidungsfindung** kann die **virtuelle Punktabfrage** anhand einer digitalen Pinnwand sein. Diese ermöglicht es, über PC, Tablet oder Smartphone gemeinsam **(kollaborativ) eine Pinnwand** zu **erstellen**, auf der Texte, Links, Videos, Zeichnungen, Sprach- und Bildschirmaufnahmen abgelegt, kommentiert und gelikt werden können.

Einen Film analysieren

Inhaltsanalyse: Handlung und Figuren untersuchen

Den Inhalt eines Films zu erfassen, bedeutet, sich mit der Handlung und den Figuren des Films auseinanderzusetzen. Hierzu ist es sinnvoll, zunächst die persönlichen Eindrücke nach dem ersten Ansehen des Films in einem Filmgespräch zu formulieren.

1 Beantworten Sie folgende Fragen zu Ihrem subjektiven Eindruck / zu Ihrer Rezeption des Films.

a) Wie hat Ihnen der Film gefallen? Begründen Sie.

b) Was ist Ihres Erachtens an dem Film gut gemacht, was nicht?

c) Welche Figuren sind Ihnen sympathisch, welche unsympathisch? Begründen Sie.

d) Welche Szene ist Ihnen in Erinnerung geblieben? Warum?

e) Welche Gefühle löst der Film in Ihnen aus? Wie stimmt Sie der Film im Nachhinein?

Die Handlungsanalyse

Jeder Spielfilm erzählt eine Geschichte, deren Handlung mehr als nur die Abfolge von Vorgängen ist (story), sondern einen Sinnzusammenhang deutlich werden lässt (plot). Die Handlungsanalyse darf sich nicht darauf beschränken, den manifesten[1] Inhalt des Films wiederzugeben, sondern muss die der Handlung zugrunde liegende Logik erfassen.

Um die kausale Verknüpfung der Vorgänge und Ereignisse des Films zu verstehen, ist es von Bedeutung, die (zeitliche) Struktur der fiktiven[2] Geschichte zu betrachten. Erzählte Zeit (Zeit, die im Verlauf der Geschichte vergeht, z. B. 10 Jahre) und Erzählzeit (Vorführdauer, z. B. 120 Minuten) sind im Film meistens nicht deckungsgleich. Die Filmhandlung wird nicht immer nur chronologisch[3] entfaltet, es kann Zeitsprünge, Rückblenden oder Vorausdeutungen geben.

Darüber hinaus gibt es in Filmen häufig mehrere, gelegentlich auch verschachtelte, Handlungsstränge, die eine Unterscheidung von Haupt- und Nebenhandlung, Parallelhandlung oder Rahmenhandlung erlauben. Neben Handlungssträngen lassen sich so auch Handlungsphasen erkennen.

Klassisch gestaltete Filme folgen vergleichbar der 3-Akt-Struktur des sogenannten aristotelischen Dramas dem Aufbau von setup (Exposition), confrontation (Konfrontation) und resolution (Auflösung). Diese Filme können von künstlerisch anspruchsvollen Filmen mit abweichendem Erzählmuster unterschieden werden.

1 manifest: offensichtlich
2 fiktiv: erdacht, erdichtet
3 chronologisch: in zeitlicher Reihenfolge geordnet

2 Fassen Sie die Filmhandlung unter Berücksichtigung des Sachtextes „Die Handlungsanalyse“ zusammen.

a) Lösen Sie die Erzählstruktur des Films zugunsten einer chronologischen Darstellung auf, indem Sie die Handlung in ihrer zeitlichen Abfolge als Tabelle wiedergeben.

Abfolge der Ereignisse im Film	*Zeitliche Abfolge*
– …	– …
– …	– …

b) Fassen Sie die Handlung nach Handlungssträngen sortiert zusammen.

Inhaltsanalyse: Handlung und Figuren untersuchen

3 Untersuchen Sie die Filmhandlung im Hinblick auf Leerstellen und erarbeiten Sie zu einer Leerstelle Ihrer Wahl ein szenisches Spiel (↗ Kapitel 3, S. 43 und 14, S. 191 ff.).

a) Bestimmen Sie die Leerstellen des Films. Beachten Sie dabei die Orts- und Zeitsprünge des Films.
b) Einigen Sie sich in Ihrer Gruppe auf eine Leerstelle, die Sie für die Erarbeitung eines szenischen Spiels interessant finden.
c) Überlegen Sie sich eine Handlung (story und plot) für die Leerstelle.
d) Legen Sie Ort, Zeit und Figuren der Filmhandlung fest.
e) Formulieren Sie Dialoge und Regieanweisungen.
f) Verteilen Sie die Rollen und üben Sie das szenische Spiel.
g) Präsentieren (↗ Kapitel 14, S. 191–204) Sie das szenische Spiel dem Plenum.
h) Reflektieren Sie, welche Funktion die Leerstelle für die Filmhandlung hat.

4 Charakterisieren Sie mithilfe von GUT ZU WISSEN „Figurenanalyse“ die Hauptfiguren Ihres Films.

a) Analysieren Sie, wie die Protagonistin / der Protagonist in den Film eingeführt wird.
b) Definieren Sie zwei bis drei Schlüsselszenen, die die Protagonistin / den Protagonisten in besonderer Weise charakterisieren bzw. für deren Entwicklung von Bedeutung sind. Begründen Sie genau, inwieweit die Szenen bedeutend für die Charakterisierung der Hauptfigur sind.

Die Szene, in der die Hauptfigur ..., stellt eine Schlüsselszene für deren Charakterisierung dar. Sie zeigt, wie sie ..., und verdeutlicht dem Zuschauenden ...

5 Charakterisieren Sie weitere zentrale Figuren Ihres Films mithilfe von Frames und Stills (Videostandfotos, die über Suchmaschinen zu finden sind).

6 Diskutieren Sie, inwieweit der Film mit eindimensionalen Figuren, typischen Figurenkonstellationen, genrespezifischen Rollen oder klassischen Typen arbeitet. Lesen Sie hierzu GUT ZU WISSEN „Figurenanalyse“.

Meiner Meinung nach ist die Figur ... insofern eindimensional, als sie ...
Die Figurenkonstellation ... ist typisch für ...-Filme.
Die Rolle des ... ist genretypisch. In vielen ...-Filmen gibt es die Rolle eines ..., der ...

★ **7 Erarbeiten Sie ein fiktives Interview mit einer Nebenfigur Ihrer Wahl, das die Figur charakterisiert und ihr Verhältnis zu anderen Figuren verdeutlicht.**

GUT ZU WISSEN — Figurenanalyse

Vergleichbar mit Figuren in anderen literarischen Texten gibt es auch in Filmen **Protagonistinnen und Protagonisten**, also zentrale Hauptfiguren sowie weitere **Haupt- und Nebenfiguren**, die im Rahmen der Filmanalyse charakterisiert werden müssen, d. h. deren **Aussehen**, **Verhalten** und **Persönlichkeitsmerkmale** betrachtet und bewertet werden. Auch das **Setting** (Ort und Zeit der Handlung, Alter und Geschlecht, gesellschaftliche Stellung der Figur) ist für die Charakterisierung der Figuren von großer Bedeutung.

Die Figuren können **eindimensional** sein (meistens typisierte Nebenfiguren) oder **komplex** (mit vielfältigen, teils widersprüchlichen Charaktermerkmalen und/oder Entwicklung im Lauf des Films).

Es gibt für Filme **typische Figurenkonstellationen** (z. B. Frau zwischen zwei Männern), **genrespezifische Rollen** (z. B. der Cowboy) oder klassische **Typen** (z. B. das mathematische, wenig soziale Genie), die die Figur und die Handlung bestimmen können.

Bauanalyse: Filmtechnische Mittel untersuchen

Die Analyse der Bauform des Films ist untrennbar mit der Handlungs- und Figurenanalyse verbunden. Dabei wird untersucht, mit welchen filmtechnischen Mitteln der Film erzählt wird und welche Wirkung diese haben. Es können narrative Gestaltungsmittel wie Erzähler oder Schnitt und Montage sowie Gestaltungsmittel der Kamera (Einstellungsgröße, Kameraperspektive und -bewegung) von akustischen Mitteln wie Geräusche und Musik und visuellen Gestaltungsmitteln wie Farbe und Licht unterschieden werden.

1 Charakterisieren Sie anhand von GUT ZU WISSEN „Erzähler“ den Erzähler Ihres Films, indem Sie

a) untersuchen, inwiefern es einen Erzähler gibt, der sich den Zuschauern zu erkennen gibt.
b) Eigenschaften und Eigenarten des Erzählers darlegen.
c) prüfen, ob aus einem bestimmten Interesse erzählt wird.
d) überlegen, welche Funktion der Erzähler in Ihrem Film hat.

GUT ZU WISSEN **Erzähler**

Einige Filme weisen eine **erkennbare Erzählerpräsenz** auf, indem eine Stimme aus dem Off **(Voiceover)** spricht, dessen Identität dem Zuschauer verborgen bleiben kann oder lediglich in der Rahmenhandlung deutlich wird.

Der Erzähler kann jedoch auch eine **Filmfigur** sein und den Zuschauenden beispielsweise „seine“ Geschichte erzählen. In jedem Fall ist er Teil der Fiktion – er deutet und bewertet aus seiner Sicht und kann **unzuverlässig erzählen**.

In sogenannten Mainstreamfilmen wird häufig kein Erzähler sichtbar. Ein unvermitteltes Eintauchen in die Handlung ist möglich, die Rezeption des Films wird so vereinfacht.

2 Analysieren Sie auf der Grundlage von GUT ZU WISSEN „Schnitt und Montage“ die Einstellungslänge Ihres Films.

a) Ermitteln Sie die ungefähre durchschnittliche Einstellungslänge Ihres Films:
- Schauen Sie die ersten zehn Minuten des Films.
- Machen Sie bei jedem Schnitt einen Strich auf ein Blatt Papier, um so die Anzahl der Schnitte für die festgelegte Dauer von zehn Minuten / 600 Sekunden zu bestimmen.
- Dividieren Sie die ermittelte Anzahl an Schnitten durch die untersuchte Filmlänge (600 Sekunden). So erhalten Sie die durchschnittliche Einstellungslänge in Sekunden.

b) Überlegen Sie, welche Wirkung die ermittelte Schnittfrequenz für den Filmauszug hat.

3 Untersuchen Sie mithilfe eines Sequenzprotokolls Schnitt und Montage Ihres Filmanfangs.

a) Lesen Sie GUT ZU WISSEN „Schnitt und Montage“.
b) Erstellen Sie ein Sequenzprotokoll der ersten 20 Minuten Ihres Films.

Sequenz	*Dauer*	*Inhalt*	*Bemerkungen zu Schnitt und Montage*
1	*00:00:00 –*	...	...

c) Erläutern Sie, welche Erkenntnisse zur Erzählkonstruktion und Komposition Ihres Films mithilfe des erstellten Sequenzprotokolls gewonnen werden können.
Die Abfolge der Sequenzen verdeutlicht ... Die Erzählelemente wurden vermutlich deshalb so angeordnet, weil ...

Bauanalyse: Filmtechnische Mittel untersuchen

GUT ZU WISSEN Schnitt und Montage

Die Formen von Schnitt und Montage in einem Film zu analysieren, bedeutet zugleich, sich mit der Erzählkonstruktion des Films auseinanderzusetzen.

Die Begriffe **„Schnitt“** und **„Montage“** werden häufig synonym gebraucht, sie meinen jedoch unterschiedliche Aspekte desselben Arbeitsprozesses: der **Segmentierung und Zusammenstellung von Filmmaterial**. **Schnitt** meint dabei die mechanische Seite, **Montage** den kreativ-künstlerischen Aspekt.

Eine Aufnahme ohne Unterbrechung zwischen zwei Schnitten wird **Einstellung** genannt, sie ist die kleinste Einheit der Montage. Ihre Länge und damit die Schnittfrequenz sind genreabhängig und können ein Mittel zur Spannungserzeugung sein.

Eine zusammenhängende Folge von Einstellungen bildet eine **Sequenz** (Erzähleinheit, die durch einen Wechsel von Ort, Zeit oder der Figuren begrenzt ist). Sequenzprotokolle, die die Filmhandlung in Sequenzen einteilen, sind ein wichtiges Instrumentarium zur Gliederung der Filmhandlung und damit auch zum Erfassen der Komposition eines Films.

4 **Prüfen Sie zu zweit mithilfe von GUT ZU WISSEN „Montagetechniken“, ob Ihr Film eher Montagetechniken des Kontinuitätssystems oder der intellektuellen Montage nutzt. Analysieren Sie hierzu insbesondere die Übergänge zwischen den Sequenzen.**

GUT ZU WISSEN Montagetechniken

Bei der Montage einzelner Filmaufnahmen können die Übergänge zwischen den Einstellungen mit Überblendung (weicher Schnitt) oder ohne Überblendung (harter Schnitt) erfolgen. In beiden Fällen werden die Übergänge jedoch vom Zuschauer nicht bewusst wahrgenommen **(unsichtbarer Schnitt)**, wenn bestimmte **Montagetechniken zur Herstellung von Kontinuität** umgesetzt werden.

Zu den bekanntesten gehören der **establishing shot**, eine Einstellung zu Beginn einer Sequenz, die zur räumlichen Orientierung den gesamten Handlungsraum zeigt, die **180-Grad-Regel**, nach der nicht plötzlich nach dem Schnitt die Szene von der anderen Seite der Handlungsachse gezeigt werden darf und damit die Seitenverhältnisse vertauscht werden, das **Schuss-Gegenschuss-Verfahren** bei Dialogen, das abwechselnd die Dialogpartner (meist den Sprecher) leicht schräg von vorne über die Schulter des anderen zeigt, oder der **Match Cut** zur Überbrückung von Einstellungen bei räumlicher und zeitlicher Trennung der Handlung, indem ähnliche Objekte oder deren Bewegungsrichtung in der nächsten Einstellung übernommen werden. Neben Montagetechniken des sogenannten **Kontinuitätssystems des klassischen Hollywoodkinos**, die Zusammenhang suggerieren und den Zuschauer in ihren Bann ziehen, gibt es die sogenannte **intellektuelle Montage**, bei der der Denkprozess des Zuschauers aktiviert werden soll. Zu ihren bekanntesten Techniken zählen die:

- **Parallelmontage:** Mindestens zwei parallel verlaufende Handlungsstränge werden abwechselnd zusammengeschnitten. Dadurch kann ein inhaltlicher Zusammenhang zwischen den Handlungen und damit Bedeutung hergestellt werden. In kommerziellen Filmen wird diese Technik häufig zur Spannungserzeugung bei simultan ablaufenden Handlungselementen wie beispielsweise Verfolgungsjagden genutzt.
- **Kontrast- und Assoziationsmontage:** Durch die Kombination unterschiedlicher bzw. widersprüchlicher Einstellungen werden beim Zuschauer Assoziationen und damit ein neuer Sinn hervorgerufen.
- **Leitmotivmontage:** Leitmotive, also wiederkehrende Gegenstände, Farben, Handlungen, Lieder oder Ähnliches, stellen inhaltliche Bezüge zwischen den Einstellungen her.

Bauanalyse: Filmtechnische Mittel untersuchen

5 Lesen Sie GUT ZU WISSEN „Kamera“ und setzen Sie dann mithilfe von Smartphones oder Tablets eine Sequenz (oder einen Teil einer Sequenz) Ihres Films selbst filmisch um.

a) Verteilen Sie die Rollen (Figuren, Kamera) und machen Sie sich Notizen zu Dialogen, Regieanweisungen und dem geplanten Kameraverhalten, ohne nochmals die Originalfilmsequenz zu sehen.

b) Setzen Sie bewusst verschiedene Kameratechniken ein.

6 Schauen Sie sich anschließend die Originalfilmsequenz an und analysieren Sie diese.

a) Untersuchen Sie Einstellungsgrößen, Kameraperspektive und -bewegung.

b) Beschreiben Sie deren Wirkung und Funktion.

7 Vergleichen Sie abschließend Ihre filmische Umsetzung mit der Originalfilmsequenz.

Besonderheiten im Kameraverhalten bzgl. ...	*... der eigenen Umsetzung*	*... der Original-filmsequenz*	*Unterschiede bei Wirkung/Funktion*
Einstellungsgröße	...	...	...
Kameraperspektive	...	...	...
Kamerabewegung	...	...	...

GUT ZU WISSEN **Kamera**

Neben dem Zusammenspiel von Einstellungen (Montage) ist für die film- und damit für die erzähltechnische Analyse die Auseinandersetzung mit der Einstellung selbst von wesentlicher Bedeutung. Sie kann nicht nur nach Länge, sondern auch nach Größe, Kameraperspektive und -bewegung untersucht werden. Der Zuschauer nimmt mit der Einstellung einen durch die Kamera inszenierten Bildausschnitt wahr, der seine Haltung zu den Figuren bestimmt, Gefühle hervorrufen kann und für die Deutung des Geschehens relevant ist.

Es werden **acht Einstellungsgrößen** unterschieden: Die **Weitaufnahme/Panoramaeinstellung/Supertotale** zeigt Landschaften u. Ä. Sie schafft Atmosphäre. Die **Totale** zeigt den gesamten Schauplatz mit allen Menschen in voller Größe; sie führt in den Handlungsort ein (establishing shot). Die **Halbtotale** zeigt den Menschen vollständig in seiner näheren Umgebung, der Fokus liegt auf Handlungen der Figuren bzw. zwischen den Figuren. In der **amerikanischen** Einstellung wird die Figur von den Oberschenkeln an aufwärts gezeigt. Die **Halbnahaufnahme** (etwa von der Hüfte an aufwärts) ist geeignet für Dialogszenen. Die **Nahaufnahme** zeigt den Menschen vom Kopf bis zur Mitte des Oberkörpers und ist für Dialogszenen geeignet (Mimik ist sichtbar). Die **Großaufnahme** zeigt das Gesicht und Teile der Schultern. Sie lenkt die Wahrnehmung ausschließlich auf eine Figur, die häufig in einer emotionalen Ausnahmesituation dargestellt wird, und schafft so Nähe. Die **Detailaufnahme** zeigt nur einen Ausschnitt eines Gesichts oder der Szene (z. B. einen Gegenstand), der so häufig symbolische Bedeutung erhält.

Je näher die Kamera an die Figur und das Geschehen heranrückt, desto stärker werden Identifikation und Aufmerksamkeit. Die Einstellungsgrößen entfalten ihre Wirkung häufig in Verbindung mit der **Kameraperspektive**. Im Wesentlichen wird die **Normalsicht** auf Augenhöhe von der **Aufsicht** wie der Vogelperspektive und der **Untersicht** (z. B. Froschperspektive) unterschieden. Für eine Deutung sind die von der normalen Wahrnehmung abweichenden Perspektiven interessant: Sie können die Figuren bei der Untersicht z. B. als Furcht einflößend erscheinen lassen, beim Herabblicken auf die Figuren mittels der Kamera können diese z. B. unterlegen wirken. Auch die Analyse der **Kamerabewegung** kann wichtig sein: Sie kann statisch bleiben und die Brennweite verändern **(Zoom)**, fest verankert sein und sich drehen **(Schwenk)** oder sich z. B. bei Actionszenen durch den Raum bewegen **(Kamerafahrt oder Handkamera)**.

Bauanalyse: Filmtechnische Mittel untersuchen

8 Analysieren Sie mithilfe von GUT ZU WISSEN „Filmton“ die akustische Gestaltung einer Sequenz Ihres Films, die Sie besonders spannend, emotional oder unterhaltsam finden.

a) Sehen Sie sich die Filmsequenz ohne Ton und mit Untertiteln an.
b) Sehen Sie sich die Sequenz anschließend erneut mit Filmton an.
c) Beschreiben Sie die Wirkung und Funktion des Filmtons in der Sequenz.

Filmton	*Wirkung*	*Funktion*
Sprache	...	...
Geräusche	...	...
Musik	...	...

GUT ZU WISSEN Filmton

Im Film begegnen dem Zuschauer drei Arten von Ton: die Sprache, Geräusche und Musik. Abhängig von der Quelle des Tons wird zwischen **On- und Off-Ton** unterschieden, also zwischen Tönen, die Teil der erzählten Handlung sind (z. B. Dialoge, ein Lied, das in einem Club gespielt wird), und Tönen, die ihren Ursprung außerhalb der Geschichte haben (Filmmusik, Soundeffekte, Voice-Over-Stimmen eines Erzählers oder der Gedanken einer Figur) mit dramaturgischer Funktion.

- **Geräusche:** Sie haben häufig die Funktion, Einstellungen miteinander zu verbinden, indem sie über den Schnitt hinweg erhalten bleiben und so Kontinuität schaffen. Darüber hinaus dienen Geräusche primär der Illusions- und Spannungssteigerung.
- **Musik:** Sie kann eine Vielzahl von Funktionen haben. Filmmusik erzeugt in uns – meist unbewusst – eine bestimmte Stimmung oder Gefühle. Figuren können mit musikalischen Leitmotiven untermalt werden, die ihre Charakterisierung unterstreichen.

Geräusche und Musik im Film können auch genreabhängig sein. So gibt es beispielsweise in Kriminal- oder Horrorfilmen typische Töne, die Schrecken erzeugen.

9 Betrachten Sie Ihre selbst gestaltete Filmsequenz von Aufgabe 5 erneut mit unterschiedlichen Farbfiltern und untersuchen Sie die Wirkung (↗ GZW „Farbe und Licht“).

a) Bearbeiten Sie die Farbgebung der Filmsequenz mithilfe einer Videobearbeitungs-App.
b) Beschreiben Sie, wie sich bei veränderten Farbfiltern jeweils die Wirkung verändert.

GUT ZU WISSEN Farbe und Licht

Auch Farbe und Licht können wichtige Stilmittel eines Films sein. Sie tragen zu seiner **Atmosphäre** bei und können **Stimmungen und Gefühle** zum Ausdruck bringen. Ein unterbelichteter Schauplatz mit Schatten und hartem Licht kann beispielsweise bedrohlich wirken, weiches Licht dagegen harmonisch.

Farben können auch eine **symbolische Bedeutung** haben (z. B. weiß für Unschuld, Sterilität, Kälte). Auch die **Abgrenzung einzelner Handlungsstränge** kann anhand unterschiedlicher Farbgestaltungen geschehen (z. B. Retrofarben für in der Vergangenheit liegende Handlungen).

Einen Film interpretieren

Die Analyse von Inhalt und Bauform eines Films gipfelt in dessen Interpretation. Themen des Films müssen erkannt, Aussage und Botschaft erfasst werden. Es gilt zu analysieren, welche Normen und Werte ein Film vermittelt. Informationen zu Genre und Regisseurin/Regisseur des Films können bei der Interpretation hilfreich sein.

1 Erarbeiten Sie zu zweit die zentralen Themen des Films.

a) Vergegenwärtigen Sie sich Schlüsselszenen des Films und überlegen Sie, worum es in dem Film wirklich geht. Vermeiden Sie sowohl oberflächliche Antworten auf der Inhaltsebene als auch zu allgemein gehaltene Themen wie Liebe, Rache oder Freundschaft.

Die Schlüsselszene des Films ... zeigt, dass es in dem Film um ... geht. Denn ...

b) Deuten Sie den Titel des Films vor dem Hintergrund der Ergebnisse Ihrer Filmanalyse. Berücksichtigen Sie bei fremdsprachigen Filmen auch den Originaltitel.

2 Entwickeln Sie aus den Symbolen und Leitmotiven Ihres Films dessen Aussage und Botschaft.

a) Notieren Sie Gegenstände, Figuren, Namen, Vorgänge, Farben, Zahlen, Lieder oder Orte des Films, die mehrfach auftauchen und auf eine übergreifende, allgemeine Bedeutung hinweisen.

b) Überlegen Sie, welche Funktion die Symbole und Leitmotive in dem Film haben.

3 Diskutieren Sie im Plenum, welche Normen und Werte in dem Film vermittelt werden. Positionieren Sie sich zu diesen Normen und Werten.

4 Interpretieren Sie den Film genrespezifisch.

a) Lesen Sie GUT ZU WISSEN „Filmgenre“.

b) Untersuchen Sie, welche Aspekte der Handlung, Figuren und Bauform des Films genrespezifisch sind. Recherchieren Sie hierzu Informationen zu dem Genre Ihres Films.

c) Was unterscheidet Ihren Film von genregleichen Filmen? Erarbeiten Sie Besonderheiten.

GUT ZU WISSEN **Filmgenre**

Filme mit **Gemeinsamkeiten** bei der **Handlung**, dem **Figureninventar**, der **Bauweise** und den **Themen** gehören dem gleichen Genre an. Es handelt sich um historisch gewachsene Konventionen, deren Kenntnis für die Interpretation des Films von Bedeutung ist. Viele Filme lassen sich einem bestimmten Genre **(z. B. Actionfilm, Horrorfilm, Komödie, Liebesfilm, Science-Fiction, Western)** oder einer Kombination von Genres zuordnen.

5 Interpretieren Sie den Film biografisch, indem Sie

a) Informationen über den/die Regisseur/-in des Films und das Gesamtwerk recherchieren.

b) Bonusmaterial und Interviews zum Film berücksichtigen.

★ **6 Gestalten Sie ein Filmplakat zu Ihrem Film. Vergleichen Sie es mit dem Originalfilmplakat.**

a) Erstellen Sie das Filmplakat.
- Im Zentrum steht ein großes Foto und/oder eine Collage einzelner Filmbilder.
- Oben stehen die Namen der zentralen Schauspieler/-innen und die Auszeichnungen des Films.
- Darunter steht das Erscheinungsdatum oder Coming soon / Demnächst im Kino.
- In der Mitte steht in großer Schrift und auffälliger Farbe der Titel des Films und darunter ein Satz, der den Film zusammenfasst oder lobt (z. B. „lustigste Komödie des Jahres“).
- Unten nennen Sie Informationen zu Regisseur/-in, Drehbuchautor/-in, Kamera, Schnitt, Ton usw.

b) Welche Gemeinsamkeiten und Unterschiede haben Ihr selbst gestaltetes Plakat und das Original?

Einen Film bewerten

Auch wenn nicht alle Filmzuschauerinnen und -zuschauer außerhalb des schulischen Kontextes Filme analysieren und interpretieren, so bewerten sie sie doch. Soll diese Bewertung jedoch mehr als nur ein Geschmacksurteil sein, so muss sie auf fundierten Analyse- und Interpretationsergebnissen aufbauen.

1 Beurteilen Sie Ihren Film auf einer Skala von 1 (hat mir überhaupt nicht gefallen) bis 5 (hat mir sehr gut gefallen). Diskutieren Sie die Ergebnisse im Plenum.

2 Begründen Sie auf der Grundlage Ihrer Analyse- und Interpretationsergebnisse, weswegen Ihnen Ihr Film oder Teile des Films gefallen bzw. nicht gefallen hat/haben.

a) Notieren Sie unter Berücksichtigung der Checkliste „Eine Filmanalyse verfassen“ zu den einzelnen Schritten der Filmanalyse Besonderheiten Ihres Films, die dazu führen, dass Ihnen der Film gefällt bzw. nicht gefällt. Fertigen Sie hierzu eine Tabelle an.

Arbeitsschritte der Filmanalyse	*Besonderheiten, die dazu führen, dass der Film gefällt / nicht gefällt*
Handlungsanalyse	…

b) Überlegen Sie, inwieweit die Analyse und Interpretation eines Films im Vergleich zur unreflektierten Filmrezeption die Bewertung eines Films verändern. Wird die Freude am Film durch die Analyse eher vergrößert oder verkleinert? Begründen Sie.

CHECKLISTE — Eine Filmanalyse verfassen

Filmeindrücke formulieren

- ☑ Haben Sie nach dem ersten Ansehen des Films Ihre persönlichen Eindrücke zum Film formuliert?

Inhalt analysieren (Handlungs- und Figurenanalyse)

- ☑ Ist die Filmhandlung chronologisch und nach Handlungssträngen sortiert zusammengefasst?
- ☑ Werden die zentralen Figuren des Films und deren Verhältnis zueinander charakterisiert?
- ☑ Haben Sie untersucht, inwieweit der Film mit klassischen Typen und genrespezifischen Rollen arbeitet?

Bauform analysieren

- ☑ Ist die Erzählerin / der Erzähler des Films charakterisiert?
- ☑ Haben Sie Schnitt und Montage(-techniken) und deren Bedeutung für den Film analysiert?
- ☑ Haben Sie Besonderheiten der Kameraeinstellung, Kameraperspektive und -bewegung sowie deren Bedeutung für den Film untersucht?
- ☑ Haben Sie den Filmton (Geräusche, Musik) und dessen Wirkung analysiert?
- ☑ Haben Sie den Einsatz von Farben und das Licht des Films sowie dessen Wirkung untersucht?

Film interpretieren

- ☑ Haben Sie anhand der Schlüsselszenen und des Filmtitels die zentralen Themen des Films erfasst?
- ☑ Haben Sie mithilfe der Symbole und Leitmotive des Films dessen Aussage und Botschaft entwickelt?
- ☑ Haben Sie untersucht, welche Normen und Werte der Film vermittelt?
- ☑ Haben Sie den Film genrespezifisch interpretiert?

Film bewerten

- ☑ Sind Sie auf der Grundlage Ihrer Analyse- und Interpretationsergebnisse zu einer fundierten Bewertung des Films gelangt?

Anwenden, Vertiefen, Fazit

Filme rezensieren

Die Filmkritik oder Filmrezension ist eine informative und zugleich unterhaltsame Form der Besprechung und persönlichen Bewertung eines Films; sie wird in Zeitung, Hörfunk, Fernsehen oder im Internet veröffentlicht.

1 Recherchieren Sie unterschiedliche Filmkritiken zu Ihrem ausgewählten Film und analysieren Sie diese.

a) Suchen Sie zu Ihrem Film mehrere Filmkritiken in Online-Zeitungen und -Zeitschriften (z. B. epd-film.de, faz.net, filmdienst.de, schnitt.de) sowie Podcasts oder Filmkritiken in Videoform.

b) Erarbeiten Sie gemeinsame Bausteine und Elemente im Aufbau der Filmkritiken.

c) Wählen Sie eine für Sie besonders gelungene Filmkritik aus und analysieren Sie, welche Teile informativ (z. B. Angaben zur Filmlänge), beschreibend (z. B. Angaben zum Filminhalt), analysierend (z. B. zur Erzählweise), interpretierend (z. B. zur Filmaussage und -botschaft) und welche wertend sind.

d) Notieren Sie, wie Werturteile begründet werden, und erarbeiten Sie die zugrunde liegenden Bewertungsmaßstäbe: Anspruch – Trivialität, Unterhaltung und Spannung – Langeweile, Komplexität – Einfachheit, Glaubwürdigkeit – Unglaubwürdigkeit, Originalität – Konventionalität.

2 Erstellen Sie selbst eine Filmkritik und stellen Sie sie im Plenum vor.

a) Entscheiden Sie sich für eine mediale Umsetzungsform Ihrer Filmkritik (in schriftlicher Form, als Podcast oder Video).

b) Nutzen Sie für Ihre Filmkritik die Ergebnisse zur Analyse, Interpretation und Bewertung Ihres Films und bauen Sie informierende, beschreibende, analysierende, interpretierende und bewertende Teile ein.

c) Illustrieren Sie Ihre Filmkritik je nach gewähltem Medium mit Filmbildern, Filmsequenzen und Trailern oder Filmtonsequenzen.

d) Verwenden Sie für Ihre Bewertung passende Adjektive
humorlos – witzig, anspruchslos und trivial – anspruchsvoll, klar – kompliziert, geistreich und unterhaltsam – langweilig, spannend und packend – eintönig, oberflächlich – tiefgreifend, originell – konventionell, hinreißend – kitschig und übertrieben

e) Geben Sie eine Filmempfehlung ab.

f) Stellen Sie Ihre Ergebnisse im Plenum vor.

FAZIT

4.1 Den Gegenstand der Filmanalyse klären
- Den Spielfilm als literarischen Text verstehen
- Einen Film auswählen

4.2 Einen Film analysieren
- Inhaltsanalyse: Handlung und Figuren untersuchen
- Bauanalyse: Filmtechnische Mittel untersuchen

4.3 Einen Film interpretieren

4.4 Einen Film bewerten

4.5 Anwenden, Vertiefen, Fazit
- Filme rezensieren

Kapitel 5

Medien: Funktion und Wirkungsabsicht analysieren

5.1 Sich mit Medien auseinandersetzen

5.2 Mediennutzung Jugendlicher untersuchen

5.3 Folgen veränderter Mediennutzung erkennen

5.4 Anwenden, Vertiefen, Fazit

Medien begegnen einem jeden Tag in den unterschiedlichsten Formen. Dabei erfüllen Medien verschiedene Aufgaben und Funktionen, die in diesem Kapitel vorgestellt werden.

Die Medienlandschaft verändert sich rasant und die Mediennutzung – besonders Jugendlicher – passt sich diesen Veränderungen schnell an. Das klassische lineare Fernsehen verliert an Bedeutung und Streamingdienste befinden sich auf dem Vormarsch. Im folgenden Kapitel werden weitere Auswirkungen der veränderten Mediennutzung dargelegt. Am Schluss dieses Kapitels steht die Frage nach einer möglichen Manipulation durch Medien.

Kompetenzen

- ✓ Funktionen/Aufgaben von Medien kennenlernen
- ✓ eigene Mediennutzung beurteilen
- ✓ Folgen veränderter Mediennutzung benennen
- ✓ sich mit den Phänomenen „Echokammer" und „Filterblase" auseinandersetzen

Methoden und Arbeitstechniken

- ✓ Blitzlicht
- ✓ Brainstorming
- ✓ Umfrage
- ✓ Fünf-Schritt-Lesemethode
- ✓ Podiumsdiskussion
- ✓ Fünfsatz

Sich mit Medien auseinandersetzen

Medien sind heutzutage allgegenwärtig und erfüllen in der Gesellschaft unterschiedliche Funktionen und Aufgaben.

Funktionen der Medien in Kernbereichen der Gesellschaft

Medien

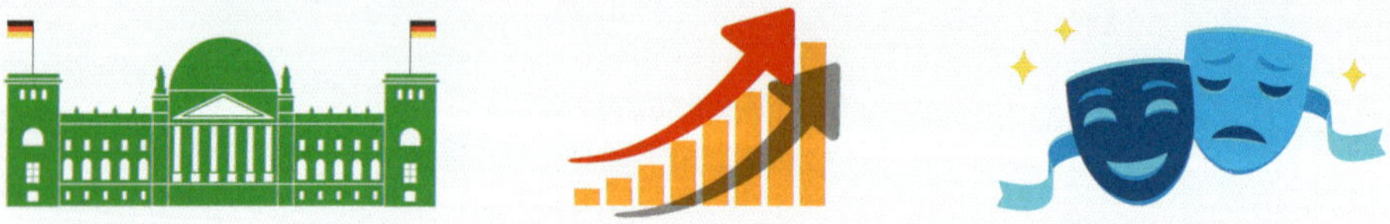

Politik

- Öffentlichkeit herstellen
- Artikulation von Meinungen
- Kontrolle und Kritik
- Frühwarnfunktion
- Partizipation und Aktivierung

Wirtschaft

- Konsum-/Verbraucher-information
- Warenzirkulation
- Beschäftigung/Arbeitsplätze
- Wertschöpfung in der Medienbranche

Kultur & Soziales

- Orientierung und Lebenshilfe
- Intergration in die Gesellschaft
- Bildung und kulturelle Entfaltung
- Unterhaltung und Entspannung

1 Führen Sie in Ihrer Klasse ein Blitzlicht (↗ Kapitel 14, S. 191–204) durch, indem Sie kurz erklären, welche Medien Sie wann und warum verwenden.

2 Verwenden Sie Ihre Ergebnisse aus Aufgabe 1, um die genannten Medien zu kategorisieren und grafisch darzustellen.

3 Erläutern Sie mithilfe der Infografik, welche Aufgaben und Funktionen Medien in unserer Gesellschaft erfüllen.

Eine wesentliche Aufgabe der Medien ist aus Sicht der Politik die Herstellung von Öffentlichkeit. Das bedeutet, dass …
Aus Sicht der Wirtschaft haben Medien eine weitere Aufgabe. Sie …

Mediennutzung Jugendlicher untersuchen

Die Shell Jugendstudie erfasst Einstellungen/Meinungen Jugendlicher und statistische Daten zur Mediennutzung.

Shell Jugendstudie 2019 (Auszug)

Politik und Gesellschaft

Das politische Interesse von Jugendlichen hat sich im Jahr 2019 weiter stabilisiert. Als stark interessiert bezeichnen sich 8 % der Jugendlichen, und weitere 33 % sehen sich als interessiert. Damit ist das Interesse im Vergleich zu 2015 zwar leicht rückläufig (41 % im Vergleich zu 43 %), aber im längerfristigen zeitlichen Verlauf betrachtet liegt es deutlich über den Ergebnissen der Jahre 2002, 2006 und 2010.

Bezüglich der Bildungsposition der Jugendlichen liegt ein deutliches Gefälle vor: Jeder zweite Jugendliche, der das Abitur anstrebt oder erreicht hat, bezeichnet sich als politisch interessiert. Bei Jugendlichen mit angestrebtem oder erreichtem Hauptschulabschluss trifft dies hingegen nur auf jeden vierten zu. Studierende bezeichnen sich zu 66 % als politisch interessiert, sie sind damit die Gruppe mit dem größten politischen Interesse.

Trotz leichter Annäherungen bezeichnen sich männliche Jugendliche (44 %) noch immer etwas häufiger als weibliche Jugendliche (38 %) als politisch interessiert. Aber beide Geschlechter messen dem eigenen politischen Engagement eine jeweils gleich hohe Bedeutung bei. Momentan hat es sogar den Anschein, dass Mädchen sich als Vorreiterinnen im politischen Engagement präsentieren. Dies gilt vor allem für die „Fridays for Future“-Initiative, die medial stark von jungen Frauen repräsentiert wird.

Das Internet als wichtigste politische Informationsquelle

Die Mehrheit der Jugendlichen informiert sich zu politischen Themen inzwischen online. Am häufigsten werden hierbei Nachrichten-Websites oder News-Portale genutzt (20 %), viele verweisen zudem auf Social-Media-Angebote, also auf entsprechende Informationsquellen in den sozialen Netzwerken, auf Messenger Apps (14 %) oder auf YouTube (9 %). Das Fernsehen als Informationsquelle nennen zwar 23 % der Jugendlichen, 15 % nutzen das Radio und ebenfalls 15 % klassische Printmedien, aber Internet und Social Media haben den klassischen Medien im Bereich der gezielten politischen Informationssuche mittlerweile den Rang abgelaufen.

Das größte Vertrauen wird jedoch nach wie vor den klassischen Medien entgegengebracht. Die große Mehrheit hält die Informationen in den ARD- oder ZDF-Fernsehnachrichten für vertrauenswürdig. Vergleichbares gilt auch für die großen überregionalen Tageszeitungen, wobei Jugendliche in Ostdeutschland (68 %) auch diesen Zeitungen deutlich weniger trauen als ihre Altersgenossen im Westen (83 %).

YouTube bezeichnet hingegen etwa jeder zweite Jugendliche als weniger bis nicht vertrauenswürdig. Bei Facebook sind es sogar etwas mehr als zwei von drei Jugendlichen, die den dort angebotenen Informationen misstrauen. Auch Twitter vertraut nur eine Minderheit.

Das Vertrauen in einzelne Kanäle beeinflusst deren Nutzung. Es zeigt sich, dass die politisch interessierten Jugendlichen besonders häufig den klassischen Informations- und Nachrichtenkanälen (Print und öffentlicher Rundfunk) vertrauen und ihre Informationen weder ausschließlich und auch nicht vorrangig in den Social-Media-Kanälen suchen.

(www.shell.de)

1 Lesen Sie den Text mit der Fünf-Schritt-Lesemethode (↗ GZW „Die Fünf-Schritt-Lesemethode“, Kapitel 7, S. 93).

a) Schreiben Sie aus dem Text die Daten zur Mediennutzung Jugendlicher heraus. Die erste dafür relevante Aussage ist im Text bereits markiert.

b) Welche Diagrammart (↗ GZW „Datenvisualisierung mit Diagrammen“) eignet sich am besten, um die Daten aus Aufgabe 1 a zu visualisieren? Begründen Sie Ihre Auswahl.

c) Stellen Sie diese Daten grafisch dar.

Mediennutzung Jugendlicher untersuchen

2 Erläutern Sie, wie man die Aussagekraft eines Schaubilds durch die Wahl der Darstellungsweise beeinflussen kann. Finden Sie dafür ein Beispiel.

3 Führen Sie in Ihrer Klasse ein Brainstorming (↗ Kapitel 14, S. 191–204) zu der Frage durch, wo Ihnen überall Schaubilder/Diagramme im Alltag begegnen.

4 Bestimmen Sie mithilfe von GUT ZU WISSEN „Datenvisualisierung mit Diagrammen“ die unterschiedlichen Formen der vier Diagramme auf Seite 71.

GUT ZU WISSEN | Datenvisualisierung mit Diagrammen

Ein **Balken- bzw. Säulendiagramm** verdeutlicht Unterschiede in den Größenverhältnissen. Die Säulen stehen senkrecht, Balken waagerecht. Da Balken bzw. Säulen beschriftet werden, eignen sich Säulen besser für eine Beschriftung mit Zahlen, z. B. Jahreszahlen, Balken dagegen für eine Beschriftung mit Wörtern. Diese Diagramme eignen sich besonders gut für Vergleiche.

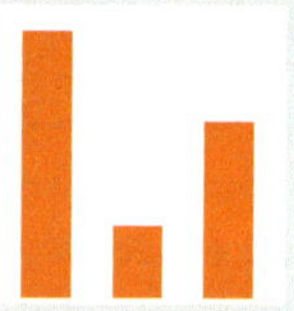

Ein **Kreisdiagramm** beschreibt den Anteil einzelner Teile an einer bestimmten Gesamtmenge.

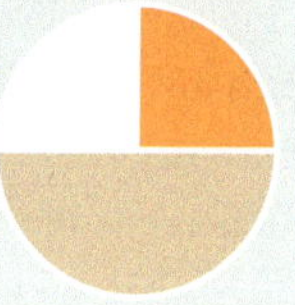

Ein **Kurvendiagramm** eignet sich für die Darstellung von Entwicklungen in einem bestimmten Zeitraum.

Eine **Infografik** stellt Gesamtzusammenhänge mit einer sinnvollen visuellen Gestaltung dar. Häufig werden hierbei Sachinformationen in ein Bild, z. B. eine Landkarte, eingebunden. Es ist auch möglich, dass verschiedene Arten von Diagrammen in der Grafik enthalten sind.

↗ S. 71

Ein **Organigramm** veranschaulicht die hierarchische Struktur einer Organisation oder eines Unternehmens.

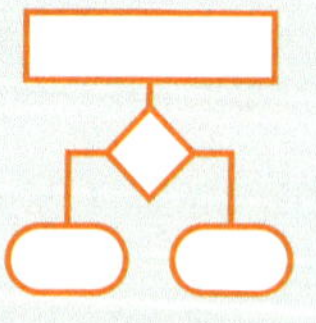

Schaubilder/Diagramme sind immer auch kritisch zu betrachten. So können Zahlen und Größenunterschiede durch die Wahl der Maßeinheiten unterschiedlich wirken. Auch der gewählte Maßstab – die Skalierung der Achsen – ist zu beachten sowie die Aussagekraft der Daten: Handelt es sich um genaue oder geschätzte Zahlen?

5 Analysieren Sie das Diagramm „Tägliche Nutzungsdauer 2020“ (rechts unten).

a) Beschreiben Sie das Diagramm möglichst genau und notieren Sie Ihre Ergebnisse.

b) Nutzen Sie Ihre Ergebnisse aus Aufgabe 5a, um das Muster „Schaubild-/Diagrammanalyse“ (S. 71) zu ergänzen, fortzusetzen und in Ihr Heft zu übertragen.

Mediennutzung Jugendlicher untersuchen

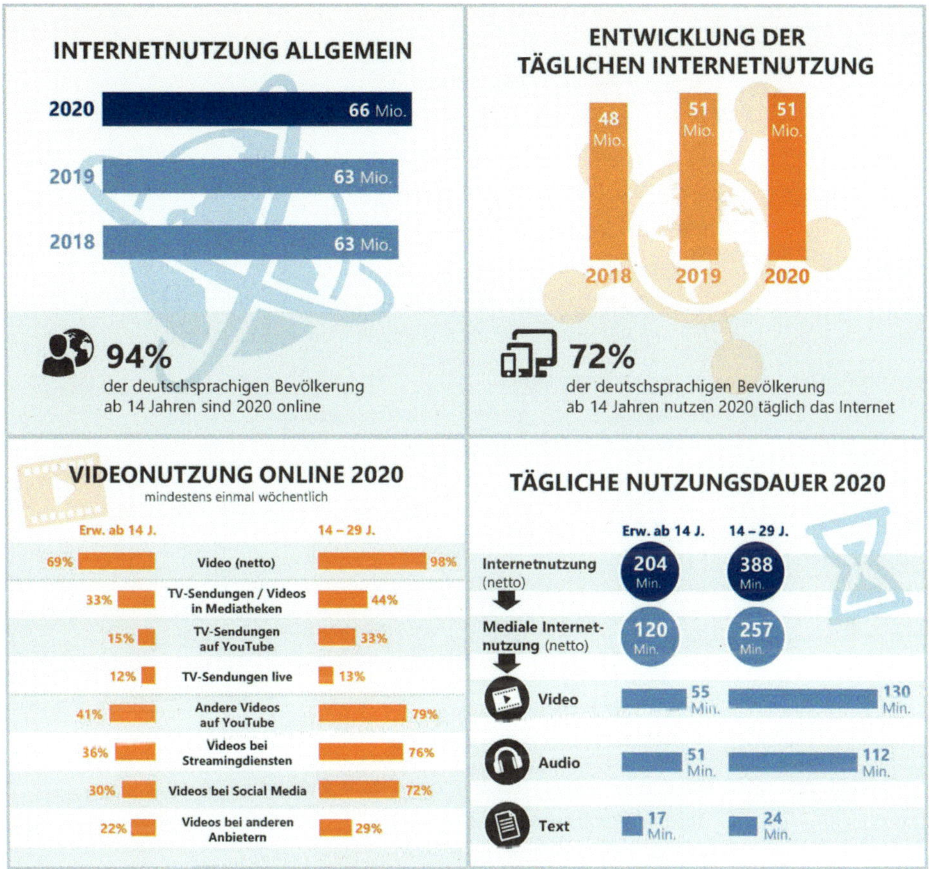

ARD/ZDF, Onlinestudie 2020

MUSTER Schaubild-/Diagrammanalyse

Das Schaubild/Diagramm mit dem Titel ■ wurde im Jahr ■ von ■ veröffentlicht. Das ■ stellt dar, wie viele Minuten täglich das ■ genutzt wird. Dabei beträgt die Gesamtnutzungsdauer des Internets …

6 Untersuchen Sie die anderen drei Diagramme.

a) Notieren Sie Stichworte bzw. Daten zu folgenden Aspekten: Titel, Untertitel, Quelle, Herausgeber, Thema, Diagrammform, Symbole, Bilder, farbliche Gestaltung, Vorder- und Hintergrund.

b) Formulieren Sie die Hauptaussagen der jeweiligen Diagramme.

c) Beurteilen Sie mithilfe von GUT ZU WISSEN die Gestaltung der einzelnen Diagramme.

GUT ZU WISSEN Ein Schaubild/Diagramm beurteilen

Bei der Beurteilung eines Schaubildes/Diagramms sollten Sie vor allem auf folgende Aspekte eingehen:

- **Gestaltung** (Vordergrund, Hintergrund, Bilder, Symbole, Farben, Übersichtlichkeit)
- **Zweckmäßigkeit** der ausgewählten Diagrammart/-en in Bezug auf die Aussageabsicht
- **Aussagegehalt** der einzelnen Teile sowie des Zusammenspiels der Teile
- **Zusammenspiel** von Text, Grafik und Bild

Mediennutzung Jugendlicher untersuchen

SPRACHE UND STIL – Eine Schaubildbeschreibung verfassen

für die **Einleitung**	*... ist der Titel des Schaubildes ...* *In der Grafik wird ... dargestellt.* *Es geht in dem Schaubild darum, dass ...* *Bei dem Schaubild handelt es sich um ein ... (Art des Schaubildes).* *Die Grafik ist unterteilt in ...*
für die **Beschreibung von Entwicklungen**	wachsen, zunehmen, sich steigern, sich vervielfachen, sich vermehren, unverändert sein, gleichbleibend sein, keine Veränderung aufweisen, abnehmen, sinken, verringern, schrumpfen, rückläufig sein
für den **Vergleich von Werten**	*Im Unterschied zum Jahr ...* *Im Gegensatz zu ... ist der ... gesunken/gestiegen.* *Verglichen mit ... / Im Vergleich zu ...*
zur **Darstellung von Rangfolgen**	*Zu Beginn steht ...* *Auf dem zweiten Platz ...* *Es folgt/folgen ...* *Das Schlusslicht ...*
für die **Interpretation des Schaubildes**	*Zusammenfassend lässt sich feststellen, dass ...* *Es fällt auf, dass ...* *Mögliche Gründe für ... könnten sein, dass ...* *In Zukunft könnte sich ... verändern.*
um **Kritik an der Darstellung** zu üben	*Bei der Darstellung fehlen Informationen über ...* *Aus der Grafik geht nicht hervor, dass ...* *Aus dem Schaubild lässt sich nicht erkennen, dass ...*

CHECKLISTE – Schaubild-/Diagrammbeschreibung

- ☑ Haben Sie Ihren Text übersichtlich gegliedert und auch Absätze eingebaut?
- ☑ Sind Ihre Angaben in der Einleitung vollständig: Art des Schaubildes/Diagramms, Thema des Schaubildes/Diagramms, Datum der Veröffentlichung, Erscheinungsort, Titel, Datenquelle, Herausgeber?
- ☑ Haben Sie im Hauptteil das Schaubild/Diagramm beschrieben und sind auf folgende Elemente eingegangen: Darstellungsform, Gestaltungsmittel, Zahlendarstellung, Entwicklungen, Veränderungen, Unterschiede?
- ☑ Haben Sie den Schlussteil zur Auswertung des Schaubildes/Diagramms genutzt und Ursachen dargelegt, eventuell einen Ausblick gegeben, Lösungsvorschläge gemacht oder das Schaubild/das Diagramm beurteilt?

7 **Analysieren Sie die Mediennutzung Ihrer Mitschülerinnen und Mitschüler.**

a) Entwerfen Sie einen Fragebogen, der sich mit der Mediennutzung Ihrer Mitschüler befasst.
b) Führen Sie die Umfrage durch (↗ Kapitel 14, S. 191–204).
c) Stellen Sie die Ergebnisse Ihrer Umfrage grafisch dar (z. B. als Schaubild).
d) Präsentieren Sie Ihre Ergebnisse der Klasse (z. B. als Lernplakat, ↗ Kapitel 13, S. 179).
★ e) Vergleichen Sie Ihre Ergebnisse mit einer aktuellen Studie (z. B. JIM-Studie).

Folgen veränderter Mediennutzung erkennen

Die veränderte Mediennutzung in der Gesellschaft hat Auswirkungen auf viele Bereiche des alltäglichen Lebens, besonders auch darauf, wie Texte von den Menschen gelesen werden.

Lesekultur im Wandel – Essay

von Heinrich Riethmüller

[...] Bei genauerem Hinschauen erkennt man: Lesen ist vielschichtiger denn je. Literaturfestivals und Lesungen boomen, Blogger und Bookstagrammer teilen Leseerlebnisse online, Buchhandlungen sind kulturelle Treffpunkte. Dennoch: Lesen ist in der Freizeit immer stärker nur eine Option von vielen. Wer Bücher liest, tut dies zunehmend aus einer bewussten Entscheidung heraus. Unbewusst lesen Menschen in ihrem Alltag hingegen mehr als vor einigen Jahren – und sie lesen anders. Das Lesen findet heute im Digitalen statt, es ist hochfrequenter und selektiver, dabei durchsetzt von Bildern.

Im Digitalen liegen der Studie zufolge auch die Gründe für die Käuferabwanderung: Die diversen Möglichkeiten der Unterhaltung haben sich erst jetzt auf das Kaufverhalten ausgewirkt – neben dem Fernsehen und dem Internet war lange Platz für Bücher. Das Bücherkaufen aufgegeben haben Menschen verstärkt in den vergangenen Jahren, in denen der Alltag wesentlich durch eine permanente Erreichbarkeit durch soziale Medien geprägt ist. Die Menschen fühlen sich zunehmend von der Schnelllebigkeit und den Erwartungen des modernen Alltags unter Druck gesetzt, immer verbunden mit der Angst, sozial den Anschluss zu verlieren. So reicht abends die Energie nicht mehr, um sich in ein Buch oder E-Book zu vertiefen. Stattdessen schauen sie lieber eine Netflix-Serie.

Natürlich hat sich die Bevölkerung auch vor der Digitalisierung nicht zu hundert Prozent aus Buchlesern zusammengesetzt. Die Stellung des Lesens in der Gesellschaft hat sich aber gravierend verändert. Nicht-Lesen führt nicht mehr zu soziokulturellem Statusverlust. Lesen ist keine Voraussetzung mehr, um am gesellschaftlichen Gespräch teilzuhaben – diese Rolle im Kulturgespräch haben zunehmend Serien übernommen, die immer hochwertiger produziert werden. Bücher hingegen müssen sich stärker rechtfertigen und sich ihre Sichtbarkeit verdienen. Sie sind mehr und mehr aus dem öffentlichen Diskurs verschwunden, gelten zuweilen als Einzelgänger-Medium.

Das Interesse an Geschichten hingegen ist ungebrochen – das zeigt nicht zuletzt der Serien-Trend. Auch gab es keine abrupte Ablehnung des Buchs. Die befragten Abwanderer haben an Bücher durchweg positive Erinnerungen. Lesen wird als Moment der Entschleunigung beschrieben, als Abtauchen in ferne Welten, Horizonterweiterung und Zeit für sich selbst. Informationen aus Büchern gelten unter den Befragten als besonders vertrauenswürdig. Viele sprechen sogar davon, dass sie die Zeit mit Büchern vermissen.

Nicht erst seit Veröffentlichung der Buchkäuferstudie arbeitet die Buchbranche an neuen Wegen, Leser zu erreichen. Digitale Tools sollen bei der Buchauswahl helfen, Leseproben unentschlossene Käufer gewinnen. Angebote wie Yoga in der Buchhandlung schaffen neue Zugänge und betonen die vergemeinschaftende Seite des Lesens. Sicherlich können Live-Events für das Lesen nicht die Bedeutung entwickeln, wie sie es in der Kunst oder im Theater tun. Aber sie können helfen, Geschichtenliebhaber zu gewinnen. Offene und niedrigschwellige Angebote sind genauso wichtig zum Überleben des Marktes, wie auf den Wert des Lesens selbst zu setzen.

Bei all diesen Überlegungen gilt: Wenn Bücher im Alltag ins Abseits geraten, steht mehr als eine Bilanz oder ein beglückendes Gefühl auf dem Spiel. Bücher zu produzieren, dient keinem ökonomischen Selbstzweck. Die Frage, ob Bücher in unserem Alltag präsent sind, impliziert vielmehr drängende kulturelle und gesellschaftliche Fragen.

Bücher bieten Zugang zu einer Art des Lesens, auf die unsere Gesellschaft nicht leichtfertig verzichten kann. Wer keine Bücher liest, beschränkt auch seine Wahrnehmungsmöglichkeiten. Digitale Medien verändern diese maßgeblich. Der Umstand, dass viele elektronische Medien den Leser einem permanenten Fluss der Reize aussetzen und ihm vorgeben, wann er

Folgen veränderter Mediennutzung erkennen

welche Inhalte zu verarbeiten habe, ist nach Erkenntnissen des Hirnforschers Wolf Singer in hohem Maße unnatürlich. Normalerweise sei es der Mensch selbst, der sich aussucht, in welchem Rhythmus er etwas lese. Als eine Folge des digitalen Lesens sieht Singer eine verringerte Aufmerksamkeitsspanne. Rein digital trainierte Leser hätten Schwierigkeiten, komplexe Sätze aufzulösen. Das Lesen von gedruckten Texten eröffnet hingegen eine Freiheit, die wir beim vorportionierten elektronischen Lesen von Kurztexten oder beim Serienschauen nicht erlangen können. Ähnliches bestätigten zuletzt die Studien des Forschernetzwerkes E-Read. Die selbstständige Auseinandersetzung mit dem Gelesenen stärkt die Position des Eigenen und macht frei von vorgegeben Denkmustern – Fähigkeiten, die in Zeiten von erstarkendem Populismus, Fake News und Clickbait-Journalismus unabdingbarer werden und elementar für die demokratische Teilhabe sind.

Ebenso wichtig für den demokratischen Diskurs sind vertrauenswürdige Quellen – mit gesellschaftlicher Verantwortung verlegte und sorgfältig recherchierte Literatur. Sie ist ein notwendiges Gegengewicht zur Schnelllebigkeit digitaler Informationen und hilft, die gemeinhin als immer komplexer wahrgenommene Welt zu verstehen und Perspektiven zu hinterfragen. […]

Es gibt rund 3000 Buchverlage in Deutschland, davon ein beträchtlicher Teil unabhängige und kleine Verlage, die es sich vielfach zur Aufgabe gemacht haben, abseits des Mainstreams zu publizieren. Sie setzen auf Spezialinteressen und schrecken nicht davor zurück, auch das Skurrile und Abseitige zu befördern sowie Gedanken herauszubringen, die dazu beitragen, gesellschaftliche Normen zu verändern. Eine rückläufige Zahl an Buchhandlungen, eine geringe Präsenz von Büchern im Alltag und schwindende Interessengruppen gefährden allerdings diese „Bibliodiversität“ und damit ein fragiles kulturelles Ökosystem, das das Wachsen von Ideen und politischer Diversität ermöglicht. Eine schrumpfende Leserschaft dünnt langfristig auch den Markt der Ideen aus.

Das Interesse an Büchern bei Kindern und Jugendlichen hat in den vergangenen Jahren im Vergleich zur Gesamttendenz weniger stark abgenommen. Offen bleibt: Werden Kinder zu Lesern, wenn sie langfristig immer weniger lesende Vorbilder haben? Vertieftes Lesen ist nach wie vor die wichtigste Form der Wissensaneignung. […]

(www.bpb.de)

1 **Führen Sie in Ihrer Klasse eine Punktabfrage (↗ Kapitel 14, S. 191–204) über die Lesegewohnheiten Ihrer Mitschülerinnen und Mitschüler durch.**

Fragen für die Punktabfrage:
- *Was lesen Sie täglich?*
- *Wann lesen Sie?*
- *Wie viel Zeit in der Woche verbringen Sie mit Lesen?*
- *Lesen Sie eher digital? Lesen Sie eher analog?*

2 **Erstellen Sie nach dem Lesen des Essays eine Mindmap (↗ Kapitel 14, S. 191–204) mit Aspekten, die die Veränderung der Lesegewohnheiten durch digitale Medien beschreiben. Verwenden Sie auch die Ergebnisse der Punktabfrage von Aufgabe 1.**

★ **3** Verfassen Sie einen Leserbrief, in dem Sie sich kritisch mit der Veränderung der Lesekultur auseinandersetzen (↗ GZW „Aufbau eines Leserbriefs").

GUT ZU WISSEN | Aufbau eines Leserbriefs

Achten Sie beim Verfassen eines Leserbriefs auf folgende Formalien:

- Ein Leserbrief ist wie ein Brief an bestimmte Personen gerichtet. In diesem Fall ist es eine Redaktion, die den Brief zunächst zu lesen bekommt; daher ist es wichtig, eine **Anrede** zu formulieren.
- Wie jeder andere Brief sollte auch ein Leserbrief mit einer Höflichkeitsbekundung, einem **Gruß** und einer persönlichen **Signatur** sowie **Datum und Ort** enden.
- Die Redaktion erhält täglich viele Leserbriefe. Daher muss deutlich sein, auf welchen Artikel sich der Leserbrief bezieht: Es muss also im ersten Satz ein **Bezug** ausformuliert werden.

Neben den Formalien müssen Sie folgende inhaltliche Aspekte beachten:

- Der Leserbrief soll eine Leserin / einen Leser wie eine Stellungnahme überzeugen – Sie müssen also auch hier mit einer argumentativen Struktur (These – Argument – Entfaltung des Arguments – Folgerung) arbeiten.
- Dabei können Sie der Autorin / dem Autor des Ausgangstextes entweder in Teilen zustimmen oder die Gegenposition einnehmen.
- Ihr wichtigstes Argument formulieren Sie am Ende des Hauptteiles aus (↗ GZW „Aufbau einer Argumentation" und „Die eigene Position darlegen", Kapitel 8, S. 108 und 111).

Mechanismen in sozialen Netzwerken erkennen

Das Phänomen der Filterblase ist in den letzten Jahren durch das Internet und die Verwendung von Social-Media-Plattformen entstanden. Zu einer Filterblase kommt es, wenn einem in sozialen Netzwerken immer nur Beiträge mit der eigenen Meinung angezeigt werden. Dies kann passieren, weil Webseiten analysieren, was der Nutzerin / dem Nutzer gefällt, und nur das anzeigen, was dem Standpunkt der Nutzerin / dem Nutzer entspricht.

Phänomen der Filterblase

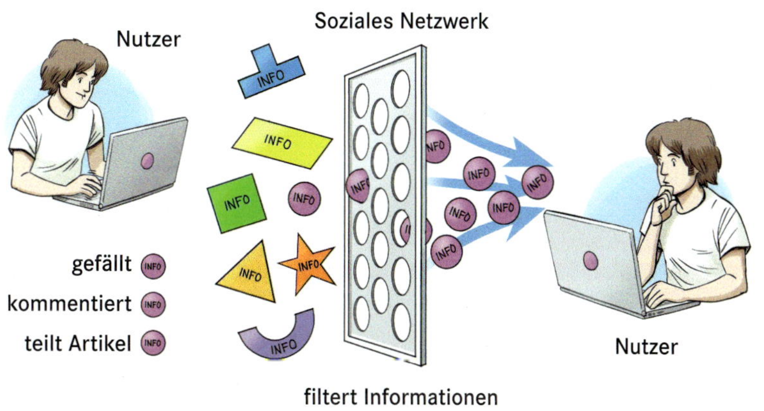

1 Führen Sie in Ihrer Klasse ein Blitzlicht (↗ Kapitel 14, S. 191–204) zum Begriff „Filterblase" durch. Was wissen Sie über diesen Begriff?

2 Erklären Sie mithilfe des Schaubilds den Begriff „Filterblase".

a) Beschreiben Sie das Schaubild.

b) Erläutern Sie, was der Begriff „Filterblase" bedeutet.

c) Stellen Sie Überlegungen an, welche Folgen Filterblasen für den Nutzer haben könnten.

Anwenden, Vertiefen, Fazit

Das Phänomen der Echokammern erläutern

Neben dem Phänomen der Filterblasen ist das Phänomen der Echokammern in engem Zusammenhang auf Social-Media-Plattformen entstanden. Ebenso wie Filterblasen beeinflussen Echokammern die Wahrnehmung von Nutzern der jeweiligen Plattformen. So wird durch Echokammern die eigene Meinung immer wieder bestärkt, z. B. wenn die eigene Meinung in den sozialen Medien auch durch die Freunde vertreten wird.

1 Informieren Sie sich über das Phänomen der Echokammern. Verwenden Sie das Schaubild und recherchieren Sie.

Phänomen der Echokammern

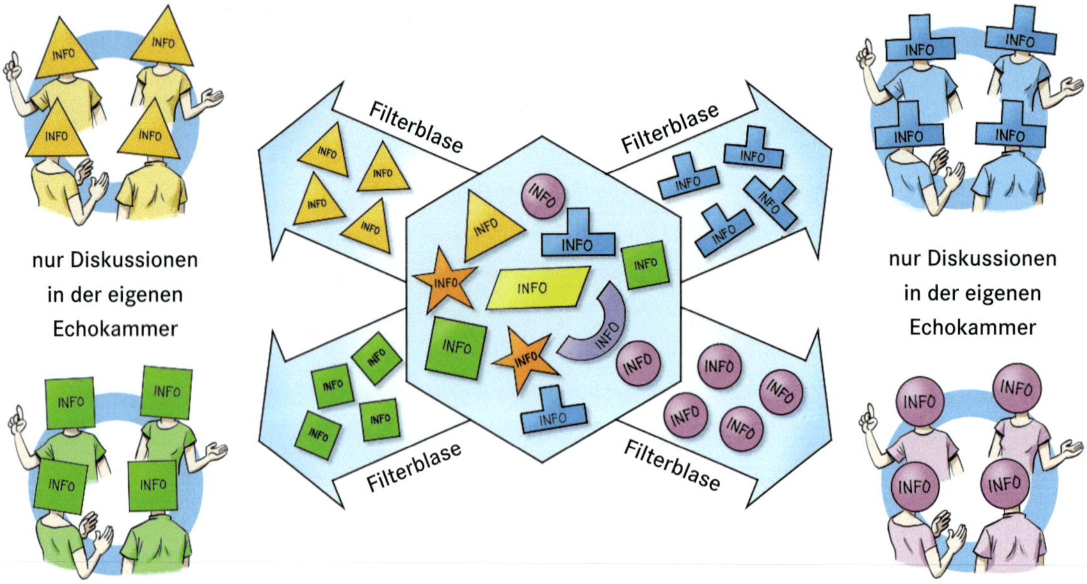

2 Führen Sie eine Podiumsdiskussion (↗ Kapitel 14, S. 191–204: Diskussionsformen und Fünfsatz) durch, um sich über die Folgen des Phänomens der Echokammern auszutauschen.

FAZIT

5.1
Sich mit Medien auseinandersetzen

5.2
Mediennutzung Jugendlicher untersuchen

5.3
Folgen veränderter Mediennutzung erkennen
- Mechanismen in sozialen Netzwerken erkennen

5.4
Anwenden, Vertiefen, Fazit
- Das Phänomen der Echokammern erläutern

Kapitel 6

Medien: Chancen und Risiken erkennen

6.1 Mit neuen Medien lernen

6.2 Sich im Netz angemessen verhalten

6.3 Informationen im Internet finden und bewerten

6.4 Anwenden, Vertiefen, Fazit

Neue Medien bieten viele verschiedene Möglichkeiten, gleichzeitig haben sie in den letzten Jahren den Alltag verändert. In Bezug auf Bildung, Schule und Lernen gibt es neue Entwicklungen. Menschen kommunizieren anders, die Art, wie man Informationen sucht und findet, hat sich verändert.

Das Selbstbild, der Umgang mit der eigenen Person und anderen ist geprägt von den neuen Medien. Doch was ist sinnvoll, was überflüssig? Wo entstehen Gefahren und in welchen Bereichen profitiert die Gesellschaft von den neuen Medien?

Kompetenzen

- ✓ Chancen und Risiken des öffentlichen Diskurses im Internet darlegen
- ✓ die Darstellung der eigenen Person im Internet reflektieren
- ✓ meinungsbildende Texte von informierenden unterscheiden
- ✓ sich kritisch mit Texten auseinandersetzen
- ✓ Wirkungsabsichten von Texten erkennen

Methoden und Arbeitstechniken

- ✓ Flyer
- ✓ Mindmap
- ✓ Lernplakat
- ✓ Kugellager

Mit neuen Medien lernen

Neue Medien verändern den Alltag und erleichtern das Leben in vielen Bereichen. So gibt es auch Möglichkeiten des Lernens in Form von Apps. Doch halten diese, was sie versprechen?

Immer mehr Menschen nutzen Apps, wenn sie eine neue Sprache lernen oder auffrischen wollen.

So poliert man Sprachkenntnisse wieder auf. Keine App ist so gut wie ein Gespräch

von Eva Dignös

Die Worte fehlen, die Sätze holpern – unangenehm unsouverän fühlt sich das an, wenn Fremdsprachenkenntnisse eingerostet sind. Ein Sprachkurs könnte helfen. Nur muss dafür erst einmal Zeit sein zwischen Job, Familie und sonstigen Verpflichtungen. Und muss das wirklich sein, wieder Vokabeln lernen, unregelmäßige Verben und Grammatikregeln? Geht das nicht auch einfacher, spielerischer mit weniger Zeitaufwand?

Apps fürs Smartphone vermitteln zumindest den Eindruck: Morgens in der U-Bahn ein paar Vokabelkarten mit bunten Bildern, abends noch fünf Minuten Lückentext. Die Lektionen bestehen in der Regel aus kleinen Häppchen, die schnell mal zwischendurch erledigt werden können. Manche Apps sind kostenlos, für andere muss ein Abo abgeschlossen werden. Wer täglich seine Aufgaben erledigt, sammelt Bonuspunkte und erklimmt neue Level.

„Positive Verstärkung hilft beim Lernen", sagt Daniela Elsner. Sie ist Professorin für Sprachlehrforschung und Didaktik am Institut für England- und Amerikastudien der Uni Frankfurt. Das machen die Apps mit ihren Belohnungspunkten also ganz gut. Doch ihnen fehle eine ganz entscheidende Komponente des Spracherwerbs, das „entdeckende Lernen", das Erproben von Vokabeln und Grammatik in der Praxis. „In den Apps werden oft sehr künstliche Sätze vorgegeben", beobachtet Elsner. Frei in der Fremdsprache zu reden, lerne man auf diesem Wege nicht: „Dafür muss man selbst Sätze formulieren und mit anderen in der Sprache interagieren."

Sich täglich ein paar Minuten durch die App zu klicken, reicht deshalb nicht aus, um verschüttete Sprachkenntnisse wieder an die Oberfläche zu holen.

Aber: „Eine Sprache, die man schon einmal gelernt hat, ist nicht komplett weg. Ein Grundbestand bleibt, und der lässt sich gut wieder aktivieren", macht Elsner Hoffnung.

Die schlechte Nachricht: Ganz ohne Aufwand funktioniert das nicht. „Wenn es etwas bringen soll, muss man schon etwas Zeit dafür aufwenden", sagt Mario Oesterreicher von der Uni Erlangen-Nürnberg. Er begleitet Studierende beim Sprachenlernen und ist Vorsitzender des Lehrerverbandes „Englisch & Mehrsprachigkeit". […]

Mit Sprachzeitungen und -magazinen lasse sich zum Beispiel der Wortschatz vergrößern: Die Texte sind für Sprachschüler konzipiert, wichtige Vokabeln werden übersetzt. […]

„Als Erwachsener, der früher einmal eine Sprache gelernt hat, weiß man dann aber in der Regel schon, mit welcher Methode das am besten funktioniert", sagt Oesterreicher, „mit Karteikarten zum Beispiel, mit Vokabellisten oder -apps." Das Hörverstehen lässt sich mit Podcasts schulen. […]

Ähnlich sieht es mit Filmen und Serien in der fremden Sprache aus. Bei Netflix und Co. kann von der synchronisierten Fassung auf die Originalsprache umgeschaltet werden. […]

Eine andere gute Hilfe sind Sprachtandems: Die Deutsche, die ihre Englischkenntnisse aufpolieren möchte, trifft sich – entweder persönlich oder virtuell per Chat – regelmäßig mit der Britin, die ein Praktikum in Deutschland macht und besser Deutsch lernen möchte. […]

Mit etwas Glück entstehen sogar Freundschaften – und das ist dann ohnehin „eine der besten Methoden", um quasi nebenbei die Sprache zu erlernen, findet Sprachdidaktikerin Daniela Elsner.

(www.dpa.de)

Mit neuen Medien lernen

1 **Fassen Sie den Inhalt des Textes zusammen.**
In dem Text … von … geht es um … Er thematisiert …

Generation Entertainment: Jugendliche verbringen zu viel Zeit auf Streaming-Diensten und Videoportalen

Apps statt Bücher – verlernen wir bald das Lesen?

NEUE LERN-APP MACHT LEHRER UND SCHULE ÜBERFLÜSSIG!

Fremdsprachenunterricht aus dem letzten Jahrhundert

WARUM DAS INTERNET UNSERE KINDER KLÜGER MACHT

Englisch – no, thank you: Warum deutsche Schülerinnen und Schüler bei Fremdsprachen versagen

2 **Analysieren Sie die Unterschiede zwischen dem Text und den Schlagzeilen.**
a) Beschreiben Sie die Wirkung der Schlagzeilen.
b) Vergleichen Sie Text und Schlagzeilen und beschreiben Sie die Unterschiede.

3 **Welche Vorteile und welche Nachteile haben die neuen Medien in Bezug auf das Lernen aus der Sicht der Autorin Eva Dignös? Erstellen Sie eine Liste mit Vor- und Nachteilen.**

Vorteile	*Nachteile*
– können schnell/nebenbei erledigt werden	

4 **Prüfen Sie die Intention und Kernaussage der Autorin mithilfe von GUT ZU WISSEN.**
Die Autorin möchte mit dem Artikel darauf aufmerksam machen, dass … Ihr Ziel ist es dabei, …

5 **Reflektieren Sie Ihr eigenes Verhalten bezüglich des Lernens mit den neuen Medien.**
a) Nutzen Sie neue Medien zum Lernen in der Schule oder privat? Schildern Sie Ihre Erfahrungen.
b) Diskutieren Sie, ob und in welchen Bereichen Sie solche Apps für sinnvoll halten und wo Sie Risiken sehen.

GUT ZU WISSEN | Intention und Kernaussage

Sachtexte werden mit bestimmten **Absichten (Intentionen)** verfasst. Autorinnen/Autoren haben z. B. folgende Ziele: Sie möchten die Lesenden belehren, sie informieren, etwas dokumentieren, von etwas überzeugen, sie beeinflussen oder sie zu etwas auffordern. Oft gibt es mehrere Aussageabsichten in einem Text, meistens ist jedoch ein Schwerpunkt erkennbar. Die **Kernaussage** bewegt sich demzufolge zwischen den Hauptintentionen expressiv - appellativ - informativ/darstellend.

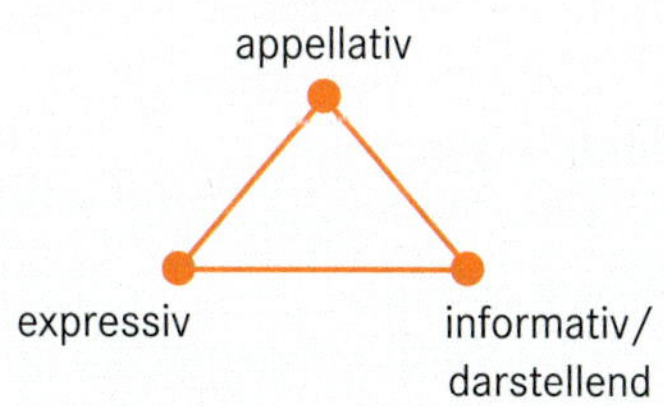

Um einen Sachtext zu analysieren und zusammenzufassen, ist es nötig, neben der Intention der Autorin bzw. des Autors auch die Struktur des Textes zu erfassen.

Sich im Netz angemessen verhalten

Meinungsfreiheit ist als ein wichtiges Gesetz im Grundgesetz verankert. Wie viele andere Grundrechte gewährleistet die Meinungsfreiheit ein demokratisches und freies Leben. Aufgrund der scheinbaren Anonymität und Unpersönlichkeit im Internet verändert sich auch die Gesprächskultur im Netz. Kann dies verhindert werden, ohne die Meinungsfreiheit zu verletzen?

Zensur auf YouTube: Können wir die Meinungsfreiheit nur wahren, wenn wir Hass akzeptieren?

Das Leben als Influencerin oder Influencer mag zunächst glamourös und erstrebenswert klingen, dennoch hat es auch seine Schattenseiten. Wer erfolgreich Bikinis bewerben möchte, muss sich in ihnen auf sozialen Netzwerken zeigen. Wer Blumen und Hochzeitsplaner vermarktet, muss seine Follower an der Hochzeit zumindest digital teilnehmen lassen, und wer will, dass Abonnenten ihr tägliches Abendessen mithilfe von bekannten Kochboxen zusammenstellen lassen, der muss vielen Millionen Menschen im Netz die eigene Küche präsentieren.

So macht man sich angreifbar und es ist unausweichlich, dass es auch Kritik gibt. Abwertende Kommentare über die Figur, rassistische Beschimpfungen bis hin zu Drohungen jeder Art sind dabei an der Tagesordnung. So erging es einer britischen Bloggerin, die ihre zugegebenermaßen unrealistische Morgenroutine teilte, um ein Mundwasser zu bewerben. Unter dem Post wurde ihr vorgeworfen, sie habe eigentlich Mundgeruch. Auch Morddrohungen soll die junge Frau erhalten haben.

Ob man da noch von Kritik sprechen kann, ist mehr als fraglich, viel mehr sind das Beleidigungen und damit Straftaten. Viele Kommentarspalten würden noch ausfälligere Kommentare beinhalten, gäbe es bei YouTube nicht einen Uploadfilter, der das Posting von Kommentaren, die bestimmte Schlagworte enthalten, unmöglich macht. Dieser Zensurmechanismus funktioniert so: Wenn durch einen Uploadfilter zum Beispiel bestimmte Begriffe blockiert werden („dick", „hässlich" …), dann lassen sich keine Beiträge mit diesen Inhalten hochladen. Klingt zunächst im Hinblick auf Beleidigungen und Straftaten plausibel und verständlich. Wenn man jedoch recherchiert, welche Begriffe blockiert werden, so sind das häufig Wörter wie „Clickbait", „Schleichwerbung" und „Abzocke". Die Nutzer können sich also oft nicht kritisch zu den Beiträgen der Influencer äußern, was tatsächlich einer Zensur gleichkommt. Sollen denn die Nutzerinnen und Nutzer und somit auch die potenziellen Käufer der beworbenen Produkte nicht ehrlich die Meinung zu einem Produkt oder auch zu der Werbung an sich äußern können? Werden so vielleicht Wahrheiten unterdrückt und/oder Tatsachen verschwiegen?

Zudem werden häufig Wörter gesperrt, die die Authentizität der Bloggerinnen und Blogger infrage stellen. Ist es nicht der Job dieser Menschen, die Produkte so zu präsentieren, dass Nutzer ehrlich vom Produkt überzeugt werden können? Haben die Follower nicht, wenn sie eben nicht überzeugt worden sind, das Recht, dies zu beanstanden? Kritik kann ja auch Impuls für Verbesserung sein und die Authentizität macht gerade die Attraktivität von Werbung durch Influencer aus.

Überspitzt dargestellt hieße das ja, dass alle Beiträge, egal, von wem sie angeboten werden, nur in eine bestimmte vorgegebene Richtung kommentiert werden können. Es gäbe und gibt immer bestimmte Bereiche, die auf dem jeweiligen Kanal tabuisiert werden. Würde man das auch auf politische Beiträge anwenden, stellt sich berechtigterweise die Frage nach den demokratischen Grundwerten und speziell nach der Meinungsfreiheit. Und gerade das soll ja einer der Nutzen von Internet und Social Media sein: Die offene Kommunikation und Diskussion. Hasskommentare, Rassismus und Drohungen sind ebenfalls Gegner von demokratischen Werten und stehen im scharfen Gegensatz zum Grundgesetz. Sie sind aber, auch wenn es weh tut, ebenfalls Teil der Internetkultur. Müssen wir jetzt abwägen: Zensur statt Meinungsfreiheit für ein friedliches, niveauvolles und demokratisch-pluralistisches Miteinander im Netz?

Sich im Netz angemessen verhalten

1 **Im Internet wird auf verschiedene Weise regulierend eingegriffen. Lesen Sie den Text und recherchieren Sie die hervorgehobenen Begriffe „Zensur", „Uploadfilter" ...**

a) Erläutern Sie die recherchierten Begriffe. Wie grenzen sich die Begriffe voneinander ab?
Zensur: Unter Zensur versteht man eine Art Kontrolle ...

b) Erstellen Sie ein Lernplakat mit den recherchierten Begriffen und den Erläuterungen.

c) Wo sind Ihnen Zensur, blockierte Begriffe und Uploadfilter schon einmal begegnet?
Ich kenne den Begriff der Zensur aus der Politik, ... ich habe gehört, dass in einigen Ländern ...

d) Ist es für Sie auch Zensur, wenn Begriffe blockiert werden? Begründen Sie Ihre Meinung.

e) Zensur kann hilfreich sein. Nennen Sie Beispiele.
Viele Online-Spiele haben eine FSK-Freigabe und können erst ab ... Dies hat zur Folge ...

2 **Versetzen Sie sich in die Lage einer Influencerin oder eines Influencers und ergänzen Sie die Liste mit Gründen, warum eine Blockierfunktion in den Kommentaren verwendet wird.**
– viele abfällige und beleidigende Kommentare über die Person, die einen Beitrag veröffentlichen

3 **Analysieren Sie den Text bezüglich seiner Kritik zum Verhalten von Influencern.**

a) Welche Begriffe „zensieren" Influencerinnen und Influencer? Warum tun sie das?

b) Erklären Sie, welche Folgen solche regulierende Eingriffe haben können.

★ **4** **Hass-Kommentare sind ein Problem bei Diskussionen im Internet. Lesen Sie den betreffenden Absatz im Text (Z. 12 ff.) und bearbeiten Sie die folgenden Aufgaben.**

a) Berichten Sie von Erfahrungen aus Ihrem Umfeld.

b) Wie verändert sich die Kommunikation im Internet und welche Folgen könnte das haben?

5 **Im Internet kann man oft auf einen Post reagieren, einen Text / ein Foto liken oder einen Kommentar schreiben. Verdeutlichen Sie Ihre Meinung zum Text mithilfe von GUT ZU WISSEN und verfassen Sie einen Kommentar. Verwenden Sie Sprache und Stil.**

SPRACHE UND STIL – Die eigene Meinung sachlich und fair ausdrücken

Ich bin der Meinung, dass ...	*Soviel ich weiß ...*
Meiner Meinung nach ...	*Soweit ich das sehe ...*
Ich bin davon überzeugt, dass ...	*Vielleicht liege ich falsch, aber ...*
Ich glaube/denke/finde, dass ...	*Wenn ich mich nicht täusche, dann ...*

GUT ZU WISSEN – Kommentare

Ein **journalistischer Kommentar** stellt die **Meinung** der Autorin / des Autors zu einem bestimmten Thema oder einer Nachricht dar und möchte damit beim Lesenden eine Meinungsbildung bewirken. Die Autorin / Der Autor bezieht also **persönlich** zur **Kernaussage des Textes** oder zu einem **gesellschaftlich diskutierten Problem** Stellung. Journalistische Kommentare sind appellativ und beinhalten sowohl informierende als auch wertende Aussagen.

Wenn Nutzerinnen/Nutzer von sozialen Netzwerken auf Beiträge von anderen Nutzern, Influencern und Bloggern oder auch auf digitale Zeitungsartikel reagieren, dann benutzen sie die Kommentarfunktion, sie kommentieren etwas. Es geht dabei in erster Linie um das **Darlegen der eigenen Meinungen** und eine **Stellungnahme zu dem erwähnten Beitrag**.

Informationen im Internet finden und bewerten

Im 21. Jahrhundert entwickelt sich eine Gesellschaft, in der Meinungen und Fakten teilweise verschwimmen und für manche Menschen wissenschaftliche Belege nichts mehr zählen. Gerüchte, Falschmeldungen, gezielte Fake News, Zeitungsenten usw. gab es schon immer, aber die zunehmende Medienfülle und Digitalisierung verschärfen seit Beginn des 21. Jahrhunderts die Situation.

Desinformation und Fake News. Wie sich das politische Klima wandelt

von Patrick Gensing

Fake News und Verschwörungstheorien lassen sich nicht voneinander trennen. Sie bilden einen Sumpf der Desinformation, in dem Differenzierung und faktenbasierte Argumentation keinen Halt finden und schließlich versinken. Sie sind zugleich der Treibstoff für autoritäre Bewegungen, die zum Sturm auf den demokratischen Rechtsstaat blasen, und selbst das Produkt einer Postmoderne, die sie eigentlich bekämpfen.

Fake News wüten nicht nur in den dunklen Schmuddelecken der sozialen Medien, sondern sind längst Mittel der großen Politik geworden: Donald Trump gewann 2016 damit die Präsidentschaftswahlen. […] Die Wahrnehmung entkoppelt sich zunehmend von der Realität.

Ob falsche Zahlen, manipulierte Bilder, grob irreführend interpretierte Angaben oder journalistische Fehler, die für Falschmeldungen – beispielsweise über angebliche Randale bei Stadtfesten – ausgenutzt werden, ob Fake-Konten von angeblichen Studentinnen oder Social Bots, ob Attacke auf demokratische Institutionen, Medien, Wissenschaft oder das gegnerische politische Lager […]: Fake News lassen sich nicht auf eine Form reduzieren, auf eine bestimmte Region oder ein bestimmtes Milieu. Sie können überall auftauchen. Fake News sind kein klar zu fassendes Phänomen, sondern eine Aktionsform, ein Mechanismus. Sie sind anpassungsfähig, kompatibel zueinander und lassen sich beliebig kombinieren. Fake News bauen aufeinander auf und bilden am Ende ein großes Referenzsystem: […] Sie funktionieren wie ein Baukasten, aus dem sich jeder bedienen kann, um passende Beispiele in die eigene Erzählung einzubauen – und neue Elemente hinzuzufügen. […]

Gezielte Falschmeldungen sind Mittel zum Zweck, um „alternative Fakten" zu etablieren, auf denen eine „alternative Realität" aufgebaut wird. Sie entfalten nur als Teil eines größeren Narrativs eine nennenswerte Wirkung. Geschlossene Narrative oder sogar Verschwörungstheorien immunisieren zusätzlich vor Kritik: Wenn jemand erst einmal davon überzeugt ist, dass die Medien sowieso […] gesteuert werden, um die Menschen zu manipulieren, können sämtliche Meldungen, die dem eigenen Weltbild widersprechen, einfach als Lügen abgetan werden. Bemerkenswerterweise werden hingegen Inhalte von etablierten Medien oder wissenschaftlichen Stimmen von Personen, die Verschwörungstheorien Glauben schenken, gerne zitiert, wenn sie in das eigene Weltbild passen. Es geht also weniger um rationales, kritisches Nachdenken, sondern eher um ein quasireligiöses Glauben und eine schablonenhafte Rezeption von Informationen und Eindrücken.

Wenn Menschen sich die komplexe Realität in solche Referenzsysteme eingeteilt haben, folgt daraus eine höchst selektive und verzerrte Wahrnehmung aller äußeren Einflüsse. Jegliche Informationen und Eindrücke werden in ein festes Schema gepresst, wodurch das eigene Weltbild immer wieder bestätigt wird. Dieses Gefühl von Selbstbestätigung verleiht Fake News und Verschwörungstheorien eine hohe Attraktivität […]. Da die moderne Welt nicht nur komplex, sondern auch oft widersprüchlich ist, stoßen einfache sowie monokausale Erklärungen oft an ihre Grenzen.

Menschen, die nach Übersichtlichkeit streben und die sich durch widersprüchliche Perspektiven oder rasante Veränderungen überfordert fühlen, schaffen sich durch Fake News Ordnung. […]

Die wenigsten Menschen möchten mit ihrer Meinung alleine sein. […] Noch wichtiger ist es für Menschen, zu einer vermeintlichen Mehrheit zu gehören. Daher berufen sich populistische Politikerinnen und Politiker gerne auf „das Volk", das sie vertreten wür-

Informationen im Internet finden und bewerten

den – und vermitteln ihren Anhängern so das Gefühl, eine „schweigende Mehrheit“ zu sein, obwohl es sich in Wirklichkeit um eine lautstarke Minderheit handelt. […]

Die gewachsene Seite der Fake News ist […] die dunkle Seite des Informationszeitalters, den Umgang mit ihnen müssen wir erst lernen. Gezielte Falschmeldungen lassen sich nicht einfach verbieten oder abschalten, auch journalistische Faktenchecker sind nicht in der Lage, Fake News einfach unschädlich zu machen, aber sie können ihre Wirkung abschwächen und auf bestimmte Milieus begrenzen. Sie können Falschmeldungen widerlegen und anhand von Beispielen die Mechanismen und Motive erklären, um Menschen, die mit Desinformation konfrontiert sind […] argumentativ zu helfen.

Diese Aufgabe gibt dem Journalismus eine neue Bedeutung. […] In einer Welt, in der Fake News zum politischen Alltag gehören, ist Journalismus als „vierte Gewalt“ wichtiger denn je. Berufsintern wird oft über die eigene Perspektive diskutiert, über journalistische Neutralität. Doch gegenüber gezielten Falschmeldungen kann man nicht „neutral“ sein. Zudem richten sich Fake News fast immer gegen Menschen, die diskreditiert, über die Lügen verbreitet, die öffentlich lächerlich gemacht werden. Dazu kann man sich nicht neutral verhalten.

Fake News bedrohen die demokratische Öffentlichkeit, da sie den Diskurs vergiften, Debatten manipulieren – und die Wahrnehmung verzerren. […] Das politische Klima hat sich bereits gewandelt, es ist ungemütlicher geworden, aggressiver. Gezielte Falschmeldungen wirken dabei als fatale Klimakiller, die irreversibel sind. Sie erscheinen, isoliert betrachtet, wenig bedrohlich, erst in einem größeren Kontext wird ihre toxische und zerstörerische Wirkung deutlich […].

Kommunikation ist die Basis für jeden Diskurs, für Politik, Medien, Kultur und für demokratische Aushandlungsprozesse […].

Aufklärung, Bildung und Verantwortung […] sind die Mittel, den Kampf um die Demokratie zu gewinnen.

(aus: Fakten gegen Fake News oder Der Kampf um die Demokratie, 2020)

1 **Recherchieren Sie die Begriffe „(gezielte) Falschmeldungen“, „Fake News“, „Zeitungsenten“.**

2 **Fassen Sie den Inhalt des Textes zusammen.**

In dem Text „Desinformation und Fake News“ von Patrick Gensing von 2019 setzt sich der Autor mit der Ursache und den Folgen von Falschmeldungen / Fake News auseinander und …

3 **Der Text enthält viele Informationen zum Thema „Falschmeldungen / Fake News“. Gestalten Sie dazu eine Mindmap (↗ Kapitel 14, S. 191–204).**

a) Wie entstehen und funktionieren Falschmeldungen / Fake News?

b) Welche Gefahren bergen Falschmeldungen / Fake News? Welche Folgen entstehen?

4 **Dem Journalismus wird viel Bedeutung beim Kampf gegen Falschmeldungen / Fake News zugesprochen. Erklären Sie, warum das so ist und welche Rolle der Journalismus für die Demokratie spielt.**

Der Journalismus hat als vierte Gewalt neben Exekutive, Legislative und Judikative die Aufgabe, unsere Demokratie zu schützen und zu bewahren. Falschmeldungen / Fake News sind für die Demokratie …, weil … Der Journalismus sollte daher …

Informationen im Internet finden und bewerten

5 **Lesen Sie GUT ZU WISSEN. Tauschen Sie sich über Ihre Erfahrungen bezüglich der Qualität von Quellen aus. Verfahren Sie dabei nach der Methode Kugellager (↗ Kapitel 14, S. 191–204).**

a) Was war Ihnen bereits bekannt und was ist neu für Sie?

b) Beurteilen Sie, welche Aspekte leicht zu überprüfen sind und wo es Schwierigkeiten geben kann. Nutzen Sie dabei die Checkliste „Seriöse Quellen erkennen".

GUT ZU WISSEN – Quellen beurteilen

Wenn man auf der Suche nach Informationen ist, stößt man auf eine Vielzahl von Aussagen, Fakten und Meinungen. Welchen Quellen kann man vertrauen und wie kann man Falschmeldungen / Fake News erkennen?

	Seriöse Quellen	Falschmeldungen / Fake News
Nachprüfbarkeit und Transparenz	• Autoren werden **mit Namen genannt**, häufig haben sie in **bekannten Zeitungen publiziert** • es ist ein Impressum mit Ansprechpartner, Postanschrift und Mailkontakt vorhanden • es sind **seriöse Kontrollinstanzen** vorhanden (Informationen wurden geprüft) • Autor/Organisation ist **Experte** auf dem Gebiet • es werden **keine Absichten** mit dem Text verknüpft (kein Verkauf, keine Beeinflussung) • die Informationen können **überprüft werden**	• häufig keine Nennung der Autorennamen • viele Menschen, die Aussagen über einen Fachbereich treffen, haben **keine Erfahrung** damit (z. B. Ein Ingenieur macht Aussagen über Impfungen), sind keine Experten • der Text soll beeinflussen
Sprache	• die Struktur ist themen- und adressatengerecht • der Text ist **sprachlich richtig**, Grammatik, Orthografie werden eingehalten • es gibt **Begründungen und Belege**	• die Informationen werden nicht objektiv dargestellt (z. B. „die da oben") • es werden viele (häufig **emotionsbeladene**) Adjektive verwendet • häufig sehr bunte Seiten, viele Bilder
Argumentation	• **Verallgemeinerungen** werden **sehr selten** und vorsichtig benutzt • meistens werden **verschiedene Sichtweisen** gegenübergestellt, die Schlussfolgerungen müssen die Leserinnen und Leser selbst ziehen • der Text ist **objektiv/neutral**	• es wird häufig verallgemeinert: es werden Bezüge zwischen Ereignissen und Personen gezogen, die **nichts miteinander zu tun haben** • oft werden **Klischees oder Vorurteile** verwendet • die Berichterstattung ist **subjektiv**
Aktualität	• der Text / die Internetseite ist **aktuell** • die Literaturangaben/Quellen sind auf dem aktuellen Stand	• es werden z. B. veraltete Zahlen verwendet

6 **Wie ist der Text „Desinformation und Fake News" einzuordnen? Überprüfen Sie, ob es sich dabei um eine seriöse Quelle oder um Falschmeldungen / Fake News handelt. Verwenden Sie für Ihre Arbeit GUT ZU WISSEN „Quellen beurteilen" und das Muster „Seriöse Quellen und Falschmeldungen / Fake News unterscheiden".**

Es handelt sich bei dem Text „Desinformation und Fake News" um …

Informationen im Internet finden und bewerten

MUSTER Seriöse Quellen und Falschmeldungen / Fake News unterscheiden

Darstellung der Unterschiede zwischen seriösen Quellen und Falschmeldungen / Fake News

	Seriöse Quelle	**Falschmeldungen / Fake News**	
Definitionen	*Influencer sind Menschen, die ihr Leben auf sozialen Netzwerken teilen und dabei Werbung machen.*	*Rabattcodes, Prozente und Influencer sind in der heutigen Zeit nicht mehr wegzudenken, wenn es um Mode, Beauty und Interieur geht. Aber Vorsicht! Influencer werden von großen Firmen bezahlt.*	*Beispiel*
Tatsachen	*Unternehmen und Firmen schicken diesen Menschen ihre Produkte und geben genaue Anweisungen, wie, wo und wie oft dieses Produkt auf den Seiten oder Kanälen der Influencer gezeigt werden muss. Dafür werden die Influencer entsprechend bezahlt. Die Gagen für einen Post hängen in der Regel von der Zahl der Follower ab.*	*Kindergärtnerin B. Mayer-Mustermann vermutet, dass viele Influencer heimlich ihre Laptop-Kamera gehackt haben, ihren Alltag beobachten und dann individuell auf sie ausgerichtet Werbung posten. Daher gibt sie immer wieder Geld für T-Shirts, Lippenstifte und Kissen aus.*	*keine Expertin für dieses Thema* *Behauptung, unlogisch* *kein Zusammenhang*
Erfahrungswerte *Expertin für das Thema*	*Das Engagement, also die Zahl der Likes und Kommentare, können auch eine Rolle spielen, so die Kommunikationsexpertin Sabine Wagenhals. Die beworbenen Artikel und Firmen sind dabei sehr unterschiedlich. Vom Personal-Trainer über Klamotten und Schmuck bis hin zu Lebensmitteln oder Urlauben ist wirklich alles dabei.*	*Weil diese manipulativen Influencer mysteriöserweise immer genau das anbieten, was ihr noch fehlt und gefällt. Das kann nicht mit rechten Dingen zugehen! Auch Umfragen aus dem Jahr 2012 haben ergeben, dass eine solche Kamera gehackt werden kann. Also Leute, schützt eure Daten und verhindert, dass der Staat eure Daten benutzt.*	*Verallgemeinerung* *emotionsbeladenes Adjektiv* *Beweis nicht stichhaltig*
Untersuchungen, Studien	*Experten stellen fest, dass es bei der Art von Werbung vor allem um Glaubwürdigkeit und Authentizität geht.*	*Natürlich darf man sich nicht wundern, Politiker sagen ja vieles, um wieder gewählt zu werden. Ich selbst würde auf alle Fälle jede Kamera abkleben und auch nichts mehr online bestellen oder mit Karte bezahlen ;-)*	*Klischee, Vorurteil* *Emoji ist unpassend*
Belege	*Daher ist es wichtig, zu prüfen, ob die Produkte zur Persönlichkeit oder zum Konzept des jeweiligen Accounts passen. Studien zeigen, dass deutsche Influencer im internationalen Vergleich besonders präsent sind.*	*Die Welt ist ein Haifischbecken, jeder, der nicht genau hinschaut und das Böse erkennt, wird gefressen.*	*subjektiv, allgemein*
aktuell, Autor erkennbar, große Tageszeitung	*Petra Mustermann, 22.09.2021* *Musterzeitungsverlag*	*www.Sinaswelt.Beispiel.de*	*kein Autor, kein Erscheinungsort und -jahr, Website ist unbekannt*
	sachlich, objektiv *→ auf Tatsachen bezogen*	*meinungsgefärbt, subjektiv* *→ auf Behauptungen bezogen*	

Informationen im Internet finden und bewerten

7 Gestalten Sie einen Flyer zum Thema „Falschmeldungen / Fake News“. Informieren Sie jüngere Schülerinnen und Schüler mit dem Flyer (↗ GZW „Einen Flyer gestalten“). Gehen Sie dabei auf die folgenden Punkte ein.

a) Was sind Falschmeldungen / Fake News? Formulieren Sie eine Erklärung.
Unter ... versteht man ...

b) Warum sind Falschmeldungen / Fake News so gefährlich und für wen sind sie gefährlich? Stellen Sie ihre Wirkung für die Bevölkerung, für die Politik ... dar.
Falschmeldungen / Fake News sind gefährlich für die Demokratie, weil ...

c) Bieten Sie Hilfen an, wie man Falschmeldungen / Fake News erkennt.
Man erkennt ..., indem ...

d) Wer und warum kann etwas gegen Falschmeldungen / Fake News tun? Gibt es Ansprechpartner, Institutionen, die bei der Unterscheidung zwischen Falschmeldungen / Fake News und seriösen Fakten helfen können?
Wenn man sich unsicher ist, ob eine Information seriös ist oder ob es sich dabei um Falschmeldungen / Fake News handelt, kann man ...

GUT ZU WISSEN – Einen Flyer gestalten

Ein guter Flyer zeichnet sich durch eine **ansprechende optische Gestaltung** (Bilder, Farben ...) aus. Die Hauptthemen sind oft in **Slogans**, die man sich leicht merken kann, deutlich auf der ersten Seite gedruckt.

Der Flyer muss das **Interesse** des Lesers **wecken** und dabei **übersichtlich und anschaulich** sein. Außerdem muss er auf die **Zielgruppe** oder den **Adressaten** angepasst sein.

Das Anliegen muss klar hervorgehen, die wichtigsten Informationen wie **Definitionen**, **Gefahren oder Folgen** sollten knapp genannt werden. Es sollten aber **nur die wichtigsten Punkte** genannt werden.

Auch Ansprechpartner werden gegebenenfalls aufgelistet, um Hilfestellungen anzubieten. Ein **Appell mit einer Warnung oder Bitte um Unterstützung** ist ebenso denkbar.

CHECKLISTE – Seriöse Quellen erkennen

- ☑ Sind die Autorinnen/Autoren mit Namen genannt? Haben sie in bekannten Zeitungen publiziert?
- ☑ Ist ein Impressum vorhanden?
- ☑ Verfügt die Autorin / der Autor über Expertenwissen oder es handelt sich um eine Organisation, die über Fachwissen verfügt?
- ☑ Können die Informationen überprüft werden?
- ☑ Ist der Text sprachlich richtig?
- ☑ Gibt es Begründungen und Belege?
- ☑ Werden verschiedene Sichtweisen gegenübergestellt?
- ☑ Können die Leserinnen und Leser die Schlussfolgerungen selbst ziehen?
- ☑ Ist der Text objektiv/neutral?
- ☑ Ist der Text aktuell?

Anwenden, Vertiefen, Fazit

Das „Ich" im digitalen Zeitalter

Zur Medienkompetenz gehört nicht nur, dass Menschen im Internet einkaufen, Filme streamen oder Nachrichten finden können. Es ist auch wichtig, die eigene Person und das, was von unserer Person im Internet öffentlich wird, zu beobachten und zu hinterfragen. Was gibt ein Mensch im Internet von sich preis? Warum? Und welche Außenwirkung hat das? Diese Fragen sollten gestellt werden und mit dem Selbstbild abgeglichen werden.

In den sozialen Medien entstehen ständig neue Trends. Manche sind schnell vergessen, andere können sich länger halten – wie die folgende Dolly-Parton-Challenge.

Wie ausgerechnet eine 74-Jährige die Absurdität von Social Media aufgezeigt

von Sabine Winkler

Dolly Parton hat schon mehrmals bewiesen, dass sie eine echte Powerfrau ist. Sie musste einige Tiefschläge einstecken, hat sich aber immer wieder nach oben gearbeitet. Inzwischen gilt die Countrysängerin [...] nicht nur als Ikone, sondern ist auch erfolgreiche Geschäftsfrau und setzt nach wie vor Trends – so wie zuletzt etwa, als sie die #DollyPartonChallenge ins Netz brachte.

Dafür postete sie ein Meme, das sie in vier Variationen zeigt: einmal, wie sie sich auf der Jobbörse LinkedIn präsentiert, daneben eine Facebook-Version und darunter die Instagram- und Tinder-Dolly. Gewohnt selbstironisch inszenierte sich Parton und titelte gesellschaftskritisch unter ihrem Post die Zeilen „Such dir eine Frau, die alles kann."

Dutzende Prominente nahmen Partons Meme auf und kreierten ihre eigene Collage [...].

Das Ganze hat eine tiefe Eigenironie. Ausgerechnet eine 74-jährige Frau hält uns mit diesem Meme einen Spiegel vor, macht nebenbei eine feministische Gesellschaftskritik und zeigt, wie absurd es ist, dass wir gar nicht mehr wir selbst sein können im Netz. Und trotzdem feiert die Netzwelt diese Collagen und jeder will Teil davon sein, was eigentlich absurd ist.

Genau deswegen stellt sich mehr denn je die Frage, wieso ausgerechnet diese Challenge das Netz derart in den Bann zieht. [...]

Woran das liegt, kann uns Professor Jürgen Seitz genauer erklären. [...]

Die Challenge greife [...] die Vielfalt der Rollen in unserem Leben auf – und auch die daraus resultierenden Widersprüchlichkeiten. „Wir beschäftigen uns ja alle intensiv mit uns selbst, und jeder kennt innere Rollenkonflikte aus eigener Erfahrung", erklärt der Medienwissenschaftler weiter.

Auch die Tatsache, dass Dolly Parton alle wichtigen sozialen Medien unseres Alltags in ihrem Post vereint, habe womöglich zum Viralhit beigetragen. [...]

(www.welt.de)

1 Fassen Sie den Inhalt des Textes zusammen. Berücksichtigen Sie dabei auch die Bilder auf S. 88 (Berufsinternetseite, soziale Kontakte-Seite, Onlinedienst, der Fotos verbreitet, Dating-App).

2 Setzen Sie sich kritisch mit der Dolly-Parton-Challenge auseinander.

a) Welche Gründe könnte es für die unterschiedlichen Darstellungen im Internet geben?

b) Zeigen Sie im Netz auch verschiedene Versionen von sich? Warum?

c) Diskutieren Sie im Plenum über Gründe, Chancen und Gefahren einer solchen Challenge.

3 Reflektieren Sie Ihr eigenes Verhalten in den sozialen Netzwerken.

a) Welche Beiträge nutzen Sie, welche Inhalte begegnen Ihnen immer wieder und warum?
Ich bin meistens auf ..., dort fällt mir besonders auf, dass ... Besonders stört es mich, dass ...

b) Was fehlt Ihnen im öffentlichen Diskurs?
Ich finde, dass zum Beispiel im Internet zu wenig auf soziales Engagement, ... hingewiesen wird.

Das „Ich“ im digitalen Zeitalter

4-mal ich und doch anders

Freundlich bleiben

Meinungen austauschen, offen und frei diskutieren und an Debatten teilnehmen – all dies ist wichtig, regt zum Nachdenken an, bildet weiter und das Internet ist dafür der ideale Platz. Dennoch sollte man gewisse Regeln in Bezug auf Verhalten und Wortwahl beachten, damit niemand beleidigt oder verletzt wird: Eine Netiquette sozusagen, die es auf manchen Internetseiten gibt, und an die sich jeder halten sollte, wenn er Teil der Diskussion sein will.

Auch wenn wir es oft vergessen oder nicht wahrnehmen: Hinter den Profilen verbergen sich echte Menschen mit Gefühlen, die verletzt werden können. Denn neben allen Freiheiten gibt es ein Recht auf Menschenwürde, das gewahrt werden muss.

4 Entwerfen Sie eine Liste mit Gesprächs- und Verhaltensregeln für digitale Beiträge, Postings und Diskussionen. Berücksichtigen Sie auch den Text „Freundlich bleiben“.

1. Sachlich bleiben ...

2. ...

5 „Eine Netiquette sozusagen, die es auf manchen Internetseiten gibt, und an die sich jeder halten sollte, wenn er Teil der Diskussion sein will.“ (Z. 6 ff.). Nehmen Sie zu diesem Zitat aus dem Text Stellung. Glauben Sie, dass eine solche Netiquette sinnvoll ist? Schreiben Sie einen kurzen Kommentar.

FAZIT

6.1 Mit neuen Medien lernen

6.2 Sich im Netz angemessen verhalten

6.3 Informationen im Internet finden und bewerten

6.4 Anwenden, Vertiefen, Fazit
- Das „Ich“ im digitalen Zeitalter

Projekt: Filmwerkstatt

Einen Kurzfilm erstellen

Sie erstellen in Projektgruppen einen etwa zehnminütigen Kurzfilm. Dabei entwickeln Sie selbst eine Filmidee, schreiben ein Exposé sowie ein Drehbuch, wählen geeignete Drehorte, besetzen den Film mit passenden Schauspielerinnen und -spielern, gestalten ein Storyboard und bearbeiten Ihren Film nach den Dreharbeiten nach. Zur Planung, Produktion und Postproduktion Ihres Films benötigen Sie ein Smartphone oder Tablet.

1 Entwickeln Sie eine Filmidee. Wählen Sie hierzu eine der folgenden Möglichkeiten aus, die für Sie gewinnbringend ist (↗ Kapitel 14, S. 191–204: Ideen- und Stoffsammlungen anlegen):

A Notieren Sie, welche Themen Sie momentan besonders interessieren, und überlegen Sie, welche Aspekte des Themas sich für einen Film eignen könnten.

B Wählen Sie eines der folgenden Themen aus und assoziieren Sie Ideen für einen Film: Diskriminierung, Ernährung, Familie, Glaube, Heimat, Identität, Medien, Partnerschaft, Schule, Sport, Umweltzerstörung, Wahrheit und Lüge.

C Überlegen Sie, welcher Text aus dem Deutschunterricht (z. B. Kurzgeschichte, Lied, Sachtext) Ihnen gefallen hat und inwieweit er Grundlage eines Kurzfilms sein könnte.

2 Bestimmen Sie Typ, Gattung und Genre Ihres Kurzfilms.

a) Überlegen Sie, ob Sie einen fiktionalen Kurzfilm erstellen möchten (z. B. Kurzspielfilm, Animationskurzfilm, Musikvideo) oder einen nicht-fiktionalen Kurzfilm (z. B. Dokumentarkurzfilm, Tutorial, Werbefilm). Entscheiden Sie sich für eine Filmgattung (z. B. Spielfilm) und gegebenenfalls für ein Filmgenre (z. B. Science-Fiction), das zu Ihrer Filmidee passt.

b) Recherchieren Sie gelungene Beispiele für die gewählte Filmgattung des Kurzfilms und lassen Sie sich für Ihren eigenen Film inspirieren.

3 Stellen Sie Ihre Ideen und Vorstellungen in der Gruppe vor und einigen Sie sich auf eine gemeinsame Idee, die Sie weiterverfolgen möchten.

4 Verfassen Sie ein zwei bis drei Seiten langes Exposé (Filmkonzept) zu Ihrem Kurzfilm.

a) Geben Sie Ihrem Film einen Titel.

b) Formulieren Sie eine Tagline (Untertitel, der die zentrale Handlung in einem Satz zusammenfasst).

c) Nennen Sie die Filmgattung, die Dauer des Films, die Namen der Drehbuchautor/-innen und Produzenten des Films.

d) Schreiben Sie eine Log Line, indem Sie den Inhalt Ihres Films in ca. drei Sätzen zusammenfassen.

e) Stellen Sie die Protagonisten Ihres Films knapp vor und charakterisieren Sie sie.

f) Schildern Sie den wesentlichen Handlungsverlauf Ihres Films von Anfang bis Ende. Schreiben Sie dabei im Präsens und verzichten Sie auf die Wiedergabe von Dialogen.

5 Planen Sie die Drehorte und die Besetzung für Ihren Kurzfilm.

a) Sammeln Sie Ideen für geeignete Schauplätze. Berücksichtigen Sie dabei, dass Sie außerhalb der eigenen Wohnung Drehgenehmigungen benötigen (Erlaubnis des Eigentümers oder z. B. des Ordnungsamtes).

b) Besetzen Sie Ihren Kurzfilm mit geeigneten Schauspielerinnen und Schauspielern. Bedenken Sie hierbei, welche Eigenschaften Ihre Protagonisten auszeichnen.

6 Schreiben Sie ein Drehbuch für Ihren Kurzfilm.

a) Verfassen Sie ein Deckblatt mit mindestens folgenden Informationen: Titel, Drehbuchautor/-innen, gegebenenfalls die Vorlage (z. B. nach dem gleichnamigen Roman von ..., nach einer wahren Begebenheit), Version, Datum, Name und Adresse der Rechteinhaberin/des -inhabers.

Einen Kurzfilm erstellen

b) Geben Sie nun Szene für Szene wieder, was, wann und wo etwas geschieht und wer etwas wie sagt. Achten Sie dabei darauf, dass Sie nur das beschreiben, was bildlich wahrnehmbar ist. Mit jedem Ortswechsel und/oder Zeitsprung beginnt eine neue Szene.

c) Orientieren Sie sich bei der Formatierung Ihres Drehbuchs an folgenden Vorgaben:
- Verwenden Sie A4 Hochformat, die Schriftart Courier oder Courier New, Schriftgröße 12.
- Beginnen Sie jede Szene mit einer groß geschriebenen dreigliedrigen Überschrift, bestehend aus der Angabe zum Kamerastandpunkt (innen/außen), einer genauen Ortsangabe und einer ungefähren Zeitangabe (z. B. INNEN KLASSENZIMMER TAG).
- Verfassen Sie darunter eine Szenenanweisung im Präsens mit relevanten Angaben zur Handlung, gegebenenfalls eine Beschreibung der Figuren, des Raumes, der Geräusche, Musik ... (z. B. ALEXANDER, 16 Jahre alt, sitzt auf seinem Stuhl und spielt nervös an einem Stift. Er schaut immer wieder auf sein Handy. Seine MITSCHÜLER/-INNEN unterhalten sich. Vereinzelt hört man ein Lachen. PETER setzt sich neben Alexander.)
- Formulieren Sie einen Dialog zu jeder Szene. Schreiben Sie in Großbuchstaben den Figurennamen, darunter in Klammern, sofern erforderlich, wie gesprochen wird, z. B. (wütend) und in der nächsten Zeile den eigentlichen Dialogtext. Wenn die Sprecherin / der Sprecher dabei im Bild nicht zu sehen ist, schreiben Sie hinter die Figuren in Klammern O. S. (= OFF SCREEN) oder im Falle einer Erzählerstimme V. O. (= VOICE OVER).
- Eine Drehbuchseite entspricht einer Minute Ihres Kurzfilms.

7 Planen Sie die einzelnen Kameraeinstellungen und -perspektiven der Filmszenen mithilfe eines Storyboards (= skizzenhafte Visualisierung Ihres Drehbuchs).

a) Informieren Sie sich über Kameraeinstellungen und -perspektiven (↗ GZW „Kamera“, S. 62).

b) Überlegen Sie, welche Kameraeinstellungen und -perspektiven sich besonders gut für die einzelnen Szenen eignen würden. Eine Einstellung wechselt im Schnitt zwischen fünf und zehn Sekunden und überspringt von Einstellung zu Einstellung mindestens eine Größe.

c) Visualisieren Sie Ihre Entscheidungen.

Szene 1:	*Einstellung 1*	*Einstellungsgröße:*	______
Einstellungsskizze		*Dauer:*	______
		Handlung:	______
		Ton/Dialog:	______
		Anmerkung:	______

8 Drehen Sie Ihren Film.

a) Verteilen Sie fehlende Rollen und Aufgaben (z. B. Kamera, Requisiten, Regisseur/-in, Licht).

b) Drehen Sie von einem Standpunkt aus mit ruhiger Hand / Stativ jede einzelne Szene.

9 Bearbeiten Sie Ihren Film mithilfe eines Videobearbeitungsprogramms.

a) Schneiden Sie Ihren Film (↗ GZW „Schnitt und Montage“ und „Montagetechniken“, S. 61).

b) Bearbeiten Sie den Filmton (↗ GZW „Filmton“, S. 63).

10 Präsentieren Sie Ihren Kurzfilm im Plenum (↗ Kapitel 14, S. 191–204: Präsentieren).

Kapitel 7

Sachtexte wiedergeben

Sachtexte begegnen einem überall im Alltag: in der Tageszeitung, im Internet oder auch im Schul- und Berufsleben. Deswegen ist es wichtig, den Inhalt von Texten und seine Aussagen richtig erschließen und wiedergeben zu können. Dafür wird in diesem Kapitel die Fünf-Schritt-Lesemethode vorgestellt. Zur Wiedergabe fremder Meinungen, die in Texten geäußert werden, benötigt man die indirekte Rede.

Texte werden mit unterschiedlichen Aussageabsichten/Intentionen verfasst: Einige Texte sollen nur informieren und andere die Lesenden zu einem konkreten Handeln auffordern. Diese unterschiedlichen Aussageabsichten kann man sich durch die Untersuchung des jeweiligen Textes erschließen.

Erklärvideo zur Analyse von Sachtexten

Kompetenzen

- ✓ Inhalt von Texten strukturiert wiedergeben
- ✓ wesentliche Inhalte von linearen Texten herausarbeiten
- ✓ Informationen adäquat darstellen
- ✓ Funktion und Wirkungsabsicht verschiedener Textsorten erkennen

Methoden und Arbeitstechniken

- ✓ Fünf-Schritt-Lesemethode, Exzerpieren/Texte zusammenfassen
- ✓ Schreibkonferenz
- ✓ Blitzlicht, Brainstorming
- ✓ Strukturierte Kontroverse
- ✓ Gruppenpuzzle
- ✓ Sortieraufgabe

Einen Text lesen und verstehen
Die Fünf-Schritt-Lesemethode anwenden

Den Inhalt eines Textes lesen und verstehen zu können, ist die Grundlage für jede weitere analytische Auseinandersetzung mit dem Text. Eine gute Methode zur Erschließung von Texten ist die Fünf-Schritt-Lesemethode.

Jedes Jahr untersucht die Shell Jugendstudie Einstellungen, Werte, Gewohnheiten und das Sozialverhalten Jugendlicher in Deutschland. Die Studie wird seit 1953 vom Mineralölkonzern Shell herausgegeben.

Shell Jugendstudie 2019 (Auszug)

Die 18. Shell Jugendstudie trägt den Untertitel „Eine Generation meldet sich zu Wort". Die gegenwärtige junge Generation formuliert wieder nachdrücklicher eigene Ansprüche hinsichtlich der Gestaltung der Zukunft unserer Gesellschaft und fordert, dass bereits heute die dafür erforderlichen Weichenstellungen vorgenommen werden. Als zukunftsrelevante Themen haben vor allem Umweltschutz und Klimawandel erheblich an Bedeutung gewonnen. Sie stehen im Mittelpunkt der Forderung nach mehr Mitsprache und der Handlungsaufforderung an Politik und Gesellschaft.

Dabei ist für die Jugendlichen in Deutschland nach wie vor ihre pragmatische Grundorientierung kennzeichnend. Die Jugendlichen sind, wie auch schon in den letzten Shell Jugendstudien beschrieben, weiterhin bereit, sich in hohem Maße an Leistungsnormen zu orientieren, und hegen gleichzeitig den Wunsch nach stabilen sozialen Beziehungen im persönlichen Nahbereich. Sie passen sich auf der individuellen Suche nach einem gesicherten und eigenständigen Platz in der Gesellschaft den Gegebenheiten so an, dass sie Chancen, die sich auftun, möglichst gut ergreifen können. Mehr als bislang legen viele Jugendliche inzwischen Wert auf eine deutlich bewusstere Lebensführung, ihre Ansprüche an eine nachhaltige Gestaltung von Umwelt und Gesellschaft artikulieren sie deutlich und vernehmbar.

Die Ergebnisse der aktuellen Shell Jugendstudie zeigen, dass trotz der klar erkennbaren sozialen Unterschiede, die sich aus der Herkunft der Jugendlichen ergeben und die durch den auch weiterhin ungleichen Bildungserfolg bestehen bleiben, keine unüberbrückbaren Polarisierungen[1] oder Spaltungen in den Einstellungen zu beobachten sind. Auch die Unterschiede zwischen Ost und West, zwischen männlichen und weiblichen Jugendlichen sowie zwischen Jugendlichen mit und ohne Migrationshintergrund werden eher kleiner als größer. Quer durch alle Gruppierungen findet sich eine Reihe von Gemeinsamkeiten, darunter eine zunehmende Sorge um die ökologische Zukunft, ein Trend zu gegenseitigem Respekt und einer Achtsamkeit in der eigenen Lebensführung, ein starker Sinn für Gerechtigkeit sowie ein wachsender Drang, sich für diese Belange aktiv einzubringen.

Nicht zu übersehen ist allerdings die Affinität[2] einiger Jugendlicher zu populistischen Positionen. Die Kritik, die viele dieser Heranwachsenden dabei zugleich am sogenannten Establishment[3] in Politik und Gesellschaft üben, ist auch davon beeinflusst, dass sich junge Menschen generell nicht hinreichend gefragt und einbezogen fühlen. Wir unterscheiden in der aktuellen Shell Jugendstudie zwischen Jugendlichen als „Kosmopoliten", „Weltoffenen", „Nicht-eindeutig-Positionierten", „Populismus-Geneigten" und „Nationalpopulisten". Zwischen den Kosmopoliten und den Nationalpopulisten lässt sich eine klar erkennbare Polarisierung feststellen, beide Gruppen machen zusammengenommen aber lediglich etwa ein Fünftel der Jugendlichen aus.

(www.shell.de)

1 die Polarisierung: die Entstehung von Gegensätzlichkeit
2 die Affinität: eine besondere Neigung zu etwas haben
3 das Establishment: die bürgerliche Gesellschaft, der Begriff ist negativ belegt

Die Fünf-Schritt-Lesemethode anwenden

1 Erschließen Sie sich den Text mit der Fünf-Schritt-Lesemethode (↗ GZW „Die Fünf-Schritt-Lesemethode“), indem Sie

a) **Schritt 1:** Den Text zunächst überfliegen und auf Titel, Untertitel, Zwischenüberschriften und Hervorhebungen achten.

b) **Schritt 2:** Fragen zum Text formulieren. Das können reine Verständnisfragen sein oder sich auf alle inhaltlichen Aspekte des Textes beziehen. Verwenden Sie dafür am besten W-Fragen.

Wie heißt der Text?
Der Text heißt „Shell Jugendstudie 2019“.
Wer hat den Text verfasst?
Der Text wurde von ... verfasst.

c) **Schritt 3:** Den Text jetzt genau lesen und dabei versuchen, Antworten auf Ihre zuvor formulierten Fragen zu finden. Sie können zu wichtigen Textstellen Stichworte notieren und unbekannte Wörter im Wörterbuch nachschlagen (↗ Kapitel 13, S. 177 und Kapitel 14, S. 191–204: Sortieraufgabe).

d) **Schritt 4:** Den Inhalt des Textes abschnittsweise gliedern, Überschriften für die Abschnitte finden und die zentralen Aussagen des Textes mit eigenen Worten wiedergeben.

	Überschrift	*Zusammenfassung*
Abschnitt 1 (Zeile ... bis ...)		

e) **Schritt 5:** Geben Sie den Inhalt des ganzen Textes anhand Ihrer Notizen mündlich wieder.

GUT ZU WISSEN Die Fünf-Schritt-Lesemethode

Wenn man sich Informationen aus einem Text für eine Klassenarbeit oder Prüfung merken oder diese in ein Referat einbauen möchte, kann man die Informationen mithilfe der Fünf-Schritt-Lesemethode in eigene Worte fassen:

Schritt 1 Überfliegen: Man überfliegt den Text zuerst grob und achtet dabei auf Titel, Untertitel, Hervorhebungen, Inhaltsverzeichnis, Autorin oder Autor. So erhält man einen Eindruck von Aufbau und Inhalt des Textes und findet heraus, welche Abschnitte für den eigenen Zweck relevant sind.

Schritt 2 Fragen: Beim ersten Lesen entstandene Fragen werden formuliert. Dies können reine Verständnisfragen sein, sie können sich aber auch auf alle Unklarheiten des Textes beziehen. Gut geeignet sind die W-Fragen.

Schritt 3 Lesen: Der Text wird gründlich gelesen und dabei wird versucht, auf die zuvor formulierten Fragen Antworten zu finden. Zu wichtigen Textstellen sollten Stichworte notiert werden, unbekannte Wörter in einem Wörterbuch nachgeschlagen werden. Schwierige Passagen sollten mehrmals gelesen werden.

Schritt 4 Schreiben: Den Inhalt des Textes abschnittsweise gliedern und Überschriften für die Abschnitte finden. Die zentralen Aussagen des Textes mit eigenen Worten wiedergeben (↗ Kapitel 14, S. 191–204: Exzerpieren/Texte zusammenfassen).

Schritt 5 Wiederholen: Der Inhalt des Textes wird anhand der Notizen strukturiert wiedergegeben, Fehlendes wird ergänzt.

Texte und ihre Intention untersuchen

Für die Analyse eines Textes ist es wichtig, die Aussageabsicht (Intention) einer Autorin / eines Autors zu erkennen.

Wie Mode umweltfreundlicher wird. Fast Fashion versus Slow Fashion: Die Zukunft der Mode

Im Zeichen saisonaler Trends erscheint in hoher Frequenz neue Mode in den Geschäften – bis zu 24 Kollektionen jährlich pro Label. Der Bekleidungsmarkt ist von preiswertem Neukauf und schneller Entsorgung geprägt. Das geht zulasten der Umwelt und der allgemeinen Arbeitsbedingungen entlang der Zulieferkette. Die Slow-Fashion-Bewegung ist angetreten, um das zu ändern.

Fast Fashion: Konsequenzen für Natur und Mensch

Der schnelle Kollektionswechsel in der Modebranche gelingt durch die beschleunigte Produktion. 12 bis 15 Tage dauert es durchschnittlich, bis ein Bekleidungsartikel in den Handel gelangt. Die Produktionsschritte verteilen sich dabei auf die jeweils kostengünstigsten Standorte weltweit. Neun von zehn Kleidungsstücken im deutschen Handel werden in Ländern mit niedrigen Lohn- und Produktionskosten hergestellt. Von weltweit etwa 60 Millionen Arbeitnehmern der Textilindustrie ist die Mehrheit in Entwicklungs- und Schwellenländern beschäftigt. […]

Auch unter ökologischen Gesichtspunkten sind die Mechanismen der Fast Fashion fatal: Jährlich verursacht die Textilindustrie mehr CO_2-Emissionen als der internationale Flug- und Schiffsverkehr. […]

Fast Fashion als verhängnisvoller Konsumtrend

Der weltweite Absatz von Kleidung hat sich zwischen 2002 und 2015 fast verdoppelt, während gleichzeitig die durchschnittliche Nutzungsdauer eines Kleidungsstückes zurückgegangen ist. In Deutschland werden etwa 60 Kleidungsstücke pro Jahr neu gekauft, aber nur halb so lang getragen wie noch im Jahr 2000. Rund 20 Prozent der erworbenen Kleidung bleibt sogar gänzlich ungetragen. Aufgrund minderer Qualität und niedriger Preise wird ein Kleidungsstück im Schnitt bereits nach etwa einem Jahr entsorgt. […]

Slow Fashion als Antwort?

Angesichts des Klimawandels gilt es daher, weniger Kleidung zu kaufen und verantwortungsbewusst mit dem eigenen Konsum und dessen Auswirkungen umzugehen. […] Slow Fashion ist der allgemeine Gegenentwurf zur Fast Fashion und damit nicht einheitlich definiert. Sie umfasst alle Handlungen, die aus einer bewussteren Haltung gegenüber den Produktionsbedingungen der Textilindustrie entspringen. Somit beinhaltet Slow Fashion nicht nur nachhaltige Modelabels mit kurzen Produktionsketten, hochwertigen Verarbeitungsprozessen und ausgezeichneter Bioqualität, sondern auch die Innovation nachhaltiger Fasern und Produktionsmechanismen.

Auch der Kleiderkauf auf dem Flohmarkt und im Second-Hand-Laden, das Tauschen und Leihen von Kleidung oder das Upcycling abgetragener Lieblingsstücke fällt unter Slow Fashion. Die sorgfältige Pflege und das schonende Waschen der Kleidung mit hochwertigen Mitteln ist ebenfalls ein wichtiger Bestandteil der Bewegung […].

Vom kleinen großen Glück der Nachhaltigkeit

Auch selbstgemachte, umgestaltete und reparierte Kleidung ist im Sinne der Slow Fashion. Das Schöne daran: Handarbeiten wirken nachhaltig entspannend, stressreduzierend und gesundheitsfördernd. Beim Neukauf entsteht durch den kurzfristigen Belohnungseffekt ebenfalls ein angenehmes Gefühl, das zur Stresslinderung beiträgt. Als soziale Wesen sind Menschen allerdings lang anhaltender glücklich, wenn sie mit Gleichgesinnten interagieren, einer sinnstiftenden Tätigkeit nachgehen und mit den eigenen Händen etwas erschaffen können. Slow Fashion ist somit nicht nur gut für Umwelt und Ökonomie, sondern auch für das seelische Wohlbefinden.

(www.esslinger-zeitung.de)

Texte und ihre Intention untersuchen

1 **Nutzen Sie die Methode des Blitzlichts (↗ Kapitel 14, S. 191–204), um sich in Ihrer Klasse über Ihre eigenen Konsumgewohnheiten auszutauschen.**

Wie häufig kaufen Sie neue Kleidung? Wo kaufen Sie diese?
Nutzen Sie Plattformen zum Tausch oder Verkauf gebrauchter Kleidung? ...

2 **Verschaffen Sie sich einen ersten Eindruck von Aufbau, Inhalt und Kernaussage des Textes, indem Sie ihn zunächst überfliegen.**

3 **Formulieren Sie zu jedem Absatz Stichpunkte.**

1. Absatz Zeile ... bis ...: saisonale Trends, zwei neue Kollektionen im Monat ...
2. Absatz Zeile ... bis ...: kostengünstige Produktion von Kleidung, geht häufig zulasten der Umwelt ...

4 **Bestimmen Sie die Aussageabsicht des Textes.**

a) Informieren Sie sich mit GUT ZU WISSEN „Intention und Kernaussage" (↗ Kapitel 6, S. 79) über die unterschiedlichen Aussageabsichten in Sachtexten.

b) Erläutern Sie, welche Aussageabsicht (↗ GZW „Intention und Kernaussage", Kapitel 6, S. 79) beim Text „Fast Fashion versus Slow Fashion" im Vordergrund steht. Verwenden Sie dafür Textbelege.
Bei dem Text „Fast Fashion versus Slow Fashion – wie Mode umweltfreundlicher wird" lässt sich bereits in der Überschrift darauf schließen, dass bei diesem Text hauptsächlich die appellative Aussageabsicht im Vordergrund steht. Des Weiteren kann man das noch an folgenden Textstellen ...

5 **Bestimmen Sie die journalistischen Textsorten.**

a) Führen Sie in Ihrer Klasse ein Brainstorming (↗ Kapitel 14, S. 191–204) zu der Frage durch, welche Textsorten Ihnen bereits bekannt sind.

b) Sortieren Sie diese nach ihrer Hauptaussageabsicht (↗ GZW „Intention und Kernaussage", Kapitel 6, S. 79 und Sprache und Stil „Mit Verben Intentionen verdeutlichen").

SPRACHE UND STIL – Mit Verben Intentionen verdeutlichen

normativ *(informierend, darstellend)*	*informieren, darlegen, erläutern, erklären, berichten, beschreiben ...*
appellativ *(beeinflussend, appellierend)*	*aufrufen, überzeugen, beeinflussen, intrigieren, begründen, Argumente anführen, erörtern ...*
expressiv *(unterhaltend)*	*schildern, erzählen, darlegen, feixen, juxen, unterhalten, witzeln ...*

6 **Nutzen Sie GUT ZU WISSEN „Journalistische Textsorten" und ordnen Sie begründet die Texte der Seiten 92–104 einer journalistischen Textsorte zu.**

Der Text „Repair-Café in Rodenbach hat wieder geöffnet" kann als eine Art Reportage bezeichnet werden, da folgende Merkmale für diese Textsorte vorliegen:

– ...
– ...

Texte und ihre Intention untersuchen

7 Übertragen Sie die Grafik und ordnen Sie die Textsorten aus GUT ZU WISSEN „Journalistische Textsorten“ den drei Hauptaussageabsichten appellativ, expressiv und informativ/darstellend zu (↗ GZW „Intention und Kernaussage“, Kapitel 6, S. 79).

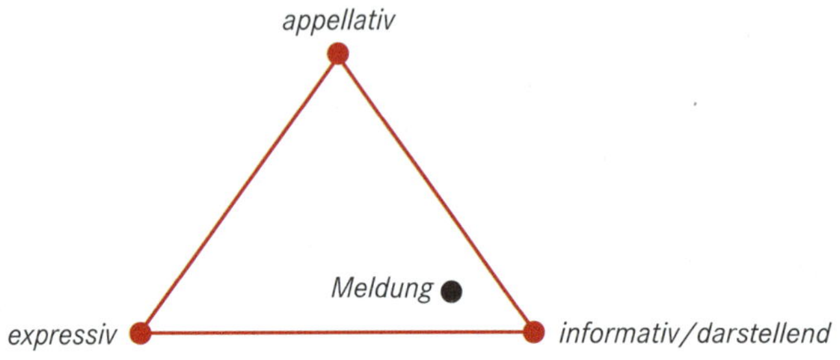

★ **8** Recherchieren Sie bei Ihrer Lokalzeitung oder einer anderen überregionalen Zeitung und finden Sie für jede journalistische Textsorte ein Beispiel. Begründen Sie Ihre Zuordnung mithilfe von GUT ZU WISSEN (↗ Kapitel 14, S. 291–204: Gruppenpuzzle).

GUT ZU WISSEN Journalistische Textsorten

Eine **Meldung** ist eine Mitteilung über ein aktuelles, öffentlichkeitsrelevantes Ereignis, die in knappster Form Antworten auf die Fragen *Wer? Was? Wann? Wo?* gibt. Oft reicht ein Aussagesatz, um diese zentralen Informationen zu übermitteln.

Häufig entspricht der erste Satz einer **Nachricht** (Lead) der Meldung. Diese zentrale Aussage der Nachricht wird dann durch Mitteilungen zu den näheren Umständen eines Geschehens erweitert.

Beim journalistischen **Bericht** werden den Grundinformationen einer Nachricht weitere Hintergründe, interessante Einzelheiten, Meinungen von Beteiligten, Erklärungen und Ursachen beigefügt, ohne dass explizit eine Stellungnahme vorgenommen wird. Es ist die redaktionelle Bearbeitung der Nachricht, gleichsam ihre Langform.

Auch die **Reportage** übermittelt Tatsachen und Beobachtungen, sie lässt jedoch Spielräume für subjektive Beobachtungen. Zumeist wird hier Persönliches in den Vordergrund gestellt, um das Geschehen anschaulicher zu gestalten und den Leser unmittelbarer teilhaben zu lassen. Hier ist der Stil abwechslungsreich: Erlebnisbericht, Schilderung, Dialog, Tempuswechsel, Montage, Konkretisierung und Verallgemeinerung kennzeichnen ihn. Dennoch hat eine Reportage vornehmlich informierenden Charakter.

Im **Interview** wird ein Gespräch mit einem Prominenten oder Experten aufgezeichnet und wiedergegeben. Es ist damit sowohl eine Methode der Recherche als auch eine eigene journalistische Textsorte.

Der **Kommentar** stellt zwar auch einen Sachverhalt dar, aber das Hauptgewicht liegt auf dessen Problematisierung und Bewertung und den daraus folgenden Lösungsangeboten und Handlungsaufforderungen des Kommentators.

Ebenso wie beim Kommentar wird auch in der **Glosse** die Meinung des Autors einbezogen. Allerdings unterscheidet sie sich durch den ironischen und satirischen Stil von diesem. Der Aufbau ist offener, die Argumentation weniger streng. Oft weist die Glosse eine Pointe auf. In thematischer Hinsicht hat sie einen großen Spielraum, häufig werden Nebenaspekte des politischen, gesellschaftlichen oder kulturellen Lebens thematisiert.

In der Publizistik bezeichnet der/das **Essay** eine Abhandlung, die eine politische, kulturelle, gesellschaftliche oder wissenschaftliche Frage behandelt. Dabei ist der/das Essay knapp und anspruchsvoll gehalten und nimmt keine klare Einordnung vor. Es gibt journalistische und schriftstellerische Elemente. Bei manchen Essays kann die künstlerisch-kreative Gestaltung dominieren.

Aussagen eines Textes erschließen und wiedergeben

Bei Sachtexten steht häufig die Meinungsäußerung im Vordergrund. Um diese Meinungen bzw. Äußerungen wiederzugeben, nutzt man die indirekte Rede.

Die Müllberge wachsen und die Umwelt leidet – pro Jahr werden in Deutschland rund 1,8 Millionen Tonnen Elektroschrott entsorgt! Ein Gerät wegen eines defekten Steckers, Kontakts oder Akkus wegzuschmeißen, ist Verschwendung. Repair-Cafés geben kaputten Geräten eine zweite Chance und helfen so, Müll zu vermeiden!

Repair-Café in Rodenbach hat wieder geöffnet

von Claudia Raab

Rodenbach – „Ich habe schon darauf gewartet und bin jetzt ganz happy, dass das Repair-Café wieder geöffnet hat", ist Sonja Gärtner voller Vorfreude in den Schützenhof nach Oberrodenbach gekommen. [...]

An einem großen Tisch am Fenster hat Anton Zimmermann seine „Werkstatt" aufgebaut. „Normalerweise reparieren wir zu dritt, aber heute bin ich alleine hier", erzählt der Rentner [...]. „Wir reparieren hier sämtliche Elektrokleingeräte wie Föhne, Rasierer, Toaster, Drucker, Fernseher und Musikanlagen. Letztes Jahr hatten wir sogar eine Kettensäge", informiert er.

„Ich wollte mal sehen, wie das hier funktioniert", meint der nächste Kunde aus Hanau-Großauheim. Zu Hause sammle er alle defekten Elektrogeräte in einer Kiste, aber nun wisse er leider nicht mehr, welche Ladestation und welcher Stecker zu welchem Teil gehören. Wahllos habe er in die Kiste gegriffen und eine Ladestation für Festplatten, einen Kopfhörer und einen Rasierer mitgebracht. Aufgrund des fehlenden Zubehörs konnten die Geräte aber leider nicht von Zimmermann zur Fehleranalyse durchgetestet werden. „Je besser die Leute mitarbeiten und mir sagen, was an ihrem Gerät kaputt ist, desto besser kann ich es reparieren", so seine Erfahrung. [...]

„Mein Staubsauger lässt sich nicht mehr ein- und ausschalten", berichtet Sonja Gärtner [...]. Zimmermann löst die Schrauben des Geräts. Mit geschickten Handgriffen legt er den Schalter frei und testet ihn mit seinem Messgerät. „Der Schalter ist in Ordnung", lautet seine erste Diagnose, der er anfügt: „Die Elektronik für Steuerung und Geschwindigkeit könnte einen Schlag haben, das bedeutet dann das Aus für den Staubsauger."

[...] Dann vermutet Zimmermann, dass der Kabelzug defekt sein könnte. Mit einer Mischung aus Fingerfertigkeit und sanfter Gewalt legt er nach mehreren Versuchen, das Gehäuse zu öffnen, endlich den Motorblock frei. Auch dieses hochwertige Markenprodukt ist so konstruiert, dass es sich nicht so einfach reparieren lässt. [...]

Eine Messung mit dem Ohm-Meter bestätigt Zimmermanns Vermutung: Ein Kabelbruch liegt vor. „Ich schneide das Kabel jetzt einfach ab", so der Reparateur. [...] Erfolgreich lötet er die Enden wieder zusammen und setzt den freigelegten Motor in Gang. Das Gerät funktioniert und muss nur noch wieder zusammengesetzt werden. Glücklich nimmt Sonja Gärtner ihren Staubsauger entgegen und freut sich, dass der freundliche Reparaturservice ihr einen Neukauf erspart hat.

(www.op-online.de)

Aussagen eines Textes erschließen und wiedergeben

1 Schreiben Sie die wichtigsten Äußerungen zum Repair-Café, die in der direkten Rede verfasst wurden, heraus. Die erste Äußerung ist markiert. Verwenden Sie GUT ZU WISSEN „Indirekte Rede – Wiedergabe von Aussagen".

2 Nennen Sie die Vorteile des Repair-Cafés, die in dem Text beschrieben werden.

Vorteile des Repair-Cafés: Ein Gerät wegen eines defekten Steckers, Kontakts oder Akkus wegzuschmeißen, ist Verschwendung.

3 Geben Sie die Aussagen des Textes wieder. Verwenden Sie bei der Wiedergabe fremder Äußerungen die indirekte Rede (↗ GZW „Indirekte Rede – Wiedergabe von Aussagen").

4 Erarbeiten Sie das Wortfeld mit geeigneten Verben.

meinen — **sagen** — *widersprechen*

5 Geben Sie die Aussagen in indirekter Rede wieder. Nutzen Sie zur Einleitung des Satzes passende Verben von Aufgabe 4 (↗ GZW „Indirekte Rede – Wiedergabe von Aussagen").

A *Herr Zborek: „Wir sind froh und dankbar, einen zusätzlichen Raum bekommen zu haben."*
Herr Zborek betont, sie seien froh und dankbar, einen zusätzlichen Raum bekommen zu haben.

B *Weiter sagt er: „Wir sind nicht nur aus Spaß an der Freude mit beiden Händen und mit vollem Herzen bei der Reparatur dabei."*

C *Sein Motto: „Anderen Menschen Freude machen, das ist der Sinn der ganzen Sache."*

D *Frau Schmidt: „Die Schülerinnen und Schüler interessieren sich immer weniger für Bücher und Literatur."*

E *Herr Müller: „Wenn morgen die Sonne scheint, können wir in den Zoo fahren."*

F *Herr Sentker: „In der Landwirtschaft von morgen gibt es darum weite Fruchtfolgen, die auf die jeweiligen Böden abgestimmt werden. Die Agrarlandschaft wird also struktur- und artenreicher."*

GUT ZU WISSEN — Indirekte Rede – Wiedergabe von Aussagen

Wenn Sie die Meinung der Autorin oder des Autors wiedergeben, zitieren Sie gewöhnlich in der indirekten Rede. Oft verändern sich dabei Personal- und Possessivpronomen und damit verbunden die Personalform des Verbs.

Beispiele: *„Ich bin nicht mehr bereit, die Disziplinlosigkeit meiner Praktikanten hinzunehmen."*
Der Autor sagt, er sei nicht mehr bereit, die Disziplinlosigkeit seiner Praktikanten hinzunehmen.

Das Verb, das Sie in der indirekten Rede verwenden, steht in der Regel im **Konjunktiv I**. Dieser wird mit dem Verbstamm, dem Vokal „e" sowie der entsprechenden Endung gebildet.

Verbstamm	Konjunktiv I
schreib(en)	er/sie/es **schreibe**

Wenn Sie den Satz mit der Konjunktion „dass" einleiten, darf das Verb im Indikativ stehen.
Wenn die Form des Konjunktivs I mit der des Präsens Indikativ übereinstimmt, nutzt man den Konjunktiv II.

(↗ Kapitel 13, S. 186 f.)

Einen Text strukturiert wiedergeben

Der Text zur Nachhaltigkeit in der Landwirtschaft ist in der Wochenzeitung Die Zeit erschienen. Über Nachhaltigkeit wird derzeit in vielen Bereichen unseres täglichen Lebens nachgedacht.

Mehr Zukunft auf dem Acker

von Andreas Sentker

[…] Wie muss eine Landwirtschaft aussehen, die nicht nur das Überleben der heutigen Menschheit sichert, sondern auch das aller kommenden Generationen? […] Der dafür notwendige Wandel scheint utopisch zu sein – und ist dennoch unausweichlich. […]

Die Bauern protestieren seit Monaten: gegen die Verschärfung von Umweltauflagen und schon kleinste Änderungen der Subventionspolitik. […]

Die Fronten scheinen verhärtet zu sein. Doch jenseits der öffentlichen Debatte erproben Landwirte gemeinsam mit Umwelt- und Tierschützern neue Anbaumethoden und Formen der Tierhaltung […]. Die Politik entwirft – zaghaft noch – Pläne für eine nachhaltige Landwirtschaft […].

„Die Landwirtschaft der Zukunft arbeitet mit geschlossenen Stoffkreisläufen, hat einen engen regionalen Bezug, hält weniger Tiere und diese ohne Antibiotika und in viel besseren Ställen, schützt die Biodiversität und das Klima", schreiben die Forscher der DAFA. Praktisch und technisch – das ist die gute Nachricht – ist nichts an dem von den Experten skizzierten Bild künftiger Landwirtschaft eine Utopie. […]

Die Rechnung geht für Landwirte wie für Konsumenten längst nicht mehr auf. EU-Subventionen von fast 60 Milliarden Euro jährlich machen Europas Nahrungsmittel billiger, aber ihre Herstellung nicht wirklich nachhaltiger. Die wahren ökologischen und sozialen Kosten für sein Essen zahlt kein Konsument an der Supermarktkasse. Umgekehrt fällt für viele Landwirte ihre ökonomische Bilanz verheerend aus. Wie also sollen sie neben Weizenanbau, Schweinemast oder Milchproduktion noch in Umwelt- oder Tierschutz investieren?

Klar ist: Der Wandel kostet Geld, wenn er keine Existenzen kosten soll. Ob er gelingt, ist also im Kern eine politische Frage. […]

Die Landwirtschaft der Zukunft, darin sind sich die Experten einig, wird viele Werkzeuge brauchen: neue Züchtungen für dürre Felder, neue Maschinen für Aussaat und Ernte, neue Medikamente für Nutztiere. Sie wird in Indien oder Kenia anders aussehen als in Deutschland. Sie wird in Bayern anders aussehen als in Schleswig-Holstein. […]

Vier Strategien für eine Agrarwende

Ackerbau: Vielfältig und regional

Die Menschheit wächst weiter, nach Schätzungen der Vereinten Nationen von heute 7,7 Milliarden Menschen auf 9,7 Milliarden im Jahr 2050. Mehr Menschen brauchen mehr Nahrung. Aber nur ein Drittel der weltweiten Agrarfläche ist Ackerland. Und wiederum nur ein Drittel davon nutzen wir zum Anbau von Nahrungsmitteln. Jedes Jahr gehen zudem nahezu zwölf Millionen Hektar Anbaufläche verloren. Böden vertrocknen, versalzen oder verschwinden unter Straßen und Städten. **Darum muss es in Zukunft heißen: Auf fruchtbarem Boden wird nur noch Nahrung für Menschen angebaut.** Tierfutter oder Energie gewinnen wir von Wiesen und Weiden, aus Reststoffen und Abfällen.

Etwa 6 000 Pflanzenarten hat der Mensch für seine Ernährung kultiviert. Doch nur neun von ihnen liefern heute zwei Drittel der globalen Ernte. Diese Konzentration hat die genetischen Ressourcen verarmen und regionales Wissen in Vergessenheit geraten las-

Einen Text strukturiert wiedergeben

sen. **In der Landwirtschaft von morgen gibt es darum weite Fruchtfolgen, die auf die jeweiligen Böden abgestimmt werden. [...]**

Auch die Pflanzenzüchter müssen umsteuern. Sie haben lange Zeit vor allem auf immer höhere Erträge gesetzt. Landwirtschaftliche Produkte mussten zudem für die industrielle Verarbeitung tauglich sein. Künftig jedoch werden Landwirte stärker schädlings- oder dürreresistente Sorten nachfragen. Die Nationale Akademie der Wissenschaften, Leopoldina, setzt auf neue Züchtungstechniken. Mithilfe präziser genetischer Methoden könnten alte, bisher wenig ertragreiche Sorten attraktiv und die neuen Hochleistungssorten widerstandsfähiger werden. [...]

Mit Vielfalt konnte die Agrarpolitik vergangener Jahrzehnte wenig anfangen, sie wollte Masse. Um große Maschinen einsetzen zu können, wurden Felder zusammengelegt, Wege und Gräben begradigt, Bäume und Hecken beseitigt. Es entstanden monotone Landschaften mit großflächigen Äckern, die Wind und Unwetter schutzlos ausgeliefert sind. Gleich zwei Faktoren treiben nun eine allmähliche Gegenbewegung: Autonome Fahrzeuge können auch kleine Flächen effizient bearbeiten. Eine digital organisierte Umkehr der Flurbereinigungen wird denkbar. Und zwischen gut komponierten Feldstreifenmustern dürfen wieder Sträucher und Bäume wachsen. **Die Agrarlandschaft wird also struktur- und artenreicher. Gehölze zwischen Feldstreifen schützen den Boden vor Erosion und Wasserverlusten.**

Agrarproduktion und Konsum sind in Zukunft weitgehend regionalisiert

Weil die Politik bisher vor allem Anbaufläche subventioniert und ökonomisch fast nur der Ertrag zählt, bestellen Bauern heute jeden verfügbaren Quadratmeter. Eine neue Subventionspolitik muss deshalb auch Feldränder und Grünstreifen, Gräben und Bachläufe fördern. Sie werden zu vernetzten Biotopen und neuen Lebensräumen. Der Erholungswert der Landschaft steigt damit. Gleichzeitig rückt die landwirtschaftliche Produktion näher an die Städte. **Produktion und Konsum landwirtschaftlicher Produkte sind in Zukunft weitgehend regionalisiert. [...]**

Konsum: Bewusster, direkter und gesünder

Für den Käufer im Supermarkt ist heute oft nicht erkennbar: Wo kommt das Produkt her? Unter welchen Bedingungen ist es entstanden? Wie gesund ist es? **Klare Kennzeichnungen müssen den Käufer in Zukunft zum bewussten Entscheider machen.** Die Idee dahinter: Er muss hohe Anforderungen an Tier-, Umwelt- und Klimaschutz gezielt honorieren. [...]

Bei jedem Schritt von Nahrungsmittelproduktion und -konsum, vom Acker bis in den Privathaushalt, werden Lebensmittel weggeworfen, in Deutschland 55 Kilogramm pro Kopf, weltweit 1,3 Milliarden Tonnen jährlich. **Wir müssen die Menge der Lebensmittelabfälle deutlich reduzieren – und das, was wir nicht essen können, auf andere Weise besser nutzen.** [...] Ob Nahrungsmittel auf den Müll wandern, hat auch mit unserer Einstellung ihnen gegenüber zu tun. Wie perfekt muss ein natürliches Produkt aussehen? Wie lange sind Lebensmittel haltbar? Warum erwarten wir beim Bäcker und in der Gemüseabteilung noch am Abend das gesamte Sortiment? Die Fragen zeigen: Auch wir Konsumenten müssen unsere Ansprüche ändern. [...]

Tierhaltung: Kleiner und artgerechter

Unter der Leitung von Johan Rockström hat eine Gruppe von Wissenschaftlern 2009 das Konzept der „Planetary Boundaries“ entwickelt [...].

Hier empfiehlt er – auch mit Verweis auf die Ernährungsforschung –, den Fleischkonsum deutlich zu reduzieren. Darin ist er sich mit den meisten Agrarforschern einig: **Die Erfolgsgeschichte der deutschen Fleischindustrie hat einen zu hohen Preis – für die Landwirte, für Umwelt und Klima und nicht zuletzt für die Gesundheit der Konsumenten.** Die Bauern haben in größere Ställe und größere Bestände investiert und sind damit in größere wirtschaftliche Abhängigkeiten geraten. Das Wachstum der Fleischproduktion sprengt die natürlichen Kreisläufe. [...] Aus dem geschätzten Sonntagsbraten ist ein wenig wertgeschätztes Massenprodukt geworden.

Um diese Fehlentwicklung zu stoppen, sieht die Mehrheit der Experten vor allem einen Weg: eine Diät für Konsumenten und Produzenten. Deutlich weniger

Einen Text strukturiert wiedergeben

Fleisch auf dem Teller für die einen, deutlich kleinere Bestände im Stall für die anderen. **In einem ersten Schritt muss die Größe der Tierbestände wieder an die Fläche des zur Verfügung stehenden Ackerlandes gekoppelt werden.**

Aus dem Blickwinkel des Klimawandels wäre eine tierfreie Landwirtschaft die beste Lösung. Die Ökologie setzt auf Kreisläufe – aus Futter, Tier, Naturdünger und Futter. Ein möglicher Kompromiss: **Wir halten nur so viele Rinder, Milchkühe und Schafe, wie wir Wiesen, Weideland und Deiche haben.** Schweine sind Allesfresser. Der Kompromiss zwischen Tierhaltung, Umwelt- und Klimaschutz hier: **Wir halten nur so viele Schweine, wie wir Lebensmittelabfälle haben. […]**

(www.zeit.de)

1 Führen Sie in Ihrer Klasse ein Brainstorming (↗ Kapitel 14, S. 191–204) zu folgender Frage durch: Was könnte man alles unter Nachhaltigkeit in der Landwirtschaft verstehen?

2 Erschließen Sie den Text mithilfe der Fünf-Schritt-Lesemethode (↗ GZW „Fünf-Schritt-Lesemethode, S. 93).

a) Schritt 1: Überfliegen Sie Text zunächst und achten Sie auf Titel, Untertitel, Zwischenüberschriften und Hervorhebungen.

b) Schritt 2: Formulieren Sie Fragen (z. B. W-Fragen) zum Text: Dies können Verständnisfragen sein oder sich auf inhaltliche Aspekte des Textes beziehen.

c) Schritt 3: Lesen Sie den Text genau und versuchen Sie dabei, Antworten auf Ihre zuvor formulierten Fragen zu finden. Sie können sich zu wichtigen Textstellen Notizen machen und unbekannte Wörter im Wörterbuch nachschlagen (↗ Kapitel 13, S. 177).

d) Schritt 4: Gliedern Sie den Inhalt des Textes abschnittsweise, finden Sie Überschriften für die Abschnitte und geben Sie die wichtigsten Aussagen des Textes mit eigenen Worten wieder.

	Überschrift	*Zusammenfassung*
Abschnitt 1 (Zeile … bis …)	…	…

MUSTER Einleitung einer strukturierten Textwiedergabe

Der Text mit dem Titel „Mehr Zukunft auf dem Acker" wurde von Andreas Sentker verfasst und im Jahr 2020 in der Wochenzeitung Die Zeit veröffentlicht. Laut eigenen Angaben liefert die Zeit wöchentlich nicht nur aktuelle Nachrichten, sondern auch Kommentare, Hintergrundberichte und Reportagen zu Politik, Wirtschaft, Kultur und Sport.

Der Text beschäftigt sich mit der Zukunft der Landwirtschaft und welche Strategien dafür sorgen könnten, dass diese nachhaltig wird. Dazu stellt Sentker einige mögliche Strategien genauer vor.

3 Lesen Sie das Muster „Einleitung einer strukturierten Textwiedergabe".

a) Überprüfen Sie, ob das Muster vollständig ist und alle notwendigen Angaben für eine Einleitung enthält.

b) Schritt 5: Schreiben Sie eine eigene Einleitung.

Einen Text strukturiert wiedergeben

MUSTER Beginn Hauptteil einer strukturierten Textwiedergabe

Sentker nennt in seinem Text mehrere Strategien, mit denen die Agrarwende herbeigeführt werden könne. Als Erstes führt er aus, dass der Ackerbau vielfältig und regional werden müsse, um Monokulturen und weite Transportwege zu vermeiden ...
Als zweiten Punkt nennt er den Konsum des Verbrauchers, der bewusster, direkter und gesünder werden müsse ...
Des Weiteren sieht er es als notwendig an, die Tierhaltung kleiner und artgerechter zu gestalten und nur so viele Tiere auf einem Hof zu halten, wie dieser auch ernähren könne ...

4 Nutzen Sie das Muster „Beginn Hauptteil einer strukturierten Textwiedergabe", um die einzelnen Strategien zur Agrarwende mit Argumenten Sentkers zu ergänzen.

5 Schritt 5: Geben Sie den Inhalt des ganzen Textes anhand Ihrer Notizen wieder und ergänzen Sie eventuell Fehlendes. Nutzen Sie Ihre Notizen und vervollständigen Sie Ihre strukturierte Textwiedergabe des Textes „Mehr Zukunft auf dem Acker" von Andreas Sentker (↗ GZW „Strukturierte Textwiedergabe", S. 103). Sprache und Stil kann Ihnen helfen, passende Formulierungen zu finden.

6 Führen Sie in Ihrer Klasse eine Schreibkonferenz (↗ Kapitel 14, S. 191–204) durch, in der Sie Ihre Texte aus Aufgabe 5 gegenseitig überarbeiten.

SPRACHE UND STIL — Mit Verben strukturieren und verdeutlichen

Strukturierende Verben

mit **informativem** Charakter	*aufzeigen, informieren, ausführen, darlegen, feststellen, analysieren/untersuchen ...*
zur **Verdeutlichung zeitlicher Zusammenhänge**	*zurückblicken, einen Rückblick geben, früher und heute gegenüberstellen, vergleichen, prognostizieren ...*
zur **Beurteilung eines Sachverhalts**	*kritisieren, Kritik üben, negativ/positiv bewerten, verurteilen, gutheißen, als falsch/bedenklich/richtig/überzeugend einstufen, bezweifeln, befürworten, infrage stellen, (miss)billigen ...*
zur **Darstellung von Argumentationszusammenhängen**	*die Ansicht vertreten, argumentieren für/gegen, an Beispielen zeigen, veranschaulichen, begründen, Ursachen nennen, sich stützen auf, erörtern, verdeutlichen ...*
mit **einräumendem Charakter**	*einräumen, zugeben, zugestehen, das Zugeständnis machen ...*
mit **appellativem Charakter**	*appellieren, fordern, die Forderung erheben, verlangen ...*
mit **schlussfolgerndem Charakter**	*(schluss)folgern, die Schlussfolgerung / den Schluss ziehen, resümieren, ein Fazit ziehen, zu dem Ergebnis kommen ...*

Einen Text strukturiert wiedergeben

GUT ZU WISSEN | Strukturierte Textwiedergabe

Sie geben einen Text strukturiert wieder, indem Sie das **Thema**, die **Intention**, die **zentralen Aussagen** und die **Argumentationsstruktur** herausarbeiten.

Sie leiten Ihre strukturierte Textwiedergabe zunächst mit **Angaben zum Text** (Titel, Textart, Autorin/Autor, Publikationsorgan, Zeitpunkt der Veröffentlichung) ein.

Dann formulieren Sie das **Thema des Textes**: Es benennt das zentrale Problem, über das diskutiert wird. Häufig ergibt sich aus dem Thema auch die **Hauptthese** der Autorin bzw. des Autors.

Danach folgt die **Zusammenfassung** des Textes, die eine knapp gehaltene inhaltliche Zusammenfassung des Textes **(strukturierte Textwiedergabe)** darstellt. Hier werden **Haupt- und Nebenthesen** wiedergegeben. Sie führen die einzelnen Thesen auf und stellen die Position der Autorin bzw. des Autors heraus. Wiederholungen sollten vermieden werden. Beachten Sie, dass die Meinung der Autoren im Konjunktiv wiedergegeben wird.

Diese inhaltliche und sprachliche Paraphrase (Zusammenfassung) ist **neutral und objektiv** zu halten, also ohne Angabe der eigenen Meinung.

★ **7** Stellen Sie den Inhalt von GUT ZU WISSEN „Strukturierte Textwiedergabe" in einer Mindmap (↗ Kapitel 14, S. 191–204) grafisch dar.

8 Nutzen Sie die Checkliste, um Ihre strukturierte Textwiedergabe von Aufgabe 6 noch einmal zu überarbeiten.

CHECKLISTE | Einen Text strukturiert wiedergeben

- ☑ Haben Sie eine Einleitung mit allen notwendigen Angaben wie Textsorte, Titel, Autor, Thema, Erscheinungsort und -datum verfasst?
- ☑ Haben Sie das Thema des Artikels formuliert und einen Bezug zu aktuellen Ereignissen hergestellt?
- ☑ Ist der Text im Präsens verfasst?
- ☑ Haben Sie fremde Meinungen bzw. Äußerungen in der indirekten Rede wiedergegeben?
- ☑ Ist Ihr Text durch Absätze optisch strukturiert?
- ☑ Haben Sie die Thesen des Textes in eigenen Worten wiedergegeben?
- ☑ Haben Sie den Text objektiv und neutral wiedergegeben?
- ☑ Haben Sie Ihren Text auf sprachliche Richtigkeit untersucht?

Anwenden, Vertiefen, Fazit

Diskutieren: Eine strukturierte Kontroverse durchführen

Das Thema „Nachhaltigkeit" wird in vielen Bereichen unserer Gesellschaft diskutiert. Dabei stehen besonders der Lebensmitteleinzelhandel und mögliche Alternativen im Mittelpunkt des Interesses.

Auf den vorigen Seiten haben Sie sich bereits mit unterschiedlichen Aspekten von Nachhaltigkeit beschäftigt. Diese können Sie jetzt nutzen, um eine strukturierte Kontroverse vorzubereiten.

Letzte Woche gab es die lang ersehnte Eröffnung des Unverpackt-Ladens!

Der Verein hat endlich die passenden Räumlichkeiten für sein Unverpackt-Projekt gefunden – letzte Woche Mittwoch war es so weit: Der erste Unverpackt-Laden hat in unserer Stadt seine Tore geöffnet. Nach langer Vorbereitungszeit hat der Verein Unverpackt e. V. ein passendes Ladenlokal für sein Projekt gefunden. Am Wochenende vorher waren die Waren geliefert und die Lebensmittelspender befüllt worden. Nun kann die Bevölkerung Nudeln, Mehl, Reis, verschiedene Getreidesorten und noch vieles mehr lose einkaufen. Dazu muss jeder seine eigenen Behältnisse mitbringen. Notfalls können diese aber auch vor Ort erworben werden, betont die Vorsitzende des Vereins.

Auch an die Kleinsten wurde gedacht: Die klassische bunte Tüte kann mit Lakritz und weiteren Leckereien individuell bestückt werden. Natürlich hat der Laden auch festes Shampoo, Seife und weitere Körperpflegeprodukte unverpackt im Angebot. Der Laden hat montags bis samstags von 9 bis 13 Uhr geöffnet und die Vereinsmitglieder freuen sich auf viele Kundinnen und Kunden.

1 **Lesen Sie den Text und recherchieren Sie, was man unter „Nachhaltigkeit im Einzelhandel" versteht.**

2 **Führen Sie in Ihrer Klasse eine strukturierte Kontroverse (↗ Kapitel 14, S. 191–204) durch, ob in Ihrer Stadt ein Unverpackt-Laden eröffnet werden sollte.**

a) Sammeln Sie Argumente für oder gegen einen Unverpackt-Laden.

b) Stellen Sie einer Partnerin / einem Partner Ihre Argumente vor. Wenn Sie Pro-Argumente gesammelt haben, muss Ihre Partnerin / Ihr Partner Kontra-Argumente vorbereitet haben.

c) Diskutieren Sie zu zweit Ihre Positionen.

d) Tauschen Sie Ihre Positionen und führen Sie eine erneute Diskussion zur Ausgangsfrage durch.

e) Stellen Sie die Ergebnisse Ihrer Diskussion der Klasse vor.

FAZIT

7.1 Einen Text lesen und verstehen
- Die Fünf-Schritt-Lesemethode anwenden

7.2 Texte und ihre Intention untersuchen

7.3 Aussagen eines Textes erschließen und wiedergeben

7.4 Einen Text strukturiert wiedergeben

7.5 Anwenden, Vertiefen, Fazit
- Diskutieren: Eine strukturierte Kontroverse durchführen

Kapitel 8

Argumentierende Sachtexte verfassen

Ausgehend von Alltagssituationen, Zeitungstexten oder Blogeinträgen kommt es immer wieder zu Situationen, die eigene Meinung zu äußern, eine Stellungnahme anzufertigen oder eine Thematik zu erörtern. Grundlagen einer gelungenen Argumentation sind fundierte Sachkenntnisse aus Vorwissen oder Recherche. Sollte der Ausgangstext in gedruckter Form vorliegen, ist eine sorgfältige Analyse wichtig. Dazu gehören die Erschließung von Inhalt und Autorenposition, Argumentationsstruktur und Gestaltungsmitteln. Gefragt ist ein differenziertes Meinungsbild, aber auch die Betrachtung eines Themas von mehreren Seiten.

Kompetenzen

- ✓ Sachtexte sinnverstehend erschließen
- ✓ gezielt Informationen recherchieren
- ✓ Intention des Textes erfassen
- ✓ Argumentation des Textes untersuchen
- ✓ Stellung nehmen
- ✓ kontrovers diskutieren
- ✓ erörternd schreiben

Methoden und Arbeitstechniken

- ✓ Fünf-Schritt-Lesemethode
- ✓ Partnerinterview
- ✓ Partnerdiskussion
- ✓ Cluster
- ✓ Schreibkonferenz
- ✓ Fünfsatz

Standpunkt und Argumentation erfassen

Der Sinn des Argumentierens ist es, zu strittigen oder fraglichen Themen eine differenzierte Meinung zu entwickeln. Die Falschnachricht, dass die finnische Ministerpräsidentin die Viertagewoche mit nur sechs Arbeitsstunden am Tag vorgeschlagen hat, führte zu zahlreichen (journalistischen) Kommentaren.

1 Führen Sie kurze Partnerinterviews mit anschließender Präsentation der Ergebnisse im Plenum durch: Welche Arbeitszeitmodelle kennen Sie aus Ihrem Verwandten- und Bekanntenkreis?

Viertagewoche. Es ist Zeit für radikale Flexibilität

Kommentar von Carla Baum

Viele träumen von der Viertagewoche, das zeigen die Reaktionen auf eine Falschmeldung aus Finnland. Für den Anfang würden schon weniger starre Arbeitszeiten helfen.

[…] Die Begeisterung, die diese Falschnachricht auslöste, kann man als Symptom einer gesamtgesellschaftlichen Sehnsucht deuten: nach mehr Zeit, mehr Abwechslung, einem Alltag, der nicht nur aus Arbeit und einem oft mit Organisationsstress gefüllten Feierabend besteht.

Dem Wunsch nach einer Viertagewoche liegt natürlich der Traum von mehr Freizeit zugrunde. Aber nicht alle Arbeitnehmer/-innen wollen oder können weniger arbeiten. Vielen würde es schon genügen, flexibler zu sein. Denn arbeiten, das heißt oft Nine-to-Five, Montag bis Freitag. Um 7.15 Uhr klingelt der Wecker, um 7.25 Uhr läuft die Dusche, um 7.50 Uhr noch schnell ein Kaffee, um 8.11 Uhr fährt die S-Bahn. Fünf Tage die Woche, 250 im Jahr, täglich grüßt der Kollege in morgendlicher Plauderlaune.

Die digitalisierte Arbeitswelt des 21. Jahrhunderts lässt es eigentlich zu, aus diesen starren Konstrukten auszubrechen. Es ist längst Zeit für mehr Flexibilität. Aber Unternehmen kommen diesem Wunsch viel zu zögerlich nach. Viele werben zwar mit Familienfreundlichkeit und flexiblen Arbeitszeiten, in der Realität beschränken sie sich aber auf Gleitzeit-Regelungen und wenige Tage Homeoffice pro Jahr. Viertagewochen gibt es bisher nur bei einigen wenigen kleinen, meist jungen Firmen und für manche Mitarbeiter großer Tech-Unternehmen. […]

Vertrauen statt Kontrolle

Dass nicht viel mehr Arbeitgeber so etwas versuchen, lässt sich einerseits damit erklären, dass sie an alten Strukturen festhalten. Die Konferenz um 8 Uhr morgens? Haben wir hier schon immer so gemacht. Viele Arbeitsverhältnisse beruhen außerdem auf Kontrolle: Wenn die Mitarbeiter zu festgelegten Zeiten an ihren Schreibtischen sitzen, kann die Chefin jederzeit nachsehen, ob Herr Özcan lieber beim Kaffee plaudert, statt den Kunden anzurufen.

Flexibilisierung verlangt von Vorgesetzten, dass sie ihren Mitarbeitern vertrauen. Am Ende zählt ohnehin nicht, wie lange Frau Friedrich Zigarettenpause macht, sondern dass sie die Bestellung wie geplant bis Mittwochnachmittag aufgegeben hat. Eine Studie des arbeitgebernahen Instituts der deutschen Wirtschaft ergab, dass flexible Zeiten und Arbeitsverhältnisse, die von Vertrauen gekennzeichnet sind, Mitarbeiter nicht nur zufriedener, sondern auch produktiver machen. Gleichzeitig müssen Führungskräfte flexible Arbeitszeiten auch selbst vorleben. Wenn die Chefin immer um 8 am Schreibtisch sitzt und als Letzte das Büro verlässt – wer traut sich da, seine Aufgaben an vier Tagen abzuarbeiten und freitags zu Hause zu bleiben?

In welchen Branchen gingen flexible Arbeitszeiten?

Mitarbeiter und Mitarbeiterinnen müssten sich ihre Zeit wirklich so einteilen können, wie sie wollen. Denkbar wäre selbst in Vollzeit-Arbeitsverhältnissen vieles: Jede zweite Woche freitags frei, dafür vier lange Tage mit je zehn Stunden. Oder ein Wechsel von Tagen, an denen man nach dem Abendessen noch mal arbeitet, und welchen mit freien Nachmittagen. Vielleicht gibt es sogar den einen oder anderen, der sich gern am Sonntagabend vor den Rechner setzt, wenn die Familie einen langweiligen Tatort schaut.

Standpunkt und Argumentation erfassen

Eine solche Flexibilität ist nicht in allen Branchen umzusetzen. Eine Grundschullehrerin kann nicht morgens erst zum Yoga und um 11 Uhr vor der Klasse stehen, wenn der Unterricht um 8 Uhr beginnt. Ein Pfleger kann nicht am Donnerstagabend besonders viele Menschen waschen und mit Essen versorgen, um ab Freitagmittag mit einem Buch im Park zu sitzen. Und eine Fabrikarbeiterin im Schichtdienst kann nicht einfach mal für eine Stunde ihren Arbeitsplatz verlassen, um die Aufgaben später flexibel nachzuholen. Dazu kommt: Sofern es allgemein verbindliche Tarifverträge in einem Unternehmen gibt, sind individuelle Regelungen umso schwerer umzusetzen.

Einfach fragen und ausprobieren

Aber rund die Hälfte der deutschen Angestellten arbeitet am Computer, Tendenz steigend. Sie sind oft für festgelegte Aufgaben zuständig, die bis zu einem bestimmten Zeitpunkt erledigt sein müssen. In solchen Bereichen könnte man beispielsweise ansetzen – und flexible Arbeitszeiten einfach mal ausprobieren. Vorgesetzte könnten ihre Mitarbeiter/

-innen fragen, welche Arbeitszeiten sie sich wünschen. Wann sie am produktivsten sind, wann sie ihr Tief haben, welche Termine im Team für sie wichtig sind. Und daraus einen Test für einen begrenzten Zeitraum ableiten: Was passiert, wenn alle für einen Monat nur von Montag bis Donnerstag im Büro sein müssen? Wie funktioniert der Arbeitsalltag, wenn Herr Özcan schon um 7.30 Uhr kommt und früher geht, Frau Friedrich hingegen ausschläft und bis 20 Uhr bleibt? Im schlimmsten Fall ist das Experiment ein chaotischer Ausbruch aus dem Alltagstrott – der allerdings auch mal erfrischend sein kann. Im besten Fall entstehen daraus Modelle, von denen alle profitieren. […]

(www.zeit.de)

2 Lesen Sie den Zeitungskommentar „Viertagewoche" mit der Fünf-Schritt-Lesemethode (↗ GZW „Fünf-Schritt-Lesemethode", Kapitel 7, S. 93).

3 Fassen Sie mit eigenen Worten den Standpunkt der Autorin kurz zusammen. Orientieren Sie sich dabei an GUT ZU WISSEN „Standpunkt einer Argumentation".

Die Autorin unterstützt die Forderung nach einer Flexibilisierung der Arbeitszeit. Sie spricht sich dafür aus, in einigen Berufszweigen flexible Arbeitszeiten auszuprobieren ...

GUT ZU WISSEN – Standpunkt einer Argumentation

Um den **Standpunkt einer Autorin bzw. eines Autors** zu erfassen, helfen folgende Leitfragen:

- Welche **Position** vertritt z. B. eine Autorin / ein Autor, wofür spricht sie/er sich aus, wen unterstützt sie/er, was fordert sie/er?
- Welches **Ergebnis** enthält der Text? Ist die vertretene Position eindeutig oder bleibt das Resultat offen?
- Wie ist die **Argumentation** aufgebaut, ist sie schlüssig, einseitig oder lückenhaft?
- Welche **Wirkung** sollen die eingesetzten sprachlichen Mittel erzielen?
- Welche **Reaktion** soll von Seiten der Lesenden erfolgen? Bietet der Text Anreiz zum Nachdenken, fordert er Zustimmung oder Widerspruch heraus?

Standpunkt und Argumentation erfassen

4 Die Autorin unterstützt die Forderung nach einer Flexibilisierung der Arbeitszeit (↗ GZW „Aufbau einer Argumentation“).

a) Stellen Sie die Argumente aus dem Text zusammen, mit denen die These begründet wird.

b) Suchen Sie mögliche Argumentationsstützen im Text.

These	*Die Menschen wollen eine Flexibilisierung der Arbeitszeit,*
Argument	*weil sie sich mehr Zeit, mehr Abwechslung im Alltag und einen entspannten Feierabend wünschen.*
Argumentationsstütze (mit direktem Zitat)	*Denn für viele Menschen heißt arbeiten oft „Nine-to-Five, Montag bis Freitag. Um 7.15 Uhr klingelt der Wecker, um 7.25 Uhr läuft die Dusche, um 7.50 Uhr noch schnell ein Kaffee, um 8.11 Uhr fährt die S-Bahn. Fünf Tage die Woche, 250 im Jahr.“ (Z. 16 ff.)*

GUT ZU WISSEN — Aufbau einer Argumentation

Eine Argumentation besteht üblicherweise aus den **drei Komponenten These – Argument – Argumentationsstütze** (Erläuterung, Beleg oder Beispiel zur Veranschaulichung des Arguments). Die Reihenfolge kann variieren. Wichtig ist, dass die einzelnen Schritte in einem logischen Zusammenhang stehen.

Behauptung, Werturteil, Empfehlung	**These** z. B. *Die freie Einteilung der Arbeitszeiten ist nicht in allen Bereichen umzusetzen.*
wird begründet durch Fakten, Beobachtungen, Erfahrungen, Aussagen, Experten	**Argument** z. B. *In Branchen mit festen Arbeitszeiten oder im Schichtdienst lassen sich die Aufgaben nicht flexibel einteilen.*
wird entfaltet und gestützt durch	**Beispiel, Argumentationsstütze, Zitat** z. B. *Eine Grundschullehrerin kann nicht erst mittags in der Schule erscheinen, wenn der Unterricht morgens um 8 Uhr beginnt. Ebenso kann ein Schichtarbeiter in einem Automobilwerk nicht einfach für eine Stunde seinen Arbeitsplatz verlassen.*

Der Argumentationsgang schließt oft mit einer **Schlussfolgerung**. Sie bezieht sich auf die These und gibt dem Argumentationsgang dadurch einen Rahmen. **Beispiel:** *Das zeigt, dass man Ideen und Maßnahmen zur „Flexibilisierung der Arbeitszeiten“ nicht pauschal umsetzen kann, sondern unterschiedliche Modelle für die verschiedenen Berufsfelder entwickeln muss.* (Z. 92 ff.)

5 Suchen Sie weitere Argumente aus dem Text, die gegen eine Flexibilisierung der Arbeitszeit sprechen.

Viele Unternehmen halten an alten Strukturen fest (vgl. Z. 41), die sich aus ihrer Sicht bewährt hätten und die Kontrolle der Mitarbeiter möglich machten …

6 Erklären Sie die Funktionen der einzelnen Argumenttypen (↗ GZW „Argumenttypen“).

*Ein **Fakten**argument unterstützt die These/Behauptung durch nachvollziehbare und belegbare **Fakten** …*

Standpunkt und Argumentation erfassen

7 **Überprüfen Sie mit GUT ZU WISSEN, welche Beispielargumente aus dem Text stammen und welchen eine andere Quelle zugrunde liegt.**

8 **Formulieren Sie die Beispielargumente von GUT ZU WISSEN als Pro- oder Kontra-Argumente um. Sprache und Stil kann Ihnen bei den Formulierungen helfen.**

Argumenttyp „Faktenargument“: *A Als Fakt ist erst einmal festzuhalten, dass laut Statistischem Bundesamt 2018 die Wochenarbeitszeit der Vollbeschäftigten durchschnittlich 41 Stunden betrug.*

Argumenttyp „normatives Argument“: *B Ein Argument gegen die Flexibilisierung der Arbeitszeiten ist, dass das Grundgesetz ...*

SPRACHE UND STIL – Pro- oder Kontra-Argumente einleiten

Ein Argument für/gegen ... ist ...
Für/Gegen ... lässt sich zuerst ...
Ein Vorteil/Nachteil von ... ist zunächst ...
Gegner/Befürworter einer solchen Lösung sagen, dass ...
Außerdem darf nicht vergessen werden, dass ...
Von zentraler Bedeutung ist, dass ...

GUT ZU WISSEN – Argumenttypen

Argumenttyp	Beispielargument
Ein **Faktenargument** bezieht sich u. a. auf Zahlenmaterial, Statistiken oder wissenschaftliche Untersuchungen.	*A Laut dem Statistischen Bundesamt betrug 2018 die durchschnittliche Wochenarbeitszeit Vollbeschäftigter in Deutschland 41 Stunden.*
Ein **normatives Argument** verweist auf allgemein anerkannte Werte, z. B. auf das Grundgesetz oder die Verfassung.	*B Das Grundgesetz untermauert den Anspruch der Arbeitnehmer auf einen arbeitsfreien Sonntag (Art. 140 GG).*
Ein **Erfahrungsargument** greift auf eigene oder allgemeine Erfahrungen zurück bzw. auf nachvollziehbare Beispiele.	*C Es ist oft schwierig, gegen starre Arbeitsabläufe in einem Unternehmen anzugehen.*
Das **Autoritätsargument** beruft sich auf die Meinung von Experten oder zitiert Wissenschaftler.	*D Der Soziologe Max Weber sieht einen engen Zusammenhang zwischen der protestantischen Ethik und dem Beginn der Industrialisierung in Westeuropa.*
Ein **analogisierendes Argument** zieht Rückschlüsse aus erwiesenen Tatsachen und überträgt sie auf andere Bereiche.	*E Oft prägt das Verhalten der Vorgesetzten das Verhalten am Arbeitsplatz. Wenn der Chef immer um 8 Uhr in den Betrieb kommt und ihn als Letzter verlässt, wird sich kaum ein Mitarbeiter trauen, schon nach sechs Arbeitsstunden zu gehen.*
Ein **indirektes Argument** greift die Gegenposition auf und entkräftet sie.	*F Wer nur noch vier Tage in der Woche arbeitet, kann sein Pensum nicht schaffen.*

Stellung nehmen und sich positionieren

Nachdem der Text erschlossen, der Standpunkt der Autorin bzw. des Autors und die Argumentationsweise herausgearbeitet wurde, besteht die Aufgabe darin, sich zu positionieren. Dabei wird die eigene Meinung umso überzeugender vermittelt, je schlüssiger und stichhaltiger die Argumente sind.

Leserkommentare zum Text „Viertagewoche. Es ist Zeit für radikale Flexibilität"

Der journalistische Kommentar „Viertagewoche. Es ist Zeit für radikale Flexibilität" ist gleich nach seiner Veröffentlichung über 800 Mal im Internet kommentiert worden. Hier einige Stimmen:

UTA: Beruflich möchte ich später viel leisten. Daher sind 4-mal sechs Stunden Arbeit pro Woche echt zu wenig.

MICHAEL: preiswerter Essen einkaufen, nicht oder kaum noch heizen, nicht mehr heiß duschen und immer zu Fuß gehen → macht 20 Prozent = passt ☺

NELE: Flexibel sein ist krass. Die Leute ändern aber eh nichts an ihrem Standard. Außerdem bestimmen doch ohnehin andere Facts unsere Tagesorganisation: Wann startet die Schule / die Kita?, Wann muss ich bei der Arbeit sein?, Wann beginnt das Work-out? ... Es ist aber durchaus cool, wenn die Arbeitszeit – der größte zeitliche Brocken – flexibel ist. Es wird aber bestimmt noch etwas länger dauern, bis sich überall herumspricht, dass nicht der „Aufwand" das entscheidende Kriterium ist, sondern das „Ergebnis".

SINA: Ich denke, man sollte das den Arbeitgebern und Arbeitnehmern überlassen, darüber frei zu verhandeln. Meines Erachtens ist das easy in vielen Sparten möglich. Beim Arbeiten im Schichtdienst ist das natürlich nicht ganz so einfach. Deswegen sollte man da auch keine Zwänge aufbauen.

IGOR: Die meiste Arbeit kann man nicht flexibel handhaben. Als Zeitungsredakteurin können Sie zwar Ihre Artikel auch um 11:30 Uhr oder nachts im Pyjama schreiben. Das geht aber nicht in der Fabrik, im Verkauf, bei Arbeit nach Terminvereinbarung (z. B. im Handwerk, in der Arztpraxis), in der Logistik (z. B. LKW-Fahrer und -Fahrerinnen).

SERKAN: 20 Prozent weniger Arbeit = 20 Prozent weniger Lohn → zahle ich dann auch 20 Prozent weniger Miete?

SARAH: Ich habe eine super Gleitzeit. Ich kann zwischen 6 und 20 Uhr kommen und gehen, wie ich will. Ich arbeite hauptsächlich in Projektarbeit, d. h., ich arbeite meistens sehr selbstständig, muss aber mindestens 4 Stunden am Tag anwesend sein. Und ich kann 3 Gleittage im Monat nehmen. Trotzdem kommen meine Kollegen und ich fast alle zwischen 7 und 9 und gehen zwischen 15:30 und 18 Uhr. Für Arzttermine, wenn man eine Verabredung hat oder die Kinder früher abholen muss, ist das aber echt toll!

1 Sortieren Sie die Kommentare nach Zustimmung, Ablehnung und eingeschränkter Zustimmung bzw. Ablehnung (↗ GZW „Die eigene Position darlegen").

2 Überprüfen Sie, wie die Kommentare argumentativ aufgebaut sind (↗ GZW „Aufbau einer Argumentation", S. 108). Was sind Argumente, was sind Argumentationsstützen/Beispiele?

3 Welche Ansicht vertreten Sie? Entwerfen Sie mindestens drei Argumentationsketten nach dem Muster These – Argument – Argumentationsstütze, die Ihre eigene Meinung widerspiegeln.

These	*Für eine Verringerung bzw. Flexibilisierung der Arbeitszeit spricht, dass ...*
Argument	*... sich die Arbeitswelt weiter verändert.*
Argumentationsstütze	*In Zukunft wird die Datenverarbeitung immer weiter perfektioniert, sodass viel Zeit eingespart werden kann.*

Stellung nehmen und sich positionieren

GUT ZU WISSEN | Die eigene Position darlegen

Grundsätzlich haben Sie verschiedene Möglichkeiten, sich zu Textaussagen zu positionieren.

Zustimmung — Sie stimmen den Auffassungen der Verfasserin / des Verfassers zu und greifen kurz die Argumente auf, die Sie am meisten überzeugt haben, und unterstützen diese mit Beispielen oder Erläuterungen. Darüber hinaus sollten Sie weitere Argumente finden, die die These der Verfasserin / des Verfassers stützen.

eingeschränkte Zustimmung — Es ist auch möglich, den Thesen der Autorin / des Autors eingeschränkt zuzustimmen oder zu widersprechen. Sie könnten bestimmte Aspekte vertreten, andere wiederum nicht. Ebenso könnte Sie die Argumentationsstrategie stören, weil sie möglicherweise einseitig oder polemisch ist.

gegensätzliche Position — Sie lehnen die Auffassungen der Verfasserin / des Verfassers ab. Sollten Sie widersprechen, dann müssen Sie fragwürdige Aussagen sowie Schwächen des Textes aufdecken und begründete Gegenargumente finden.

4 Führen Sie eine Partnerdiskussion (↗ Kapitel 14, S. 191–204) zum Thema „Wochenarbeitszeit“ durch. Berücksichtigen Sie dabei die Erkenntnisse und Informationen der Seiten 106–110 sowie Sprache und Stil „Pro- oder Kontra-Argumente einleiten“ (S. 109): Der Partner A vertritt die 4-Tage-Woche und der Partner B vertritt die 5-Tage-Woche.

★ **5** Wie soll in Zukunft gearbeitet werden? Stellen Sie Ideen zusammen, begründen Sie diese und positionieren Sie sich (↗ Sprache und Stil „Positionen darlegen“ und Kapitel 14, S. 191–204: Fünfsatz).

SPRACHE UND STIL | Positionen darlegen

Die eigene Position	*Ich bin der Überzeugung, dass ...* *Ich vertrete die Ansicht, dass ...* *Ich stimme mit ... überein / nicht überein ...*
Kritik an der Autorenposition	*Diese Position ist umstritten, weil ...* *Man sollte auch berücksichtigen, dass ...* *Dem steht jedoch gegenüber, dass ...* *Zwar zählt ... viele nachvollziehbare Argumente auf, dennoch ...*
Begründung der eigenen Position	*Ich berufe mich dabei auf den Zeitungsartikel / die Studie / die Wissenschaftlerin / den Wissenschaftler ...*
Fazit	*Alles in allem kann man sagen ...* *Letztendlich kann man feststellen ...* *Abschließend kann man festhalten, dass ...* *Vergleicht man ... mit ..., so kommt man zu dem Ergebnis ...*

Erörternd schreiben
Eine Argumentation untersuchen

Das Implantieren von Chips in den menschlichen Körper wird auch „Biohacking" genannt. Biohacking wird nicht nur im folgenden Artikel, sondern generell kontrovers diskutiert.

1 Erstellen Sie in Clusterform Assoziationen, Gedanken, Ideen, die Sie mit dem Biohacking verbinden (↗ Kapitel 14, S. 191–204: Cluster).

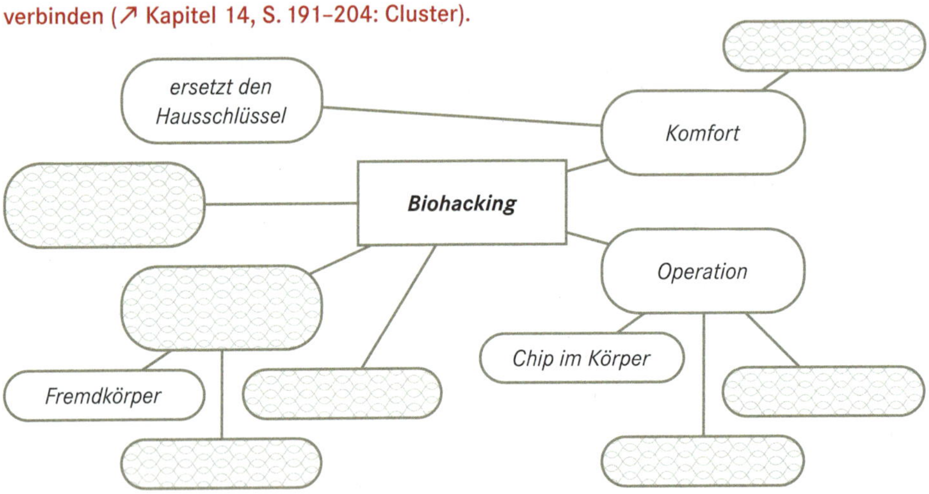

2 Ordnen Sie Ihre Assoziationen und kennzeichnen Sie z. B. positive und negative Seiten dieser Technik.

3 Legen Sie eine Tabelle mit den Vor- und Nachteilen des Biohackings an.

Positive Aspekte des Biohackings	*Negative Aspekte des Biohackings*
…	…
…	…

4 Diskutieren Sie in der Klasse, ob Biohacking für Sie infrage käme.

Ein Chip, der unter die Haut geht

von Caroline Strang

Die einen finden allein den Gedanken gruselig, die anderen sind ganz wild darauf: Nach und nach wächst die Zahl der Menschen, die mit einem Implantat Türen öffnen, Visitenkarten speichern und Snackautomaten bedienen.

Einige Millimeter misst der Chip, der in den Körper implantiert wird, sodass man mit ihm Schlösser öffnen und Automaten bedienen kann.

„So, und jetzt tief ein- und ausatmen", sagt Patrick Kramer. Als er hört, wie die junge Frau entschieden die Luft ausstößt, sticht er zu. Regina Harrer verzieht keine Miene, als ihr die dicke Nadel mit dem reiskorngroßen Mikrochip in den Handrücken gestochen wird. Nach ein paar Sekunden zieht Kramer die Spritze heraus. „Das war's!" Von jetzt an kann seine Kundin ihre Haustür öffnen, wenn sie den Handrücken an den digitalen Schließzylinder hält.

Regina Harrer ist 26 Jahre alt, Erzieherin und kommt aus der Nähe von Augsburg. An diesem trüben Tag ist sie extra nach München gefahren und sitzt nun in einem kleinen Nebenraum in der Allianz Arena. Patrick Kramer, der sich selbst als „Chief Cyborg Officer" bezeichnet, hat hier einen Vortrag gehalten. Zum Cyborg wird ein Mensch, wenn er mit einer Technologie verschmilzt, die bestimmte Aufga-

Eine Argumentation untersuchen

ben für ihn übernimmt. In Deutschland gibt es bereits einen Verein namens „Cyborgs", der sich der Förderung und kritischen Begleitung der Verschmelzung von Mensch und Technik widmet.

Mit seiner Firma Digiwell hat sich Kramer dem Biohacking verschrieben, also der Optimierung des Körpers. 15 Jahre lang war er als Unternehmensberater tätig. Seit 2014 hat der 49-Jährige sein eigenes Unternehmen, arbeitet als Dozent und hält Vorträge. Nun steht er in sterilen Handschuhen neben seiner Kundin. Harrer, dunkelbraune Haare, Rollkragenpullover, Faltenrock und stabile Stiefeletten, trägt ihre tätowierte Schatzkarte versteckt auf dem Rücken. Nur das Nasenpiercing lässt ahnen, dass sie ihren Körper auch als Gestaltungsfläche sieht. Einen Mikrochip findet sie „praktisch, cool und interessant". Sie investiert 150 Euro für das Implantat, 40 Euro fürs Stechen. Als sie an Arthrose erkrankte, wurden ihr im Kiefer Metallplatten eingesetzt. Seither, sagt sie, habe sie wenig Hemmungen, etwas implantieren zu lassen.

In ihrem Umfeld gibt es sonst niemanden, der einen Mikrochip im Körper trägt. Immer wieder wird sie mit den gleichen Fragen konfrontiert: Wie fühlt sich das an? Kann man dich orten? Schadet die Strahlung? Und viele wollen den kleinen Knubbel unter der Haut fühlen.

Auch eine Marketingaktion

Patrick Kramer kennt diese Fragen – und sie nerven ihn. Denn für ihn sind Mikrochips unter der Haut schon „Mainstream", längst in der Mitte der Gesellschaft angekommen. „Wir reden hier nicht mehr über Nerds." Er habe schon eine 13-Jährige und einen 80-Jährigen gechipt, erzählt er, die 13-Jährige, die ohne Hände geboren wurde, könne nun selbst die Haustür öffnen. Bisher tragen laut Schätzungen etwa 5000 Menschen in Deutschland ein solches Implantat. Noch eine überschaubare Gruppe also und kein Mainstream. Allerdings werden es mehr. Kramer erzählt von Firmenveranstaltungen, nach denen Dutzende Menschen bei ihm für den Chip unter der Haut anstehen. Die Sparda-Bank Berlin etwa hat die Technologie zu einer Marketingaktion gemacht. Wer dort einen Hauskredit aufnimmt, kann gratis zwei Mikro-

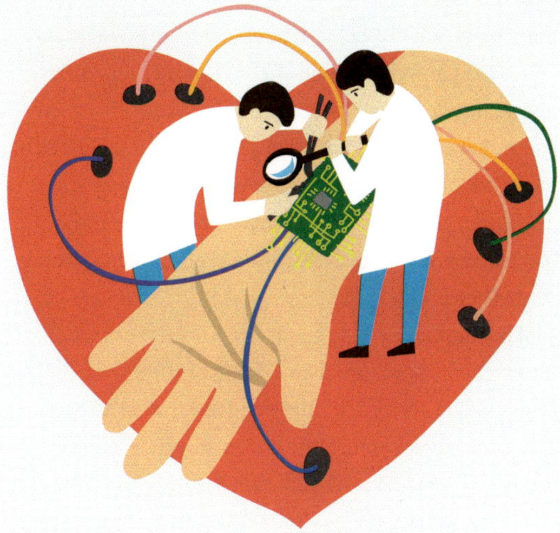

Das Implantat wird in die Hand implantiert

chips implantiert und für die Haustür die entsprechende Technik bekommen. Die Bank veranschlagt dafür bis zu 800 Euro. „Das ist eine Marketingaktion, die Aufmerksamkeit erzeugen und zeigen soll, wie weit die Technik schon ist", sagt Pressesprecher Dirk Thiele. „Wir haben schon einige konkrete Anfragen bekommen." Auch Mitarbeiter haben sich einen Chip einsetzen lassen. Vorstandsvorsitzender Frank Kohler jedoch nicht. Das passe nicht zu ihm, sagt er. […]

In der schwedischen Niederlassung des Reiseveranstalters Tui haben sich vor einigen Wochen sogar mehr als 100 Mitarbeiter einen Chip implantieren lassen. Sie bedienen damit auch den Snackautomaten. Das Stammhaus in Hannover äußert sich allerdings zurückhaltend: Die nordischen Länder seien digitale Vorreiter. Für die Mitarbeiter in Deutschland sei ein ähnliches Angebot nicht geplant.

Bald ein Leben ohne Plastikkarten?

Fragt man nach dem Motiv für den Chip unter der Haut, geht es oft um Bequemlichkeit. Kramer erzählt, dass seine Frau und er seit sechs Jahren keine Hausschlüssel mehr mit sich herumtragen. Seine beiden Kinder haben kein Implantat, sie können die Tür per Schlüsselanhänger-Chip öffnen.

Der nächste Schritt für ihn ist das Portemonnaie. „Ein Leben ohne Plastikkarten und ohne Geldbeutel ist doch eine schöne Alternative", sagt er – und findet,

Eine Argumentation untersuchen

dass man sich die vielen Kredit- und Kundenkarten auch aus Umweltgründen sparen könnte. Einen Prototyp, mit dem man in Zukunft kontaktlos bezahlen kann, hat er schon in der Tasche, bietet ihn aber noch nicht an: „Drei Dinge sind überall auf der Welt die Insignien eines modernen Menschen: Portemonnaie, Schlüssel und Handy." Warum das alles nicht durch Chips ersetzen?

Dass mit einem Implantat der Körper verletzt, die Hautschicht durchbrochen wird, ist für ihn kein Thema. Die Technik komme einfach immer näher an den Menschen heran. „Wir haben smarte Kleidung, smarte Uhren. Technik geht also auf die Haut. Im nächsten Schritt gibt es Kontaktlinsen, die smart werden, und smarte Tattoos. „Das einzige, was uns Unbehagen bereitet, ist, dass wir mit einem Implantat einen Millimeter tiefer sind."

Was aber ist mit der Strahlung? Karlin Stark, Leiterin des Landesgesundheitsamtes Baden-Württemberg, gibt Entwarnung. Die elektromagnetischen Felder eines solchen Implantats entsprächen denen von Schlüssel- oder Kreditkarten. „Sie sind aufgrund ihrer geringen Intensität und begrenzten Einwirkungsdauer gesundheitlich nicht relevant." Allerdings, sagt sie, bestehe das Risiko von Infektionen. Da es sich nicht um medizinische Implantate handelt, empfiehlt sie, Risiken und möglichen Nutzen „besonders kritisch abzuwägen". Denn die Erfahrungen mit Chip-Implantaten bei Menschen seien noch sehr gering. Bei großen Implantaten wie Herzschrittmachern sei es zu Kapselbildung und Tumoren gekommen. Entsprechende Risiken könne man bei Mikrochips nicht ausschließen.

Zu Vorsicht rät auch der Landesbeauftragte für Datenschutz und Informationsfreiheit in Baden-Württemberg, Stefan Brink: Technisch wäre es durchaus möglich, jederzeit nachzuvollziehen, wo sich Mitarbeiter mit Mikrochip zu welchem Zeitpunkt aufgehalten haben. Zugangskarten könnte man zumindest dann, wenn sie nicht benötigt werden, gegen unbefugtes Auslesen abschirmen. „Wie immer bei der Preisgabe personenbezogener Daten sollten sich die Nutzer dessen bewusst sein."

Kramer sieht das natürlich anders. „Mechanisch gesehen braucht man einen direkten Hautkontakt, um die Daten des Chips auszulesen", sagt er. „Das funktioniert in der Praxis nicht heimlich. Sie senden auch kein GPS-Signal, das man orten könnte." Außerdem: „Wir haben Daten drauf, die wir mit Dritten teilen könnten." Viele haben ihre Visitenkarten gespeichert, er zusätzlich die Handynummer seiner Frau. Er erhebe allerdings nicht den Anspruch, dass die Implantate komplett sicher seien.

Zukunfts- und Trendforscher Tristan Horx hätte selbst gerne einen Mikrochip als Hausschlüsselersatz. Er sieht aber auch die Probleme, die damit verbunden sein können. „Wenn jemand das in Schweden macht, denkt man sich, wie praktisch. Wenn man das auf China überträgt, könnten da andere Motive mit reinspielen und man hat Bedenken." Es gehe um die Frage, wie und von wem diese Technologie genutzt werde. Wenn die Chips GPS-ortbar wären, dann würde das Ganze sehr schnell furchterregend.

Auch für Kramer gibt es Grenzen. Häufig wird er gefragt, ob man nicht Fitnessdaten mit einem Mikrochip-Implantat messen und speichern könnte. Aber: „Das wäre ein ganz gruseliges Implantat, weil es aktiv ist und misst. Es bräuchte eine Batterie – unter der Haut. Das wäre doch toxisch." Er glaubt nicht daran, dass in der ferneren Zukunft jeder einen Chip tragen wird, wobei die Offenheit junger Menschen gegenüber der Technologie deutlich größer sei als die der älteren. „Es wird sich langsam entwickeln, wir werden nicht alle Chips tragen und zu Cyborgs werden", sagt auch Tristan Horx.

Als Regina Harrer sich auf den Heimweg macht, dämmert es bereits. Schmerzen hat sie keine, sie soll aber die Hand noch ein bisschen schonen. Ob das ihr einziger Chip bleibt? „Mal sehen", sagt sie. In jedem Fall will sie an den aktuellen Entwicklungen dran bleiben. Auch an denen, die unter die Haut gehen.

(http://ezeitung.swp.de)

5 **Lesen Sie den Text mit der Fünf-Schritt-Lesemethode (↗ GZW „Fünf-Schritt-Lesemethode", Kapitel 7, S. 93).**

Eine Argumentation untersuchen

★ **6** Verfassen Sie eine strukturierte Textwiedergabe (↗ GZW „Strukturierte Textwiedergabe“, Kapitel 7, S. 103), indem Sie die aussagekräftigen Thesen des Textes abbilden.

7 Ergänzen Sie Ihre Tabelle von Aufgabe 3 um weitere Aspekte aus dem Text, die für oder gegen den Chip unter der Haut sprechen. Gehen Sie abschnittsweise vor und notieren Sie sich auch die Zeilenangaben.

Positive Aspekte des Biohackings	*Negative Aspekte des Biohackings*
mit dem Chip lässt sich die Haustür öffnen (Z. 16)	*es ist ein operativer Eingriff (Z. 12 f.)*
ein Chip ist etwas Besonderes („praktisch, cool und interessant“) (Z. 41)	*Kosten: 190 Euro für das Implantieren (Z. 42)*
...	...

8 Fertigen Sie eine schriftliche Argumentation an, in der die Vorteile des Biohackings dargelegt werden.

a) Wählen Sie aus Ihrer erweiterten Tabelle drei positive Aspekte, die Sie am meisten überzeugen.

b) Erstellen Sie ausgehend von den ausgewählten Aspekten ein Argumentationsschema (These – Argument – Argumentationsstütze). Verwenden Sie als Hilfe das Muster „Aufbau eines Arguments“ sowie Sprache und Stil „Argumente befürworten oder ablehnen“.

SPRACHE UND STIL Argumente befürworten oder ablehnen

Der Vorteil dieser Technik ist ...
Die Befürworter argumentieren ...
Für diese neue Technik spricht ...
... sprechen sich dafür aus, dass ...
Unterstützung erfährt dieses Verfahren ...

Es sollte beachtet werden, dass ...
Aus anderer Perspektive betrachtet ...
Denkbare Einwände sind ...
Die Gegner dieses Verfahrens sprechen sich dafür aus, dass ...
Dem kann ich nicht zustimmen, weil ...
Es lässt sich nicht nachvollziehen, dass ...

MUSTER Aufbau eines Arguments

These	*Für das Biohacking spricht, dass der Chip in der Hand den Alltag der Menschen erleichtert.*
1. Argument/ Argumentationsstütze	*Es lässt sich damit bequem die Haustür- oder das Garagentor öffnen.* *Gerade für behinderte Menschen, die körperlich eingeschränkt sind, ist das ein großer Vorteil.*

Eine schriftliche Argumentation verfassen

1 Fertigen Sie eine schriftliche Argumentation an, in der die Nachteile des Biohackings dargelegt werden.

a) Wählen Sie aus Ihrer erweiterten Tabelle (Aufgabe 7, S. 115) drei negative Aspekte, die Sie am meisten überzeugen.

b) Erstellen Sie ausgehend von den ausgewählten Aspekten ein Argumentationsschema (These – Argument – Argumentationsstütze). Verwenden Sie als Hilfe das Muster „Aufbau eines Arguments“ sowie Sprache und Stil „Argumente befürworten oder ablehnen“ (S. 115).

MUSTER Erörternd einen Hauptteil schreiben

Argument 1 *Das Implantieren von Chips in den menschlichen Körper hat zahlreiche Vorteile: Für das Biohacking spricht, dass ein Chip in der Hand den Alltag der Menschen erleichtert. Es lässt sich damit bequem die Haustür- oder das Garagentor öffnen. Gerade für Menschen mit Behinderung, die körperlich eingeschränkt sind, ist das ein großer Vorteil.*

Argument 2 *Die Befürworter des Chippens argumentieren auch damit, dass mit dem Chip unter der Haut das Leben insgesamt bequemer, aber auch ökologischer und hygienischer wird. Nicht nur der Snackautomat in der Firma lässt sich mit dem Chip bedienen, ebenso ist bargeldloses Zahlen möglich. So kann man auf Bargeld verzichten und auch die Plastikkarten einsparen.*

Argument 3 *Deshalb ist es für Patrick Kramer, den Chef der Firma Digiwell, folgerichtig, dass die Technik immer näher an den Menschen herankommt. Er verweist auf smarte Kleidung und smarte Geräte heutzutage. Da sei es konsequent, auch über Implantate im menschlichen Körper nachzudenken.*

Argument 4 *Doch gegen das Implantieren von Chips in den menschlichen Körper sprechen zahlreiche Gründe: Es sollte nämlich beachtet werden, dass das Biohacking Mensch und Technik auf ungute Weise verbindet. Aus ethischen Gründen ist so ein Verfahren abzulehnen, auf diese Weise in die Schöpfung einzugreifen.*

Argument 5 *Nicht nur Philosophen oder Religionswissenschaftler wenden sich dagegen, den Menschen in einen „Cyborg“ zu verwandeln, sondern auch der Landesbeauftragte für Datenschutz und Informationsfreiheit in Baden-Württemberg Stefan Brink warnt vor den Gefahren. Denkbare Einwände sind, dass ein Auslesen der Daten möglich ist und dass man zum Beispiel Mitarbeiter ständig überwachen kann. Ebenfalls könnten Hacker ein leichtes Spiel haben, an Daten zu kommen und Schaden anrichten.*

Argument 6 *Die Gegner dieses Verfahrens sprechen sich überhaupt dafür aus, das gesundheitliche Risiko nicht zu unterschätzen. Immerhin handelt es sich um einen Eingriff in den menschlichen Körper und es bestehe das Risiko von Infektionen. Die Leiterin des Landesgesundheitsamtes Baden-Württemberg Karlin Stark weist darauf hin, dass es noch zu wenige Erfahrungen mit Chip-Implantaten gebe und man sich den Eingriff sehr gut überlegen sollte. Bei größeren medizinischen Implantaten wie Herzschrittmachern sei es in einigen Fällen zu Komplikationen gekommen, was bei Mikrochips nicht auszuschließen sei.*

Eine schriftliche Argumentation verfassen

2 Analysieren Sie die Abfolge der Argumente im Muster „Erörternd einen Hauptteil schreiben“. Lesen Sie dazu zuvor GUT ZU WISSEN „Gliederungsschema des Hauptteils einer Argumentation“.

3 Untersuchen Sie im Muster die sprachliche Verknüpfung (Überleitung) der Argumente.

a) Suchen Sie nach Wörtern, die einen Zusammenhang zwischen dem Gesagten herstellen: aber/auch, ebenso, deshalb, argumentieren mit, es ist folgerichtig, es ist konsequent ...

b) Suchen Sie nach Wörtern, die Gegensätze verdeutlichen: doch, nämlich, nicht nur, sondern auch, ebenfalls, überhaupt, immerhin ...

4 Schreiben Sie das Muster weiter und verwenden Sie dabei Überleitungen, mit denen die einzelnen Argumentationsteile verbunden werden.

MUSTER Einzelne Argumentationsteile miteinander verbinden

Aneinanderreihung:
Chips im menschlichen Körper sind eine zukunftsweisende Erfindung. Der Alltag der Menschen wird um vieles einfacher. Alltägliche Dinge lassen sich ohne Hilfsmittel bewältigen ...
Gegensätze:
Andererseits ist es eine gruselige Vorstellung, wenn Menschen gechippt werden. Es ist zu bedenken, dass auf diese Weise ein menschliches Wesen zur Maschine wird ...

GUT ZU WISSEN Gliederungsschema des Hauptteils einer Argumentation

Variante 1: Sanduhr-Prinzip
Die Pro- und Kontra-Argumente werden im Block präsentiert. Dabei führen Sie zuerst die Argumente oder Beispiele der Gegenposition auf, beginnend mit dem stärksten hin zum schwächsten Argument. Dann folgen Ihre Argumente und Beispiele, die die Gegenposition entkräften. Das aus Ihrer Sicht stärkste Argument sollte am Schluss Ihrer Argumentation stehen.

Variante 2: Reißverschlussprinzip
Hierbei werden zwei Argumentationslinien einander gegenübergestellt und im laufenden Wechsel präsentiert. Das Prinzip ähnelt der Alltagskommunikation mit Rede und Gegenrede. Das überzeugendste Argument, das Ihre Position stützt, sollten Sie an den Schluss Ihrer Argumentation stellen.

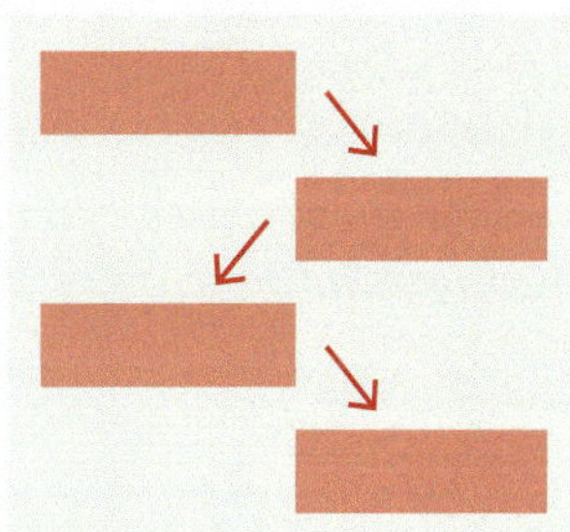

5 Formulieren und strukturieren Sie das Muster „Erörternd einen Hauptteil scheiben (Reißverschlussprinzip)“ (S. 118) weiter und kennzeichnen Sie die Pro- bzw. Kontra-Argumente.

Eine schriftliche Argumentation verfassen

MUSTER Erörternd einen Hauptteil schreiben (Reißverschlussprinzip)

Das Implantieren von Chips in den menschlichen Körper hat zahlreiche Vorteile: Für das Biohacking spricht, dass ein Chip in der Hand den Alltag der Menschen erleichtert. Es lässt sich damit bequem die Haustür- oder das Garagentor öffnen. Gerade für Menschen mit Behinderungen, die körperlich eingeschränkt sind, ist das ein großer Vorteil.

Aber aus medizinischer Sicht gibt es auch eine Reihe von Nachteilen, denn das gesundheitliche Risiko ist nicht zu unterschätzen. Immerhin handelt es sich um einen Eingriff in den menschlichen Körper und es besteht das Risiko von Infektionen. Die Leiterin des Landesgesundheitsamtes Baden-Württemberg Karlin Stark weist darauf hin, dass es noch zu wenige Erfahrungen mit Chip-Implantaten gebe und man sich den Eingriff sehr gut überlegen solle. Bei größeren medizinischen Implantaten wie Herzschrittmachern sei es in einigen Fällen zu Komplikationen gekommen, was bei Mikrochips nicht auszuschließen sei.

Allerderdings lässt sich auch …

6 **Schreiben Sie zum Schluss ein Fazit (↗ GZW „Eine schriftliche Stellungnahme verfassen"), in dem Sie Ihre Meinung hervorheben. Verwenden Sie auch Sprache und Stil.**

Die Auseinandersetzung mit dem Thema hat gezeigt, dass es eine Reihe von Argumenten gibt, die für oder gegen das Chippen sprechen. Einfache Handhabung und Bequemlichkeit stehen Bedenken und möglichen Risiken gegenüber … Ich plädiere dafür, dass …

SPRACHE UND STIL | Ein Fazit schreiben

Schlussfolgernd/abschließend lässt sich sagen, dass …
Die Auseinandersetzung mit dem Thema hat gezeigt, dass …
Letztlich bin ich zu der Überzeugung gelangt, dass ….
Wägt man das Pro und Kontra gegeneinander ab, sieht man …

7 **Verfassen Sie eine Einleitung, die zu Ihrer Erörterung passt. Lesen Sie dazu GUT ZU WISSEN „Eine schriftliche Stellungnahme verfassen" und verwenden Sie Sprache und Stil.**

Im Onlineportal der Ulmer „Südwest Presse" erschien am 9. 1. 2020 der Artikel …

SPRACHE UND STIL | Eine Einleitung schreiben

Der Zeitungskommentar mit dem Titel … erschien am … in …
Die Journalistin / Der Journalist … veröffentlichte am … unter dem Titel … einen Kommentar in der … Thema dabei ist …
Unter dem Titel … befasst sich die Autorin / der Autor mit dem Thema … Veröffentlicht wurde der Artikel am … in …
Das Thema „Künstliche Intelligenz" ist zunehmend in den Mittelpunkt des medialen Interesses gelangt. Dazu erschien kürzlich …

8 **Organisieren Sie eine Schreibkonferenz (↗ Kapitel 14, S. 191–204). Tauschen Sie sich über Ihre Texte untereinander aus und überarbeiten Sie sie gegebenenfalls. Verwenden Sie auch die Checkliste „Eine schriftliche Stellungnahme verfassen".**

Eine schriftliche Argumentation verfassen

GUT ZU WISSEN | Eine schriftliche Stellungnahme verfassen

Einleitung	• Die Einleitung enthält Angaben zum Text (Titel, Textsorte, Autor/-in, Publikationsorgan, Zeitpunkt der Veröffentlichung). • Wichtig ist das Thema: Machen Sie eine Hinführung und stellen Sie aktuelle Bezüge her.
Zusammenfassung des Textes	• Eine knapp gehaltene inhaltliche Zusammenfassung stellt den Text dar (↗ GZW „Strukturierte Textwiedergabe“, Kapitel 7, S. 103).
Stellungnahme zu den Aussagen des Textes	• Die Stellungnahme verdeutlicht den eigenen Standpunkt. • Sie begründet den eigenen Standpunkt durch Argumente.
Erörternd schreiben	• Beim erörternden Schreiben wird ein Thema kontrovers (pro und kontra) und begründet dargestellt.
Fazit	• Im Fazit wird eine Schlussfolgerung aufgrund der dargestellten Argumentation formuliert. • Es greift das Thema aus der Einleitung wieder auf. • Das Fazit kann einen Vorschlag zum Umgang mit dem aufgeführten Problem enthalten.

CHECKLISTE | Eine schriftliche Stellungnahme verfassen

Die Argumentation erfassen

- ☑ Ist der Standpunkt der Autorin / des Autors ersichtlich?
- ☑ Wird/werden die These/-n begründet?
- ☑ Ist die Argumentation logisch und plausibel?
- ☑ Wird die Argumentation durch Argumentationsstützen veranschaulicht?

Stellung nehmen

- ☑ Haben Sie den eigenen Standpunkt dargestellt?
- ☑ Haben Sie Ihren Standpunkt begründet?
- ☑ Haben Sie Ihren Standpunkt durch Argumentationsstützen veranschaulicht?
- ☑ Haben Sie ein Fazit formuliert?

Erörternd schreiben

- ☑ Haben Sie den eigenen Standpunkt dargestellt und begründet?
- ☑ Sind die Argumente bzw. Argumentationsgänge geordnet, vollständig und veranschaulicht worden?
- ☑ Haben Sie gegensätzliche Argumente im Block oder nach dem Reißverschlussprinzip aufgeführt und mit passenden Überleitungen verbunden?
- ☑ Haben Sie ein Fazit formuliert?

Anwenden, Vertiefen, Fazit

Zum Thema „Künstliche Intelligenz“ Stellung nehmen

Die Diskussion um das Potenzial von Künstlicher Intelligenz (KI) ist kontrovers. Die einen sprechen von einer Bedrohung der Menschheit, die anderen von immensen technischen und wirtschaftlichen Möglichkeiten.

Zitate über Künstliche Intelligenz

Zitat 1: „Die Macht der künstlichen Intelligenz ist so unglaublich, dass sie die Gesellschaft auf tiefgehende Weise verändern wird.“ – Bill Gates, Gründer von Microsoft

Zitat 2: „Wenn Sie im Jahr 2035 mit einem Menschen sprechen, sprechen Sie mit jemandem, der eine Kombination aus biologischer und nichtbiologischer Intelligenz ist.“ – Ray Kurzweil, Autor, Erfinder, „Futurist“

Zitat 3: „Erst gestalten wir unsere Werkzeuge, dann gestalten sie uns.“ – John Culkin, Autor, Medienwissenschaftler, ehemaliger Geistlicher

Zitat 4: „KI ist wahrscheinlich das Beste oder das Schlimmste, was der Menschheit passieren kann.“ – Stephen Hawking, Physiker

1 Setzen Sie sich in Partnerarbeit mit jeweils einem Zitat auseinander, indem Sie folgende Aufgaben bearbeiten:

a) Zitat 1:
- Erläutern Sie Bill Gates’ Position.
- Finden Sie passende Argumente und Beispiele: Um welche Veränderungen könnte es gehen?

b) Zitat 2:
- Erläutern Sie Ray Kurzweils Standpunkt.
- Setzen Sie dem Standpunkt eine Gegenposition entgegen.

c) Zitat 3:
- Erläutern Sie John Culkins Position.
- Finden Sie Argumente für seine Befürchtungen.
- Äußern Sie sich zu der These, dass Maschinen demnächst die Macht übernehmen werden.

d) Zitat 4:
- Erschließen Sie Stephen Hawkings Aussage.
- Erarbeiten Sie, was er mit dem „Besten“ oder „Schlimmsten“ gemeint haben könnte.
- Welche Position vertreten Sie?

2 Präsentieren Sie Ihre Ergebnisse vor der Klasse (↗ Kapitel 14, S. 191–204: Präsentieren).

FAZIT

8.1 Standpunkt und Argumentation erfassen

8.2 Stellung nehmen und sich positionieren

8.3 Erörternd schreiben
- Eine Argumentation untersuchen
- Eine schriftliche Argumentation verfassen

8.4 Anwenden, Vertiefen, Fazit
- Zum Thema „Künstliche Intelligenz“ Stellung nehmen

Kapitel 9

Einen informierenden Text materialgestützt verfassen

9.1
Thema, Inhalt, Aussagen erschließen

9.2
Das Material auswerten und verknüpfen

9.3
Einen informierenden Text verfassen

9.4
Anwenden, Vertiefen, Fazit

In der heutigen Informations- und Mediengesellschaft ist man von einer Fülle an verschiedenen Informationen umgeben. Im Alltag und in der Schule steht man oft vor der Herausforderung, geeignete Informationen aus unterschiedlichen Texten und verschiedenen Medien zu einem Thema zusammenzutragen. Mit der Wissensaneignung ist häufig Wissensvermittlung verbunden. Dieses Kapitel soll schrittweise dabei helfen, einen strukturierten Text über ein komplexes Thema verständlich und fundiert zu verfassen. Am Thema „Mobilität" wird dies erarbeitet und die dafür zentralen inhaltlichen und methodischen Zugänge werden erprobt.

Erklärvideo zum materialgestützten Schreiben

Kompetenzen

- ✓ Thema, Inhalt und Aussagen eines linearen bzw. nichtlinearen Textes erfassen
- ✓ Informationen auswerten
- ✓ Informationen miteinander vernetzen
- ✓ einen strukturierten, informierenden Text verfassen
- ✓ Schreibstrategien anwenden
- ✓ Strategien zur Textüberprüfung anwenden

Methoden und Arbeitstechniken

- ✓ Mindmap
- ✓ Recherche
- ✓ Visualisierung
- ✓ Schreibplan
- ✓ Schreibkonferenz
- ✓ Think-Pair-Share
- ✓ Blitzlicht
- ✓ Texte sinnvoll markieren

Thema, Inhalt, Aussagen erschließen

Das Thema erfassen (Schritte 1 und 2)

Die Aufgabenstellung beim materialgestützten Schreiben enthält mehrere wichtige Informationen. Daher muss diese genau unter die Lupe genommen werden.

Aufgabenstellung

Die Schülerzeitung Ihrer Schule thematisiert in diesem Schuljahr unter anderem „Die Welt von morgen". Sie sollen einen Bericht über Mobilität verfassen, in dem Sie neben allgemeinen Informationen zum Thema Ideen für die Mobilität der Zukunft darlegen. Bei der Recherche sind Sie auf vier Materialien gestoßen, die Ihnen als Grundlage dienen. Zusätzlich sollen Sie eigene Ideen, Erfahrungen und eigenes Wissen einbringen.

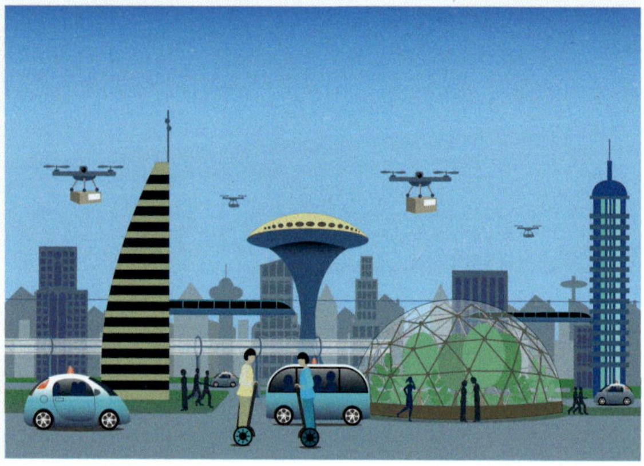

1 Untersuchen Sie die Aufgabenstellung. Notieren Sie, um was es geht:

a) Welches Thema?
   Es geht um das Thema … Der Schwerpunkt liegt dabei auf …
b) Welcher Anlass?
c) Welches Kommunikationsziel?
d) Welche Adressaten?
   Die Zielgruppe besteht hauptsächlich aus … Deshalb sollte man darauf achten, dass …
e) Welche Textsorte?
   Bei der Textsorte handelt es sich um … Aus diesem Grund ist es wichtig, dass …

2 Führen Sie ein Blitzlicht (↗ Kapitel 14, S. 191–204) durch, bei dem Sie den folgenden Satz vervollständigen: „Wenn ich an Mobilität denke, dann …".

3 Erstellen Sie mithilfe von GUT ZU WISSEN „Das Thema erfassen und Vorwissen aktivieren" eine Mindmap, in der Sie Oberbegriffe und Informationen zur Mobilität festhalten.

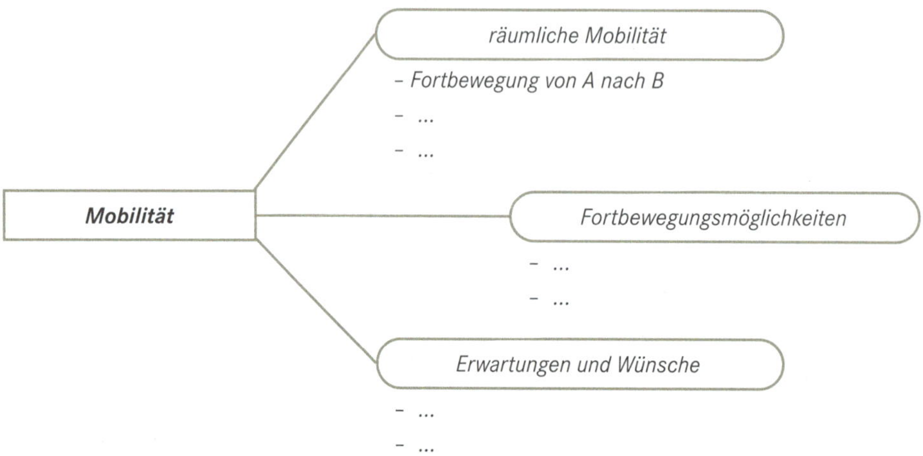

Überblick verschaffen, Aussagen erschließen (Schritt 3)

GUT ZU WISSEN | **Das Thema erfassen und Vorwissen aktivieren**

Vorüberlegungen ermöglichen einen ersten **Zugang zum Thema** und damit auch zu dem vorgegebenen **Material**. Der unvoreingenommene Blick auf das Thema dient ebenfalls zur besseren **Einordnung** des Materials in den **Gesamtkontext**. Folgende **Leitfragen** sind hilfreich: • **Über welches** Vorwissen verfüge ich bereits? • **Welche** Gesichtspunkte spielen bei dem Thema eine Rolle? • **Was** erachte ich im Hinblick auf die Aufgabenstellung als besonders wichtig? • **Inwiefern** betrifft mich das Thema?

4 Recherchieren Sie zum Thema „Mobilität" und ergänzen Sie Ihre Mindmap (↗ Kapitel 14, S. 191–204).

5 Verfassen Sie auf Grundlage Ihrer Mindmap eine Definition des Begriffes „Mobilität".
Der Begriff „Mobilität" stammt aus dem Lateinischen und bedeutet ... Damit ist gemeint, dass ...

GUT ZU WISSEN | **Sieben Schritte für das informierende materialgestützte Schreiben**

Ein informierender Text zeichnet sich durch hohe Informationsdichte, Objektivität, Sachlichkeit und klare Struktur aus. Das materialgestützte Schreiben besteht aus verschiedenen Teilen, die aufeinander aufbauen.

Schritt 1: Am Anfang steht die **Klärung der Aufgabenstellung** im Vordergrund, um das vorgelegte Material zielgerichtet auswerten und verwenden zu können. Folgende Aspekte müssen hierfür untersucht werden: **Themenstellung, Anlass und Ziel des Textes, Adressat(en) und Textsorte**. Folgende Leitfragen sind hilfreich: • **Was** ist das inhaltliche Thema? • **Um welche** Situation handelt es sich? • **Was** soll mit dem Text erreicht werden? • **Wer** soll mit dem Text angesprochen werden? • **Welche** Beziehung besteht zu den Adressaten? • **Was** ist für die Textsorte erforderlich?

Schritt 2: Danach aktiviert man sein **Vorwissen** zu dem Thema, um sich gedanklich auf das Material einzustellen.

Schritt 3: Anschließend verschafft man sich einen **Überblick über das Material**, das sowohl aus **linearen/kontinuierlichen Texten** (fortlaufend geschrieben) als auch aus **nichtlinearen/diskontinuierlichen Texten** (z. B. Schaubilder/Diagramme, Karikaturen) bestehen kann. Danach folgt die **Bearbeitung des Materials**, um die **zentralen Aussagen** zu erschließen.

Schritt 4: Im Anschluss daran geht es um die Auswertung des Materials vor dem Hintergrund der Aufgabenstellung. Hilfreich ist dabei eine Vergleichstabelle. Es wird keine vollständige Textanalyse verlangt.

Schritte 5 und 6: Die nächsten Schritte umfassen den **Schreibplan** (5) und das **Verfassen des Zieltextes** (6), in dem die ausgewählten Informationen miteinander verknüpft und mit eigenen Überlegungen ergänzt werden.

Schritt 7: Beim letzten Schritt geht es um die **Überarbeitung des Zieltextes**.

Überblick verschaffen, Aussagen erschließen (Schritt 3)

Der Begriff „Mobilität" ist vielschichtig – er berührt fast alle Bereiche des menschlichen Lebens. Die folgenden Materialien stellen eine Auswahl dar, die der Vielschichtigkeit Rechnung trägt.

1 Lesen Sie die Überschriften der Materialien M1–M4 (S. 124–126) und halten Sie Ihre Vermutungen fest, worum es in den Materialien gehen könnte. Berücksichtigen Sie auch GUT ZU WISSEN „Das Material sichten" (S. 127).

Überblick verschaffen, Aussagen erschließen (Schritt 3)

Material 1: Mobilität

von Friedrich Borries und Benjamin Kasten

[…] Beim Stichwort „Mobilität" denken viele zuerst an Bewegung von A nach B. Für unsere Annäherung an die Stadt der Zukunft ist aber eine andere Form der Mobilität zunächst wichtiger: die soziale Mobilität. Soziale Mobilität meint, dass es möglich ist, den eigenen Lebensstandard zu verbessern. Ein Grund, warum überall auf der Welt viele Menschen in die Stadt ziehen, ist, dass Stadt sozialen Aufstieg verspricht. Eine der Voraussetzungen für die Erfüllung dieses Versprechens ist die räumliche Mobilität. Es muss möglich sein, die Produkte der Arbeit an die Orte des Verkaufs oder die Arbeitskraft in vertretbarer Zeit und zu geringen Kosten vom Wohnort an die Arbeitsstelle zu bringen. Eine gute Mobilitätsinfrastruktur ist deshalb die Voraussetzung für eine Gesellschaft, in der sich Menschen und ihre Produkte frei bewegen können – räumlich und sozial. In vielen Regionen der Welt ist dies nicht gegeben, gerade in den Megastädten des globalen Südens, wie beispielsweise Mexiko. Hier ist die Möglichkeit der Mobilität – wie übrigens auch die Sicherheit – an den individuellen Wohlstand gekoppelt. Je reicher, desto mobiler; je ärmer, desto weiter, aufwendiger und zeitraubender ist der Weg vom Wohnort zur Arbeit. Eine Aufgabe der Stadt ist es deshalb, Mobilität zu vereinfachen. […]

(aus: Stadt der Zukunft. Wege in die Globalopolis, 2014)

2 **Erläutern Sie mit eigenen Worten, worin die Bedeutung der räumlichen Mobilität besteht.**
Laut des Textes zeichnet sich räumliche Mobilität dadurch aus, dass …

3 **Sammeln Sie Kriterien, anhand derer man einen Ort danach beurteilen kann, ob er Mobilität fördert. Berücksichtigen Sie folgende Personenkreise: Schülerinnen/Schüler, Pendlerinnen/Pendler, Rentnerinnen/Rentner, Familien und Menschen mit Behinderung.**
Fahrpreis *Anzahl der Buslinien* …

4 **Diskutieren Sie Ihre Kriterien und nehmen Sie eine Gewichtung vor.**
Der Aspekt … ist wichtiger als …, weil … Weniger zentral ist der Aspekt …, da …

5 **Ergänzen Sie Ihre Mindmap mit Informationen aus M 1. Vielleicht müssen Sie einen neuen Oberbegriff finden. Notieren Sie in Klammern, dass es sich um Aussagen aus M 1 handelt.**

Material 2: Schwerpunktthema Mobilität. Eine Erfindung der Moderne?

von Ingeborg Breuer

Mobil sein ist das Kennzeichen unserer modernen Gesellschaft. Der moderne Mensch ist immer unterwegs, ob beruflich oder privat. Aber Mobilität bedeutet nicht nur Überwindung von Raum und Zeit. Mobilität wird identifiziert mit geistiger Freiheit, mit Flexibilität, bedeutet Bereitschaft zur Veränderung.

[…] Seit dem 18. Jahrhundert gilt Beweglichkeit als Inbegriff von Fortschritt, Glück und Freiheit: „Alles ist beweglich geworden, oder wird beweglich gemacht", schrieb der preußische Philosoph und Staatsmann Friedrich Ancillon 1823. „Die Liebe zur Bewegung an sich, auch ohne Zweck und ohne ein bestimmtes Ziel, hat sich aus den Bewegungen der Zeit entwickelt. In ihr, und in ihr allein, sucht man das wahre Leben." Bemerkenswerterweise entsteht zur gleichen Zeit, wo Mobilität mit Fortschritt verbunden wird, auch die Idee der Heimat als Ort, an dem man verwurzelt ist. […]

Die positive Bedeutung von Mobilität ist bis heute geblieben. Beruflich wie privat gilt sie als Zeichen für Weltläufigkeit und Erfolg. Begriffe wie „Frequent Flyer" und „Global Player", „Jetsetter" oder die „globale Klasse" bezeichnen jene, die gesellschaftlich ganz oben stehen. Und Urlaub immer im Bayerischen Wald

Überblick verschaffen, Aussagen erschließen (Schritt 3)

oder an der Ostsee geraten in den Verdacht von Provinzialismus und Kleingeistigkeit. In der Welt rum kommen, das ist Ausbruch aus der Monotonie des Alltags und des heimischen Büros. Doch schaut man genauer, verliert die Mobilität viel von ihrem Glanz. Da gibt es die Fernpendler, die Wohnsitz und Arbeitsplatz nicht vereinbaren können. Die Unfreiheit jener, die gezwungenermaßen den Ort wechseln. Weil die Firma es verlangt, weil sie sonst arbeitslos oder zumindest schlechter bezahlt werden. Von den ökologischen Kosten der Mobilität ganz zu schweigen. Professor Norbert Schneider, Direktor des Instituts für Bevölkerungsforschung in Wiesbaden:

„Mobilität war ein Zeichen für Fortschritt, Freiheit, Entfaltung. Aber wir stellen fest, dass immer häufiger eine zweite Konnotation hinzukommt, nämlich der Zwang, mobil sein zu müssen, ohne dass man es möchte. Betrachtet man alle Mobile zusammen, gehen wir davon aus, dass ein Drittel aller Mobilen genau dieser Kategorien zuzuordnen sind, die unfreiwillig mobil werden mussten. Von den verbleibenden zwei Dritteln kann man sagen, dass ein zweites Drittel mobil wird aus verschiedenen Gründen, das heißt ein Stück weit Zwang, ein Stück weit auch eine gewisse Bereitschaft. Und eine dritte Form, die, die diese Form wirklich positiv besetzen, wo Mobilität mehr verbunden ist mit Chancen, die man sich eröffnet. [...]

(www.deutschlandfunk.de)

1 Erstellen Sie eine Tabelle, wie sich Mobilität seit dem 18. Jahrhundert entwickelt hat.

Positive Aspekte von Mobilität	*Negative Aspekte von Mobilität*
– „Fortschritt“ (Z. 8) ...	*– ...*

2 Erörtern Sie die Frage, ob Mobilität eine Erfindung der Moderne ist.

3 Nehmen Sie Stellung zu der im Text markierten Aussage von Seite 124.

4 Ergänzen Sie Ihre Mindmap mit Informationen aus M2. Vielleicht müssen Sie einen neuen Oberbegriff finden. Notieren Sie in Klammern, dass es sich um Aussagen aus M2 handelt.

Material 3: Prioritäten der individuellen Mobilität

Frage: „Wenn es um Ihre eigene Mobilität geht, was ist ihnen da besonders wichtig? Was von dieser Liste würden Sie nennen?“

Mir ist besonders wichtig,	
dass ich möglichst flexibel und unabhängig bin	82 %
dass ich verlässlich bzw. planbar unterwegs bin	71 %
dass ich möglichst sicher unterwegs bin	68 %
dass ich möglichst schnell ankomme	66 %
dass es möglichst wenig kostet	54 %
dass ich möglichst angenehm, komfortabel unterwegs bin	45 %
dass ich mich bewege bzw. an der frischen Luft bin	40 %
dass es nicht sinnvoll ist, ich nicht unter vielen Menschen bin	31 %
dass ich möglichst umweltfreundlich unterwegs bin	30 %
dass ich etwas nebenher machen kann, z. B. arbeiten oder lesen	11 %

Basis: Bundesrepublik Deutschland, Bevölkerung ab 16 Jahre
Quelle: Allensbacher Archiv, IfD-Umfrage 120000

Überblick verschaffen, Aussagen erschließen (Schritt 3)

1 Beschreiben und analysieren Sie das Diagramm „Prioritäten der individuellen Mobilität“ (M3).

Das folgende ... mit dem Titel ..., das im Jahr ... von ... veröffentlicht wurde, thematisiert ...

2 Ergänzen Sie Ihre Mindmap mit Informationen aus M3. Vielleicht müssen Sie dafür einen neuen Oberbegriff finden. Notieren Sie in Klammern, dass es sich um Aussagen aus M3 handelt.

Material 4: Der Roboter fährt die Einkäufe nach Hause

von Dorothee Hermann

Die Städte der Zukunft brauchen vielfältige neue Mobilitätskonzepte. Der bisherige Straßenraum von Autos könnte sich in Wohnungen, Treffpunkte und spannende Außenräume verwandeln, sagt der Architekt Max Schwitalla.

Mit dem Skateboard auf dem Vorplatz der Unibibliothek testete Max Schwitalla als Jugendlicher in Tübingen, ob der öffentliche Raum auch Fun-Funktionen zuließ. Es war eine Erfahrung, die der mittlerweile in Berlin lebende Architekt bei der Gestaltung von Stadtquartieren gerne mitbedenkt. [...]

Das jeweils dominierende Verkehrssystem formt die Gestalt der Städte, sagte Schwitalla. Aber die Zukunft gehört nicht dem einen Verkehrsmittel Auto, ist der 39-Jährige überzeugt: „In Zukunft werden wir verschiedene Verkehrsmittel benutzen.“ Das können etwa kleine, autonom fahrende Fahrzeuge sein, die man nicht mehr individuell besitzt, sondern gemeinsam nutzt – oder On-Demand-Verkehrsmittel, die über das Smartphone koordiniert werden. Statt bei jeder Witterung und zu jedem Ziel, ob Einkauf oder Fitnessstudio, ins Auto zu steigen, empfehlen sich künftig unterschiedliche Fortbewegungsmittel, auch in Kombination: Fahrrad, Bus, öffentlicher Nahverkehr, Carsharing, Zufußgehen. Eine gelegentliche Taxifahrt sei ökologischer und billiger, als ständig ein Privatauto zu finanzieren.

Der Lastentransport auf der Kurzstrecke könnte so funktionieren: „Ein Roboter fährt die Einkäufe vom Supermarkt nach Hause.“ Danach rolle das Gerät selbstständig zurück und stehe für den nächsten Kunden bereit. Für größere Mengen könnten Cargo-E-Bikes eingesetzt werden oder Elektro-Lastenfahrzeuge wie die Tübinger Postautos. „Das Auto ist erst ab einer Wegstrecke von zehn Kilometern das schnellste Verkehrsmittel“, sagte er. In Berlin liege die durchschnittliche Weglänge bei sechs Kilometern. „Da ist Potenzial für Veränderung.“ Die Bewohner der dänischen Hauptstadt Kopenhagen legten bereits 60 Prozent aller Wege mit dem Fahrrad zurück. „Und Kopenhagen hat noch schlechteres Wetter als Berlin.“ Doch auf die Stadtplanung wirkten sich solche Einsichten noch kaum aus – obwohl die autogerechte Stadt ökologisch, sozial und bei der Nachhaltigkeit an ihre Grenzen stoße. Als Extrembeispiel nannte der Architekt das kalifornische Los Angeles, das sich auf einer riesigen, durch Highways zerteilten Fläche ausbreite. „Arbeiten und Wohnen sind getrennt.“ Die Highways, die die Menschen verbinden sollen, zerschneiden stattdessen die Stadt und trennen die Bewohner voneinander. „Man vereinzelt die Menschen: in ihren Autos und auf den jeweiligen Etagen der Gebäude.“

Bis 2050 leben 70 Prozent der Weltbevölkerung in Städten, drei Milliarden Menschen mehr als heute, sagte er. Millionenstädte für Autos und Aufzüge („vertikale Sackgassen“) könnten einen solchen Zuwachs nicht bewältigen. Dabei ließen sich allein vom bisherigen Parkraum 3,2 Millionen Quadratmeter Fläche zurückholen. Dann werde die eher lineare Stadt des Autoverkehrs durch die vielfach vernetzte, verdichtete und durchmischte Stadt abgelöst. „Das Potenzial von Nachbarschaft“ könne sich wieder entfalten. [...]

(Tagblatt, 2020)

Überblick verschaffen, Aussagen erschließen (Schritt 3)

1 **Zeigen Sie in einer tabellarischen Übersicht, worin das Mobilitätskonzept des Architekten Max Schwitalla besteht und welche Vorteile es bietet.**

Nr.	Fortbewegungsmittel	Einsatzmöglichkeit	Vorteil	Zeilenangabe
1.	*– kleine, autonom fahrende Autos*	*– Nutzung für kurze Strecken im Alltag*	*– weniger Kosten für die Einzelne/den Einzelnen*	*– Z. 17–20*
2.	*– …*	*– …*	*– …*	*– …*

2 **Halten Sie stichwortartig fest, was unter dem Begriff „vielfach vernetzte, verdichtete und durchmischte Stadt" (Z. 60 f.) im Hinblick auf Mobilität zu verstehen ist.**

3 **Welche Konsequenzen hätte es, wenn der Parkraum für Autos aufgelöst werden würde? Nehmen Sie die Perspektive von folgenden Personen ein: Kinder und Jugendliche, Anwohnerinnen/Anwohner, Geschäftsleute, Städteplanerinnen/Städteplaner.**

4 **Ergänzen Sie Ihre Mindmap mit Informationen aus M4. Vielleicht müssen Sie einen neuen Oberbegriff finden. Notieren Sie in Klammern, dass es sich um Aussagen aus M4 handelt.**

★ **5** **Wählen Sie aus den Materialien M 1, M2 und M4 einen Text aus und visualisieren Sie die zentralen Aussagen in Form eines Diagramms/Schaubilds.**

M1:

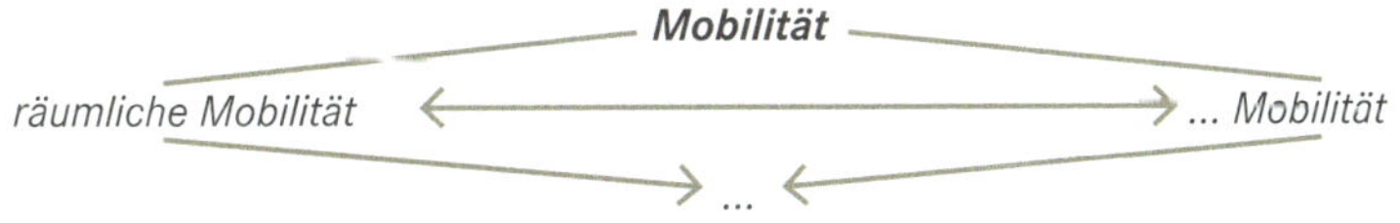

6 **Verbalisieren Sie Ihr Diagramm/Schaubild.**

7 **Welche Vor- und Nachteile bietet die Wiedergabe eines Sachtextes mithilfe eines Diagramms/Schaubilds?**

Der Vorteil eines Diagramms/Schaubilds besteht darin, dass … Möglicherweise führt die Verwendung eines Diagramms/Schaubilds dazu, dass …

GUT ZU WISSEN – Das Material sichten

Bevor jeder Text einzeln erschlossen wird, sollte man sich einen **Überblick über das vorgegebene Material** verschaffen. Folgende Leitfragen sind hilfreich: • **Um welche** Art von Texten handelt es sich? • **Von wem** wurden sie geschrieben? • **Wann** und **wo** wurden sie veröffentlicht?

Die **Quelle eines Textes** gibt häufig bereits Auskunft über die **Seriosität und Intention des Artikels**. Das Veröffentlichungsdatum ist für die Beurteilung der inhaltlichen Qualität eines Textes nicht entscheidend.

Für die weitere Erschließung eines Textes ist es sinnvoll, zunächst die **Überschrift** genau zu betrachten, denn sie gibt Hinweise zur **inhaltlichen Ausrichtung des Textes**.

Um die zentralen Aussagen der Materialien zu erschließen, bietet sich die Fünf-Schritt-Lesemethode (↗ Kapitel 7, S. 93) an. Leitfragen (• **Worum** geht es in dem Text? • **Wie** ist der Text inhaltlich aufgebaut? • **Was** sind die Kernaussagen? • **Was** sind Schlüsselbegriffe? • **Welche** Begriffe müssen geklärt werden? • **Was** ist die Intention der Autorin/des Autors?) helfen dabei, die Texte zu „knacken".

Das Material auswerten und verknüpfen

Material auswerten (Schritt 4)

Nachdem man sich dem inhaltlichen Thema genähert und das vorgegebene Material gesichtet und erschlossen hat, geht es im nächsten Schritt darum, dieses Material auszuwerten und in Bezug zueinander zu setzen. Durch den Vergleich werden übergeordnete Gesichtspunkte, Gemeinsamkeiten und Unterschiede deutlich. Alle Materialien beziehen sich zwar auf dasselbe Thema, beleuchten es aber aus verschiedenen Blickwinkeln.

1 Treffen die Aussagen auf die Materialien (M1–M4, S. 124–127) zu? Begründen Sie, indem Sie das entsprechende Material und die Zeilenangaben nennen.

A Eine gute Mobilitätsinfrastruktur ist die Voraussetzung für eine Gesellschaft, in der Menschen frei leben können.

B Steigende Mobilität führt dazu, dass die Idee der Heimat als Ort, an dem man verwurzelt ist, immer weiter in den Hintergrund gerät.

C Je mobiler man ist, desto glücklicher lebt man.

D Der Faktor „Komfort“ spielt bei der Frage nach den persönlichen Anforderungen an Mobilität eine zentrale Rolle.

E Das Auto ist für die Mobilität der Zukunft ein Auslaufmodell.

F Umweltschutz spielt bei der Weiterentwicklung von Mobilität eine zentrale Rolle.

2 Formulieren Sie zu jedem Material mindestens eine Kernaussage.

Die Kernaussage zu M1 lautet, dass ...

3 Ordnen Sie die folgenden Aspekte (nicht alle Aspekte treffen zu) einem Material (M1–M4) zu.

A individuelle Anforderungen an Mobilität

B Mobilität als Voraussetzung für Globalisierung

C Definition von Mobilität

D Mobilitätskonzepte der Zukunft

E Grenzen und Gefahren der Mobilität von morgen

F gesellschaftliche Vorstellungen von Mobilität

4 Welche Bezüge lassen sich zwischen den einzelnen Materialien herstellen? Erläutern Sie verbindende und trennende Bezüge mithilfe von Sprache und Stil.

SPRACHE UND STIL | **Zusammenhänge und Gegensätze beschreiben**

... und ... hängen miteinander zusammen, weil ...
... und ... beziehen sich aufeinander, da ...
Die Gemeinsamkeit zwischen ... und ... besteht darin, dass ...
Es wird eine Gemeinsamkeit/ein Unterschied zwischen ... und ... deutlich, da ...
Die Gemeinsamkeit/Der Unterschied zwischen ... und ... besteht darin, dass ...
Während es in ... um ... geht, thematisiert ...

Material mit Vergleichstabelle aufbereiten (Schritt 4)

1 Erstellen Sie eine Vergleichstabelle. Verwenden Sie dafür GUT ZU WISSEN „Das Material auswerten und aufbereiten“.

a) Notieren Sie die Aspekte/Oberbegriffe der Materialien (M1–M4, S. 124–127).

b) Halten Sie die Informationen stichwortartig fest und vermerken Sie die Zeilenangaben.

c) Ergänzen Sie eigenes Wissen bzw. eigene Überlegungen in Stichworten.

Vergleichstabelle

Nr.	*Aspekte*	*M1 (Borries)*	*M2 (Breuer)*	*M3 (Allensbach)*	*M4 (Hermann)*	*eigenes Wissen, Überlegungen*
1.	*Definition „Mobilität“*	*sozial (Z. 4 f.) und räumlich (Z. 10) ...*	*Merkmal einer modernen Gesellschaft (Z. 1) ...*	*–*	*Teil der Städtepla-nung (Z. 1 f.) ...*	*lateinisch: Fortbe-wegung ...*

2 Tauschen Sie sich über Ihre Ergebnisse aus. Ergänzen Sie gegebenenfalls Punkte.

3 Setzen Sie die Aspekte/Oberbegriffe der Materialien M1–M4 in Bezug zur Aufgabenstellung. Worauf muss der inhaltliche Schwerpunkt des Zieltextes liegen? Begründen Sie Ihre Meinung.

Vor dem Hintergrund, dass ... das Thema ... umfasst, wird klar, dass ...

★ **4 Vervollständigen Sie folgende Satzanfänge, indem Sie sich in die Rolle der Leserinnen und Leser Ihres Textes für die Schülerzeitung versetzen.**

A Eine Definition des Begriffs „Mobilität“ muss zunächst vorgenommen werden, um/damit ...

B Die Unterscheidung zwischen sozialer und räumlicher Mobilität ist notwendig, um/damit ...

C Gesellschaftliche Vorstellungen von Mobilität müssen thematisiert werden, um/damit ...

D Individuelle Anforderungen an Mobilität müssen angesprochen werden, um/damit ...

E Erst wenn die genannten Aspekte für die Leserinnen und Leser plausibel sind, dann ...

GUT ZU WISSEN — Das Material auswerten und aufbereiten

Für die **inhaltliche Planung des Zieltextes** ist die **Bildung von aussagekräftigen Aspekten bzw. Oberbegriffen** zu den zentralen Informationen aus dem Material entscheidend.

Im Gegensatz zu der Materialerschließung finden bei der Inhaltsplanung **Auswahlprozesse** statt: Nicht jede interessante Information kann für den Zieltext verwendet werden. Um den Überblick nicht zu verlieren, bietet sich eine **Vergleichstabelle** an, in der die **wichtigsten Aspekte/Oberbegriffe und Informationen** festgehalten werden. Ergänzt wird die Vergleichstabelle durch **eigenes Wissen bzw. eigene Überlegungen**.

Folgende **Leitfragen** sind beim Erstellen der Vergleichstabelle hilfreich: • **Welche** Informationen sind für die Aufgabenstellung von Bedeutung? • **Wo** lassen sich inhaltlich Gemeinsamkeiten zwischen den einzelnen Materialien feststellen? • **Worin** unterscheiden sich die einzelnen Materialien voneinander?

5 Bilden Sie zu den folgenden Einzelinformationen sinnvolle Obergriffe.

A autonom fahrende Autos und Busse, Flugtaxis, Hyperloop-Kapseln, Elektrogondeln

B steigender Verkehr, Missbrauch persönlicher Daten, Preissteigerung, mangelnde Infrastruktur

C Zeitgewinn, Komfort, Klimaneutralität, Flexibilität, Innovation

Einen informierenden Text verfassen

Einen Schreibplan für den Zieltext erstellen (Schritt 5)

Neben der sprachlichen/inhaltlichen Gestaltung eines Textes ist die gedankliche Struktur wichtig. Ein strukturierter Text zeichnet sich dadurch aus, dass die übergeordneten Aspekte und die Informationen sinnvoll angeordnet sind und die Textteile logisch aufeinander aufbauen. Durch Planung können inhaltliche und logische Brüche im Vorfeld verhindert werden. Der abschließende Schritt besteht in der Überarbeitung im Hinblick auf Inhalt, Aufbau und Sprache.

1 Bringen Sie die folgenden Aspekte in eine sinnvolle Reihenfolge. Berücksichtigen Sie GUT ZU WISSEN „Einen Schreibplan erstellen". Begründen Sie Ihre Entscheidung.

A Mobilitätskonzepte der Zukunft
B gesellschaftliche Vorstellung von Mobilität
C Definition von Mobilität
D individuelle Anforderungen an Mobilität

Für eine ... Anordnung der Aspekte spricht, dass ...
Darüber hinaus wäre es denkbar, ...

GUT ZU WISSEN — Einen Schreibplan erstellen

Es ist sehr effektiv, vor dem Schreiben einen **Schreibplan** anzufertigen. Er erfüllt die Funktion eines Gerüstes, an dem man sich entlang hangeln kann. Dieser Schreibplan soll einem den **Weg zum Ziel** aufzeigen.

Ein Schreibplan umfasst die **Reihenfolge der übergeordneten Aspekte** sowie Hinweise darauf, an welcher Stelle welche Informationen eingebaut werden. Folgende **Anordnungsmöglichkeiten** sind für die Konstruktion eines „roten Fadens" im Zieltext denkbar:

vom Allgemeinen zum Konkreten	allgemeine Ausführungen zu einem Thema: Fokussierung auf einzelne Aspekte, die mit genauen Erklärungen und konkreten Beispielen dargelegt werden
chronologisch	sinnvoll, um zeitliche Entwicklungen aufzuzeigen
sachlogisch	sinnvoll, um Sachverhalte aufzuzeigen, die sich aufeinander beziehen, z. B. Ursache – Wirkung, Problem – Problemlösung

Darüber hinaus ist es möglich, **Ideen für einen geeigneten Titel**, für einen **interessanten Einstieg** sowie für einen **sinnvollen Schluss** ebenfalls im Schreibplan festzuhalten.

2 Lesen Sie das Muster „Anfang eines Schreibplans".

3 Vervollständigen Sie den Schreibplan für den Hauptteil und den Schluss, indem Sie eine Auswahl an Informationen treffen und diese in eine sinnvolle Reihenfolge bringen. Beziehen Sie sich dabei auf Ihre Vergleichstabelle (S. 129, Aufgabe 1) und Ihre Mindmap (↗ Kapitel 14, S. 191–204).

★ **4** Experimentieren Sie mit Ihrer Gliederung, indem Sie die Reihenfolge und Anordnung der Notizen verändern.

5 Stellen Sie Ihren Schreibplan vor und erläutern Sie Ihr Vorgehen.

Einen Zieltext verfassen (Schritt 6)

MUSTER Anfang eines Schreibplans

Inhalt	*Schreibplan*	*Struktur*
Idee	***Einleitung:** Situation: viel befahrene Straße, verschiedene Verkehrsteilnehmerinnen/-teilnehmer*	*stichwortartig*
	Hauptteil:	
Begriffserklärung	*1. Definition von Mobilität*	*Oberbegriff, nummeriert*
Vorwissen: Herkunft des Wortes	*a) lateinisch „mobilitas“ = Beweglichkeit*	*Informationen 1, alphabetisch*
– M1: Einordnung des Themas, Bezüge zu M4	*b) – soziale Mobilität: gesellschaftlicher Aufstieg (M1, Z. 6–8, M4)*	*Informationen 2, alphabetisch, Hinweis auf Material*
		…
– Schlussfolgerung	*– räumliche Mobilität: Fortbewegung zwischen zwei Punkten → Voraussetzung für Aufstieg (M1, Z. 1 f., M4)*	

Einen Zieltext verfassen (Schritt 6)

1 Wählen Sie einen Titel aus, der am besten auf die Aufgabenstellung zutrifft. Begründen Sie Ihre Entscheidung mithilfe von GUT ZU WISSEN „Aufbau eines materialgestützten Textes“.

A Mobilität ist ein komplexes Thema
B Die Entwicklung der Mobilität
C Mobilität
D Die Mobilität der Zukunft
E Grenzen und Möglichkeiten von Mobilität

2 Formulieren Sie einen eigenen Titel, der nicht nur die Kriterien Relevanz und Kürze erfüllt, sondern auch kreativ ist (↗ Kapitel 14, S. 191–204: Think-Pair-Share).

3 Lesen Sie folgende Beispiele für Einleitungen und erklären Sie, welches Gestaltungsprinzip jeweils zugrunde liegt. Berücksichtigen Sie dafür GUT ZU WISSEN „Aufbau eines materialgestützten Textes“.

A Auf den Straßen gibt es Ärger: Autofahrer schimpfen gegen Radfahrer, weil sie Platz für Fahrradwege abtreten müssen. Radfahrer schimpfen auf Elektrorollerfahrer, mit denen sie sich den begrenzten Platz teilen müssen. Fußgänger schimpfen gegen alle, weil die einen ihre Wege hemmungslos zuparken und die anderen rücksichtslos rasen. Was muss getan werden, damit die Mobilität der Zukunft in anderen Bahnen verläuft?

B „Zu unserer Natur gehört die Bewegung. Die vollkommene Ruhe ist der Tod.“ – Mobilität ist, wie bereits der französische Philosoph Blaise Pascal im 17. Jahrhundert zum Ausdruck brachte, fester Bestandteil unseres Lebens und zeichnet uns als Menschen aus. Die Entwicklung des Menschen ist unweigerlich mit der Entwicklung der Fortbewegung verknüpft. So stellt sich die Frage, wie die Mobilität der Zukunft aussehen wird.

C Was haben die Städte Kopenhagen, Amsterdam und Bordeaux gemeinsam? Richtig, bei allen dreien handelt es sich um Städte, in denen das Fahrrad immer mehr an Bedeutung gewinnt und Pferdestärken in den Hintergrund gedrängt werden. Bilden Fahrradstädte die Mobilität der Zukunft ab?

Einen Zieltext verfassen (Schritt 6)

4 Tauschen Sie sich über die Einleitungen von Aufgabe 3 aus.

a) Wählen Sie die Einleitung aus, die Sie am gelungensten halten. Begründen Sie Ihre Auswahl.

b) Erläutern Sie jeweils die Funktion des letzten Satzes der Einleitung.

5 Verfassen Sie eine eigene Einleitung. Dabei können Sie auf Zitate, Zahlen und Fakten aus dem vorgegebenen Material zurückgreifen.

GUT ZU WISSEN – Aufbau eines materialgestützten Textes

Jeder Text hat einen kurzen, aussagekräftigen **Titel**. Je nach Textsorte und Anlass kann dieser Titel kreativ sein.

In der **Einleitung** soll das genannte **Thema** auf **interessante Art und Weise eingeführt** werden. Hierzu eignen sich u. a. Zitate, aktuelle Bezüge, Situationsbeschreibungen oder Schilderungen eigener Erfahrungen. Damit kein Bruch zwischen Einleitung und Hauptteil entsteht, dient die **konkrete Fragestellung** am Ende der Einleitung als **Überleitung**.

Im **Hauptteil** wird das **Thema** mithilfe des vorgegebenen Materials sowie von eigenem Wissen und eigenen Erfahrungen **ausführlich dargelegt**. Ausgewählte **Informationen** sollen **nicht einfach kopiert, sondern sinnvoll miteinander verknüpft werden**. Nur auf diese Art und Weise kann etwas Neues/Eigenes entstehen.

Viel wichtiger als die Anzahl der Informationen sind **genaue Erklärungen mithilfe von Fakten und Beispielen**. Bei der Nennung von Informationen aus den einzelnen Materialien müssen die **Hinweise und Regeln zur Redewiedergabe** (indirekte Rede, ↗ Kapitel 7, S. 98) beachtet werden.

Für die **Leserorientierung** ist es hilfreich, **Abschnitte** zwischen den einzelnen Teilen bzw. zwischen einzelnen Aspekten zu setzen, damit sich die Leserin bzw. der Leser im Text besser zurechtfindet.

6 Lesen Sie das Muster „Den Hauptteil schreiben" und erläutern Sie die farbigen Markierungen (↗ Kapitel 14, S. 191–204: Texte sinnvoll markieren).

7 Schreiben Sie nun Ihren Zieltext.

a) Vervollständigen Sie das Muster, indem Sie Ihren Schreibplan sowie Ihre Mindmap verwenden.

b) Berücksichtigen Sie dafür GUT ZU WISSEN „Aufbau eines materialgestützten Textes" und Sprache und Stil „Aussagen miteinander verbinden".

SPRACHE UND STIL – Aussagen miteinander verbinden

Im weiteren Verlauf des Textes ...
Als Nächstes ...
Darüber hinaus sollte man ansprechen, dass ...
Zudem ...
Außerdem ...
Hinzu kommt, dass ...

Einen Zieltext verfassen (Schritt 6)

MUSTER Den Hauptteil schreiben

Inhalt	*Zieltext*	*Struktur*
Hinweise zum Vorgehen → Leserorientierung	*Bevor die Frage beantwortet werden kann, wie die Mobilität der Zukunft aussehen könnte, ist es sinnvoll, euch zunächst zu erklären, was Mobilität überhaupt bedeutet und welche Bedeutung ihr zukommt.*	*Bezug zur Einleitung: Fragestellung* *Adressatenbezug* *Absatz*
M1/M4: Begriffsklärung und Einordnung des Themas → Schlussfolgerung *M2: gesellschaftliche Vorstellung von Mobilität: positiv* *M2: negative Seiten von Mobilität → eigene Schlussfolgerung*	*Laut Friedrich Borries unterscheidet man grundsätzlich zwischen sozialer Mobilität, also der Möglichkeit, gesellschaftlich aufzusteigen, und räumlicher Mobilität, der Fortbewegung zwischen zwei Punkten. Ohne räumliche Mobilität sei sozialer Aufstieg kaum möglich, so Borries. Nach Einschätzung der Journalistin Ingeborg Breuer wird Mobil-Sein gesellschaftlich nicht nur mit beruflichem Erfolg gleichgesetzt, sondern seit dem 18. Jahrhundert auch mit Modernität, Fortschritt, Freiheit und Entfaltung. In diesem Zusammenhang weist der Direktor des Instituts für Bevölkerungsforschung in Wiesbaden Professor Norbert Schneider darauf hin, dass sich neben vielen Menschen, die Mobilität für sich einfordern, um das Versprechen eines besseren Lebens einlösen zu können, rund ein Drittel von Menschen gesellten, die wegen ihres Berufes mobil sein müssen. Die Verbreitung des „Homeoffice" könnte dazu führen, dass der Bedarf an räumlicher Mobilität aufgrund von Video- und Telefonkonferenzen sinkt.*	*Redewiedergabe: Indikativ* *Redewiedergabe: Konjunktiv I* *Redewiedergabe* *Redewiedergabe* *Redewiedergabe: Konjunktiv II* *Absatz*
Hinweise zum Vorgehen → Leserorientierung	*Ihr fragt euch vielleicht jetzt, welche Voraussetzungen erfüllt sein müssen, damit die Mobilität der Zukunft im Dienst der Menschen steht.* *...*	*Adressatenbezug, Übergang zu dem Aspekt „individuelle Anforderungen an Mobilität"*

8 Verfassen Sie mithilfe von Sprache und Stil einen Schlussteil, in dem Sie ein Fazit ziehen. Sprechen Sie keinen neuen Aspekte an, aber versuchen Sie, einen inhaltlichen Bogen zur Einleitung zu spannen oder einen Ausblick zu geben.

SPRACHE UND STIL Einen Schlussteil formulieren

Zusammenfassend lässt sich sagen, dass...
Festzuhalten bleibt, dass ...
Als Fazit lässt sich ziehen, dass ...
Alles in allem wird deutlich, dass ...
Wenn man einen Bogen zum Anfang spannt, dann ...
Wenn man einen Blick in die Zukunft wagt, dann ...

Den Zieltext überarbeiten (Schritt 7)

1 **Die folgenden Schülertexte weisen Probleme (1–4) auf. Ordnen Sie mithilfe von GUT ZU WISSEN „Einen Text überarbeiten“ den Aussagen die Problembeschreibungen (A–D) zu.**

1 Liebe Leserin, lieber Leser, wahrscheinlich überlegen Sie sich an dieser Stelle, wie Ihre eigene Mobilität aussieht.

2 Ich denke, dass bis 2050 70 Prozent der Weltbevölkerung in Städten leben werden. Expertinnen und Experten für Städteplanung und Verkehr stehen in der Zukunft vor besonderen Herausforderungen.

3 Um den Anforderungen an die Mobilität von morgen gerecht werden zu können, bedarf es einer vernetzten Stadt. Ein weiterer Aspekt ist der Umweltschutz, der nicht außer Acht gelassen werden darf. Außerdem muss darauf geachtet werden, dass die persönlichen Bedürfnisse berücksichtigt werden.

4 „Smart Cities“ sind geniale Erfindungen, *die den Weg in die Zukunft weisen.*

A fehlender Hinweis auf die Verwendung des Materials und fehlende Verknüpfung zwischen beiden Aussagen

B unangemessener Adressatenbezug für eine Schülerzeitung

C fehlende Erläuterung eines Fachbegriffs

D reine Auflistung von Aspekten ohne genaue Erklärungen

2 **Überarbeiten Sie die Schüleraussagen.**

GUT ZU WISSEN – Einen Text überarbeiten

Kein Text ist so gut, dass man ihn an bestimmten Stellen nicht optimieren könnte. Aus diesem Grund kommt der **Überarbeitung des Zieltextes** eine wichtige Rolle zu. Neben **der sprachlichen Richtigkeit (Rechtschreibung, Grammatik, Zeichensetzung und sprachlicher Ausdruck) und der inhaltlichen Richtigkeit** muss sichergestellt sein, dass der Text einer **inneren Logik** folgt.

Folgende **Leitfragen** sind hilfreich:

- Beziehen sich die Aussagen **logisch** aufeinander?
- Sind **Übergänge/Überleitungen** zwischen einzelnen Aspekten vorhanden?
- Werden die Aussagen **genau** erklärt?
- Ist der Text für die **Zielgruppe** verständlich?
- Ist der **Adressatenbezug** angemessen?

Den Zieltext überarbeiten (Schritt 7)

3 Überprüfen Sie in einer Schreibkonferenz (↗ Kapitel 14, S. 191–204) Ihren Zieltext auf Grundlage der Checkliste „Einen Zieltext materialgestützt schreiben“.

4 Überarbeiten Sie auf Grundlage der Rückmeldungen Ihren eigenen Zieltext.

5 Reflektieren Sie Ihren Schreibprozess, indem Sie für sich klären, was Ihnen leichtfiel, aber auch wobei Sie noch Unterstützung benötigen.

CHECKLISTE — Einen Zieltext materialgestützt schreiben

Inhalt

- ☑ Ist die Überschrift passend, informativ und kreativ?
- ☑ Wird mit der Einleitung sinnvoll in das Thema eingeführt?
- ☑ Weckt die Einleitung das Interesse der Leserinnen und Leser?
- ☑ Sind die Aussagen im Hauptteil korrekt und informativ?
- ☑ Sind die Einzelaspekte im Hauptteil logisch angeordnet?
- ☑ Haben Sie das Material ausreichend verwendet?
- ☑ Sind die Informationen aus dem Material mit eigenen Überlegungen sinnvoll verknüpft?
- ☑ Sind die Aussagen mithilfe von Fakten und Beispielen genau erläutert?
- ☑ Haben Sie Fachbegriffe angemessen erläutert?
- ☑ Haben Sie ein sinnvolles Fazit gezogen?

Darstellung

- ☑ Haben Sie die Verwendung des Materials durch korrekte Redewiedergabe dokumentiert?
- ☑ Werden interessante, abwechslungsreiche Formulierungen verwendet?
- ☑ Werden die Aussagen durch passende Konjunktionen und strukturierende Formulierungen logisch miteinander verbunden?
- ☑ Haben Sie einen passenden Adressatenbezug hergestellt?
- ☑ Berücksichtigt der Text die Merkmale der vorgebenden Textsorte?

Aufbau und Umfang

- ☑ Ist der Text vollständig und die Textlänge angemessen?
- ☑ Haben Sie Absätze sinnvoll eingefügt?
- ☑ Sind die einzelnen Teile durch Überleitungen sinnvoll miteinander verbunden?

Sprache

- ☑ Haben Sie die Regeln zur Grammatik, Rechtschreibung und Zeichensetzung befolgt?
- ☑ Ist der sprachliche Ausdruck ist korrekt?
- ☑ Ist der Text verständlich?

Anwenden, Vertiefen, Fazit

Reden und Vorträge halten

In der Schule finden Vorträge, Referate und Präsentationen statt, bei denen Sachverhalte verständlich vermittelt werden sollen. Ähnlich verhält es sich mit Reden, bei denen jedoch der Adressat und damit die sprachliche Gestaltung eine größere Rolle spielen. Zum Thema „Mobilität von Morgen" sollen Reden und Vorträge gehalten werden. Der Schreibplan aus diesem Kapitel kann hierfür verwendet werden.

Tipps für eine gute Rede

Jede gute Rede beginnt damit, dass man sich der kommunikativen Situation bewusst wird. Folgende Leitfragen sind hilfreich: Wer sind meine Zuhörerinnen/Zuhörer? In welchem Verhältnis stehe ich zu ihnen? Was prädestiniert mich als Rednerin/Redner zu dem Thema? Welchen „Ton" soll ich anschlagen?

Eine gute Rede besteht aus einem klaren Aufbau, der mit der „Captatio Benevolentiae" beginnt. Darunter versteht man, dass man sich zu Beginn direkt dem Publikum zuwendet, um es für sich zu gewinnen und es wohlwollend auf das Thema einzustimmen. Häufig schließt eine Rede mit einem Appell.

Die Verwendung verschiedener sprachlicher Mittel kann Aussagen hervorheben. Der Gebrauch unterschiedlicher Satzarten (Aussage, Frage, Aufforderung, Wunsch, Ausruf …) sowie der Gebrauch von Einschüben bieten mehr Abwechslung für das Publikum.

1 **Lesen Sie den Text und ergänzen Sie stichwortartig weitere Tipps zu Mimik, Gestik, Körperhaltung, Betonung und Pausen.**

2 **Halten Sie auf Grundlage Ihres Schreibplans für die Mobilität von Morgen eine dreiminütige Stegreifrede. Beachten Sie „Tipps für eine gute Rede".**

3 **Sie sind als Mitglied des Jugendbeirats zu einer Sitzung des Gemeinderats zum Thema „Eine lebenswerte Stadt für Jung und Alt" eingeladen worden. Halten Sie einen Vortrag, in dem Sie auf die Mobilität für Jugendliche vor Ort sowie auf Verbesserungsvorschläge eingehen.**

a) Halten Sie auf Grundlage Ihres Schreibplans Ihre Ideen und Gedanken in einer Mindmap fest.
b) Erstellen Sie eine Gliederung für Ihren Vortrag.
c) Verfassen Sie einen ersten Entwurf, überprüfen und überarbeiten Sie ihn.
d) Fertigen Sie Stichwortkarten an, die der Gliederung entsprechen, und üben Sie Ihren Vortrag.
e) Halten Sie Ihren Vortrag im Plenum.

FAZIT

9.1
Thema, Inhalt, Aussagen erschließen
- Das Thema erfassen (Schritte 1 und 2)
- Überblick verschaffen, Aussagen erschließen (Schritt 3)

9.2
Das Material auswerten und verknüpfen
- Material auswerten (Schritt 4)
- Material mit Vergleichstabelle aufbereiten (Schritt 4)

9.3
Einen informierenden Text verfassen
- Einen Schreibplan für den Zieltext erstellen (Schritt 5)
- Einen Zieltext verfassen (Schritt 6)
- Den Zieltext überarbeiten (Schritt 7)

9.4
Anwenden, Vertiefen, Fazit
- Reden und Vorträge halten

Projekt: Audiowerkstatt

Einen Podcast produzieren

In diesem Projekt produzieren Sie Audiobeiträge für den Podcast „Heute, morgen, übermorgen". Ziel dabei ist es, Ihre Mitschülerinnen und Mitschüler über die verschiedenen Aspekte des Themas „Mobilität" zu informieren und sie für ihr eigenes Mobilitätsverhalten zu sensibilisieren. Ihre materialgestützten Texte zum Thema „Die Mobilität von morgen" aus Kapitel 9 können dafür als Grundlage dienen. Die folgenden Informationen helfen Ihnen bei der Umsetzung des Projektes.

1 Nennen Sie Podcasts, die Sie sich in letzter Zeit angehört haben. Was hat Ihnen daran (nicht) gefallen?

Was ist ein Podcast?

Bei einem Podcast handelt es sich um eine Reihe von Audio- oder Videobeiträgen zu einem Thema, die man meistens kostenlos abonnieren kann. Feste Sendezeiten gibt es dabei nicht – die einzelnen Beiträge lassen sich herunterladen und können somit jederzeit und an jedem Ort angehört bzw. angeschaut werden.

Wichtigster Bestandteil eines Radiobeitrags ist der Text, der sich an der gesprochenen Sprache orientiert (mediale und konzeptionelle Mündlichkeit).

Radiobeiträge umfassen journalistische Formen wie Meldungen, Nachrichten, Reportagen, Features, Kommentare, Interviews, Diskussionen und Umfragen.

Ein Merkmal vieler „gebauter Beiträge" ist der Wechsel zwischen Autorentext und Originaltönen (O-Tönen). Häufig kommen Geräusche und Musik hinzu, die das Interesse wecken. Pausen werden gemacht, um das Zuhören zu erleichtern. Die Länge eines Beitrags hängt von der jeweiligen Form und Zielsetzung ab. Im Allgemeinen gilt, dass Beiträge zwischen zwei und fünf Minuten lang sind. Jeder Podcast hat als Erkennungszeichen eine kurze, einprägsame Melodie (Jingle). Eine durchgängige Sprecherin bzw. ein durchgängiger Sprecher führt ins Thema ein, moderiert die einzelnen Beiträge an und verabschiedet die Zuhörer/-innen.

Als Grundlage für einen Beitrag dient ein strukturiertes Manuskript mit Zeilenabständen und Absätzen. Zur besseren Orientierung für die Sprecherin bzw. den Sprecher werden bestimmte Stellen mithilfe von Farben, Unterstreichungen und Zeichen hervorgehoben.

Für die Produktion eines Podcasts braucht man kein Tonstudio mit aufwendiger Technik. Wer im Besitz eines Smartphones ist, um Podcasts anzuhören, kann sie damit auch selbst produzieren. Drei Dinge sind dazu nötig: ein Mikrofon, eine Aufnahmefunktion und eine Internetverbindung. Mit einem Tablet oder Laptop und einem kostenlosen Audio-Schnittprogramm klingt es natürlich professioneller.

2 Diskutieren Sie zu zweit mithilfe des Textes die Frage, ob man Ihre materialgestützten Texte für einen Radiobeitrag verwenden kann.

3 Übertragen Sie die Tabelle und halten Sie ausgehend von eigenen Erfahrungen Kriterien für einen gelungenen Radiobeitrag fest.

Inhalt und Struktur	*Sprache*	*Klangliche Gestaltung*
interessanter Einstieg	*klar und deutlich*	*passende Hintergrundgeräusche*
– ...	– ...	– ...

Einen Podcast produzieren

4 **Planen Sie die inhaltliche Ausrichtung Ihres Podcasts (↗ Kapitel 14, S. 191–204: Ideen- und Stoffsammlungen anlegen).**

a) Legen Sie fest, welche Aspekte Sie zum Thema „Mobilität" thematisieren wollen.
b) Recherchieren Sie zu den von Ihnen festgelegten Aspekten.
c) Tauschen Sie sich über Ihre Ergebnisse aus und legen Sie zentrale Informationen fest.
d) Überlegen Sie, welche Ziele die Beiträge verfolgen sollen (z. B. informierend, argumentierend).

5 **Planen Sie den Aufbau Ihres Podcasts.**

a) Informieren Sie sich mithilfe des Textes „Was ist ein Podcast?" über die unterschiedlichen journalistischen Formen von Radiobeiträgen.
b) Überlegen Sie, welche Form für die jeweiligen Aspekte bzw. Informationen geeignet erscheint.
c) Klären Sie, wer welches Teilthema in welcher Form bearbeitet und wer als durchgängige Sprecherin bzw. durchgängiger Sprecher fungiert.
d) Verfassen Sie mithilfe des Textes „Was ist ein Podcast?" Manuskripte für Ihre Beiträge.

6 **Proben Sie Ihren Text, indem Sie auf angemessenes Sprechtempo, passende Betonung und sinnvolle Pausen achten. Stoppen Sie dabei die Zeit.**

7 **Erstellen Sie auf Grundlage der Absprachen innerhalb Ihrer Gruppe einen Ablaufplan für die Aufnahme Ihres Podcasts.**

Nr.	*Zeit*	*Art des Audios*	*Sprecherin/Sprecher*	*Inhalt*
1.	*ca. 20 Sekunden*	*Jingle als Auftakt*		–
2.	*ca. 1 Minute*	*Hinführung zum Thema/Anmoderation des ersten Beitrags*		*Die Bedeutung von Mobilität* …
3.	*ca. 3 Minuten*	*z. B. Feature*		
4.	*ca. 30 Sekunden*	*Anmoderation des zweiten Beitrags*		
5.	*ca. 3 Minuten*	*z. B. Kommentar*		
…	*ca. 30 Sekunden*	*Verabschiedung und Jingle*		*Abschluss*

8 **Produzierenn Sie die Beiträge für Ihren Podcast.**

a) Nehmen Sie die Audiodateien auf.
b) Bearbeiten Sie diese mithilfe geeigneter Apps.

9 **Präsentieren Sie Ihre Radiobeiträge und geben Sie sich gegenseitig Feedback (↗ Kapitel 14, S. 191–204: Feedbackregeln).**

Kapitel 10

Kommunikation verstehen und gestalten

10.1 Mit Worten und dem Körper kommunizieren

10.2 Kommunikationsvorgänge verstehen

10.3 Die vier Seiten einer Nachricht kennen

10.4 Kommunikationsvorgänge gestalten

10.5 Anwenden, Vertiefen, Fazit

Kommunikation ermöglicht die Verständigung zwischen Menschen und ist damit von entscheidender Bedeutung im privaten und beruflichen Leben. Damit Kommunikation gelingt, müssen viele Faktoren zusammenkommen. In diesem Kapitel werden Kommunikationsvorgänge analysiert. Dies hilft Ihnen, zu verstehen, warum Kommunikation in bestimmten Fällen misslingt und wie in Zukunft typische Kommunikationsfehler vermieden werden können.

Das Modell der Gewaltfreien Kommunikation gibt Anregungen, wie schwierige Kommunikationssituationen besser zu bewältigen sind.

Kompetenzen

- ✓ Körpersprache reflektieren und einsetzen
- ✓ Körpersprache in Graphic Novels erkennen
- ✓ Ursachen von Kommunikationsstörungen erkennen und vermeiden
- ✓ in Konfliktsituationen angemessen kommunizieren

Methoden und Arbeitstechniken

- ✓ Expertenkarussell
- ✓ Partnerübung (Gangübung)
- ✓ Partnerübung (Gefühle)
- ✓ Rollenspiel

Mit Worten und dem Körper kommunizieren

Nonverbal kommunizieren

Für einen erfolgreichen Gesprächsverlauf wird der nonverbalen Kommunikation, das heißt der Körpersprache, eine hohe Bedeutung zugesprochen. Im folgenden Dramenauszug geht es um ein Training für einen Manager, Herrn Deér, der entlassen worden ist und nun von Herrn Tschudi darauf vorbereitet wird, sich in einem anderen Unternehmen zu bewerben.

Urs Widmer: Top Dogs (1997, Auszug)

5. Gangübungen

[…]

TSCHUDI: *zu Deér* Ja, Tag, Herr Deér. Sie wissen ja, worum es geht. Und wenn nicht, werd' ich's Ihnen erklären, im Lauf der Übungen. So! Als Erstes machen Sie einfach ein paar Schritte, so wie Sie das gewöhnt sind, jeden Tag, aus dem Bauch heraus einfach ein paar Schritte. *Deér geht.* Wunderbar! *Deér geht weiter.* Das reicht, das reicht. Herr Deér. Das ist der sogenannte „Ist-Zustand". Ja. Jetzt möcht' ich Ihnen gern, anhand von zwei, drei Manipulationen an Ihrem Körper zeigen, wie Sie von innen und dann natürlich auch als Ausstrahlung ein ganz neues Lebensgefühl kriegen. Als Erstes: Die Schultern sind viel zu weit vorn, die müssen weiter nach hinten. Korrigiert. So! Und auch der Kopf. Sehen Sie, wichtig ist, dass der Kopf die Fortsetzung der Wirbelsäule ist. Stellen Sie sich vor, dass Sie da an einem Faden am Himmel befestigt sind. Sehr gut, jetzt geh'n Sie mal ein paar Schritte. *Deér geht.* Ja, sehr schön, genau das, ja, halt, halt, nicht so weit. Ich muss ja regelrecht hinter Ihnen dreinsprinten. Gut. Als Nächstes, schauen Sie: Die Hände. Das ist eine sogenannte Abwehrhaltung. *Er korrigiert. Deér geht.* Sehr gut. Jetzt drehen Sie sich um. Jetzt noch zu den Füßen, sehen Sie, das ist ein, so ein Schneepflug. Das können Sie auf der Skipiste machen, aber hier nicht. Parallel! Nein, nein, nicht so. *Deér korrigiert seine Haltung.* So. Jetzt geh'n Sie mal ein paar Schritte. *Deér geht.* Ja! Also ich hab schon ein sehr gutes Gefühl! Wie gehts Ihnen? Prima, nicht wahr?

DEÉR: Ganz was anderes!

TSCHUDI: Sehr gut, Herr Deér. Das reicht für heute. Es hat mich gefreut. Ich hoffe, dass Sie das so behalten können.

DEÉR: Danke schön.

TSCHUDI: Das ist ja das Wichtigste. Auf Wiedersehn. Bis zum nächsten Mal.

1 Führen Sie zu zweit Gangübungen durch: Gehen Sie durch den Raum und tauschen Sie sich darüber aus, wie man den Gang verändern könnte.

a) Beschreiben Sie, wie Sie sich mit dem veränderten Gang fühlen.

b) Vergleichen Sie Ihre Erfahrungen mit denen, die Herr Deér macht.

2 Beurteilen Sie die Hinweise, die Herr Tschudi Herrn Deér gibt. Berücksichtigen Sie dabei auch Ihre eigenen Erfahrungen.

a) Herr Deér war Manager und ist entlassen worden. Wie wirkt sich diese Lebenssituation auf seine Körperhaltung zu Beginn der Szene aus?

Seine Körperhaltung zu Beginn ist … Sein Kopf … Seine Hände signalisieren …

b) Sind die Tipps von Herrn Tschudi auch für Sie geeignet, z. B. bei einem Vorstellungsgespräch oder bei einem Vortrag vor der Klasse? Begründen Sie Ihre Antwort.

Herr Tschudi empfiehlt … Ich kann mir vorstellen, diesen Rat umzusetzen, weil … Oder: Diese Empfehlung möchte ich nicht umsetzen, da …

Nonverbal kommunizieren

3 **Herr Tschudi verspricht Herrn Deér ein neues Lebensgefühl. Diskutieren Sie dieses Versprechen mit Ihrem Nachbarn.**

Meiner Meinung nach ... Wenn ... diese Ratschläge umsetzt würden, würde in Zukunft ...

4 **Führen Sie die folgende Übung zur zweit durch:**

- **Notieren Sie zuerst kurz, wie Sie sich in diesem Moment fühlen.**
- **Lächeln Sie nun, d. h., heben Sie mindestens für zehn Sekunden die Mundwinkel an.**
- **Vergleichen Sie Ihre Stimmung nach dieser Übung mit Ihren Notizen.**
- **Hat sich Ihre Verfassung verändert?**
- **Tauschen Sie sich über Ihre Erfahrungen aus.**

a) Recherchieren Sie, worauf diese Veränderung zurückzuführen ist.

b) Bearbeiten Sie erneut Aufgabe 3 und beurteilen Sie die Behauptung von Herrn Tschudi.

Während der Übung habe ich gespürt, ... Die Äußerung von Herrn Tschudi beurteile ich jetzt ...

5 **Lesen Sie GUT ZU WISSEN „Körpersprache" und beschreiben Sie, wie sich eine am Gespräch interessierte Einstellung körpersprachlich (Körperhaltung/Kopfhaltung/Mimik/Gestik) ausdrücken lässt.**

Die einzelnen Elemente meiner Körperhaltung müssen sich ergänzen, damit ich ...

GUT ZU WISSEN | Körpersprache

Neben dem, was gesagt wird (**verbale** Kommunikation), spielt auch die Art und Weise, wie etwas gesagt wird, eine wichtige Rolle. Diesen Aspekt bezeichnet man als **nonverbale** Kommunikation oder Körpersprache. Die Körpersprache wirkt dabei viel stärker auf den Kommunikationspartner als das, was gesagt wird. Viele körpersprachliche Signale sind mehrdeutig, z. B. können zusammengekniffene Augen auf Ablehnung hinweisen, können aber auch die Folge einer starken Sonneneinstrahlung sein. Eine Deutung wird erst möglich, wenn auch die übrigen körpersprachlichen Signale beachtet und eingeordnet werden. Dazu gehören:

- die **Haltung**: z. B. zugewandt oder abgewandt, gebeugt oder aufrecht, Kopf geneigt oder vorgeschoben
- die **Mimik**: z. B. lächeln oder ernst schauen, Augenkontakt oder wegschauen, Stirn gerunzelt oder glatt
- die **Gestik**: z. B. Arme hängend oder verschränkt, offene Handhaltung oder Fäuste

Weil gleichzeitig so viele Komponenten auf den Gesprächspartner wirken, ist es sehr schwierig, die Körpersprache bewusst zu steuern und Gefühle auszudrücken, die man nicht empfindet.

6 **Körpersprachliche Signale können mehrere Bedeutungen haben. Nennen Sie mögliche Ursachen für die folgenden Gesten:**

a) Der Gesprächspartner verschränkt beim Gespräch die Arme.

b) Die Gesprächspartnerin sieht während des Gesprächs auf die Uhr.

Verbal und nonverbal kommunizieren

„Woyzeck“ von Georg Büchner ist eines der meistgespielten Dramen der deutschen Literatur. Büchner starb 1837, mit 23 Jahren, bevor er das Drama vollenden konnte. Deshalb existieren verschiedene Versionen des Dramenfragments.

In den einzelnen Szenen wird das Leben des einfachen Soldaten Woyzeck geschildert, der hart arbeitet, um seine Geliebte Marie und das gemeinsame Kind zu ernähren. Marie betrügt ihn mit einem Tambourmajor (Anführer eines Spielmannszugs beim Militär).

Der folgende Ausschnitt stammt aus einem von Dino Battaglia gezeichneten Literaturcomic (Graphic Novel) und zeigt ein Zusammentreffen des Tambourmajors mit Woyzeck.

Dino Battaglia: Woyzeck. Graphic Novel

Verbal und nonverbal kommunizieren

1 Der Tambourmajor ist im ersten Bild mit Sprechblase dargestellt. Analysieren Sie seine Körpersprache auf diesem und den folgenden Bildern.

Er steht aufrecht und hält ... Sein Gesichtsausdruck ist ... Er wirkt ...

2 Analysieren Sie die Äußerungen des Tambourmajors. Wie lässt sich seine derbe Ausdrucksweise erklären?

3 Lesen Sie den Auszug aus „Woyzeck", der dem Comic-Ausschnitt zugrunde liegt.

Im Wirtshaus trifft Woyzeck auf den Tambourmajor. Dieser will ihn zum Trinken animieren. Woyzeck ist dabei noch nicht klar, dass seine Geliebte ihn mit dem Tambourmajor betrügt.

Georg Büchner: Woyzeck (1836, Auszug)

Wirtshaus

Tambourmajor. Woyzeck. Leute

TAMBOURMAJOR: Ich bin ein Mann! *(schlägt sich auf die Brust)* ein Mann sag ich. Wer will was? Wer kein besoffen Herrgott ist, der lass sich von mir! Ich will ihm die Nas ins Arschloch prügeln. Ich will – *(zu Woyzeck)* da, Kerl, sauf, der Mann muss saufen, ich wollt die Welt wär Schnaps, Schnaps.

Woyzeck pfeift.

TAMBOURMAJOR: Kerl, soll ich dir die Zung aus dem Hals ziehe und sie um den Leib herumwickle? *(Sie ringen, Woyzeck verliert.)* Soll ich dir noch so viel Atem lassen als en Altweiberfurz, soll ich?

Woyzeck setzt sich erschöpft zitternd auf die Bank.

TAMBOURMAJOR: Der Kerl soll dunkelblau pfeifen.
Ha. Brandewein, das ist mein Leben,
Brandwein gibt Courage.

EINE: Der hat sei Fett.

ANDERE: Er blut.

WOYZECK: Eins nach dem andern.

4 Charakterisieren Sie den Tambourmajor. Verwenden Sie Sprache und Stil.

SPRACHE UND STIL — Verbales und nonverbales Verhalten von Figuren beschreiben

Die Figur zeichnet sich aus durch ...
Er/Sie hat ein provozierendes/aggressives/bescheidenes ... Auftreten.
Die Figur verhält sich ..., als es passiert.
Die Art und Weise, wie er/sie spricht, lässt deutlich werden, dass ...

5 Die Gestaltung von Graphic Novels stellt die Zeichnerinnen und Zeichner vor besondere Herausforderungen. Sie müssen den Text kürzen und die gekürzten Passagen durch Bilder ersetzen, damit die Handlung verständlich bleibt und die Atmosphäre deutlich wird.

a) Benennen Sie die Textpassagen, die der Zeichner der Graphic Novel „Woyzeck" weggelassen hat.

b) Beschreiben Sie, wie die gekürzten Passagen sich trotzdem in den Bildern wiederfinden.

Kommunikationsvorgänge verstehen

Kommunikationsvorgänge sind oft von Störungen begleitet. Paul Watzlawick (1921–2007) hat sich mit den Ursachen von Kommunikationsstörungen beschäftigt. Die Ergebnisse seiner Forschungen hat er in Form von fünf Axiomen, d. h. Lehrsätzen, formuliert.

Paul Watzlawick

von Hans Kraft

[…] 1. Die Unmöglichkeit, nicht zu kommunizieren

Was immer wir in der Gegenwart eines anderen tun, wir kommunizieren. Wir müssen dabei nicht irgendetwas sagen oder sprechen, wir können uns völlig still und schweigsam verhalten, aber wir verhalten uns. […] „Kommunikation ist, so folgt daraus, dass man, wie immer man es auch versuchen mag, nicht nicht kommunizieren kann." (Watzlawick, 1990, S. 51)

2. Die Inhalts- und Beziehungsaspekte der Kommunikation

Wenn Sie kommunizieren, werden Sie vielfach Informationen mitteilen wie zum Beispiel „es regnet", „Schalke hat gestern gewonnen" oder „jetzt wird's dunkel". Diese Mitteilungen können Sie mit völlig neutraler Stimme aussprechen und vermutlich wird Ihr Gesprächspartner verstehen, was Sie sagen wollen. Anders wird die Situation, wenn Sie z. B. die Frage stellen, ob Dortmund noch eine Chance habe. Sofort ist viel mehr als nur eine Information gemeint. **Inhalte und auch Beziehungen werden angesprochen.** Die Stimmungslage Ihres Gesprächspartners spielt eine Rolle, auch die Frage, wie sie zueinander stehen. […] „Wir finden somit in jeder Kommunikation einen Inhalts- und einen Beziehungsaspekt." (Watzlawick, 1990, S. 53). Und mit dem Beziehungsaspekt steigt der Grad der Komplexität in der Kommunikation. […]

5. Symmetrische und komplementäre Interaktionen

Wenn Sie sich mit Studienkollegen unterhalten, mit Freunden, mit Familienangehörigen, dann interagieren Personen auf einer Ebene, die sich kennen, die sich verstehen. Es besteht **Symmetrie in der Kommunikation.** Wenn Sie als Studierender beim Professor vorstellig werden, als Mitarbeiter beim Chef oder als Autofahrer vom Polizisten angehalten werden, dann sind die Beziehungsstrukturen anders gelagert. Es handelt sich um komplementäre Interaktionen, denen eine Ungleichheit der Gesprächspartner zugrunde liegt. […] „Um einem häufigen Missverständnis vorzubeugen, kann nicht eindrücklich genug darauf verwiesen werden, dass Symmetrie und Komplementarität nichts mit Werturteilen wie ‚gut' oder ‚schlecht', ‚normal' oder ‚abnormal' und dergleichen zu tun haben." […] (Watzlawick, 1990, S. 103) […]

(aus: Rhetorik und Gesprächsführung, 2016)

1 Bilden Sie drei Gruppen und erklären Sie in einem Expertenkarussell (↗ Kapitel 14, S. 191–204) pro Gruppe ein Axiom.

2 Analysieren Sie folgende Situation: Person A sitzt während der Mittagspause in der Kantine allein an einem Tisch für sechs Personen. Person B setzt sich kommentarlos auf einen der freien Plätze. Die beiden kennen sich nicht.

a) Nennen Sie mithilfe der Axiome verschiedene mögliche Reaktionen von Person A.
Person A könnte … Gleichzeitig könnte sie … Eine andere Möglichkeit wäre, wenn sie …

b) Stellen Sie dar, wie diese verschiedenen Reaktionen auf Person B wirken könnten.

c) Erläutern Sie, welche Verhaltensregeln für eine erfolgreiche Kommunikation sich aus dieser Situation ableiten lassen.

Kommunikationsvorgänge verstehen

3 Je nachdem, wie die Gesprächspartner zueinanderstehen, unterscheidet sich die Art, wie sie z. B. einen Konflikt austragen. Führen Sie ein Rollenspiel durch (↗ Kapitel 14, S. 191–204): Stellen Sie eine komplementäre Interaktion und eine symmetrische Interaktion dar und formulieren Sie jeweils ein Konfliktgespräch und ein neutrales themenbezogenes Gespräch:

Interaktion	Rolle	Konfliktgespräch	Neutrales themenbezogenes Gespräch
komplementär	Rolle A: Chefin Rolle B: Ferienaushilfe	Situation/Thema: ...	Situation/Thema: Chefin erklärt die Kasse.
symmetrisch	Rolle A: ... Rolle B: ...	Situation/Thema: ...	Situation/Thema: ...

a) Beschreiben Sie jeweils eine komplementäre Situation, in der ein Konflikt geklärt werden soll, und eine, in der die Gesprächspartner sich über ein Thema unterhalten.

Eine komplementäre Gesprächssituation besteht zwischen Chefin und Ferienaushilfe. Wenn die Chefin der Aushilfe z. B. die Kasse erklärt, handelt es sich um ...

b) Beschreiben Sie nun jeweils eine symmetrische Situation, in der ein Konflikt geklärt werden soll, und eine, in der die Gesprächspartner sich über ein Thema unterhalten.

c) Analysieren Sie, welche Auswirkungen es für den Gesprächsverlauf hat, wenn die Gesprächspartner komplementär zueinander stehen.

Wenn mein Gesprächspartner im Gespräch übergeordnet ist, weil er z. B. mein Chef ist oder sich mit einem Thema auskennt, werde ich während des Gesprächs darauf achten, ... Ich werde vermeiden, ...

4 Verbalisieren Sie das Eisbergmodell (↗ GZW „Eisbergmodell").

5 Person A fragt Person B in abfälligem Ton: „In diesem Haus wohnen Sie?" Beschreiben Sie eine Beziehung zwischen A und B, die zu dieser Äußerung passt. Beziehen Sie dazu das Eisbergmodell (↗ GZW „Eisbergmodell") ein.

Wenn Person A Person B nicht leiden mag, dann äußert sie das z. B., indem sie ...

GUT ZU WISSEN | Eisbergmodell

Das Eisbergmodell besagt, dass die Bewertung einer Kommunikationssituation nur zu einem sehr geringen Teil von den Faktoren abhängig ist, die oberflächlich bemerkbar sind und die aktuelle kommunikative Handlung beeinflussen.

Nicht wahrnehmbare Faktoren sind beispielsweise:

- **Stimmungen und Befindlichkeiten**
- **die persönlichen Erfahrungen** der Gesprächsteilnehmer, welche in diese Situation hinein getragen werden
- **das Weltwissen**, über das die Beteiligten verfügen
- **die Vorgeschichte** dieser Kommunikationssituation
- **das Selbstkonzept** der Kommunikationspartner

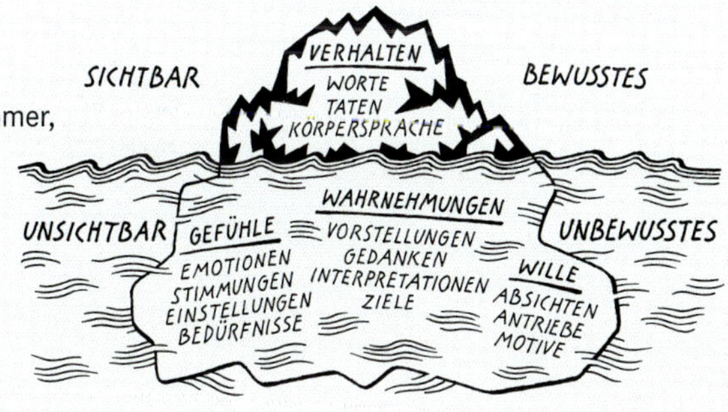

Die vier Seiten einer Nachricht kennen

Auch Friedemann Schulz von Thun, Psychologe und Kommunikationswissenschaftler, unterscheidet zwischen Sachinhalt und Beziehungshinweis. Er ergänzt zwei weitere Ebenen, die Selbstkundgabe und den Appell, und erhält so ein Kommunikationsquadrat.

Das Kommunikationsquadrat

von Friedemann Schulz von Thun

[…] Wenn ich als Mensch etwas von mir gebe, bin ich auf vierfache Weise wirksam. Jede meiner Äußerungen enthält, ob ich will oder nicht, vier Botschaften gleichzeitig:

- eine Sachinformation (worüber ich informiere) – blau
- eine Selbstkundgabe (was ich von mir zu erkennen gebe) – grün,
- einen Beziehungshinweis (was ich von dir halte und wie ich zu dir stehe) – gelb,
- einen Appell (was ich bei dir erreichen möchte) – rot.

Ausgehend von dieser Erkenntnis hat Schulz von Thun 1981 die vier Seiten einer Äußerung als Quadrat dargestellt. Die Äußerung entstammt dabei den „vier Schnäbeln" des Senders und trifft auf die „vier Ohren" des Empfängers. Sowohl Sender als auch Empfänger sind für die Qualität der Kommunikation verantwortlich, wobei die unmissverständliche Kommunikation der Idealfall ist und nicht die Regel.

Die vier Ebenen der Kommunikation

Auf der **Sachebene** des Gesprächs steht die Sachinformation im Vordergrund, hier geht es um Daten, Fakten und Sachverhalte. Dabei gelten drei Kriterien:

- wahr oder unwahr (zutreffend / nicht zutreffend)
- relevant oder irrelevant (Sind die aufgeführten Sachverhalte für das anstehende Thema von Belang / nicht von Belang?)
- hinlänglich oder unzureichend (Sind die angeführten Sachhinweise für das Thema ausreichend, oder muss vieles andere zusätzlich bedacht werden?)

Die Herausforderung für den Sender besteht auf der Sachebene darin, die Sachverhalte klar und verständlich auszudrücken. Der Empfänger kann auf dem Sachohr entsprechend der drei Kriterien reagieren.

Für die **Selbstkundgabe** gilt: Wenn jemand etwas von sich gibt, gibt er auch etwas von sich. Jede Äußerung enthält gewollt oder unfreiwillig eine Kostprobe der Persönlichkeit – der Gefühle, Werte, Eigenarten und Bedürfnisse. Dies kann explizit („Ich-Botschaft") oder implizit geschehen.

Während der Sender mit dem Selbstkundgabe-Schnabel implizit oder explizit, bewusst oder unbewusst, Informationen über sich preisgibt, nimmt der Empfänger diese mit dem Selbstkundgabe-Ohr auf: Was ist das für einer? Wie ist er gestimmt? Was ist mit ihm? usw.

Auf der **Beziehungsseite** gebe ich zu erkennen, wie ich zum Anderen stehe und was ich von ihm halte. Diese Beziehungshinweise werden durch Formulierung, Tonfall, Mimik und Gestik vermittelt.

Der Sender transportiert diese Hinweise implizit oder explizit. Der Empfänger fühlt sich durch die auf dem Beziehungsohr eingehenden Informationen wertgeschätzt oder abgelehnt, missachtet oder geachtet, respektiert oder gedemütigt.

Die Einflussnahme auf den Empfänger geschieht auf der **Appellseite.** Wenn jemand das Wort ergreift, möchte er in aller Regel etwas erreichen. Er äußert Wünsche, Appelle, Ratschläge oder Handlungsanweisungen.

Die Appelle werden offen oder verdeckt gesandt. Mit dem Appell-Ohr fragt sich der Empfänger: Was soll ich jetzt (nicht) machen, denken oder fühlen?

(www.schulz-von-thun.de/die-modelle/das-kommunikationsquadrat)

Die vier Seiten einer Nachricht kennen

1 Erschließen Sie den Text mithilfe der folgenden Aufgaben. Berücksichtigen Sie dabei auch GUT ZU WISSEN „Das Kommunikationsquadrat".

a) Nennen Sie Beispiele für Kommunikationssituationen, in denen vorwiegend der Sachinhalt zum Ausdruck kommt.
b) Erläutern Sie, warum die Beziehungsseite einer Äußerung häufig die Ursache für Konflikte darstellt.
c) Erläutern Sie, wie der Sender einen indirekten Appell formulieren könnte.
d) Vergleichen Sie die Wirkung eines solchen Appells mit der Wirkung eines direkten Appells. Stellen Sie einen Bezug zu dem in GUT ZU WISSEN „Das Kommunikationsquadrat" dargestellten Problem her.

2 Erläutern Sie anhand eines selbst gewählten Beispiels, inwiefern sowohl der Sender als auch der Empfänger an einer gelingenden Kommunikation beteiligt sind.

Ich gehe von folgender Situation aus: ... Nur wenn der Empfänger ..., kann der Sender sein Anliegen ...

GUT ZU WISSEN | Das Kommunikationsquadrat

Jede Nachricht und jede Äußerung enthält vier Botschaften. Eine Botschaft dominiert und stellt das eigentliche Ziel der Sprechabsicht dar. Für den Empfänger der Mitteilung ist es allerdings oft schwierig, diese Seite zu erkennen, sodass es häufig zu Fehlinterpretationen kommen kann. Bekannt geworden ist dieses Modell auch als „Vier-Ohren-Modell" oder „Nachrichtenquadrat":

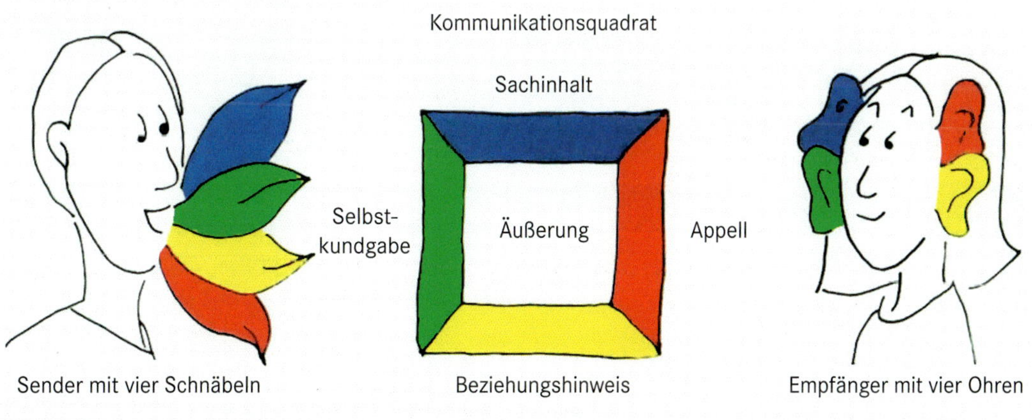

Die **Sachebene**
→ Welche sachlichen Inhalte werden übermittelt?

Die **Selbstoffenbarungsebene**
→ Was teile ich über mich selbst mit?

Die **Beziehungsebene**
→ Wie stehe ich zu meinem Kommunikationspartner?

Die **Appellebene**
→ Wozu möchte ich meinen Gesprächspartner veranlassen?

Digital-schriftlich kommunizieren

Sowohl im beruflichen als auch im privaten Umfeld nimmt die Kommunikation über digitale Medien zu. Sie vereinfacht Kommunikationsvorgänge, die schnell über große räumliche Distanzen erforderlich sind oder die zeitlich versetzt stattfinden.

1 Was ist digitale Kommunikation für Sie? Beschreiben Sie die digital-schriftlichen Kommunikationsprozesse.

a) Nennen Sie Systeme und Apps, die dafür verwendet werden.
b) Beschreiben Sie Situationen, in denen eine digital-schriftliche Kommunikation möglich ist.
c) Erläutern Sie die Anforderungen, z. B. im Hinblick auf die Geschwindigkeit. Berücksichtigen Sie dabei auch GUT ZU WISSEN „Besonderheiten der digital-schriftlichen Kommunikation“.

2 Analysieren Sie die Verwendung von Emojis in der digital-schriftlichen Kommunikation.

a) Recherchieren Sie, seit wann es Emojis oder deren Vorläufer (Emoticons) gibt.
b) Beschreiben Sie ihre Funktion im Rahmen der digital-schriftlichen Kommunikation.
c) Formulieren Sie eine Nachricht, in der Sie um die Verschiebung eines Treffens für ein Referat bitten, weil Sie mit Ihrem Anteil nicht fertiggeworden sind. Entscheiden Sie, welches Emoji Sie verwenden würden, und begründen Sie Ihre Wahl.
d) Begründen Sie, ob die Anwendung von Emojis in beruflichen Mails zu empfehlen ist.

3 Wenden Sie die Modelle auf die digital-schriftliche Kommunikation an.

a) Wenden Sie das Eisbergmodell auf die digital-schriftlichen Kommunikationsformen an. Erläutern Sie, auf welche Weise sich eine Ebene „unterhalb des Wasserspiegels“ bildet.
b) Wenden Sie Watzlawicks Axiom der symmetrischen und komplementären Interaktion auf den Bereich der digital-schriftlichen Kommunikation an.

★ **4 Recherchieren Sie, ob und welche Regeln es für die digital-schriftliche Kommunikation gibt (Stichwort Netiquette).**

GUT ZU WISSEN | Besonderheiten der digital-schriftlichen Kommunikation

Digitale Kommunikation bedeutet häufig schriftliche Kommunikation, d. h., es stehen weniger Kanäle zur Verfügung: Mimik, Gestik, Tonfall und Lautstärke spielen keine Rolle. Das erhöht die **Gefahr von Missverständnissen**. Außerdem lassen sich schriftliche Äußerungen speichern und immer wieder lesen, d. h., sie wirken **langfristig**, auch wenn die Verfasserin / der Verfasser ihre/seine Ansicht längst geändert hat. Da der Sender nicht miterlebt, wie die Nachricht auf den Empfänger wirkt, sind auch keine direkten Korrekturen möglich, um Missverständnisse oder Ärger zu vermeiden.

All dies galt auch früher schon für Briefe. Deshalb gibt es für Geschäftsbriefe zahlreiche Normen, z. B. was die Anrede, die Grußformel und den Aufbau betrifft. Diese sehr formale Art der Kommunikation wirkt zwar eher distanziert, verhindert aber Missverständnisse und Verstimmungen.

Die digital-schriftliche Kommunikation ersetzt häufig Telefonate und direkte Kontakte. Bei der digital-schriftlichen Kommunikation existieren wenig **Normen** und diese Art der Kommunikation findet sowohl auf privater als auch auf beruflicher Ebene statt. Die Grenzen verschwimmen und das kann zu Kommunikationsproblemen führen. Bis sich allgemeingültige Normen durchsetzen, ist es daher wichtig, sich der Gefahren bewusst zu sein und **vorsichtig und höflich zu formulieren**. Ergänzend sollte man regelmäßig den persönlichen Kontakt suchen, um Missstimmungen rechtzeitig zu erkennen.

Kommunikationsvorgänge gestalten

Gewaltfrei kommunizieren

Marshall Rosenberg (1934–2015) war ein amerikanischer Psychologe. Er entwickelte das Konzept der Gewaltfreien Kommunikation (GFK), mit dem er z. B. in Konflikten zwischen verfeindeten Rockerbanden und in internationalen Konflikten erfolgreich vermitteln konnte. Im folgenden Text werden die vier Komponenten erklärt, aus denen sich die GFK zusammensetzt.

Der Prozess der Gewaltfreien Kommunikation

von Marshall B. Rosenberg

[…] Zuerst beobachten wir, was in einer Situation tatsächlich geschieht: Was hören wir andere sagen, was sehen wir, was andere tun, wodurch unser Leben entweder reicher wird oder auch nicht? Die Kunst besteht darin, unsere Beobachtung dem anderen ohne Beurteilung und Bewertung mitzuteilen – einfach zu beschreiben, was jemand macht, und dass wir es entweder mögen oder nicht. Als Nächstes sprechen wir aus, wie wir uns fühlen, wenn wir diese Handlung beobachten. Fühlen wir uns verletzt, erschrocken, froh, amüsiert, irritiert usw.? Im dritten Schritt sagen wir, welche unserer Bedürfnisse hinter diesen Gefühlen stehen. Das Bewusstsein dieser drei Komponenten ist uns gegenwärtig, wenn wir die GFK einsetzen, um klar und ehrlich auszudrücken, wie es uns gerade geht.

Eine Mutter kann z. B. diese drei Bestandteile ihrem Sohn gegenüber ausdrücken, indem sie sagt: „Felix, wenn ich in unseren gemeinsamen Räumen zwei zusammengerollte schmutzige Socken unter dem Kaffeetisch sehe und noch drei neben dem Fernseher, dann bin ich irritiert, weil mir Ordnung wichtig ist.

Sie macht dann sofort weiter mit der vierten Komponente – einer sehr spezifischen Bitte: „Würdest du bitte deine Socken in dein Zimmer oder in die Waschmaschine tun?“ Dieses vierte Element bezieht sich darauf, was wir vom anderen wollen, sodass unser beider Leben schöner wird. Was kann er oder sie konkret tun, um unsere Lebensqualität zu verbessern? […]

(aus: Gewaltfreie Kommunikation. Eine Sprache des Lebens, 2016)

Karikatur aus Ingrid Holler:
Trainingsbuch der Gewaltfreien Kommunikation

Gewaltfrei kommunizieren

1 Beschreiben Sie, welche Aspekte bei diesem Konzept der Kommunikation im Mittelpunkt stehen, die in den bisherigen Kommunikationsmodellen weniger bedeutend waren (↗ GZW „Der Prozess der Gewaltfreien Kommunikation“).

2 Beschreiben Sie die Karikatur.

a) Vergleichen Sie bei beiden Abbildungen die Äußerungen, mit denen die Person links einen Sachverhalt beschreibt.

b) Erläutern Sie, welche Wirkung die unterschiedlichen Formulierungen haben.

3 Benennen Sie die Gefühle, die hinter den folgenden Äußerungen stehen:

A Ich werde ausgenutzt.

B Ich bin für dieses Studium nicht geeignet.

4 Formulieren Sie die Werte oder Bedürfnisse, die zu folgenden Äußerungen passen.

A Sie haben an unserem letzten Treffen nicht teilgenommen und keine Nachricht geschickt.

B Obwohl ich meine Projekte weit vor dem Abgabetermin fertiggestellt hatte, haben Sie nichts darüber gesagt.

5 Formulieren Sie die Äußerungen so um, dass sie als abschließende Bitte verwendbar sind.

A Zeigen Sie in Zukunft mehr Interesse.

B Engagieren Sie sich in Zukunft mehr in Ihrem Team.

GUT ZU WISSEN – Der Prozess der Gewaltfreien Kommunikation

Zur Gewaltfreien Kommunikation gehören vier Schritte, die aufeinander folgen.

1. Ausgangspunkt ist die Beschreibung **konkreter Handlungen**, die man als störend empfindet. Der Sachverhalt sollte nicht beurteilt, sondern **neutral geschildert** werden. Dadurch entsteht eine gemeinsame Gesprächsbasis, da bis dahin nur beobachtbare Sachverhalte geschildert werden.
Beispiel: *„Sie waren heute 30 min zu spät und haben sich letzten Mittwoch ebenfalls um 30 min verspätet.“*

2. Im zweiten Schritt äußert man die **Gefühle, die dieses Verhalten erzeugt**. Wenn man diese Gefühle benennt, öffnet man sich gegenüber dem Gesprächspartner und schafft damit eine Basis für ein größeres gegenseitiges Verständnis. Dafür ist es wichtig, dass man nicht nur Gedanken oder Interpretationen formuliert. Um dies zu kontrollieren, bietet es sich an, statt „Ich fühle ...“ „Ich bin ...“ zu sagen. Obwohl „Ich fühle mich zurückgesetzt.“ durchaus ein Gefühl zu beschreiben scheint, zeigt die Umformulierung: „Ich bin zurückgesetzt.“, dass es sich eher um eine Interpretation handelt. „Ich bin traurig.“ beschreibt das dahinterstehende Gefühl. Weitere mögliche Gefühle sind z. B. Angst, Wut, Enttäuschung und Sorge.
Beispiel: *Ich mache mir Sorgen, dass Kunden morgens vor der Tür stehen, wenn Sie sich verspäten.*

3. Im dritten Schritt erklärt man, **was einem selbst wichtig ist**. Das soll dem Gesprächspartner die Möglichkeit geben zu verstehen, welche Bedeutung sein Verhalten für das Gegenüber hat.
Beispiel: *„Mir sind zufriedene Kunden sehr wichtig, die unser Unternehmen weiterempfehlen können.“*

4. Als vierten Schritt formuliert man präzise seine Erwartungen, eventuell in Form einer Bitte. Achten Sie darauf, dass Sie **konkret beschreiben, was Sie sich wünschen**, und dass es sich um ein Verhalten handelt, das auch andere von außen beobachten können.
Beispiel: *„Ich erwarte, dass Sie in Zukunft spätestens fünf Minuten, bevor wir öffnen, anwesend sind.“ Statt: „Seien Sie in Zukunft rechtzeitig da.“*

Anwenden, Vertiefen, Fazit

Literarische Dialoge analysieren

Der Auszug stammt aus dem Roman „Fast genial" von Benedict Wells. Die Geschichte spielt in den USA, wo der 17-jährige Francis und seine Mutter in einem Trailerpark (Wohnwagenpark, der ganzjährig bewohnt wird) leben. Seinen leiblichen Vater kennt er nicht. Die Mutter und sein Stiefvater sind geschieden. Die Mutter ist manisch-depressiv und hat einen Selbstmordversuch unternommen. Sie wird gerettet und Francis findet einen Abschiedsbrief, in dem steht, wer sein leiblicher Vater ist. Er bittet seinen Stiefvater um Geld, um seinen Vater suchen zu können.

Benedict Wells: Fast genial (Auszug, 2013)

[…] Während Ann-May und Grover in einen Starbucks gingen, suchte Francis seinen Stiefvater auf, um das Geld zu holen. Mit dem Lift fuhr er nach oben und traf dort wieder auf Betty. Diesmal wirkte sie zurückhaltender, dafür musste er nicht so lange warten. Ryan begrüßte ihn an der Tür. „Komm rein", sagte er etwas zu freundlich, und Francis bekam Angst, dass er ihn mit fadenscheinigen Gründen abweisen könnte.

Doch er täuschte sich: „Willst du das Geld bar?", fragte Ryan.

„Ja, bar wär am besten."

„Dachte ich mir." Ryan griff in eine Schublade und holte ein Kuvert heraus. Es war prall gefüllt. „Fünftausend. Du kannst nachzählen, wenn du willst!"

„Schon okay … Danke!"

Ryan nickte. „Wie geht es deiner Mutter?"

Francis wollte gerade antworten, als ein Anruf kam. Er beobachtete, wie Ryan telefonierte, er wirkte müde und angespannt. Dennoch machte er im Gespräch einen dynamischen Eindruck. Ryan hatte sich nie beklagt, als er sich mit seinen Aktien so verspekuliert hatte. Er hatte schon am nächsten Tag gesagt, dass er sich das Geld wieder zurückholen würde. Francis war sich sicher, dass es so kommen würde. In ein paar Jahren würde Ryan seine Schulden abbezahlt haben und danach wieder reich werden. Er konnte härter arbeiten als alle anderen.

Einen Moment lang bewunderte Francis ihn dafür. Dann legte Ryan den Hörer auf und winkte ihn zu sich. Er legte Francis den Arm um die Schulter. „Das mit den fünftausend", sagte er, „ist eine einmalige Sache, Frank, damit das klar ist. Ich bin nicht für dich verantwortlich. Ich habe dir das Geld gegeben, weil ich es dir versprochen habe und weil ich meine Versprechen halte. Aber ich bin nicht der Kerl, den du einfach so anpumpen kannst, wenn du mal was brauchst, verstanden?"

Francis nickte zögerlich und nahm das Kuvert an sich.

Als er gehen wollte, hielt Ryan ihn zurück. „Ich werde das übrigens auch Katherine sagen: Wir sind seit fast fünf Jahren geschieden, ich habe eine eigene Familie und eigene Probleme, ich kann euch nicht immer unterstützen oder ständig alles finanzieren, wenn sie wieder mal ihre Medikamente nicht nimmt und in die Klinik kommt. In den letzten Jahren habe ich Unsummen für euch ausgegeben."

„Aber sie ist nicht versichert, wir …"

„Nichts aber. Wenn du ein Problem damit hast, dann gib ihr deine fünftausend, oder fang an zu arbeiten. Auch deine Mutter kann sich eine Arbeit suchen. Sie hat immerhin mal studiert, niemand hat ihr damals gesagt, dass sie ihr Studium schmeißen soll. Ich denke, wenn sie auf eigenen Beinen stehen muss, hilft ihr das mehr."

Fick dich, dachte Francis, du Ratte lässt uns im Trailer verrotten und spielst dich jetzt auch noch als großzügiger Helfer auf. „Das kannst du nicht machen", sagte er nur, während er zu Ryan hinuntersah. „Wir haben nichts."

Literarische Dialoge analysieren

Ryan deutete auf das Kuvert. „Mein Vater starb, als ich elf war. Er kam von der Straße ab, prallte gegen eine Mauer und war sofort tot. Ich ging damals mit Freunden ins Kino und war ein normales Kind, und als ich nach Hause kam, war ich plötzlich das älteste von sechs Geschwistern, die zu Halbwaisen geworden waren. Ich musste mich um alle kümmern, ich konnte es mir nicht leisten, so faul zu sein wie du."

Francis wollte etwas erwidern, doch es war zwecklos. Ryans Blick schweifte in die Ferne, vermutlich dachte er an seine Kindheit, die ihn hart und stark gemacht hatte.

Nun würde alles noch schwieriger werden. […]

1 **Erstellen Sie ein Schaubild, das die Personenkonstellation zeigt. Verwenden Sie dazu auch die Informationen aus dem Vorspann.**

2 **Untersuchen Sie den Text.**

a) Beurteilen Sie, ob es sich beim Dialog zwischen Stiefvater und Sohn um eine komplementäre oder eine symmetrische Kommunikation handelt. Belegen Sie Ihre Aussage mit Textbeispielen.
Das Verhältnis zwischen … unterscheidet sich … durch … Für die Kommunikationssituation …

b) Erläutern Sie die sich daraus ergebenden Konsequenzen für den Gesprächsverlauf.

c) Beschreiben Sie, wie Francis seinen Stiefvater und die Situation im Verlauf des Gesprächs wahrnimmt, berücksichtigen Sie dabei auch die nonverbalen Anteile der Kommunikation.

d) Beschreiben Sie, wie der Stiefvater seinen Stiefsohn und die Situation wahrnimmt, berücksichtigen Sie dabei auch die nonverbalen Anteile der Kommunikation.
Aus den Äußerungen des Stiefvaters lässt sich schließen … Dafür spricht auch …

3 **Formulieren Sie ein Kommunikationsquadrat zur Äußerung von Ryan: „Ich habe dir das Geld gegeben, weil ich es dir versprochen habe und weil ich meine Versprechen halte."**
Auf der Sachebene drückt er damit aus …

4 **Formulieren Sie die markierte Aussage des Stiefvaters Ryan auf Seite 151 nach den Regeln der Gewaltfreien Kommunikation von Marshall Rosenberg um.**
Wir sind seit fast fünf Jahren geschieden und bisher habe ich die Krankheitskosten für euch übernommen. Ich mache mir Sorgen, …

FAZIT

10.1 Mit Worten und dem Körper kommunizieren
- Nonverbal kommunizieren
- Verbal und nonverbal kommunizieren

10.2 Kommunikationsvorgänge verstehen

10.3 Die vier Seiten einer Nachricht kennen
- Digital-schriftlich kommunizieren

10.4 Kommunikationsvorgänge gestalten
- Gewaltfrei kommunizieren

10.5 Anwenden, Vertiefen, Fazit
- Literarische Dialoge analysieren

Kapitel 11

Sprache verwenden und reflektieren

11.1 Sprachen in der Sprache finden

11.2 Standardsprache erläutern

11.3 Sondersprachen kennenlernen

11.4 Sprachwandel beschreiben

11.5 Anwenden, Vertiefen, Fazit

In diesem Kapitel lernen Sie, dass es Sprachen in der Sprache gibt. Sie lernen Besonderheiten unterschiedlicher Varietäten kennen und reflektieren deren Verwendung. Des Weiteren setzen Sie sich mit dem Sprachwandel des Deutschen am Beispiel von Veränderungen im Wortschatz der deutschen Sprache auseinander.

Kompetenzen

- ✓ sich mit Sprachvarietäten auseinandersetzen
- ✓ Funktion der Standardsprache benennen
- ✓ fachsprachliche Texte analysieren
- ✓ Jugendsprache reflektieren
- ✓ Gründe für den Sprachwandel benennen
- ✓ Erbwörter, Fremdwörter und Lehnwörter unterscheiden

Methoden und Arbeitstechniken

- ✓ Mindmap
- ✓ Recherche

Sprachen in der Sprache finden

Es gibt nicht einfach „das Deutsche“. Vielmehr besteht die deutsche Sprache aus vielen Varietäten, von denen jede Sprecherin und jeder Sprecher unterschiedlich viele beherrscht und anwendet, z. B. mal die Umgangssprache, dann den Dialekt und auch die Standardsprache.

Prinzipien der Sprachgeschichte

von Hermann Paul

In Wirklichkeit werden in jedem Augenblicke innerhalb einer Volksgemeinschaft so viele Dialekte geredet, als redende Individuen vorhanden sind, und zwar Dialekte, von denen jeder einzelne eine geschichtliche Entwickelung hat und in stetiger Veränderung begriffen ist.

(aus: Prinzipien der Sprachgeschichte, 1880)

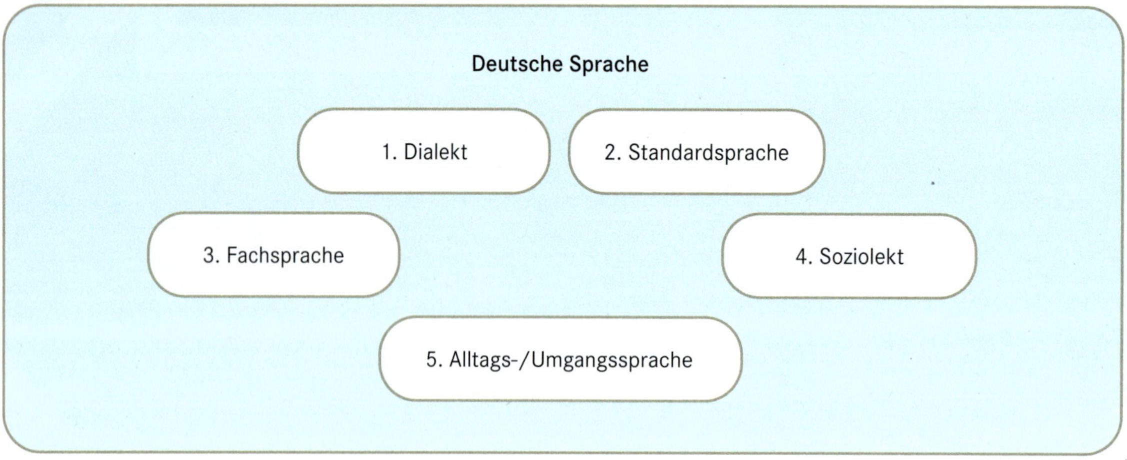

1 **Erläutern Sie das einführende Zitat des Sprachwissenschaftlers Hermann Paul (1846–1921).**

Hermann Paul ist der Ansicht, dass jeder Mensch in einer Sprachgemeinschaft ...

2 **Ordnen Sie den „Sprachen in der Sprache“ in der obigen Grafik jeweils die passende Definition zu.**

A „Schriftsprache“, Verwendung in der Schule und offiziellen Kommunikation, im ganzen deutschen Sprachraum gesprochen und verständlich

B Gruppensprache insbesondere bei Berufsgruppen, aber auch z. B. bei Hobbys; zeichnet sich vor allem durch einen speziellen Wortschatz aus

C auf bestimmte geografische Räume beschränkt und vorwiegend mündlich gebraucht, unterscheidet sich z. T. sehr von der Standardsprache

D findet im täglichen Gebrauch ihre Verwendung, stark von sozialen und regionalen Faktoren abhängig

E stark von der sozialen Schicht und Bildung beeinflusst, spezielle Sprache einer sozialen Gruppe, z. B. von Jugendlichen

Standardsprache erläutern

Soziolekt, Dialekt, Fachsprache – jede Varietät hat ihren Platz, aber nicht jeder versteht sie auch. Was ist das, was alle Sprecherinnen und Sprecher verbindet und was alle verstehen, wonach richten sich offizielle Stellen? Diese Funktion erfüllt die Standardsprache.

Was ist Standardsprache?

von Christa Dürscheid und Jan Georg Schneider

In unserem Alltag gibt es zahlreiche Situationen, in denen wir bestimmten Handlungsmustern folgen. So grüßen wir einander auf eingespielte Weise, bedanken und entschuldigen uns mit bestimmten Formeln. In Zeiten gesellschaftlichen und technologischen Wandels sowie interkultureller Einflüsse kommt es zur Veränderung und Ausdifferenzierung solcher Muster und je nach Situation zu Unsicherheiten, wie man sich verhalten solle. […] Wenn sich Menschen begegnen, die einander zwar oberflächlich kennen, aber nicht durch feste Normen oder kommunikative Routinen miteinander verbunden sind, dann kann es hier mitunter zu unsicherem, ungelenkem Verhalten kommen.

Ähnlich unsicher sind wir nicht selten, wenn es um das Duzen oder Siezen geht. Während es früher selbstverständlich war, dass Erwachsene, die einander nicht kennen, sich siezen, ist auch dies durch den gesellschaftlichen Wandel seit den ‚68ern' komplexer geworden. […] In solchen Situationen […] stellen sich viele Menschen täglich die Frage: Wie soll ich mich verhalten? In diesen Fällen würde uns ein Standard im Sinne einer allgemein anwendbaren, als ‚normal' angesehenen Praxis, die man getrost erst einmal anwenden kann, vermutlich entlasten und sicherer machen. […]

Der Standard ist dasjenige, was man zunächst einmal ohne Bedenken verwenden kann, die Pflicht, nicht die Kür, das etwas Langweilige, nicht Originelle, aber doch Praktische – wie das Standardzimmer einer Hotelkette, bei dem man, gleich in welcher Stadt man ist, weiß, was einen in etwa erwartet. Bezogen auf Sprache können wir nun in einem ersten Zugriff sagen:

Die deutsche Standardsprache (das Standarddeutsche) ist diejenige Ausprägung der deutschen Sprache, die man verwenden würde, wenn man beispielsweise einem Nicht-Ortsansässigen aus einer anderen Region oder einem Menschen, der Deutsch als Fremdsprache lernt, den Weg zum Bahnhof erklären würde. Es ist das, was man in der Alltagssprache auch ‚Hochdeutsch' nennt: die Sprachform, die man im Gesprochenen und im Geschriebenen überregional auch in formelleren Situationen verwendet, im Unterschied etwa zur sogenannten Umgangssprache und zu den Dialekten.

[…] Obwohl die Standardsprache im beschriebenen Sinne etwas unoriginell ist, bringt sie ihren Nutzerinnen doch klare Vorteile: Wer den Standard beherrscht, kann sich in ungewohnten Situationen und Gruppen daran orientieren und bei passender Gelegenheit dann auch davon abweichen. […]

Wichtig ist, dass das geschriebene und das gesprochene Standarddeutsch in der modernen Wörterbuch- und Grammatikschreibung nicht – wie früher die ‚Hochsprache' oder das ‚Hochdeutsche' – als präskriptive, also vorgeschriebene, idealisierte Normgefüge, sondern als Gebrauchsstandards, als Standardvarietäten des Deutschen angesehen werden – als diejenigen Varietäten nämlich, die wir im Deutschen auch in überregionalen, formelleren Kontexten tatsächlich verwenden und als unauffällig akzeptieren. […]

(aus: Standardsprache und Variation, 2019)

1 Duzen oder Siezen? Nennen Sie Berufe, in denen das eine oder andere die Regel darstellt. Wie entscheiden Sie, ob Sie Ihre Gesprächspartner duzen oder siezen?

2 Erläutern Sie mit eigenen Worten, was unter Standardsprache verstanden wird.
Standardsprache bedeutet eine Ausprägung des Deutschen, die …

Standardsprache erläutern

3 Begründen Sie anhand des Textes, weshalb es wichtig ist, dass die Schule die Beherrschung der Standardsprache vermittelt.

Die Beherrschung der Standardsprache hat den Vorteil ...

★ **4 Prüfen Sie die Verwendung von Standardsprache in den digitalen Medien.**

a) Vergleichen Sie unterschiedliche Publikationsformen und Textsorten, z. B. Meldungen in Tageszeitungen, die dazugehörigen Kommentarblogs und die Blogs von Influencerinnen und Influencern.

b) Diskutieren Sie mögliche Motive für oder gegen die Wahl der Standardsprache.

5 Untersuchen Sie den Text „Was ist Standardsprache?" hinsichtlich der Verwendung von Aktiv und Passiv mithilfe von GUT ZU WISSEN „Aktiv, Vorgangspassiv, Zustandspassiv" und „Aktiv und Passiv", Kapitel 13, Seite 185.

a) Tragen Sie Ihre Analyseergebnisse in die Tabelle ein.

Aktiv	*Vorgangspassiv*	*Zustandspassiv*	*„man"-Konstruktion*
In unserem Alltag gibt es ... (Z. 1)		*... miteinander verbunden sind (Z. 11)*	

b) Welche Form überwiegt? Beurteilen Sie die Wirkung auf die Leserin bzw. den Leser.

GUT ZU WISSEN — Aktiv, Vorgangspassiv, Zustandspassiv

Das **Aktiv** wird verwendet, wenn der Urheber einer Handlung im Vordergrund steht und erwähnt werden soll. **Beispiel:** *Der Schüler schließt die Tür.*

Das **Passiv** drückt aus, was mit einem Lebewesen oder einer Sache geschieht. Dabei steht der Ablauf der Handlung oder des Geschehens im Vordergrund. Der Urheber der Handlung ist weniger wichtig und bleibt somit unerwähnt. Das Passiv wird verwendet, um Vorgänge oder Sachverhalte zu beschreiben. Deshalb wird in fachsprachlichen Texten oft auf das Passiv als Stilmittel zurückgriffen. Man unterscheidet zwischen dem Vorgangs- und dem Zustandspassiv:

Das **Vorgangspassiv** kennzeichnet den Ablauf einer Handlung. Es wird mit einer Personalform von werden und dem Partizip Perfekt eines anderen Verbs gebildet. Der Handlungsträger kann dabei entfallen. **Beispiel:** *Die Tür wird (durch den Schüler) geschlossen.* Das **Zustandspassiv** kennzeichnet das Ergebnis einer Handlung. Es wird aus einer Personalform von *sein* und dem Partizip Perfekt gebildet. **Beispiel:** *Die Tür ist geschlossen.*

Als eine Alternative für die manchmal sperrig klingenden Passivkonstruktionen wird die aktive Form man + Verb verwendet. Durch die Verwendung des Indefinitpronomens liegt die Betonung weiterhin auf der Handlung. **Beispiel:** *Man gibt die Nudeln in das kochende Wasser.*

6 Übertragen Sie die folgenden Sätze in das Passiv. Achten Sie auf die Bedeutungsverschiebung, wenn die Urheberin / der Urheber nicht mehr im Vordergrund steht.

A Der Autor hebt in seinem Gedicht die Schönheit des Waldes hervor.
B Die Verfasserin verwendet in der Reportage die Standardsprache, um ...
C In der Glosse macht der Kolumnist darauf aufmerksam, dass ...
D Bezüglich der Jugendsprache stellt die Sprachwissenschaftlerin fest, es gebe ...

Sondersprachen kennenlernen
Jugendsprache untersuchen

Jugendliche sprechen untereinander „irgendwie anders“ als mit der Lehrkraft. Im Folgenden wird erklärt, weshalb man nicht nur von „einer“ Jugendsprache sprechen kann.

Jugendsprache als Varietät

von Nils Bahlo

[…] Gehen wir zunächst davon aus, dass Jugendsprache (zumindest) innerhalb dieser vier genannten Dimensionen Variationen aufweisen muss. Diese drücken sich in der Varietät[1] ganz unterschiedlich aus und sprechen gegen eine Homogenitätsannahme von Jugendsprache: Ein Jugendlicher sprach um 1950 (Dimension Zeit) in den Trümmerbergen Berlin-Weddings (Dimension Raum) beim Versteckspielen (Dimension Situation) mit den Freunden (Dimension Gruppe/Milieu) anders als ein Jugendlicher, der im Jahr 2019 in den Grünanlagen des gleichen Stadtteils Berlins mit seinen Freunden chillt. […]

(aus: Jugendsprache. Eine Einführung, 2019)

1 die Varietät: gemeint sind die „Sprachen in der Sprache“, hier die Jugendsprache

1 Begründen Sie mit eigenen Worten anhand des Textes von Nils Bahlo, weshalb es nicht „die“ Jugendsprache („Homogenitätsannahme“, Z. 5) geben kann.

2 Welche der genannten Beispiele aus GUT ZU WISSEN „Sprachvarietät Jugendsprache“ verwenden Sie?

3 Nutzen Sie jugendsprachliche Elemente nur im Gespräch mit Gleichaltrigen oder auch in anderen Situationen? Besprechen Sie sich im Plenum und begründen Sie Ihre Einstellung.
Im Unterricht verwende ich weniger Jugendsprache, weil …

4 Reflektieren Sie zu zweit Ihren eigenen Sprachgebrauch und nennen Sie gegebenenfalls weitere Beispiele für die Kategorien.

GUT ZU WISSEN – Sprachvarietät Jugendsprache

Jugendsprache ist die sprachliche Varietät der Jugend, die deren sämtliche spezifischen Sprech- und Schreibweisen bezeichnet. Sie ist kein festes und einheitliches Sprachsystem, sondern sehr schnelllebig und hebt sich durch jugendspezifische Besonderheiten (sprachlich, grammatikalisch, lautlich und wortbildungsspezifisch) von der Standardsprache ab. Es existieren immer viele Jugendsprachenvarietäten nebeneinander, weil es die Jugend als homogene Gruppe nicht gibt. Aufgrund der Schnelllebigkeit können folgende Beispiele auch heute schon veraltet sein:

Bedeutungsveränderungen *geil* = außerordentlich gut, *Alter* = Mann

Bedeutungserweiterungen *fett* = super, sehr, gut/schön, voll in Ordnung

Bedeutungsverengungen *Loser* = Verlierer, Versager, erfolglose Person

Neologismen (Wortneuschöpfungen) *abblitzen lassen* = jemanden nicht beachten, jemanden versetzen

Vereinfachungen *aso* = ach so, *schlafn* = schlafen, *auf keinsten* = auf keinen Fall

Superlativierungen Steigerung von Begriffen, indem man „super“, „mega“, „hammer“, „extra“ davor setzt: *ein megatolles Konzert*

Fremdsprachliche Anleihen *chillen* = sich entspannen

Fachsprache beschreiben

Für Laien sind Gesetzestexte oder Programmieranweisungen schwer verständlich. Allerdings hilft es Fachleuten weiter, wenn sie mit Begriffen arbeiten können, die vonseiten ihres Faches klar definiert sind.

Zur Bedeutung und Bestimmung von Fachsprachen in unserer Gesellschaft

von Hans-R. Fluck

An den Fachsprachen in ihren vielfältigen Differenzierungen führt heute für die meisten Sprachteilhaber kein Weg mehr vorbei. Durch die Weiterentwicklung von Wirtschaft, Technik und Wissenschaft im Verein mit der wachsenden Globalisierung auf zahlreichen Gebieten gewinnen Fachsprachen immer mehr an Bedeutung, Nicht-Fachliches im sozialen Leben lässt sich kaum mehr entdecken. [...]

Seit langem werden bei Zeitungslesern zumindest passive Kenntnisse von fachsprachlichen Ausdrücken und Wendungen vorausgesetzt, sei es bei der Lektüre des Wirtschafts-, Politik-, Sport- oder Kulturteils. Dies gilt auch für viele Freizeitaktivitäten (z. B. Segeln, Fußball, Schach), die ohne ein Mindestmaß an Fachwissen und fachsprachlichem Können nicht auskommen.

Im Beruf ist hingegen auch die aktive Verwendung von Fachsprachen und der Umgang mit Fachtexten gefragt, ja unentbehrlich. Denn zum fachlichen Handeln insgesamt gehört immer auch fachliches Kommunizieren, also das Sprechen über fachliche Sachverhalte, die fachsprachliche Instruktion und Information. Lange Zeit tradierte Fachsprachen (wie etwa die Fischer- und die Bergmannssprache) ebenso wie neu herausgebildete (Computerfachsprache, „Grünes Deutsch“) stellen dazu auf allen sprachlichen Ebenen ausdifferenzierte Sprachmittel bereit.

„Fachsprache“ ist also heute eine – in berufs- und fachorientierten Zusammenhängen – häufig verwendete Bezeichnung, die alle möglichen, verbalen und nichtverbalen [z. B. Symbole, Formeln, Grafiken] (Text-)Formen der fachbezogenen Verständigung (Fachkommunikation, Fachdiskurs) meint und oft in einen Gegensatz zum Begriff der üblicherweise verwendeten „Gemein-“ oder „Standardsprache“ gestellt wird. [...]

Mit den unzähligen Fachwörtern, Wortneubildungen und ihren anderen spezifischen Eigenheiten erweitern die Fachsprachen auch die Ausdrucksmöglichkeiten der Gemein- oder Standardsprache. Auf der anderen Seite bilden Fachsprachen nicht nur ein notwendiges Erkenntnis- und Verständigungsinstrument in der Gesellschaft, sondern auch eine graduell gestufte Informations- und Kommunikationsbarriere (Stichwort „Fachchinesisch“). Wissenstransfer ist daher ein Gebot der Stunde. [...]

(aus: Fachsprachen: Zur Funktion, Verwendung und Beschreibung eines wichtigen Kommunikationsmittels unserer Gesellschaft, 2000)

1 Wie sind Ihre Erfahrungen mit Fachsprache im Privat- und Berufsleben?

2 Gliedern Sie den Text in Sinnabschnitte und bilden Sie Zwischenüberschriften.

Z. 1–8: Allgegenwärtigkeit von Fachsprachen in der heutigen Gesellschaft
Z. 9–...: ...

3 Fassen Sie die wesentlichen Aussagen Flucks zur Fachsprache in Form einer Mindmap zusammen (↗ Kapitel 14, S. 191–204).

Einen Text in Fachsprache lesen und umformulieren

Fachsprachen bestechen durch ihre Besonderheiten. Durch diese lassen sich bekannte Texte wie das folgende Märchen leicht verfremden.

[...] auf amtsdeutsch

von Thaddäus Troll

Im Kinderanfall unserer Stadtgemeinde ist eine hierorts wohnhafte, noch unbeschulte Minderjährige aktenkundig, welche durch ihre unübliche Kopfbekleidung gewohnheitsmäßig [...] genannt zu werden pflegt. Der Mutter besagter R. wurde seitens ihrer Mutter ein Schreiben zustellig gemacht, in welchem dieselbe Mitteilung ihrer Krankheit und Pflegebedürftigkeit machte, worauf die Mutter der R. dieser die Auflage machte, der Großmutter eine Sendung von Nahrungs- und Genussmitteln zu Genesungszwecken zuzustellen.

Vor ihrer Inmarschsetzung wurde die R. seitens ihrer Mutter über das Verbot betreffs Verlassens der Waldwege auf Kreisebene belehrt. Dieselbe machte sich infolge Nichtbeachtung dieser Vorschrift straffällig und begegnete beim Übertreten des amtlichen Blumenpflückverbotes einem polizeilich nicht gemeldeten Wolf ohne festen Wohnsitz. [...]

(DIE ZEIT, 1984)

1 **Lesen Sie den Anfang der Märchenparodie. Um welches Märchen handelt es sich?**

2 **Setzen Sie sich mit der Sprache des Märchens auseinander.**

a) Bestimmen Sie, aus welchem Fachgebiet die Sprache in Trolls Parodie stammt.

b) Analysieren Sie den Text hinsichtlich Besonderheiten von Fachsprache (↗ GZW „Sprachvarietät Fachsprache“).

Zur der Wortwahl ist zu sagen, dass ...

3 **Beurteilen Sie die Verständlichkeit des Märchens.**

Das Märchen ist in Teilen schwierig zu verstehen, weil ...

4 **Formulieren Sie den ersten Absatz in Standardsprache um.**

In unserer Stadt lebt ein Mädchen, das noch nicht zur Schule geht und wegen ...

GUT ZU WISSEN – Sprachvarietät Fachsprache

Fachsprachen sind sprachliche Varietäten, die für eine präzise, effiziente und differenzierte Kommunikation unter Fachleuten über (meist berufsspezifische) Sachbereiche und Tätigkeitsfelder bestimmt sind. Für Nicht-Fachleute sind sie schwer zu verstehen und bauen eine Sprachbarriere auf. Jedes Fach bringt seine eigene Fachsprache hervor. Fachsprachen haben zwar gemeinsame Merkmale, jedoch alle ihr eigenständiges System aus Fachbegriffen, Fremdwörtern und Satzbau. Fachsprache und Standardsprache überlappen sich, da ein Fachtext nicht ausschließlich aus Fachwörtern besteht, sondern auch zahlreiche Elemente aus der Standardsprache enthält, wie auch die hervorgehobenen Merkmale der Fachsprache zeigen.

Am auffälligsten ist sicherlich der besondere Wortschatz. Er geht u. a. auf **Wortneubildungen**, **Entlehnungen** und **Übersetzungen** aus Fremdsprachen sowie **Abkürzungen** zurück und verändert sich bei Bedarf. In der Fachsprache dominiert ein **sachlicher** und **passiver Stil**, bei dem die Verfasserin bzw. der Verfasser zugunsten der Sache zurücktritt. So wirken Fachtexte oft unpersönlich durch die Verwendung von „man“ oder Passivkonstruktionen.

Auch im Satzbau gibt es Besonderheiten, die meist auf Sachlichkeit oder den Verzicht auf Nebensätze abzielen: **Nominalisierungen** von Verben *(durch das Bohren der Platte, wegen des Versagens einer Erlaubnis)* und **Funktionsverbgefüge** (*etwas zur Anwendung bringen* anstatt *etwas anwenden*).

Sprachwandel beschreiben

Wie man spricht, unterliegt immer auch der Mode und der Kultur, an der man sich orientiert. Dadurch wandelt Sprache sich: Neue Wörter kommen hinzu, andere gehen verloren, was nicht immer allen Mitgliedern einer Sprachgemeinschaft gefällt.

Gegen Französisch, Englisch – und überhaupt alles Fremde. Oder: Lässt sich der Einfluss anderer Sprachen zurückdrängen?

von Nikolaus Nützel

Es war eine Zeit der Äußerlichkeiten, als im 17. Jahrhundert ganz Europa dem Hof des französischen „Sonnenkönigs“ Ludwig XIV. nacheiferte. So wie es im Schloss Versailles bei Paris üblich war, liebten es die Adligen und Reichen bald auch in Deutschland, gepuderte Perücken zu tragen und bunt bestickte Wämse[1]. Aus den Ärmeln quollen fein geklöppelte Spitzen. So steif wie die Mode war auch die Sprache.

Vor allem im barocken Deutschland war es sehr beliebt, möglichst viele französische Wörter in seine Sätze einzuflechten. Man redete sich gegenseitig gerne mit *Madame* und *Monsieur* an, die Mutter hieß *Maman*, der Vater *Papa*. Wenn der *Cousin* oder die *Cousine* zu Besuch kam, reichte man ein *Bisquit* oder – wenn es kräftiger sein sollte – eine *Bouillon*. Abends sprühte man sich etwas *Parfum* ins *Toupet*, bevor man sein *Palais* verließ, um über die *Allee* ins *Ballett* zu gehen. [...]

Wer nicht nur fein, sondern auch gelehrt klingen wollte, der webte zusätzlich noch ein paar lateinische Wörter in seine Rede. Oder er benannte sich selber um. So wurde aus einem einfachen Herrn Müller der feine Herr *Molitor.* Wer nicht mehr den derben Bauer als Nachnamen haben wollte, nannte sich *Agricola.* [...]

Doch nicht alle Deutschen waren begeistert über die lateinischen oder französischen Einflüsse. Es gab bald eine Gegenbewegung gegen die aus Paris importierte Lebensart, die manchmal abwertend als „welsch“ bezeichnet wurde. [...]

Also galt es, sich deutsche Wörter auszudenken, wo es bislang nur französische oder lateinische gab. Und da legten die Mitglieder der barocken Sprachgesellschaften bald einen enormen Fleiß an den Tag.

In vielen Bereichen gelang es den Sprachpuristen tatsächlich, einen deutschen Begriff gleichberechtigt neben dem Fremdwort in den Sprachgebrauch einzubringen.

(aus: Sprache oder was den Mensch zum Menschen macht, 2007)

1 das Wams: altmodisch für Jacke

1 Erarbeiten Sie mithilfe des Textes die folgenden Aufgaben.

a) Welche der im Text kursiv gedruckten Wörter verwenden Sie heute noch?

b) Nennen Sie Gründe, weshalb man anstatt der deutschen Wörter auf französische oder lateinische Begriffe zurückgriff.

Mit einer Übersetzung ins Lateinische konnte man einen durchschnittlichen Nachnamen ...

2 Analysieren Sie den gegenwärtigen Sprachgebrauch.

a) Aus welchen Sprachen werden heute die meisten Wörter übernommen? Nennen Sie konkrete Beispiele für solche Übernahmen.

Türkisch: Lan ...

b) Begründen Sie, weshalb diese Wörter gerne genutzt werden.

Ich verwende gerne den Ausdruck ..., weil sich damit ... besser sagen lässt.
Die Verwendung des Wortes ... bedeutet für mich ...

Sprachwandel beschreiben

3 **Erläutern Sie die Grafik.**

a) Beschreiben Sie die Grafik.

Die Grafik besteht aus ...

b) Betrachten Sie die Worterklärungen in der Grafik. Welche der Begriffe in der Grafik kennen Sie?

c) Erläutern Sie mögliche Gründe, weshalb diese Wörter nicht mehr in den Duden aufgenommen worden sind.

4 **Wählen Sie fünf Wörter aus und recherchieren Sie deren Status. Handelt es sich um ein Erbwort, ein Fremdwort oder ein Lehnwort (↗ GZW „Erbwörter, Fremdwörter, Lehnwörter") ? Begründen Sie Ihre Entscheidung.**

Das Makartbukett ist ein Lehnwort, weil es ...

GUT ZU WISSEN — Erbwörter, Fremdwörter, Lehnwörter

Als **Erbwort** wird ein Wort des Wortschatzes einer Sprache bezeichnet, das bereits sehr früh (althochdeutsch, ca. 750–1050 n. Chr., *nasa* für *Nase*) nachweisbar ist. Oftmals gibt es diese Wörter auch in verwandten Sprachen, z. B. engl. *nose*, schwed. *näsa*.

Unter **Fremdwort** versteht man ein Wort, das aus einer anderen Sprache in den allgemeinen Wortschatz übernommen wurde. Solange es seine ursprüngliche lautliche und orthografische Gestalt behält und sein Flexionsverhalten nicht oder nur wenig ändert, wird es als Fremdwort bezeichnet, z. B. *Barbecue, Döner.*

Hat sich ein Fremdwort mehr oder weniger stark der neuen Sprache angepasst, bezeichnet man es als **Lehnwort**, z. B. *Streik, Tee, Büro.*

Die Grenze zwischen Fremd- und Lehnwort verläuft fließend. Manchmal kann die Anpassung sehr schnell gehen, manchmal dauert sie lange Zeit.

Anwenden, Vertiefen, Fazit

Sprachwandel erleben: Anglizismen

Der Wortschatz der deutschen Sprache wandelt sich ständig.

1 Interpretieren Sie die Karikatur. Welches Phänomen nimmt sie in den Blick?

2 Die meiste Kritik gegen die Übernahme fremdsprachiger Wörter richtet sich gegen Begriffe aus dem Englischen, die sogenannten Anglizismen. Diese lassen sich in zwei Gruppen unterteilen:

Anglizismen, die den Wortschatz sinnvoll ergänzen oder erweitern, z. B.

- indem sie eine Erfindung („Smartphone") benennen oder
- eine Lücke füllen („Baby" zwischen Säugling und Kleinkind)

Anglizismen, die angestammte Wörter ersetzen oder verdrängen, weil sie gefühlt moderner klingen als diese „alten" Wörter, z. B.

- „crunchy" statt „knusprig" oder
- „Bowl" statt „Schale" oder „Schüssel"

a) Suchen Sie sich Zeitschriften für unterschiedliche Adressatengruppen und untersuchen Sie deren Deckblätter („Cover") auf Anglizismen. Schreiben Sie diese heraus.

b) Erörtern Sie, welche der Anglizismen Sie als „sinnvoll ergänzend" empfinden und welche als „ersetzend/verdrängend". Stellen Sie sie tabellarisch gegenüber.

c) Diskutieren Sie Gründe für die Verwendung von Anglizismen in den unterschiedlichen Zeitungen.

FAZIT

11.1 Sprachen in der Sprache finden

11.2 Standardsprache erläutern

11.3 Sondersprachen kennenlernen
- Jugendsprache untersuchen
- Fachsprache beschreiben
- Einen Text in Fachsprache lesen und umformulieren

11.4 Sprachwandel beschreiben

11.5 Anwenden, Vertiefen, Fazit
- Sprachwandel erleben: Anglizismen

Kapitel 12

Grammatik: Das Feldermodell nutzen

12.1
Sätze beschreiben und untersuchen

12.2
Anwenden, Vertiefen, Fazit

Fehler im Satzbau lassen sich vermeiden, wenn man sich die Struktur von Sätzen anschaut und erkennt, welches Grundmuster dahintersteht. Das Verb spielt bei der jeweiligen Struktur eine entscheidende Rolle. In der Regel steht es nicht alleine und benötigt weitere Ergänzungen, die verschiedenen Feldern zugeordnet sind.

Vielschichtige Satzgefüge können entstehen, für deren Verständnis auch die verbindenden Konjunktionen bedeutungsvoll sind. Die Zeichensetzung wird durch die Einteilung eines Satzgefüges in die verschiedenen Satzfelder noch einmal verdeutlicht.

Kompetenzen

- ✓ Satzstrukturen beschreiben
- ✓ die Funktionalität von Satzstrukturen analysieren
- ✓ Satzglieder bestimmen
- ✓ Texte kriterienorientiert überarbeiten

Methoden und Arbeitstechniken

- ✓ Umstellprobe
- ✓ Vorfeldtest
- ✓ Lerntempoduett

Sätze beschreiben und untersuchen

Aussagesätze: Verb an zweiter Stelle

Sätze und Satzstrukturen lassen sich gut mit dem Feldermodell beschreiben. Ein Satz lässt sich in verschiedene „Felder" einteilen, wobei das Verb eine wichtige Position einnimmt.

1 Bilden Sie aus den vorliegenden Bausteinen Aussagesätze:
gestern Abend - beantwortet - die Regisseurin - hat - den Zuschauern - im Kino - alle Fragen

a) Wie viele Varianten finden Sie?
b) Formulieren Sie eine Aussage zur Position des Verbes / der Verben.

2 Wenden Sie das Feldermodell an. Verwenden Sie dafür GUT ZU WISSEN „Aussagesätze und Satzklammer (Feldermodell)".

a) Wählen Sie Satzbausteine aus und bilden Sie daraus fünf sinnvolle Aussagesätze.
zu den wichtigsten Erfindungen - beeinflusste - Johann Gutenberg aus Mainz - dies - zunächst - der Buchdruck mit beweglichen Lettern - gehört - erfand - 1450 - er - damit - die kulturelle, politische und wirtschaftliche Entwicklung - wurden - mit der Zeit - Bücher und kleinere Texte - zu einem Massenartikel - gedruckt - das gedruckte Buch - wurde
b) Legen Sie eine Tabelle nach dem Feldermodell an und tragen Sie Ihre Sätze ein.
c) Bestimmen Sie in den Sätzen jeweils das Prädikat. Ist es einteilig oder mehrteilig?

GUT ZU WISSEN – Aussagesätze und Satzklammer (Feldermodell)

Das Verb regiert den Satz. Man unterscheidet Satzarten abhängig von der **Position des konjugierten (gebeugten) Verbs** im Satz. Bezogen auf seine Funktion im Satz wird das Verb als **Prädikat** bezeichnet. In **Aussagesätzen** steht **das konjugierte Verb** nach dem Feldermodell auf **Position 2**. Man nennt diese Sätze auch **Verbzweitsätze**.

Vorfeld	Verb (linke Klammer)	Mittelfeld	Verb (rechte Klammer)
Lesen	*ist*	*eine wichtige Kulturtechnik.*	

Man spricht von einer Satzklammer, wenn das Prädikat mehrteilig ist. Das ist der Fall bei Sätzen

- mit **zusammengesetzten Zeitformen**,
- mit **Modalverben**,
- mit **trennbaren Verben**,
- im **Passiv**.

Vorfeld	Verb (linke Klammer)	Mittelfeld	Verb (rechte Klammer)
Diese	*ist*	*eng mit der Entwicklung der Schrift*	*verknüpft.*
Man	*kann*	*sich das eine nicht ohne das andere*	*vorstellen.*
Im Mittelalter	*schrieben*	*Mönche viele Texte*	*ab.*
Die Texte	*wurden*	*so*	*kopiert.*

Das **Subjekt** steht in der Nähe des Verbs. Häufig steht es im Vorfeld.

3 **Übertragen Sie die folgenden Sätze und ergänzen Sie jeweils die passende Vorsilbe.**

Morgen findet das Treffen unseres Literaturkreises in der Bibliothek statt. Bis dahin fällt mir noch eine gute Interpretation __. Würdest du meinen Text lesen, wenn ich ihn __bereitet habe? Bitte sag mir ehrlich, was dir __fällt. Ruf mich dann auch gleich __! Du kannst mir auch gerne etwas anderes __schlagen. Für deine Mühen möchte ich dich __belohnen. Ich werde dich zum Essen __laden. Ich habe schon eine Idee, in welches Restaurant ich dich __führen werde.

4 **Setzen Sie sich mit trennbaren und untrennbaren Verben auseinander.**

beziehen – überfordern – erschweren – einstellen – missglücken – mitbringen – verschreiben – einnehmen – verschönern – zerreißen – zugeben – unterschreiben

a) Notieren Sie, welche der Verben untrennbar sind.

untrennbare Verben: beziehen ...

b) Bilden Sie mit den trennbaren Verben Sätze, die die Trennbarkeit deutlich machen.

c) Legen Sie eine Tabelle an und ergänzen Sie die Sätze. Verwenden Sie dafür GUT ZU WISSEN „Trennbare und untrennbare Verben".

GUT ZU WISSEN – Trennbare und untrennbare Verben

Viele Verben setzen sich aus einer Vorsilbe und einem Wortstamm zusammen. Die **Vorsilben untrennbarer Verben** sind **keine eigenständigen Wörter**. Untrennbare Vorsilben sind: *be-, emp-, ent-, er-, ge-, miss-, ver-, zer-.*

Die Vorsilben **trennbarer Verben** können auch als **eigenständige Wörter** verwendet werden, z. B. Präpositionen oder Adverbien wie *an, aus, vor, fort, herein.* **Beispiel:** *an die Tür*

Trennbare Verben können im Satz eine **Klammer (Satzklammer)** bilden, untrennbare Verben hingegen nicht.

Vorfeld	Verb (linke Klammer)	Mittelfeld	Verb (rechte Klammer)
Wir	*schrieben*	*die ganze Zeit*	*mit.*
Ich	*verschrieb*	*mich nur ein einziges Mal.*	

Ausnahmen: Verben mit den Vorsilben *durch-, hinter-, über-, um-, unter-* sind je nach ihrer Bedeutung trennbar oder untrennbar.

Aufforderungs- und Fragesätze: Verb an erster Stelle

Das Verb kann auch an erster Stelle im Satz stehen.

1 **Untersuchen Sie die folgenden Sätze.**

A Lesen und besprechen wir das Buch von Stéphane Hessel?

B Kannst du mir etwas über den Autor erzählen?

C Wollen wir gemeinsam seine Biografie recherchieren?

D Bring am besten deinen Laptop mit!

a) Welche Funktion haben die Sätze?

b) An welcher Stelle stehen die Verben?

Die Verben stehen an ... Stelle.

2 **Setzen Sie sich mit den folgenden Fragesätzen auseinander.**

A Mit welchen besonderen Situationen musste der Autor in seinem Leben zurechtkommen?
B Lebt er eigentlich noch?
C Warum wendet er sich an die Jugend?
D Was wollte Hessel mit seinem Buch erreichen?
E Wurde sein Buch erfolgreich verkauft?

a) Erstellen Sie eine Tabelle nach dem Feldermodell. Tragen Sie die Sätze ein und verwenden Sie GUT ZU WISSEN „Aufforderungs- und Fragesätze".
b) Bestimmen Sie, in welchen Sätzen das Verb an erster und in welchen es an zweiter Stelle steht.
c) Formulieren Sie eine Regel, in welchen Fragesätzen das Verb an erster bzw. an zweiter Stelle steht.

3 **Recherchieren und beantworten Sie die Fragen A–E von Aufgabe 2.**

★ **4** **Bilden Sie Sätze zum Thema „Bewerbung", bei denen das Verb an erster Stelle steht.**

GUT ZU WISSEN | **Aufforderungs- und Fragesätze**

In **Aufforderungssätzen** steht das **konjugierte (gebeugte) Verb an erster Stelle (Verberstsätze)**. Auch **Fragesätze** können bei Entscheidungsfragen mit dem Verb beginnen. Das Vorfeld bleibt in diesen Fällen leer.

Vorfeld	Verb (linke Klammer)	Mittelfeld	Verb (rechte Klammer)
	Lies	*das Buch!*	
	Hast	*du in den nächsten Tagen Zeit dafür?*	
	Soll	*ich es dir*	*ausleihen?*

Die Satzglieder ermitteln

Satzglieder sind die Teile eines Satzes, die beim Umstellen zusammen bleiben.

1 **Was wissen Sie bereits über Satzglieder? Welche kennen Sie? Wie fragt man danach?**

2 **Ermitteln Sie Satzglieder.**

a) Schreiben Sie die folgenden Sätze ab und zeichnen Sie die Satzgliedgrenzen ein.
A Die Schule hat eine neue Homepage.
B Die Homepage der Schule entspricht unseren Erwartungen.
C Wir wünschen uns digitale Lernangebote.
A Die Schule | hat | eine neue Homepage.

b) Bestimmen Sie die Satzglieder (↗ GZW „Satzglieder mit der Umstellprobe ermitteln").

3 **Vergleichen Sie die beiden Sätze.**

A Am 1. Mai 1886 gab es in den Industrieregionen der USA Massenstreiks und Demonstrationen.
B Es gab am 1. Mai 1886 in den Industrieregionen der USA Massenstreiks und Demonstrationen.

a) Welche Teile des Satzes bleiben beim Umstellen der Satzglieder zusammen?
b) Stellen Sie weitere Teile des Satzes um.
c) An welcher Position des Satzes steht das konjugierte Verb?

Die Satzglieder ermitteln

4 **Untersuchen und verändern Sie den Text.**

a) Warum wirkt dieser Text eintönig? Begründen Sie.

b) Stellen Sie die Reihenfolge der Satzglieder innerhalb der Sätze um.

Der Autor Stéphane Hessel ist 1917 in Berlin geboren. Er zog mit seiner Familie im Alter von sechs Jahren nach Paris. Er meldete sich, nachdem er die französische Staatsbürgerschaft erlangt hatte, als Freiwilliger, um im Zweiten Weltkrieg zu kämpfen. Er geriet in deutsche Kriegsgefangenschaft, aus der er nach London fliehen konnte. Er wurde Mitglied der Résistance, im Juli 1944 von der Gestapo in Paris verhaftet und in das Konzentrationslager Buchenwald deportiert. Er kam danach in andere Konzentrationslager. Er konnte 1945 – kurz vor Kriegsende – fliehen. Er arbeitete später an der „Allgemeinen Erklärung der Menschenrechte" mit.

GUT ZU WISSEN | Satzglieder mit der Umstellprobe ermitteln

Mit der **Umstellprobe** können **Satzglieder ermittelt** werden. Die Teile eines Satzes, die zusammenbleiben, bilden ein Satzglied. Bei der Umstellprobe bleibt das konjugierte (gebeugte) Verb immer an der zweiten Stelle im Satz. Satzglieder sind z. B.:

Ich	***gebe ...***		
Subjekt: Wer oder was?	**Prädikat:** Was geschieht?		
Ich	*gebe*	***dir ...***	
		Dativobjekt: Wem?	
Ich	*gebe*	*dir*	***die Unterlagen.***
			Akkusativobjekt: Wen oder was?

Wenn ein Objekt von einer Präposition eingeleitet wird, spricht man von einem **Präpositionalobjekt**. Hier hängt es von der Präposition ab, in welchem Fall das Objekt steht.

5 **Schreiben Sie den grau hinterlegten Text ab und ergänzen Sie die folgenden adverbialen Bestimmungen (↗ GZW „Adverbiale Bestimmungen"). Fragen Sie nach dem Satzglied und bestimmen Sie dieses:**

mit großem Erfolg - zunehmend - wegen der politischen, aber auch kulturellen Veränderungen infolge der Reformation - einmal im Jahr - bis in das 17. Jahrhundert - dort - auf dem Messegelände in Frankfurt am Main - schon in der Frühen Neuzeit - zwei Jahrhunderte später

... findet ... die Frankfurter Buchmesse statt. ... gab es ... eine Buchmesse. Die Frankfurter Messe war ... die wichtigste Buchmesse Europas. Die Geschäfte litten ... Die Leipziger Buchmesse übernahm ... Frankfurts Rolle. Aufgrund der Teilung Deutschlands gewann die Frankfurter Buchmesse ... wieder an Bedeutung. Heute werden ... auch Online-Angebote, Hörbücher sowie Comics ausgestellt.

*Wann findet die Frankfurter Buchmesse statt? **Einmal im Jahr** findet ... statt (Adverbiale temporale).*

Die Satzglieder ermitteln

6 Ergänzen und bestimmen Sie in den folgenden Sätzen die adverbialen Bestimmungen.

A Wir bereiten uns vor.

B Morgen werde ich mir die neue Homepage anschauen.

C Ich frage den IT-Experten.

a) Fügen Sie in den Sätzen inhaltlich sinnvolle adverbiale Bestimmungen ein.

b) Schreiben Sie in Klammern dahinter, wie Sie nach den adverbialen Bestimmungen fragen.

GUT ZU WISSEN – Adverbiale Bestimmungen

Adverbiale Bestimmungen liefern genauere Informationen zu einem Geschehen oder einer Handlung.

Auch Adverbiale zählen zu den Satzgliedern. Die wichtigsten adverbialen Bestimmungen sind:

- **Adverbiale Bestimmung der Zeit (temporal):** „Wann?"
- **Adverbiale Bestimmung des Ortes (lokal):** „Wo?"
- **Adverbiale Bestimmung der Art und Weise (modal):** „Wie?" oder „Auf welche Weise?"
- **Adverbiale Bestimmung des Grundes (kausal):** „Warum?"

Beispiel:

Heute Abend	*gebe*	*ich*	*dir*	*wegen der anstehenden Arbeit*	*noch schnell*	*im Fitnessstudio*	*die Unterlagen.*
Adverbiale Bestimmung der Zeit (temporal): Wann?				**Adverbiale Bestimmung des Grundes (kausal):** Warum?	**Adverbiale Bestimmung der Art und Weise (modal):** Wie?	**Adverbiale Bestimmung des Ortes (lokal):** Wo?	

7 Ermitteln Sie die Satzglieder (↗ GZW „Satzglieder mit dem Vorfeldtest ermitteln").

Der Begriff „Text" geht bekanntlich auf das lateinische Wort „textus"/Geflecht zurück. Über einen Text entsteht eine Beziehung zwischen einer Autorin/einem Autor und den Leserinnen/Lesern. Die Aufgabe des Schreibens hat die/der Erstgenannte übernommen. Durch eine Rezension können die Leserinnen und Leser das Werk bewerten. So können sie ihre Ansicht zum Ausdruck bringen.

a) Übertragen Sie die Tabelle und tragen Sie die Sätze ein.

Vorfeld	*Verb (linke Klammer)*	*Mittelfeld*	*Verb (rechte Klammer)*
Der Begriff „Text"	*geht*	*bekanntlich auf das lateinische Wort „textus"/Geflecht*	*zurück.*

b) Stellen Sie die Sätze um, indem Sie jeweils ein anderes Satzglied in das Vorfeld setzen.

Vorfeld	*Verb (linke Klammer)*	*Mittelfeld*	*Verb (rechte Klammer)*
Bekanntlich	…	…	…

Satzgefüge bilden und untersuchen

c) Bestimmen Sie, um welche Arten von Satzgliedern es sich im Vorfeld jeweils handelt. Ermitteln Sie das Satzglied im Vorfeld über eine passende Frage.

Der Begriff „Text“ geht bekanntlich auf das lateinische Wort „textus“ zurück.
- Subjekt (Wer oder was?) ...

GUT ZU WISSEN — Satzglieder mit dem Vorfeldtest ermitteln

Satzglieder lassen sich auch mit dem **Vorfeldtest** ermitteln.

Ein Satzglied kann allein im Vorfeld stehen. Beim Vorfeldtest stellt man einen Satz so um, dass die einzelnen Satzglieder nacheinander ins Vorfeld verschoben werden.

Vorfeld	Verb (linke Klammer)	Mittelfeld	Verb (rechte Klammer)
Ich	*will*	*dir heute Abend die Unterlagen*	*geben.*
Heute Abend	*will*	*ich dir die Unterlagen*	*geben.*
Die Unterlagen	*will*	*ich dir heute Abend*	*geben.*
Dir	*will*	*ich heute Abend die Unterlagen*	*geben*

Satzgefüge bilden und untersuchen

Ein Hauptsatz und mindestens ein Nebensatz bilden ein Satzgefüge.

1 **Formulieren Sie die folgenden Satzreihen in Satzgefüge (↗ GZW „Satzgefüge“, S. 170) um.**

A Im 18. und 19. Jahrhundert gab es viele literarische Salons. Später gab es andere Möglichkeiten des Austauschs.
B Häufig traten in den Salons junge Talente auf. Diese wurden gefördert.
C Einige nahmen an der Veranstaltung im Salon teil. Andere blieben zu Hause.

a) Nutzen Sie sinnvolle Konjunktionen (↗ GZW „Adverbialsätze“, S. 171). Beachten Sie einen möglichen veränderten Sinnzusammenhang.

b) Stellen Sie den Nebensatz in das Vorfeld bzw. in das Nachfeld.

2 **Ergänzen Sie die folgenden Sätze um einen Nebensatz im Mittelfeld.**

A Uns hat die Veranstaltung sehr gut gefallen.
B Die Autorin hat schon viele Menschen mit ihrem Werk begeistert.
C Da wir Zeit hatten, besuchten wir mit unseren Freunden die Veranstaltung.

★ **3** **Bilden Sie sinnvolle Satzgefüge, in denen mehrere Nebensätze in den einzelnen Feldern stehen. Achten Sie auf die Stellung der Verben. Wählen Sie Beispiele aus den Themenfeldern Literatur, Bildende Kunst oder Musik.**

Die Zuhörerinnen und Zuhörer, die das Konzert besuchten, machten deutlich, dass ihnen die Musik und die Band, die das erste Mal in der Stadt aufgetreten war, sehr gut gefallen.

Satzgefüge bilden und untersuchen

GUT ZU WISSEN Satzgefüge

Der Nebensatz in einem Satzgefüge kann in allen Feldern des Satzes stehen. Das **Nachfeld** wird vor allem im mündlichen Sprachgebrauch für den Nebensatz genutzt.

Vorfeld	Verb (linke Klammer)	Mittelfeld	Verb (rechte Klammer)	Nachfeld
Die Buchhandlung	*gibt*	*eine Anzeige*	*auf,*	*weil sie für die Lesung werben will.*
Um die Lesung zu bewerben,	*gibt*	*die Buchhandlung eine Anzeige*	*auf.*	
Gleich nach der Lesung	*schreibt*	*der Redakteur, der an der Veranstaltung teilgenommen hat, einen Artikel.*		

Der Nebensatz wird durch Komma vom **Hauptsatz** abgetrennt und durch eine **Konjunktion** oder ein **Pronomen** eingeleitet. Das **finite (gebeugte) Verb steht am Ende des Nebensatzes**. Man nennt diese Sätze auch **Verbletztsätze.** Ein Nebensatz kann nicht allein stehen.

4 **Setzen Sie sich mit den beiden literarischen Auszügen auseinander. Arbeiten Sie im Lerntempoduett (↗ Kapitel 13, S. 177). Verwenden Sie GUT ZU WISSEN „Adverbialsätze".**

a) Ergänzen Sie die Satzzeichen.
b) Begründen Sie Ihre Zeichensetzung mithilfe des Feldermodells.
c) Beschreiben Sie den Satzbau Hauptmanns.

Achtung, Fehler!

Gerhart Hauptmann: Bahnwärter Thiel (Auszug, 1888)

2. Kapitel

An einem Junimorgen gegen sieben Uhr kam Thiel aus dem Dienst. Seine Frau hatte nicht so bald ihre Begrüßung beendet als sie schon in gewohnter Weise zu lamentieren[1] begann. Der Pachtacker welcher bisher den Kartoffelbedarf der Familie gedeckt hatte war vor Wochen gekündigt worden ohne dass es Lenen[2] bisher gelungen war einen Ersatz dafür ausfindig zu machen. Wenngleich nun die Sorge um den Acker zu ihren Obliegenheiten[3] gehörte so musste doch Thiel ein Mal übers andere hören dass niemand als er daran schuld sei wenn man in diesem Jahre zehn Sack Kartoffeln für schweres Geld kaufen müsse. Thiel brummte nur […]

1 lamentieren: jammern
2 Lene: die Frau des Bahnwärters Thiel
3 die Obliegenheit: die Pflicht

Satzgefüge bilden und untersuchen

Achtung, Fehler!

Gerhart Hauptmann: Bahnwärter Thiel (Auszug, 1888)

3. Kapitel

[...] Die schwarzen parallel laufenden Geleise darauf glichen in ihrer Gesamtheit einer ungeheuren eisernen Netzmasche deren schmale Strähne[1] sich im äußersten Süden und Norden in einem Punkte des Horizontes zusammenzogen.

Der Wind hatte sich erhoben und trieb leise Wellen den Waldrand hinunter und in die Ferne hinein. Aus den Telegrafenstangen die die Strecke begleiteten tönten summende Akkorde. Auf den Drähten die sich wie das Gewebe einer Riesenspinne von Stange zu Stange fortrankten klebten in dichten Reihen Scharen zwitschernder Vögel. Ein Specht flog lachend über Thiels Kopf weg ohne dass er eines Blickes gewürdigt wurde.

Die Sonne welche soeben unter dem Rande mächtiger Wolken herabhing um in das schwarzgrüne Wipfelmeer zu versinken goss Ströme von Purpur über den Forst. Die Säulenarkaden der Kiefernstämme[2] jenseits des Dammes entzündeten sich gleichsam von innen heraus und glühten wie Eisen. [...]

1 der Strähn: hier: der (Schienen-)Strang
2 Säulenarkaden der Kiefernstämme: Säulenbogen aus Kiefern

GUT ZU WISSEN Adverbialsätze

Satzgefüge machen durch ihre Verbindung inhaltliche Zusammenhänge deutlich.

Inhaltlicher Zusammenhang/Art	Mögliche Verknüpfung	Satzgefüge mit Adverbialsätzen, Beispiele
Kausalsatz: Grund, Begründung	weil, da	*Ich habe den Ausbildungsplatz bekommen, weil mein Zeugnis und mein Eingangstest gut waren.*
Konsekutivsatz: Folge, Wirkung	dass, so ... dass	*Ich habe einen guten Eindruck hinterlassen, sodass ich den Ausbildungsplatz bekommen habe.*
Temporalsatz: zeitliches Verhältnis	als, nachdem, bevor, solange	*Man erteilte mir eine Zusage, nachdem ich den Test bestanden hatte.*
Finalsatz: Absicht, Zweck	damit, dass	*Ich habe mich um einen guten Eindruck bemüht, damit ich die Stelle erhalte.*
Konditionalsatz: Bedingung	wenn, falls, sofern	*Falls mein Zeugnis gut ausfällt, werde ich den Studienplatz erhalten.*
Konzessivsatz: Einschränkung, Gegensatz	obwohl, wenn auch, obschon	*Ich habe den Studienplatz in Mannheim angenommen, obwohl ich lieber nach Köln gegangen wäre.*
Modalsatz: Art und Weise	indem	*Indem man sich nicht auf einen Studienort fixiert, ist die Chance größer, einen Studienplatz zu bekommen.*
Adversativsatz: Gegensatz	während, anstatt dass	*Während ich weiter die Schule besuche, hat mein Freund eine Ausbildung angefangen.*

Anstelle eines Adverbialsatzes kann auch eine adverbiale Bestimmung stehen.

Anwenden, Vertiefen, Fazit

Das Feldermodell für die Textüberarbeitung nutzen

1 **Untersuchen Sie den folgenden Schülertext zu Hauptmanns „Bahnwärter Thiel“.**

a) Schreiben Sie den Text ab und setzen Sie die fehlenden Kommas.

b) Tauschen Sie sich über Ihre Zeichensetzung aus. Erklären Sie diese mithilfe des Feldermodells.

MUSTER Schülertext zum „Bahnwärter Thiel“

Achtung, Fehler!

Die novellistische Studie „Bahnwärter Thiel“ beschreibt wie der Protagonist Thiel zum Mörder wird. Die Darstellung geht auf einen Unglücksfall an der Bahnstrecke nach Fürstenwalde zurück und beruht auf Erfahrungen die der Dichter Gerhart Hauptmann gemacht hat.

Am Anfang erfährt der Leser wer die Hauptfiguren sind und was in den letzten zehn Jahren im Leben Thiels passiert ist. Er ist eine Ehe mit Minna die als schmächtig und kränklich beschrieben wird eingegangen. Weil er seinen Sohn Tobias aus dieser Ehe versorgt sehen will heiratet er nach Minnas Tod Lene die so ganz anders als Thiels erste Frau ist. Die Problematik dieser Familienkonstellation die sich in den ersten beiden Jahren der zweiten Ehe ergibt zeigt sich bald. Schnell ist im Ort bekannt wer in der Familie das Sagen hat. Lene ist herrschsüchtig und quält Tobias. Als Lene selbst Mutter wird verschlimmert sich Tobias' Situation noch. Dass sie Tobias misshandelt entdeckt Thiel zwar er unternimmt jedoch nichts um seinen Sohn vor ihr zu schützen. Indem er viel Zeit mit Tobias verbringt versucht er ein guter Vater zu sein. Die angespannte Situation verändert Thiel der sich in seinem Bahnwärterhäuschen immer häufiger in Visionen flüchtet in denen er mit seiner verstorbenen Frau kommuniziert.

Als Thiel beim Bahnwärterhäuschen ein Acker überlassen wird beschließt Lene dort Kartoffeln anzubauen. Dies ist Thiel gar nicht recht da das Bahnwärterhäuschen und die Gegend drumherum sein persönliches Refugium ist in das er sich zurückziehen konnte. Weil sich Tobias jedoch über einen bevorstehenden Ausflug dorthin freut machen sich alle auf den Weg. Während Lene Kartoffeln setzt tritt Thiel seinen Dienst an. Er beauftragt Lene auf Tobias aufzupassen worauf diese kaum reagiert. Ein Schnellzug der sich nähert gibt plötzlich Notsignale und bremst. So schnell Thiel kann rennt er zur Unglücksstelle. Aber er kann nur noch feststellen dass Tobias vom Zug erfasst wurde und tödlich verletzt ist.

Nachdem Thiel bewusstlos zusammengebrochen ist wird er nach Hause getragen. Lene sorgt sich aufopferungsvoll um ihren Mann der apathisch in seinem Bett liegt. Als einige Zeit später Arbeiter den toten Tobias nach Hause bringen entdecken sie dass Lene und der Säugling tot sind. Thiel der beide ermordet hat wird später an der Stelle gefunden an der sein Sohn überfahren worden ist. Er der die Mütze seines verstorbenen Sohnes die dieser am Unfallort verloren hatte fest mit der Hand umklammert wird zunächst in ein Untersuchungsgefängnis und anschließend in die Psychiatrie eingeliefert.

FAZIT

12.1
Sätze beschreiben und untersuchen
- Aussagesätze: Verb an zweiter Stelle
- Aufforderungs- und Fragesätze: Verb an erster Stelle
- Die Satzglieder ermitteln
- Satzgefüge bilden und untersuchen

12.2
Anwenden, Vertiefen, Fazit
- Das Feldermodell für die Textüberarbeitung nutzen

Kapitel 13

Richtig schreiben

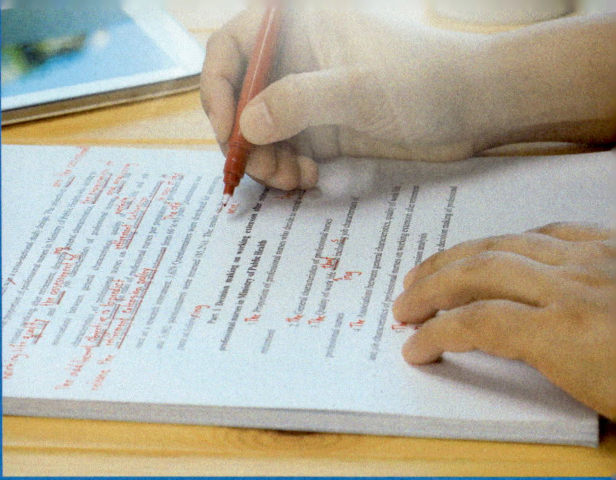

13.1 Richtig rechtschreiben

13.2 Zeichen setzen

13.3 Grammatik kennen und anwenden

13.4 Anwenden, Vertiefen, Fazit

Warum sich mit Rechtschreibung auseinandersetzen, wenn der PC ein Rechtschreibprogramm hat? Warum Kommas setzen? Und warum sollen Grammatikregeln wichtig sein? Wenn man besser schreiben will, muss man sich mit diesen Bereichen der Sprache auseinandersetzen. Fehler in diesen Bereichen sind Stolperfallen und hinterlassen beim Lesenden oder Zuhörenden auch keinen kompetenten Eindruck.

In diesem Kapitel erfahren Sie, wie Sie eigene Fehlerschwerpunkte erkennen können, lernen Rechtschreibregeln und -strategien kennen und setzen sich mit grundlegenden Regeln der Zeichensetzung und Grammatik auseinander.

Kompetenzen

- ✓ individuelle Fehlerschwerpunkte erkennen
- ✓ Rechtschreibregeln und -strategien anwenden
- ✓ Regeln der Zeichensetzung nutzen
- ✓ Regeln der Grammatik anwenden

Methoden und Arbeitstechniken

- ✓ Lernkarten und Lernkartei
- ✓ Arbeit mit dem Wörterbuch
- ✓ Lerntempoduett
- ✓ Lernplakat
- ✓ Rechtschreibstrategien
- ✓ Merkhilfen

Richtig rechtschreiben
Fehlerschwerpunkte erkennen

Ihre Klassenarbeiten und Hausaufgaben geben Rückschlüsse auf Ihre Fehlerschwerpunkte.

1 **Analysieren Sie korrigierte Hausaufgaben und Klassenarbeiten im Hinblick auf die Rechtschreibung.**

a) Übertragen Sie die Tabelle und tragen Sie ein, in welchen Bereichen Sie Fehler gemacht haben.

Achtung, Fehler!

Fehlerbereich	Beispiele / eigene Fehler	Fehleranzahl
Groß- und Kleinschreibung	*die schreibweise* … …	///
s-Laut	…	…
das/dass	*Ich hoffe, das du das weißt* …	//
i-Laut	…	…
k/ck	…	…
d/t	…	…
tz/z	…	…
mit oder ohne h	…	…
andere Fehler	…	…

b) Bestimmen Sie Ihre Fehlerschwerpunkte. In welchen Bereichen gibt es besonders viele Fehler?

2 **Arbeiten Sie an Ihren individuellen Fehlerschwerpunkten. Notieren Sie dazu schwierige Wörter auf Lernkärtchen und legen Sie eine Lernkartei an. Berücksichtigen Sie dabei GUT ZU WISSEN. Wiederholen Sie die Wörter regelmäßig.**

★ **3** **Recherchieren Sie, welche Möglichkeiten es gibt, Lernkärtchen digital zu erstellen und zu nutzen.**

GUT ZU WISSEN — Lernkärtchen und Lernkarteien

Auf einer Karteikarte notiert man zu lernende Inhalte, z. B. schwierige Wörter. Zusätzlich braucht man einen passenden länglichen Kasten, der in mindestens drei Fächer unterteilt ist.

- Erstes Fach: Kärtchen, deren Inhalte man **noch nicht beherrscht**
- Zweites Fach: Kärtchen, deren Inhalte man **noch nicht sicher beherrscht**
- Drittes Fach: das **gefestigte Wissen**

Die Karten wandern je nach Wissensstand weiter oder bleiben im Fach. Für Wiederholungen zu einem späteren Zeitpunkt sollte man ein weiteres Fach anlegen. Statt mit Karteikarten aus Papier können Sie auch mit einer digitalen Lernkartei üben.

Wichtige Rechtschreibstrategien und -regeln

Wenn Sie nicht sicher sind, wie ein Wort geschrieben wird, können Rechtschreibstrategien hilfreich sein.

1 Setzen Sie sich mit Rechtschreibstrategien auseinander.

a) Tauschen Sie sich darüber aus, welche Rechtschreibstrategien Sie kennen, in welchen Fällen und wie Sie diese anwenden.

b) Erläutern Sie sich gegenseitig die in GUT ZU WISSEN genannten Strategien.

2 Wenden Sie jeweils die richtige Rechtschreibstrategie an.

a) Notieren Sie, mit welcher Strategie Sie bei den folgenden Wörtern und Sätzen die korrekte Schreibweise ermitteln können. Berücksichtigen Sie GUT ZU WISSEN.

Achtung, Fehler!

A *gefährden oder gefehrden*

B *der Schedling oder der Schädling*

C *viel schönes oder viel Schönes*

D *sehend oder seend*

E *die Lehrung oder die Leerung*

F *ein Band oder ein Bant*

G *der Treger oder der Träger*

H *der Staubsauger oder der Staupsauger*

I *Das ist zum lachen oder Das ist zum Lachen*

J *Ich weiß, das ich nichts weiß oder Ich weiß, dass ich nichts weiß*

K *Das ist zum lachen oder Das ist zum Lachen*

b) Notieren Sie die Wörter und Sätze in korrekter Schreibweise.

GUT ZU WISSEN | Wichtige Rechtschreibstrategien

Deutlich aussprechen und Silben mitschwingen: Bei vielen Wörtern kann man die Rechtschreibung erschließen, wenn man die Wörter deutlich ausspricht und evtl. die Silben mitschwingt.

Beispiel: *ge sche hen*

Wortfamilie bilden: Wörter, die zu einer Wortfamilie gehören, haben meist denselben Wortstamm. Er wird in der Regel gleich geschrieben.

Beispiele: *lehren* **Lehrer** *–* **Lehrling***;* **Macht** *–* **mächtig**

Wörter verlängern: Bei den auslautenden Buchstaben b/p, d/t und g/k lässt sich die richtige Schreibweise ermitteln, indem man das Wort verlängert (z. B. Plural, Steigerung, Genitivform bilden, Adjektiv ableiten).

Beispiele: *Wald – Wälder; passend – passender; fleißig – fleißiger; Geduld – geduldig*

Ersatzprobe bei *das/dass*: Die Ersatzprobe hilft zu entscheiden, ob *das* oder *dass* die richtige Schreibweise ist. Lässt sich anstelle des fraglichen Wortes *dieses, jenes* oder *welches* einsetzen, wird es mit einem *s* geschrieben, also *das.*

Beispiele: *Das Getränk,* ***das*** *er mir angeboten hat, hat mir nicht geschmeckt.*
Das Getränk, ***welches*** *er mir angeboten hat, hat mir nicht geschmeckt.*
Ich finde, ***dass*** *dieses Getränk wirklich erfrischend ist.*
Ich finde, ~~***welches***~~ ***dass*** *dieses Getränk wirklich erfrischend ist.*

Nominalisierungen an Begleitern erkennen: Artikel, ein mit einer Präposition verschmolzener Artikel, Possessivpronomen und Indefinitpronomen zeigen an, dass es sich um ein Nomen bzw. eine Nominalisierung handelt. Diese schreibt man groß.

Beispiele: *das Essen, beim Essen, sein Essen, genug Gutes*

Wichtige Rechtschreibstrategien und -regeln

Achtung, Fehler!

Die Geschichte des Kinos

Die Geschichte des Kinos begint in der zweiten Hälfte des 19. Jahrhunderts auf Jahrmärkten. Dort werden z. B. optische Teuschungen gezeigt, die eine große Atraktion waren. Viele Erfindungen tragen zur Entwicklung des Kinos bei, wobei sich letztentlich der Kinematograf der Brüder Lumière durchsetzt. Dadurch ist es möglich, das das schauen von Filmen zu einem Gemeinschaftserlebniss wird. 1895 findet in Berlin die erste Filmvorführung vor zahlendem Publikum statt. Neun Kurtzfilme von jeweils einer Minute werden gezeigt. Das Interresse des Publikums ist groß, das dieser neuen Leidenschaft fröhnt. Später werden in Gasthäusern und Hotels Filme gezeigt, Räume werden zu Kinos umgestalltet. Wanderkinos ziehen von einer Städte zur anderen. Durch den stendigen Ortswechsel benötigt man weniger Filme, ausserdem ist der Anreitz so länger gegeben. 1910 wird der erste Film in Hollywood produzirt und 1912 entsteht in Potsdam-Babelsberg das erste große Filmstudio weltweit. In der ersten Hälfte des 20. Jahrhunderts breitet sich das Kino immer mehr aus. Aber Ende des Jahrhunderds bekommt es durch das Fernseen eine starke Konkurenz und gerät in eine große Kriese, als der Fernsehapparat Standart wird. Seit einigen Jahren erfreut sich das Kino wider größerer Beliebtheit.

1 **Überarbeiten Sie den Text mithilfe von Rechtschreibstrategien. Verwenden Sie dafür GUT ZU WISSEN.**

a) Die farbig markierten Wörter sind falsch geschrieben. Übertragen Sie die Begriffe in korrekter Schreibweise in eine Tabelle.

b) Notieren Sie jeweils hinter jedem Wort, welche Rechtschreibstrategie geholfen hätte, den Fehler zu vermeiden.

c) Schreiben Sie den gesamten Text korrekt auf.

GUT ZU WISSEN — Merkhilfen für Rechtschreibregeln

Merksätze und Regeln

Nach l, m, n, r – das merke ja, steht **nie tz** und **nie ck**!
Beispiele: *die Sülze, der Umzug, die Grenze, der Arzt; der Alkohol, der Imker, tanken, die Marke*

Diese Regel ist wirklich nett, auch **nach ei, äu, eu steht nie tz**!
Beispiel: *die Heizung*

wider/wieder: Das Wort wider hat die Bedeutung „gegen“, wieder bedeutet „noch einmal“.
Beispiele: *der Widerspruch; wiederholen*

i oder ie: Am Ende einer Silbe wird meistens ie geschrieben, in der Mitte einer Silbe meistens i.
Beispiele: *das Fieber, der Riegel; gibt*

Stimmloser s-Laut: Wenn vor dem s-Laut ein kurzer Vokal steht, schreibt man ss, nach einem langen Vokal oder Doppelvokal ß.
Beispiele: *muss; die Straße, heißen*

Getrennt oder zusammen: Adjektiv + Verb oder Verb + Verb werden zusammengeschrieben, wenn das zusammengesetzte Verb eine Bedeutung im übertragenen Sinn hat.
Beispiele: *offen bleiben* (z. B. *ein offen gebliebenes Fenster*); *offenbleiben* (z. B. *eine offengebliebene Frage*)

Merkwörter: z. B. *das Klima, der Tiger, die Margarine, die Krise, mahlen/malen*

Mit dem Wörterbuch arbeiten

Auf dieser Seite vertiefen und festigen Sie Ihr Wissen zur Arbeit mit dem Wörterbuch.

Duden – Die deutsche Rechtschreibung

Silbentrennung Artikel	**Ki|ne|ma|thek**, die; -, -en <griech.> (Sammlung von Filmen; Filmarchiv)
	Ki|ne|ma|tik, die; - (*Physik* Lehre von den Bewegungen); **ki|ne|ma|tisch** (die Kinematik betreffend)
gelb: empfohlene Schreibweise	**Ki|ne|ma|to|graf**, **Ki|ne|ma|to|graph**, der; -en, -en (der erste Apparat zur Aufnahme u. Wiedergabe bewegter Bilder; *Kurzform* Kino)
Bedeutung	**Ki|ne|ma|to|gra|fie**, **Ki|ne|ma|to|gra|phie**, die; - (Filmwissenschaft u. -technik, Aufnahme u. Wiedergabe von Filmen)
	ki|ne|ma|to|gra|fisch, **ki|ne|ma|to|gra|phisch**
	Ki|ne|sio|lo|gie, die; - (Lehre von den Bewegungsabläufen); **ki|ne|sio|lo|gisch** (die Kinesiologie betreffend); **Ki|ne|sio|the|ra|pie** (Bewegungstherapie)
	Ki|ne|tik, die; - (*Physik* Lehre von den Kräften, die nicht im Gleichgewicht sind); **ki|ne|tisch**; kinetische Energie (Bewegungsenergie)
	Ki|ne|to|se, die; -, -n (Bewegungs- od. Reisekrankheit)
Endung im Genitiv Endung im Plural	**King**, der; -[s], -s <engl.> (*engl. für* König; *ugs. für* Anführer; jmd., der größtes Ansehen genießt)
	King|size [...saɪs], die, *auch* das; - (Großformat, Überlänge [von Zigaretten])
	Kings|ton [...tn̩] (Hauptstadt Jamaikas)
Aussprache	**Kings|town** [...taʊn] (Hauptstadt des Staates St. Vincent u. die Grenadinen)
Sprachvarietät	**Kink**, der; -en, -en, *auch* die; -, -en (*Seemannsspr. u. nordd. für* Knoten, Fehler im Tau)
ugs. = umgangssprachlich	**Kin|ker|litz|chen** *Plur.* (*ugs.* für Nichtigkeiten)
	Kinn, das; -[e]s, -e
	Kinn|ba|cke[n]; **Kinn|ha|ken**; **Kinn|la|de**; **Kinn|län|ge**; die Haare auf Kinnlänge schneiden lassen; **Kinn|rie|men**; **Kinn|spit|ze**
Verweise: vgl. = vergleiche	**Ki|no**, das; -s, -s (Lichtspieltheater); *vgl.* Kinematograf
	Ki|no|abend

(aus: Duden. Die deutsche Rechtschreibung, 2017)

1 **Bearbeiten Sie im Lerntempoduett (↗ GUT ZU WISSEN) die folgenden Aufgaben.**

a) Wie heißt der Genitiv von „Kino"? Bilden Sie mit dem Genitiv einen Satz.
b) Wie lautet der Plural von „Kinematograf"?
c) Welche Bedeutung hat das Wort „King" in der Umgangssprache?
d) Wie lautet der Singular des Wortes „Kinkerlitzchen"?
e) Bilden Sie einen sinnvollen Satz mit dem Wort „Kinkerlitzchen".
f) Wie wird „Kinesiotherapie" getrennt? Welche Rechtschreibstrategie (S. 175) hilft Ihnen?

GUT ZU WISSEN – Lerntempoduett

Bei dieser Methode arbeiten zunächst alle für sich allein in ihrem **eigenen Lerntempo**. Wer den Arbeitsauftrag beendet hat, steht auf und wartet, bis jemand anderes fertig ist. Nun arbeiten diese beiden in **Partnerarbeit**. Die Lerntempo-Partner/-innen tauschen sich über ihre Arbeitsergebnisse aus und ergänzen sie. Eventuell bearbeiten sie gemeinsam weitere Arbeitsaufträge. Am Ende werden die Ergebnisse in der **Gruppe** besprochen.

Groß- und Kleinschreibung

Auf dieser Seite vertiefen und festigen Sie Ihr Wissen über Groß- und Kleinschreibung.

1 Was wissen Sie bereits über die grundlegenden Regeln zur Groß- und Kleinschreibung? Tauschen Sie sich in der Lerngruppe über Ihr Vorwissen aus.

2 Bilden Sie Nominalisierungen. Verwenden Sie GUT ZU WISSEN.

a) Verbinden Sie jeweils ein Wort aus der ersten Zeile mit einem Wort aus der zweiten Zeile.

1. alles - etwas - genug - manches - nichts - viel - wenig

2. interessant - langweilig - alt - neu - schön - hässlich - gut

viel + interessant → viel Interessantes

b) Bilden Sie mit Ihren Wortpaaren sinnvolle Sätze.

Bei der Besichtigung haben wir viel Interessantes gesehen.

3 Schreiben Sie den folgenden Text in korrekter Groß-/Kleinschreibung.

Achtung, Fehler!

carl linde erhielt 1895 das patent auf „ein verfahren zur verflüssigung atmosphärischer luft oder anderer gase". was daraus wurde, findet man heute hierzulande wohl in jedem haushalt: einen kühlschrank. der wunsch, nahrungsmittel länger haltbar zu machen und für ein späteres verzehren zu konservieren, ist alt. bereits in der steinzeit lagerten jäger ihr erbeutetes in eishöhlen; gewölbe und eiskeller dienten später dem längeren lagern. auch eis, das aus arktischen meeren, gletschern herausgesägt wurde, war trotz des aufwendigen transportierens begehrt.

4 Schreiben Sie eine E-Mail zur folgenden Situation. Achten Sie besonders auf die Schreibweise der Anredepronomen.

Situation: *Sie haben online einen der folgenden Artikel bestellt: eine Küchenwaage, einen Smoothie-Mixer, einen Kühlschrank oder einen elektrischen Dosenöffner. Die gelieferte Ware ist beschädigt. Sie beschweren sich.*

GUT ZU WISSEN – Groß- und Kleinschreibung

1. Satzanfänge, Eigennamen und Nomen (Substantive) werden großgeschrieben.

2. Höfliche Anreden *(Sie, Ihr, Ihnen ...)* schreibt man groß. Die vertraulichen Anredepronomen *(du, ihr, dein ...)* werden im Allgemeinen kleingeschrieben. In Briefen können sie auch großgeschrieben werden. Auf Einheitlichkeit muss jedoch geachtet werden: Entweder schreibt man durchgängig groß oder durchgängig klein.

Beispiele: *Kennen **Sie** diese Schokoladensorte? Schmeckt sie **Ihnen**?*
*Was meinst **du** dazu? Schmeckt sie **dir** auch?*
(In Briefen auch: *Was meinst **Du** dazu? Schmeckt sie **Dir** auch?*)

3. Nominalisierungen: Adjektive und Verben, die als Nomen verwendet werden, schreibt man groß.

Beispiel: *Das **L**aufen ist ein guter Ausgleich **zum A**rbeiten am Schreibtisch. Es hat **etwas E**ntspannendes.*

Nominalisierungen lassen sich oft an ihren **Begleitern** erkennen:

- **Artikel** *(der, das, die, ein, eine, einer)*
- mit **Präposition verschmolzene Artikel** *(am = an + dem, beim = bei + dem, zur = zu + der, ins = in + das ...)*
- **Possessivpronomen** *(mein, dein, sein ...)*
- **Indefinitpronomen** *(alles, etwas, genug, manches, nichts, viel, wenig ...)*

Die Schreibung verschiedener Laute: das/dass

Die Schreibweise von *das* und *dass* richtet sich nach der grammatischen Funktion des Wortes im Satz.

GUT ZU WISSEN | Die Schreibung von *das* und *dass*

Wort	Funktion	Beispiel
das	Artikel	*Siehst du* ***das*** *Haus dort drüben?*
das	Relativpronomen	*Das Haus,* ***das*** *neben unserem steht, ist leer.*
das	Demonstrativpronomen	*Sie reißen das Haus ab –* ***das*** *kann ich gar nicht glauben!*
dass	Konjunktion	*Ich ärgere mich,* ***dass*** *die Bagger so viel Lärm machen.*

Die **Ersatzprobe** hilft, die richtige Schreibweise zu ermitteln. Wenn man *dieses, jenes* oder *welches* anstelle des Wortes einsetzen kann, wird es mit einem *s* geschrieben, also *das.*

1 **Formulieren Sie die folgenden Sätze so um, dass die Konjunktion *dass* verwendet wird.**

A Wir hoffen es. Die Forschung wird erfolgreich sein.
B Die Forscher werden einen neuen Impfstoff entwickeln. Wir glauben fest daran.
C Wir sind fest davon überzeugt. Sie werden erfolgreich sein. Sie werden bald ein Mittel finden.
D Alle Versuche sind positiv gelaufen. Sie sind erfolgversprechend. Die Forscher bestätigen.

2 **Schreiben Sie über Ihre beruflichen Pläne, indem Sie Sätze mit den Satzanfängen bilden.**

Ich hoffe, ... – Ich meine, ... – Ich glaube, ... – Ich denke, ... – Ich freue mich, ... – Ich bin davon überzeugt, ... – Ich habe erfahren, ... – Ich habe recherchiert, ...

3 **Verbinden Sie die folgenden Sätze mit *das* oder *dass*. Wenden Sie die Ersatzprobe an (↗ GZW „Die Schreibung von *das* und *dass*“), um jeweils die korrekte Schreibweise zu ermitteln.**

A Das Patentamt registriert Erfindungen. Das Patentamt publiziert die neuen Erfindungen.
B Dieses Patent schützt die Erfindung. Es wurde von der Erfinderin angemeldet.
C Die Forscher freuen sich. Sie haben einen großen Beitrag zur Weiterentwicklung geleistet.
D Es ist ein großer Erfolg. Benz und Daimler erfanden das erste Automobil. Dies ermöglicht eine schnellere Fortbewegung.

4 **Erstellen Sie ein Lernplakat, um die Regeln zur Schreibung von *das* und *dass* zu veranschaulichen. Berücksichtigen Sie GUT ZU WISSEN „Ein Lernplakat gestalten“.**

GUT ZU WISSEN | Ein Lernplakat gestalten

Wichtige Ergebnisse kann man auf Plakatpapier festhalten und einprägsam visualisieren. Die Darstellung muss **sachlich richtig** und **ansprechend** sein. Bei einem gut gestalteten Plakat werden wenige **Farben gezielt eingesetzt**, die **Schrift ist lesbar**. Es zeigt durch **Überschrift** und **Aufbau**, worum es geht.

Zeichen setzen

Satzzeichen strukturieren Sätze und verdeutlichen den Sinn von Aussagen.

1 Tauschen Sie sich über die Zeichensetzung aus. Was fällt Ihnen leicht? Wo machen Sie Fehler? Welche Regeln der Zeichensetzung kennen Sie?

GUT ZU WISSEN – Das Komma zwischen Hauptsätzen sowie Haupt- und Nebensatz

Wenn **Hauptsätze miteinander** verbunden werden, steht ein Komma. Sind diese durch **und** bzw. **oder** verknüpft, wird **kein Komma** gesetzt. Möchte man die Gliederung des Satzes deutlich machen, kann man ein Komma setzen.

Beispiele: *Der Zug kam, er fuhr in den Bahnhof ein, die Fahrgäste stiegen aus.*
Der Zug kam, er fuhr in den Bahnhof ein (,) und die Fahrgäste stiegen aus.

Nebensätze werden durch Komma vom Hauptsatz getrennt. Die Nebensätze können vor oder nach dem Hauptsatz stehen. Sie können auch in diesen eingebettet sein.

Beispiele: ***Wenn ich rechtzeitig zum Termin kommen will,*** *muss ich den frühen Zug nehmen.*
Ich muss den frühen Zug nehmen, ***wenn ich rechtzeitig zum Termin kommen will.***
Ich muss, ***wenn ich rechtzeitig zum Termin kommen will,*** *den frühen Zug nehmen.*

2 Schreiben Sie die folgenden Sätze auf und ergänzen Sie die Kommas (↗ GZW „Das Komma zwischen Hauptsätzen sowie Haupt- und Nebensatz“ und „Das Komma bei Aufzählungen“).

Achtung, Fehler!

A Der Chemiker W. Carrothers ist derjenige der 1935 Nylon entwickelte. Es ist die erste Faser die ohne natürliche Bestandteile auf Kohlenstoffbasis hergestellt wird.

B Geringes Gewicht lange Haltbarkeit Transparenz und einfache Pflege sind die Vorteile dieser Faser wie immer wieder betont wird.

C Als die ersten Nylonstrümpfe zum Verkauf angeboten werden stehen Zehntausende Schlange wobei es laut Presseberichten zu Ausschreitungen gekommen ist.

D Nylon wurde im Zweiten Weltkrieg militärisch genutzt denn Seile Fallschirme Zelte oder Flugzeugtanks wurden daraus hergestellt.

E Kunststoffe sind biologisch nicht abbaubar und gegenüber Umwelteinflüssen äußerst resistent deshalb findet man an Küsten Ufern und in den Meeren Müll aus Kunststoff. Das können Tüten oder Flaschen aus Kunststoff aber auch kleine oft nur mikroskopisch erkennbare Teilchen sein.

a) Unterstreichen Sie in verschiedenen Farben die einleitenden Wörter in den Nebensätzen und die konjugierten Verbformen der Haupt- und Nebensätze.

b) Beschreiben Sie, in welchen Feldern des Satzes die Nebensätze stehen können.

GUT ZU WISSEN – Das Komma bei Aufzählungen

Aufzählungen können aus **Wörtern**, **Wortgruppen** oder **Sätzen bestehen**. Die Teile einer Aufzählung, die nicht mit *und, oder, beziehungsweise, entweder - oder, sowohl - als auch, sowohl - wie, weder - noch, nicht - noch* verbunden sind, werden durch Komma abgetrennt. **Beispiel:** *Er ist motiviert, interessiert und aufgeschlossen.*

Zeichen setzen

3 Schreiben Sie den Text „Die künstliche Frau Holle“ ab und ergänzen Sie die Kommas. Begründen Sie Ihre Zeichensetzung. Berücksichtigen Sie GUT ZU WISSEN „Das Komma bei Infinitivgruppen“.

Achtung, Fehler!

Die künstliche Frau Holle

Viele Zuschauerinnen und Zuschauer haben jedes Jahr Spaß daran Skirennen anzuschauen und die Leistung der Athletinnen und Athleten zu bestaunen. Was ist wenn kein Schnee vom Himmel fällt? Statt das Rennen absagen zu müssen arbeiten die Skipisten mit Kunstschnee. Schneekanonen werden eingesetzt um diesen Schnee auf die Abfahrtsstrecken rieseln zu lassen. Ein Ventilator wird benötigt um Luft mit hoher Geschwindigkeit durch die Schneekanonen zu blasen. Viele Düsen helfen dabei das Wasser in den Luftstrom zu sprühen. In kalter Luft gefriert das Wasser zu Eiskristallen um dann als Schnee zu Boden zu fallen. Vielleicht hat man aber mehr Freude daran auf Schnee zu fahren der vom Himmel gefallen ist? Oder man hat Bedenken Kunstschnee herstellen zu lassen? Trotz allem ist es aber ein schönes Gefühl einen Berg hinunterzufahren.

GUT ZU WISSEN | Das Komma bei Infinitivgruppen

Die **Infinitivgruppe** wird vom Hauptsatz durch ein Komma getrennt, wenn ...

- ... sie mit ***um, ohne, anstatt, statt, außer, als*** eingeleitet wird:
  Beispiele: *__Ohne__ auf die Anregungen der anderen ein__zu__gehen, beendete er das Projekt letzte Woche.*
  Er beendete das Projekt letzte Woche, __ohne__ auf die Anregungen der anderen ein__zu__gehen.
  Er beendete das Projekt, __ohne__ auf die Anregungen der anderen ein__zu__gehen, letzte Woche.
- ... ein **hinweisendes Wort** (Verweiswort) im Hauptsatz diese ankündigt. Hinweisende Wörter: *daran, damit, es.*
  Beispiele: *Er dachte nicht __daran__, auf die anderen ein__zu__gehen.*
  Er liebt __es__, selbstständig __zu__ arbeiten.
  Wir haben ihm __damit__ gedroht, die nächsten Projekte ohne ihn durch__zu__führen.
- ... sie von einem **Nomen im Hauptsatz abhängt**.
  Beispiel: *Wir gaben ihm den __Rat__, das nächste Mal in Ruhe __zu__ überlegen.*

Infinitivgruppen (Infinitiv + *zu* + mindestens ein weiteres Wort), auf welche die oben genannten Fälle nicht zutreffen, können durch ein Komma abgetrennt werden. Man darf aber auch auf das Komma verzichten.

Beispiel: *Es gefällt uns(,) mit anderen zusammenzuarbeiten.*

★ **4** Verfassen Sie Beispielsätze zu den folgenden Schwerpunkten:
- das Komma zwischen Haupt- und Nebensatz,
- das Komma bei Infinitivgruppen,
- das Komma bei Aufzählungen.

Grammatik kennen und anwenden

Wortarten

Die Wörter einer Sprache kann man nach Wortarten unterscheiden.

1 Tauschen Sie sich darüber aus, was Sie bereits über Wortarten wissen.

2 Vergleichen Sie die beiden Auszüge aus dem Lebenslauf von Marga Faulstich.

Marga Faulstich

1915–1998	Geburt in Weimar, Tod in Weimar
1934	Abitur in Jena
1935	Ausbildung als wissenschaftliche Hilfskraft im Glaswerk Schott/Jena
1939	1. Patent in dem Sektor optisches Glas
1949	Aufbau eines Forschungslabors in Landshut
1952	Laborumzug nach Mainz, Forschungsarbeiten an optischen Gläsern, Spezialgläsern für Augenoptik
bis 1979	Entwicklung von über 300 Typen optischer Gläser, ca. 40 Patente, Autorin und Referentin

Marga Faulstich wurde am 16. Juni 1915 in Weimar geboren. Nach dem Abitur 1934 in Jena begann sie ein Jahr später eine Ausbildung als wissenschaftliche Hilfskraft bei Schott, den bekannten ortsansässigen Glaswerken. Bereits während der Ausbildung war sie sehr erfolgreich und schon 1939 erhielt sie ihr erstes Patent. 1942 studierte sie …

a) Welche Wortarten werden im linken Text verwendet? Warum sind sie für einen tabellarischen Lebenslauf ausreichend? Bestimmen und erläutern Sie. Verwenden Sie GUT ZU WISSEN.

b) Bestimmen Sie die Wortarten im rechten Text.

c) Ergänzen Sie den Lebenslauf rechts. Recherchieren Sie weitere Informationen.

GUT ZU WISSEN | Wortarten

Bezeichnungen		Beispiele
veränderbar		
das Nomen / das Substantiv	Hauptwort	*Schreibtisch, Hunde, Glück*
das Verb	Tätigkeitswort	*schreiben, nachdenken*
das Adjektiv	Eigenschaftswort	*fleißig, aufmerksam*
der Artikel	Begleiter/Geschlechtswort	*der, das, die, dem, eine*
das Pronomen	Fürwort	*ich, dein, sich, welches, diese*
das Numerale	Zahlwort	*eins, zweitens, viele*
nicht veränderbar		
das Adverb	Umstandswort	*heute, draußen, immer, gern*
die Präposition	Verhältniswort	*in, unter, auf, zwischen*
die Konjunktion	Bindewort	*und, als, weil, obwohl, wenn, denn*
die Interjektion	Empfindungswort	*oh!, ach!*

Tempusformen: gestern – heute – morgen

Verben werden konjugiert, das heißt, sie werden z. B. an die Person, Anzahl (Numerus), Zeit (Tempus) oder Aussageweise (Modus) angepasst.

1 Formulieren Sie die folgenden Sätze in allen Zeitformen. Verwenden Sie GUT ZU WISSEN.

A Er besucht die Ausbildungsbörse mit seinen Freundinnen und Freunden.

B Sie nimmt für alle Informationsmaterial mit.

C Auch wir sind dabei.

2 Bilden Sie das Präteritum und das Perfekt. Verwenden Sie GUT ZU WISSEN.

sie helfen – wir überprüfen – sie verarbeitet – du ordnest an – er ist – ich erfahre – sie hält – er unterhält sich – ihr könnt euch einbringen

3 In einigen Textarten werden in der Regel bestimmte Tempusformen benutzt. Nennen Sie die richtige Zeitform für die folgenden Beispiele:

Beschreibung, Inhaltsangabe, Märchen, Bericht, Anleitung.

GUT ZU WISSEN — Die Tempusformen (Zeitformen)

Verben bilden verschiedene Tempusformen (Zeitformen). Damit kann man zeitliche Verhältnisse wie **Vorzeitigkeit**, **Gleichzeitigkeit** und **Nachzeitigkeit** ausdrücken.

Tempus	Wird verwendet, ...	Beispiele
Präsens (Gegenwart)	... um auszudrücken, dass etwas gerade oder regelmäßig geschieht.	*Marie **hört** Musik.* *Yannic **kommt** spät.*
Perfekt (vollendete Gegenwart)	... wenn man etwas mündlich erzählt, was schon vergangen ist.	*Marie **hat** Musik **gehört.*** *Yannic **ist** spät **gekommen.***
Präteritum (Vergangenheit)	... wenn man schriftlich über etwas erzählt oder berichtet, was vergangen ist.	*Marie **hörte** Musik.* *Yannic **kam** spät.*
Plusquamperfekt (Vorvergangenheit)	... wenn man ausdrücken will, dass etwas vor einem zurückliegenden Ereignis geschah.	*Marie **hatte** Musik **gehört.*** *Yannic **war** spät **gekommen.***
Futur I (Zukunft I)	... um etwas Zukünftiges auszudrücken.	*Marie **wird** Musik **hören.*** *Yannic **wird** spät **kommen.***
Futur II (Zukunft II)	... um etwas auszudrücken, was in der Zukunft abgeschlossen ist.	*Marie **wird** Musik **gehört haben.*** *Yannic **wird** spät **gekommen sein.***

Perfekt, Plusquamperfekt und Futur II werden mithilfe des **Partizips II** gebildet, z. B. gekommen, verletzt.

Unregelmäßige Verben

Man unterscheidet im Deutschen zwischen regelmäßigen und unregelmäßigen Verben (↗ Nachschlageliste: unregelmäßige Verben, S. 218–221).

1 Tauschen Sie sich über Ihre Sprachkenntnisse aus.

a) Welche Sprachen sprechen Sie?

b) In welchen gibt es regelmäßige und unregelmäßige Verben?

c) Welche Regeln für die Bildung des Präteritums kennen Sie im Deutschen?

2 Setzen Sie die folgenden Sätze in die Zeitformen Präteritum und Perfekt.

a) Präteritum

b) Perfekt

Mario (denken) an nichts Besonderes, als es an der Tür klingelte. Deshalb (sein) er angenehm überrascht, als er seinen alten Freund Lukas (sehen). Er (finden) kaum Worte, um seine Freude auszudrücken. Aber dann (besinnen) er sich und (bitten) Lukas hereinzukommen. Dieser (genießen) die Überraschung und (lassen) sich gern in die Wohnung führen. Die beiden (trinken) Tee und (essen) Kuchen; die Zeit (vergehen) wie im Flug. Lukas (einladen) Mario, ihm bald einen Gegenbesuch abzustatten.

3 Zu den folgenden Verben gibt es zwei mögliche Formen für das Präteritum und das Perfekt. bewegen – erschrecken – hängen – schaffen

a) Tauschen Sie sich über die Bedeutung der Verben in den unterschiedlichen Formen aus.

b) Bilden Sie Sätze mit diesen Verben in den unterschiedlichen Formen.

Dein gutes Ergebnis bewog mich, es ebenfalls zu versuchen.

Ich muss wieder regelmäßig Sport treiben, gestern ...ich mich wie ein alter Mann.

4 Erweitern Sie Ihren Wortschatz. Bilden Sie weitere Verben.

a) Ergänzen Sie die folgenden Verben durch Vorsilben und bilden Sie so weitere Verben. Nutzen Sie GUT ZU WISSEN. Notieren Sie alle Verben in einer Liste.

heben – werfen – ziehen

be – *über* – *er* – ...

an — ***heben*** — *auf*

b) Tauschen Sie sich über Ihre Ergebnisse aus. Ergänzen Sie Ihre Liste.

c) Bilden Sie mit den Verben aus Ihrer Liste Sätze im Präteritum und Perfekt. Notieren Sie diese.

GUT ZU WISSEN – Unregelmäßige Verben mit Vorsilben

Aus vielen Verben lassen sich neue Verben bilden, indem dem **Wortstamm** eine **Vorsilbe vorangestellt** wird. In diesem Fall werden die Stammformen genauso gebildet wie das entsprechende Verb ohne Vorsilbe.

Beispiel:	*denken*	*denkt*	*dachte*	*hat gedacht*
	bedenken	*bedenkt*	*bedachte*	*hat bedacht*

Aktiv und Passiv

Aktiv und Passiv stellen ein Geschehen aus verschiedenen Blickwinkeln dar.

1 **Begründen Sie, warum in den folgenden Sätzen das Passiv bzw. das Aktiv verwendet wird. Welcher Inhalt steht im Vordergrund? Verwenden Sie GUT ZU WISSEN.**

A Das Spielfeld wurde geräumt.

B Der Schiedsrichter brach das Spiel ab.

2 **Unterscheiden Sie Sätze im Aktiv und Sätze im Passiv. Verwenden Sie GUT ZU WISSEN.**

A Unsere Eltern haben uns vermisst.
B Wir werden schon sehnsüchtig erwartet.
C Mutter hatte das Essen zubereitet.
D Der Tisch war schon von ihr gedeckt worden.
E Morgen wird keine Entschuldigung von den Eltern akzeptiert werden.

a) Aktiv oder Passiv? Bestimmen Sie jeweils die Handlungsform der Sätze.

b) Formen Sie die Sätze um: Aktiv in Passiv, Passiv in Aktiv. Ergänzen Sie ein passendes Subjekt, wenn nötig.

GUT ZU WISSEN – Aktiv und Passiv

Mit Verbformen im **Aktiv** kann man die **handelnde Person** in den **Vordergrund** stellen. Mit Verbformen im **Passiv** kann man ausdrücken, **was** mit einer Person oder Sache **geschieht**. Es wird häufig zur Beschreibung von Vorgängen oder Arbeitsabläufen verwendet.

Wenn man einen Satz vom Aktiv ins Passiv umwandelt, betrachtet man, grammatisch gesehen, zunächst das Akkusativobjekt.

Die Sekretärin schreibt die Rechnung.

Akkusativobjekt (Wen oder was?)

Die Rechnung wird von der Sekretärin geschrieben.

Aus dem Akkusativobjekt bildet man das Subjekt (Wer oder was?): *Die Rechnung ...*

Das Passiv wird mit ***werden*** (in der jeweiligen Tempusform) und dem **Partizip II** gebildet.

Tempus	Aktiv	Passiv
Präsens	*Die Sekretärin schreibt die Rechnung.*	*Die Rechnung wird von der Sekretärin geschrieben.*
Perfekt	*Die Sekretärin hat die Rechnung geschrieben.*	*Die Rechnung ist von der Sekretärin geschrieben worden.*
Präteritum	*Die Sekretärin schrieb die Rechnung.*	*Die Rechnung wurde von der Sekretärin geschrieben.*
Plusquamperfekt	*Die Sekretärin hatte die Rechnung geschrieben.*	*Die Rechnung war von der Sekretärin geschrieben worden.*
Futur I	*Die Sekretärin wird die Rechnung schreiben.*	*Die Rechnung wird von der Sekretärin geschrieben werden.*
Futur II	*Die Sekretärin wird die Rechnung geschrieben haben.*	*Die Rechnung wird von der Sekretärin geschrieben worden sein.*

Die indirekte Rede

Aussagen anderer gibt man in der indirekten Rede wieder.

Dario zu Denise:

Ich habe mich für einen Ausbildungsplatz beworben. Franco hat schon eine Zusage.

Marc sagt, er habe sich für einen Ausbildungsplatz beworben und Franco habe schon eine Zusage.

Marc zu Dario:

1 **Vergleichen Sie die Aussagen in den Sprechblasen. Was hat sich in der zweiten Sprechblase geändert?**

2 **Geben Sie die Aussage in der indirekten Rede wieder (↗ GZW „Indirekte Rede für den Konjunktiv I“).**

„Ich bin sehr gespannt, ob der Betrieb mich einstellen wird. Der Betrieb liegt in meiner Nähe. Das Arbeitsklima soll gut sein. Mein Cousin arbeitet auch dort.“

GUT ZU WISSEN — Indirekte Rede für den Konjunktiv I

Mithilfe des Konjunktivs können Sie Aussagen oder Textinhalte in der indirekten Rede wiedergeben. Dabei wird in erster Linie der Konjunktiv I verwendet. Der **Konjunktiv I** wird mit dem **Stamm** des Verbs (Infinitiv ohne *-en*) und der passenden Personalendung gebildet:

mach-en

Indikativ Präsens	*er/sie/es macht* *sie machen*	Konjunktiv I	*er/sie/es mache* *sie machen*

Das Verb ***sein*** ist unregelmäßig:

Indikativ Präsens	*er/sie/es ist* *sie sind*	Konjunktiv I	*er/sie/es sei* *sie seien*

Bei der Umwandlung von direkter in indirekte Rede **verändert sich oft das Personal- bzw. das Possessivpronomen** und, damit verbunden, die **Personalform** des Verbs:

Direkte Rede	Wiedergabe in indirekter Rede
*Der Autor sagt: „**Ich bin** dafür, bald eine Entscheidung zu treffen.“*	*Der Autor sagt, **er sei** dafür, bald eine Entscheidung zu treffen.*

Tempuswahl: Wenn man einen Satz wiedergibt, dessen Prädikat im Präteritum steht, bildet man in Gedanken das **Perfekt** und setzt dann das **Hilfsverb in den Konjunktiv I**, z. B.:

Präteritum	*Er **las** gern.*	*Sie **ging** nach Hause.*
Perfekt	*Er **hat** gern **gelesen**.*	*Sie **ist** nach Hause **gegangen**.*
Konjunktiv I	*Sie sagt, er **habe** gern **gelesen**.*	*Er sagt, sie **sei** nach Hause **gegangen**.*

Wenn Sie die **Rede- oder Textwiedergabe mit der Konjunktion *dass*** einleiten, darf das Verb im Indikativ oder im Konjunktiv stehen, beides ist richtig: *Er behauptet, dass sie lügt. – Er behauptet, dass sie lüge.*

Die indirekte Rede

3 **Bilden Sie zu den Formen die Ersatzformen für den Konjunktiv I (↗ GUT ZU WISSEN).**

ich kaufe ein – wir laufen – sie besuchen – ich verpasse – wir unterstützen – sie verändern sich

4 **Setzen Sie den folgenden Auszug aus einem Interview in die indirekte Rede. Nutzen Sie dort, wo es angebracht ist, Ersatzformen (↗ GZW „Ersatzformen für den Konjunktiv I").**

Herr Müller: Die Mitarbeiterinnen und Mitarbeiter der Firma bekommen viele Vergünstigungen. Auch die Auszubildenden profitieren davon. Sie erhalten eine intensive Betreuung. Ihre Ausbilder sind besonders geschult. Es gelingt uns, ein gutes Arbeitsklima zu schaffen.

Herr Müller sagt, die Mitarbeiterinnen und Mitarbeiter der Firma bekämen ...

GUT ZU WISSEN – Ersatzformen für den Konjunktiv I

Wenn die Formen des Konjunktivs I und des Präsens Indikativ identisch sind, weicht man auf den **Konjunktiv II** oder eine **Ersatzform mit *würden*** aus. Das kann bei Verben in der 1. Person Singular sowie in der 1. und 3. Person Plural der Fall sein.

Variante 1:

Der Konjunktiv I wird ersetzt durch den **Konjunktiv II**.

Direkte Rede	Wiedergabe in indirekter Rede
*Nur wenige **bleiben** bei dieser Entscheidung.*	*Der Autor gibt an, nur wenige ~~**bleiben**~~ → **blieben** bei dieser Entscheidung.*

Der **Konjunktiv II** wird vom Indikativ Präteritum abgeleitet. Dabei wird oft ein Umlaut eingefügt (d. h., es findet ein Wechsel von a, o, u, au zu ä, ö, ü, äu statt), z. B.:

Indikativ Präsens	Konjunktiv I	Indikativ Präteritum	Konjunktiv II
ich nehme	*ich nehme*	*ich nahm*	*ich nähme*

Variante 2:

Falls die Formen des Konjunktivs II und des Indikativs Präteritum **identisch** sind, **umschreibt** man mit einer Form von *würden*. Das ist z. B. bei schwachen Verben im Präteritum der Fall.

Indikativ Präteritum	Konjunktiv II	Umschreibung mit *würde*
sie machte	*sie machte*	*sie würde machen*

Die **Umschreibung mit *würde*** empfiehlt sich auch, wenn die Form des Konjunktivs ungebräuchlich oder veraltet wirkt, z. B.: *ich hülfe → ich würde helfen*; *wir säßen → wir würden sitzen.*

Anwenden, Vertiefen, Fazit

Besonderheiten der deutschen Sprache: Deklination

Mark Twain hat in seinem Buch „Germany and the Awful German Language“ über die deutsche Sprache nachgedacht.

Mark Twain: Die schreckliche deutsche Sprache (1880)

[…] Wer nie Deutsch gelernt hat, macht sich keine Vorstellung davon, was für eine vertrackte Sprache das ist.

Es gibt wohl keine zweite Sprache, die so unberechenbar und unsystematisch ist und einem ständig durch die Finger gleitet. Man wird darin hilflos hierhin und dorthin getrieben, und wenn man schließlich glaubt, eine Regel gefunden zu haben, die einem festen Grund unter den Füßen gibt, auf dem man sich inmitten dieser reißenden Strömungen und Strudel der zehn Wortarten ein wenig ausruhen kann, dann blättert man um und liest: „Die folgenden Ausnahmen sollte der Schüler unbedingt beachten.“ Man lässt den Blick über die Seite schweifen und stellt fest, dass es mehr Ausnahmen gibt als Regelfälle. Und schon geht man wieder über Bord und hält nach einem Berg Ararat Ausschau, nur um sich erneut im Treibsand wiederzufinden. Das war und ist meine Erfahrung. Jedes Mal, wenn ich denke, ich beherrsche einen dieser verwirrenden vier „Fälle“, drängt sich in meinen Satz so eine scheinbar harmlose Präposition, ausgestattet mit schrecklicher, ganz unerwarteter Vollmacht, und man verliert wieder den Halt. Zum Beispiel fragt mein Lehrbuch nach einem bestimmten Vogel – (es fragt immerzu nach Dingen, für die sich kein Mensch interessiert): „Wo ist der Vogel?“ Die Antwort auf diese Frage lautet nun – dem Lehrbuch zufolge –, dass der Vogel wegen des Regens in der Schmiede ausharrt. Natürlich würde das kein Vogel tun, aber wir müssen uns an das Lehrbuch halten. Na schön. Ich fange also an, mir diese Antwort auf Deutsch zurechtzulegen. […]

1 Twain spricht von vier verwirrenden Fällen (Z. 11). Erklären Sie, was damit gemeint ist.

2 Verdeutlichen Sie mit Beispielen, dass Präpositionen verschiedene Fälle (Kasus) nach sich ziehen, und formulieren Sie eine Regel.

3 Formulieren Sie zusammen eine Antwort an Mark Twain.

FAZIT

13.1 Richtig rechtschreiben
- Fehlerschwerpunkte
- Wichtige Rechtschreibstrategien und -regeln
- Mit dem Wörterbuch arbeiten
- Groß- und Kleinschreibung
- Die Schreibung verschiedener Laute: *das/dass*

13.2 Zeichen setzen

13.3 Grammatik kennen und anwenden
- Wortarten
- Tempusformen: gestern – heute – morgen
- Unregelmäßige Verben
- Aktiv und Passiv
- Die indirekte Rede

13.4 Anwenden, Vertiefen, Fazit
- Besonderheiten der deutschen Sprache: Deklination

Projekt: Sprachwerkstatt
Ein Sprachspiel anfertigen und spielen

„Rechtschreibung und Grammatik einmal anders" lautet das Motto eines Spielenachmittags, den Sie in Ihrer Klasse veranstalten. Das Besondere dabei: Sie fertigen zunächst in Vierergruppen ein Würfelspiel an, bei dem Fragen rund um Grammatik und Rechtschreibung beantwortet werden sollen. Die Fragekärtchen erstellen Sie selbst. Anschließend probieren Ihre Mitschülerinnen und Mitschüler das Spiel aus, dabei nutzen sie die folgende Spielanleitung. Die folgenden Informationen helfen Ihnen bei der Umsetzung des Projekts:

Spielanleitung

Material:
Spielbrett mit 99 Feldern, einige der Felder sind rot; Spielfiguren, Würfel, nummerierte Fragekärtchen, nummerierte Lösungskärtchen, Spielanleitung

Spieler/-innen:
3 bis 4 Personen; Alter: 12 bis 99 Jahre

Spielvorbereitung:
Die Fragekärtchen liegen mit der Nummer nach oben auf einem Stapel.
Die Lösungskärtchen liegen mit der Nummer nach oben auf einem anderen Stapel.
Jede Person bekommt eine Spielfigur und stellt sie auf das Startfeld.
Bestimmen Sie eine Person, die die Lösungen überprüft.

Spielverlauf:
Die Spielerinnen und Spieler würfeln reihum. Wer die höchste Punktzahl hat, darf beginnen. Alle haben nacheinander jeweils einen Wurf. Man zieht mit der Spielfigur um so viele Felder weiter, wie man Punkte gewürfelt hat. Kommt man auf ein rotes Feld, muss man ein Fragekärtchen ziehen. Wenn die Frage richtig beantwortet wurde, darf man zwei Felder vorrücken. Bei einer falschen Antwort geht man so viele Felder zurück, wie man zuvor Punkte gewürfelt hat.

Die beantworteten Fragekärtchen werden unter den Stapel gelegt, die Antwortkärtchen ebenso.

Ziel des Spiels:
Es geht darum, so schnell wie möglich das Zielfeld zu erreichen.

1 Bereiten Sie das Spiel vor.

a) Recherchieren Sie im Internet nach kostenlosen Vorlagen für Brettspiele. Sie können sich auch selbst eine Gestaltung für das Spielbrett ausdenken.

b) Fertigen Sie das Spielbrett an, indem Sie die Vorlage auf ein großes Blatt Papier oder Karton übertragen bzw. Spielfelder einzeichnen. Malen Sie mehrere Spielfelder rot aus.

c) Bringen Sie Würfel und Spielfiguren von zu Hause mit.

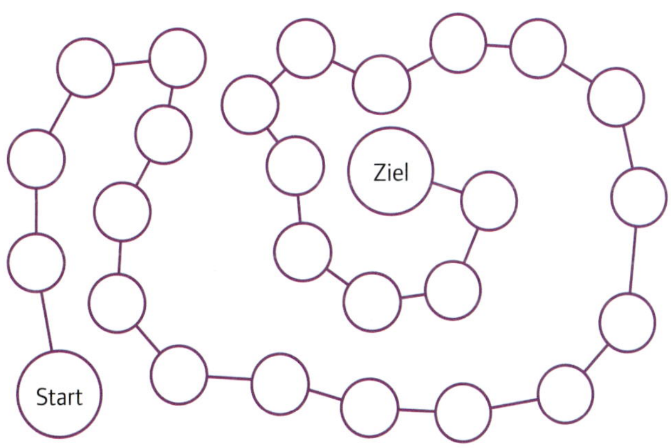

Ein Sprachspiel anfertigen und spielen

2 Erstellen Sie Frage- und Lösungskärtchen.

a) Formulieren Sie Fragen zu Grammatik, Rechtschreibung und Zeichensetzung. Beachten Sie dazu die Phänomene und Inhalte der Kapitel 12 und 13.

b) Formulieren Sie jeweils passende Antworten.

c) Übertragen Sie die Fragen und Antworten auf Kärtchen.

Bestimmen Sie die Wortart von „sein". Es gibt zwei Möglichkeiten.

Setzen Sie den Satz ins Präteritum:

„Wir denken darüber nach."

Stellen Sie den Nebensatz ins Vorfeld.

„Die Zeichensetzung fällt mir leicht, weil ich die Übungen häufig wiederhole."

Welche Schreibweise ist richtig?

„ausserdem" oder „außerdem"

In welchem Satz stimmt die Zeichensetzung?

A „Wir arbeiten daran, die Arbeitsprozesse zu verbessern."

B „Wir arbeiten daran die Arbeitsprozesse zu verbessern."

Mit welcher Recht-schreibstrategie kann man überprüfen, dass der letzte Buchstabe des folgenden Wortes richtig geschrieben ist?

„der Intrigant"

d) Überprüfen Sie, ob alle Fragen zu beantworten sind und ob die Lösungen korrekt sind.

3 Tauschen Sie Ihre Spiele aus und spielen Sie nach der Spielanleitung.

4 Geben Sie sich gegenseitig Feedback zu Ihren Spielen (↗ Kapitel 14, S. 191–204).

Kapitel 14

Methoden, Arbeitstechniken und Projekte

Arbeit mit dem Wörterbuch (↗ Kapitel 13, Seite 177)

Assoziogramm (↗ Ideen- und Stoffsammlungen anlegen)

Beschreiben

In vielen beruflichen wie auch privaten Situationen ist es nötig, bestimmte Vorgänge oder Gegebenheiten präzise und sachlogisch zu beschreiben. Die Beschreibung ist unabhängig von der eigenen Person (z. B. Stimmungslage, Interessen) anzufertigen, d. h. möglichst objektiv zu gestalten. Sie soll genau die reale Gegebenheit wiedergeben.

Aufbau: Die Beschreibung erfasst zunächst die Rahmenbedingungen eines Vorgangs oder einer Gegebenheit. Sind etwa Arbeitsvorgänge zu beschreiben, so stellt man zunächst dar, wie der Arbeitsplatz beschaffen sein sollte oder welche Materialien benötigt werden. Möchte man beispielsweise das Verhalten von Personen in einer Gruppe beschreiben, hält man zunächst fest, wo und wann sich die Gruppe zusammenfindet und zu welchem Zweck.

Im weiteren Verlauf der Beschreibung werden die Beobachtungen möglichst genau und in der richtigen Reihenfolge wiedergegeben. Ein Dritter muss aufgrund der Beschreibung in der Lage sein, die Schritte des Vorgangs bzw. die Details einer Gegebenheit nachvollziehen zu können.

Den Abschluss einer Beschreibung bildet eine Darstellung der Wirkungszusammenhänge. Hier wird erfasst, welche Details eines Vorgangs oder einer Gegebenheit aufeinander einwirken bzw. in Zusammenhang miteinander stehen. Beschreibt man beispielsweise das Verhalten von Personen in Gruppen, so könnte an dieser Stelle auf den Zusammenhang zwischen dem Verhalten der einzelnen Person in der Gruppe (z. B. aufgrund von Desinteresse oder hoher Motivation) und dem Arbeitsergebnis eingegangen werden. Bei der Beschreibung von Organigrammen (= Schaubild zum Aufbau einer Organisation, in dem Abteilungen oder verantwortliche Personen sowie deren Aufgaben und Kommunikationsbeziehungen untereinander aufgeführt sind) könnte man beispielsweise auf das Zusammenwirken der einzelnen Personen oder Abteilungen bei bestimmten Entscheidungsprozessen eingehen.

Sprache und Stil: Sprache und Stil der Beschreibung sind sachlich, nüchtern und nicht wertend. Umgangssprache gehört nicht in eine Beschreibung. Die Formulierungen sind im Präsens gehalten, bei Vorzeitigkeit wird das Perfekt verwendet.

Methoden und Arbeitstechniken

Blitzlicht (↗ Moderationstechniken)

Brainstorming (↗ Moderationstechniken)

Cluster

Die Schülerin/der Schüler schreibt ein Thema in die Mitte eines leeren Blatts und zieht einen Kreis um das Wort oder die Phrase. Anschließend werden spontane Gedanken dazu darum herumgruppiert und mit Strichen verbunden, wenn sie thematisch zusammenhängen. Ein Cluster ist weniger stark strukturiert als eine Mindmap und dient nicht dazu, eine Gliederungsstruktur festzuhalten, sondern Assoziationsketten zu notieren.

Diagonales Lesen (↗ Lesetechniken)

Diskussionsformen

Bei der **Plenumsdiskussion** haben alle Anwesenden Rederecht (z. B. Unterrichtsdiskussionen). Eine Moderatorin/ ein Moderator lenkt dabei die Beiträge.

In einer **Podiumsdiskussion** hingegen diskutiert nur eine bestimmte Personengruppe (z. B. Expertinnen und Experten). Während des von einer Moderatorin/einem Moderator geleiteten Gesprächs werden Gegensätze herausgearbeitet und Möglichkeiten der Annäherung gesucht. Die Zuhörerinnen und Zuhörer erhalten im Verlauf der Diskussion Gelegenheit, sich mit ihren Fragen und Gegenargumenten in das Gespräch einzuschalten.

Die **Fishbowl-Diskussion** ist eine alternative Methode der Diskussionsführung, bei der eine kleinere Gruppe in einem Innenkreis diskutiert, während die übrigen Teilnehmerinnen und Teilnehmer in einem Außenkreis sitzen und die Diskussion beobachten, ohne sich einzumischen. Eine Teilnehmerin/ein Teilnehmer kann als Moderatorin/ Moderator fungieren, nachfragen und sicher stellen, dass alle die Möglichkeit bekommen, ihre Meinung zu äußern.

Dokumentation des Textverständnisses

Um Gelesenes weiterzuverarbeiten, ist es wichtig, gezielt unterschiedliche Methoden der Dokumentation des Textverständnisses anwenden zu können:

- Schlüsselwörter unterstreichen
- Randkommentare verfassen
- Sinnzusammenhänge und Argumentationsschritte kennzeichnen
- Exzerpte schreiben
- Stichpunktartige Zusammenfassungen schreiben
- Basissätze formulieren
- Gliederungen aufzeigen
- Personenkonstellationen aufzeichnen

Bei Grafiken und Statistiken sollte man die wichtigsten Informationen ebenfalls verschriftlichen.

Methoden und Arbeitstechniken

Expertenkarussell

Für ein Expertenkarussell benötigt man drei Gruppen (A, B und C) mit je drei (bis fünf) Schülerinnen und Schülern. Jede Gruppe bereitet ein Thema vor und nacheinander präsentiert je ein Gruppenmitglied die Ergebnisse den anderen beiden Gruppen. In größeren Klassen können mehrere Expertenkarusselle parallel durchgeführt werden.

Beispiel Gruppe A: In der ersten Runde informiert Schüler 1 die Gruppe B über die Ergebnisse von Gruppe A und kehrt zurück. In der zweiten Runde informiert Schüler 2 die Gruppe C über die Ergebnisse und kehrt zurück. In der dritten Runde empfängt Schüler 3 diejenigen Schüler aus Gruppe B und C, die selbst präsentiert haben, während ihre Gruppe informiert wurde, und stellt diesen die Ergebnisse der Gruppe A vor.

Exzerpieren / Texte zusammenfassen

Wenn man einen Text auf eine bestimmte Fragestellung hin untersucht, kann man die relevanten Textstellen exzerpieren, d. h., man gibt den Text auszugsweise in kurzen Sätzen und/oder Stichpunkten wieder. Dabei kann es sich um wörtliche oder paraphrasierende (sinngemäße) Textauszüge handeln.

Ein Exzerpt hat den Vorteil, dass nur die Textpassagen notiert werden, die für das eigene Thema von Bedeutung sind. So kann man später auf wichtige Informationen zurückgreifen, ohne den Text nochmals zu lesen. Außerdem haftet ein „abgespeckter“ und selbst verfasster Text besser im Gedächtnis.

Ein Exzerpt kann bei entsprechender Berücksichtigung der einschlägigen Zitierregeln in Teilen in andere Texte übernommen werden.

Man kann zwei **Methoden** anwenden:

1. Texte kürzen: Textstellen, die für das eigene Thema nicht wichtig sind, werden weggelassen.
2. Texte verdichten: Ausführlich dargelegte Informationen werden so zusammengefasst, dass der Text übersichtlicher wird.

Vorgehen: Man unterteilt den zu bearbeitenden Text in Sinnabschnitte und formuliert die Kernaussage des jeweiligen Abschnitts. Definitionen, Schlüsselwörter und wichtige Thesen zitiert man wörtlich (Zitate müssen als solche kenntlich gemacht werden). Beispiele und ausführliche Argumentationen werden stichwortartig zusammengefasst.

Tipp: Man teilt den oberen Teil einer DIN-A5-Karteikarte in zwei Hälften. Auf der linken Seite werden alle Angaben zu Autor und Werk, auf der rechten Seite wird die dem Exzerpt zugrunde liegende Fragestellung notiert. Darunter wird das Exzerpt aufgeschrieben.

Feedbackregeln

Feedback geben

- Zu Beginn werden immer positive Bemerkungen geäußert *(„Mir hat gefallen, dass ...“, „Besonders gelungen fand ich ...“, „Sehr verständlich war für mich ...“).*
- Wertende Begriffe werden vermieden (nicht: *„Die Schrift auf dem Plakat ist krakelig“, sondern z. B. „Die Schrift ist schwer zu lesen“*).
- Ich-Botschaften werden verwendet *(„Mir ist aufgefallen ...“, „Ich habe beobachtet ...“).*
- Man äußert sich konstruktiv, konkret und sachlich *(„Die Präsentation war zu lang ...“).*

Methoden und Arbeitstechniken

- Verbesserungsvorschläge können angeboten werden, wenn die Feedback annehmende Person einverstanden ist (*„Man könnte …“, „Ich schlage vor …“*).
- Feedback bezieht sich nicht auf die Person, sondern nur auf den Sachverhalt.

Feedback annehmen

- Die Feedback gebende Person lässt man ungehindert aussprechen.
- Man nimmt eine offene, aktiv zuhörende Haltung ein.
- Man vermeidet Rechtfertigungen oder Diskussionen.
- Man bedankt sich für das Feedback, auch wenn man nicht allen geäußerten Punkten zustimmen kann.
- Ob und wie man das Feedback annimmt, kann man in einem zweiten Schritt überlegen. Zum Beispiel ist eine kurze Rückmeldung in Form einer Ich-Botschaft möglich (z. B.: *„Zunächst möchte ich mich für die Rückmeldung bedanken. Die Tipps zur Gestaltung des Plakats fand ich sehr hilfreich. Unangemessen und unangenehm waren für mich die Aussagen …“*).

Fortlaufendes Lesen (↗ Lesetechniken)

Fünfsatz

Mit dem sogenannten Fünfsatz können Diskussionsbeiträge zielgerichtet gegliedert und einprägsam gestaltet werden. Man spricht vom Fünfsatz, weil es in fünf aufeinanderfolgenden Denkschritten (fünf Sätzen) möglich wird, kurz, logisch und gegliedert zu argumentieren. Es gibt verschiedene Arten von Fünfsätzen, die sich jedoch immer wie folgt zusammensetzen:

1. Schritt: Die Aufmerksamkeit der Gesprächspartner wird auf den Diskussionsbeitrag gelenkt oder eine Verknüpfung mit anderen Meinungen/Vorrednern wird hergestellt.

2.–4. Schritt: Hier folgt die eigentliche Beweisführung, z. B. durch die Gegenüberstellung der Vor- und Nachteile bzw. der Pro- und Kontra-Argumente, welche die Grundlage für das eigene Urteil bilden.

5. Schritt: Der Kerngedanke wird in einem Ziel oder Zwecksatz zugespitzt und einprägsam zusammengefasst.

Für einen Redebeitrag in einer Diskussion kann der Fünfsatz folgendermaßen aussehen:

1 Eigenen Beitrag in die Diskussion einordnen/an Vorredner anknüpfen

2 Eigenen Standpunkt formulieren

3 Argument vorbringen

4 Begründung/Veranschaulichung

5 Fazit – Appell – Forderung

Fünf-Schritt-Lesemethode (↗ Kapitel 7, Seite 93 und Lesetechniken)

Methoden und Arbeitstechniken

Gallery-Walk

Bei einem Gallery-Walk werden zunächst Aufgaben in Teams bearbeitet. Die Ergebnisse werden z. B. in Form von Plakaten, Fotostorys oder Collagen festgehalten und anschließend in der Klasse wie in einer Ausstellung präsentiert. Jedes Team wählt eine Person, die die Ergebnisse vorstellt und erklärt. Die anderen Teammitglieder wandern von „Ausstellungsstück“ zu „Ausstellungsstück“. Zum Schluss kommen alle Teilnehmenden im Plenum zusammen und diskutieren über die Ergebnisse.

Gruppenpuzzle

Diese kooperative Lernform ermöglicht eine gezielte Bearbeitung einer Aufgabe in mehreren Schritten. Die Aufgabenstellung kann der Informationserarbeitung dienen, sie ist aber auch sinnvoll bei Recherchen oder Experimenten. In einer doppelten Gruppenstruktur (Stammgruppe und Expertengruppe) werden wiederholt Informationen gesammelt und getauscht.

Ablauf

1. Phase: Stammgruppe

- Erstinformation erarbeiten (mehrere Minuten Lesen des Materials in Einzelarbeit)
- Untersuchungsfrage/Problemstellung (Frage(n) analysieren, evtl. Schlüsselwörter markieren, ↗ Texte sinnvoll markieren)

2. Phase: Expertengruppen

- Aus jeder einzelnen Gruppe treffen die Experten zusammen, klären ihren Wissensstand sowie Begriffe ab und tauschen Informationen aus.
- Zusammen bearbeiten sie ihr spezifisches Thema anhand der vorher durchgelesenen Texte/Materialien.

3. Phase: zurück in den Stammgruppen

- Jeder Experte informiert in seiner Stammgruppe über die Ergebnisse aus der jeweiligen Expertengruppe.
- Gemeinsam bearbeiten sie die gestellte(n) Aufgabe(n) und erarbeiten ein präsentierbares Ergebnis.

Methoden und Arbeitstechniken

Ideen- und Stoffsammlungen anlegen

Um erste Ideen- und Stoffsammlungen anzulegen, eignen sich neben der Mindmap und dem Cluster auch andere grafische Visualisierungsmethoden:

Bei einem **Assoziogramm** ordnet man einem vorgegebenen Oberbegriff verschiedene Ideen, Begriffe etc. (Assoziationen) zu, ohne diese zu strukturieren. Diese Methode hilft, Vorwissen zu einem Thema zu aktivieren. Ein Assoziogramm eignet sich z. B. bei der Vorbereitung einer Interpretation.

Mit einem **Strukturbild** kann man die in einem Text thematisierten Sachverhalte, Ereignisse etc. darstellen; Bildelemente können eingefügt werden.

Intensives Lesen (↗ Lesetechniken)

Kaffeehaus-Methode

Bei dieser Methode wird die Sitzordnung aufgelockert, die Tische wie in einem Café gestellt und mit weißen Papiertischdecken bedeckt. Darauf können die Gesprächspartner/-innen (z. B. in Vierer-Gruppen) ihre wichtigsten Ergebnisse kreuz und quer aufschreiben. Es empfiehlt sich, dass eine Gastgeberin bzw. ein Gastgeber an jedem Tisch sitzen bleibt, während auf ein Signal der Lehrkraft hin die anderen Gäste sich zu neuen Diskussionsgruppen zusammenfinden. Die Gastgeberin/der Gastgeber fasst anschließend das Wesentliche der Tischgespräche mithilfe der hoffentlich voll beschriebenen „Tischdecke" zusammen.

Karteikarten anlegen (↗ Kapitel 13, Seite 174)

Kopfstandmethode

Die Kopfstandmethode ruft Schülerinnen und Schüler dazu auf, eine Fragestellung ins Gegenteil zu verkehren und zunächst Antworten auf die umgekehrte Frage zu finden. Nicht: „Was muss ich tun, damit etwas gelingt?" Sondern: „Was muss ich tun, damit etwas richtig schief geht?"

In einem zweiten Schritt wird dann zur Ausgangsfrage zurückgekehrt und die Antworten werden „umgedreht". Zur Visualisierung wird oft eine Moderationswand eingesetzt, deren Papier dann abgenommen und umgedreht wird, sodass die korrekten, passenden Antworten richtig herum und lesbar, die Antworten auf die erste, gegenteilige Frage jedoch unlesbar, „auf dem Kopf" erscheinen.

Kugellager

Setzen Sie sich in einem **Außen-** und einem **Innenkreis** einander gegenüber. Jeder hat dabei eine Gesprächspartnerin bzw. einen Gesprächspartner. Erläutern Sie Ihrem Gegenüber Ihre Überlegungen anhand Ihrer Notizen. Nach einer vorher festgelegten Zeit **drehen sich Innen- und Außenkreis in gegensätzlicher Richtung** einen Platz weiter. So kommen neue Paare zustande. Erklären Sie Ihrem neuen Gegenüber wieder Ihre Überlegungen anhand Ihrer Notizen und Ihrer Erkenntnisse aus dem vorherigen Gespräch. Fahren Sie fort, bis Sie sich mit mehreren Gesprächspartnerinnen/-partnern ausgetauscht haben.

Lernplakat (↗ Kapitel 13, Seite 179)

Methoden und Arbeitstechniken

Lerntempoduett (↗ Kapitel 13, Seite 177)

Lesetechniken

In Beruf und Alltag muss man oft den Inhalt umfangreicher und schwieriger Texte verstehen und wiedergeben können. Es gibt verschiedene Techniken, die das Lesen erleichtern, z. B.:

Fünf-Schritt-Lesemethode: Wenn man sich Informationen aus einem Text für eine Klassenarbeit oder Prüfung merken oder diese in ein Referat einbauen möchte, kann man die Informationen mithilfe der Fünf-Schritt-Lesemethode in eigene Worte fassen:

1. *Überfliegen:* Man überfliegt den Text zuerst grob und achtet dabei auf Titel, Untertitel, Hervorhebungen, Inhaltsverzeichnis, Autor oder Autorin. So erhält man einen Eindruck vom Aufbau und Inhalt des Textes und findet heraus, welche Abschnitte für den eigenen Zweck relevant sind.
2. *Fragen:* Beim ersten Lesen entstandene Fragen werden formuliert. Dies können reine Verständnisfragen sein, sie können sich aber auch auf alle Unklarheiten des Textes beziehen. Gut geeignet sind die W-Fragen.
3. *Lesen:* Der Text wird gründlich gelesen und dabei wird versucht, auf die zuvor formulierten Fragen Antworten zu finden. Wichtige Textstellen können markiert (↗ Texte sinnvoll markieren), unbekannte Wörter in einem Wörterbuch nachgeschlagen werden. Schwierige Passagen sollten mehrmals gelesen werden.
4. *Schreiben:* Schlüsselbegriffe und die wichtigsten Gedanken des Textes werden notiert. Komplizierte Sätze, die wichtig für das Verständnis des Textes sind, können in eigene Worte gefasst werden (Exzerpieren).
5. *Wiederholen:* Der Inhalt des Textes wird anhand der Notizen wiedergegeben, Fehlendes wird ergänzt.

Zielorientierte Lesetechniken

Wenn man liest, hat man unterschiedliche Ziele, z. B. sucht man in einem Text nach Details oder man möchte sich einen Gesamtüberblick verschaffen. Je nach Leseabsicht kann man zwischen folgenden Lesetechniken wählen:

Lesetechnik	Vorgehen	Ziel
Punktuelles/ selektives Lesen	Der Text wird nach speziellen Begriffen durchsucht, dabei orientiert man sich an den Überschriften und liest nur relevante Abschnitte gründlich.	Es sollen Detailinformationen gefunden werden.
Diagonales Lesen	Der Text wird überflogen, dabei werden einzelne Passagen, hervorgehobene Textstellen und Überschriften gelesen, Sprünge beim Lesen sind sinnvoll.	Man möchte sich einen Überblick über den Text verschaffen und eine Entscheidung über die weitere Beschäftigung mit dem Text treffen.
Fortlaufendes Lesen	Der Text wird gründlich gelesen, wichtige Stellen werden markiert (↗ Texte sinnvoll markieren), Notizen werden gemacht.	Man möchte sich umfassend informieren.
Intensives Lesen	Der Text wird gründlich gelesen. Man konzentriert sich auf die Lösung einer vorgegebenen Aufgabe. Dazu werden Notizen gemacht, es wird markiert und unterstrichen (↗ Texte sinnvoll markieren).	Man möchte den gesamten Text vollständig erfassen, um sich ein Urteil über Autoren und Absicht bilden zu können.

Methoden und Arbeitstechniken

Merkhilfen für Rechtschreibregeln (↗ Kapitel 13, Seite 176)

Mindmap

Textinhalte können mithilfe grafischer Elemente dargestellt und zusammengefasst werden. Neben Diagrammen eignen sich dafür besonders Mindmaps:

Mithilfe einer Mindmap können Schlüssel- bzw. Oberbegriffen Detailinformationen in Form von Unterbegriffen zugeordnet werden. Das zentrale Thema wird in die Mitte eines Blattes geschrieben und eingekreist. Um das Thema herum werden Hauptäste angeordnet, auf denen die Hauptgedanken (Schlüsselbegriffe) stichwortartig festgehalten werden. Für jeden neuen Aspekt wird ein weiterer Ast eingerichtet. Zur weiteren Differenzierung werden Nebenäste angelegt, auf denen weitere Teilaspekte (Unterbegriffe) notiert werden. Mit Symbolen oder Bildern kann man die Begriffe ergänzen.

Moderationstechniken

Blitzlicht: In einem Blitzlicht äußert sich jeder Teilnehmer zu seiner aktuellen Stimmungslage. Es gibt keine Diskussionen während des Blitzlichts. Die Moderatorin/der Moderator kann ein Blitzlicht nutzen, um z. B. latent vorhandenen Unmut, der die Arbeit beeinträchtigt, ins Bewusstsein aller zu rücken. Die Blitzlicht-Methode kann auch zur Abfrage aktueller Themen herangezogen werden, um einen rasches Meinungsbild einzuholen.

Brainstorming: Beim Brainstorming geht es darum, in kurzer Zeit möglichst viele Ideen/Lösungsvorschläge zu einem Thema zu sammeln.
Ablauf: Die Gruppenmitglieder äußern nacheinander Ideen zu einem Stichwort, ohne dass diese bewertet werden. Die Äußerungen werden von zuvor ausgewählten Mitschülern an der Tafel, auf Folien etc. notiert. Erst nach Abschluss des Brainstormings wird die Sammlung strukturiert und bewertet.

Kartenabfrage: Diese Methode eignet sich, um zu Beginn einer Diskussion, Unterrichtsreihe oder Projektplanung Vorkenntnisse, Erwartungen oder Lösungsansätze von den Teilnehmern abzufragen.
Ablauf: Die Teilnehmer notieren ihre Ideen auf vorbereitete Karten. Es genügen Stichworte. Erste Strukturierungsmöglichkeiten ergeben sich durch unterschiedlich farbige Karten (doppelte Kartenabfrage).
Beispiel: Bei der Planung des Tagesablaufs stehen rote Karten für die Frage: „Was sollten wir heute auf jeden Fall schaffen?“, gelbe Karten für Aussagen zu: „Das hat Zeit bis morgen.“

Themengewichtung: Gibt es unterschiedliche Auffassungen zur Auswahl und Bewertung gesammelter Ideen, können die Teilnehmer mithilfe von Klebepunkten eine Gewichtung der Lösungen/Vorschläge vornehmen.

Achten Sie darauf, Ihre Moderation mit unterschiedlichen **Visualisierungstechniken** zu unterstützen: Auf Flipcharts können Aussagen der Teilnehmer festgehalten und Ergebnisse notiert werden. Nichts geht verloren. Auch Moderations- bzw. Metaplanwände eignen sich. Auf ihnen arbeitet man mit unterschiedlichen Formen von Karten und mit Linien, die Zusammenhänge verdeutlichen (Präsentationsmedien).

Murmelrunde/Murmelphase

Die Schülerinnen und Schüler erhalten für wenige Minuten Gelegenheit, sich leise über eine im Unterricht aufgetretene Fragestellung mündlich auszutauschen.

Methoden und Arbeitstechniken

Partnerdiskussion

Das Verfahren eignet sich zur Einführung in ein neues Thema. Ziel der Methode ist, dass sich zufällig ausgewählte Partner in freier Rede üben und sich möglichst viele Teilnehmerinnen/Teilnehmer an der Diskussion beteiligen. Durch häufigen Wechsel kommen verschiedene Personen ins Gespräch und überwinden mögliche Hemmschwellen zu aktiver Teilnahme.

Placemat

Jede Gruppe erhält ein DIN-A3-Blatt mit fünf Feldern, das sogenannte **Placemat.** Jedes Gruppenmitglied schreibt die eigenen **Ideen zu einem Thema** in eines der äußeren Felder. Die Mitte bleibt zunächst frei. Die Ideen werden vorgelesen und die Gruppe entscheidet, welche Ideen ausgewählt und in die Mitte des Placemats geschrieben werden.

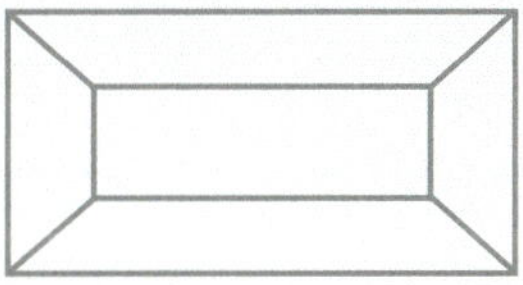

Präsentieren

Präsentieren kann man mit vielen Medien, u. a. mit:

1 Flipchart

- Vorteile: ist einfach zu handhaben und zu transportieren
- Nachteile: Flipchartblock ist teuer / nicht geeignet für große Räume (auf hinteren Plätzen nicht zu sehen)
- Tipps: dicken Filzer verwenden / in Druckbuchstaben schreiben

2 Folien (analog und digital)

- Vorteile: analoge Folien (Folie und Overheadprojektor): sind gut transportierbar und verschiebbar, Folien können vorbereitet werden
  digitale Folien (Folien mit digitaler Präsentationstechnik erstellt): können schnell geändert werden
- Nachteile: analoge Folien (Folie und Overheadprojektor): weiße Projektionsfläche muss vorhanden sein, Sonnenlicht kann blenden, zu viele Folien / zu schneller Folienwechsel können verwirren, Folien sind häufig überladen
  digitale Folien (Folien mit digitaler Präsentationstechnik erstellt): Laptop mit Beamer muss vorhanden sein
- Tipps: nicht mit der Wand sprechen oder im Licht stehen, nicht hinter dem OHP/Beamer verschanzen, bei längeren Pausen abschalten, Folien durchnummerieren, Zeigehilfen verwenden, Blickkontakt zum Publikum suchen

3 Laptop mit Beamer

- Vorteile: ist transportierbar, DVDs und MP3-Musikformat sind abspielbar, eigene Aufnahmen können gezeigt werden, Grafiken, Abbildungen, Bilder usw. können professionell und schnell gestaltet werden, digitale Präsentationsprogramme sind sinnvoll einsetzbar
- Nachteile: gute Software- und Hardwarekenntnisse sind erforderlich, der Präsentierende gerät in den Hintergrund, eine zu große Bilderflut kann zu Reizüberflutung führen, es kann monoton wirken
- Tipps: andere Medien einbauen, z. B. Flipchart, max. 15 Minuten präsentieren, ausreichend Redepausen machen

Methoden und Arbeitstechniken

4 Metaplanwand und Karten

- Vorteile: Metaplankarten sind flexibel einsetzbar (verschieben und neu anordnen), Übersicht wird gewährleistet durch unterschiedliche Formate/Formen/Farben der Karten, Clustern (Haufenbildung nach Sinnzusammenhängen) und die Bildung von Oberbegriffen ist leicht, Teilnehmer werden aktiv beteiligt
- Nachteile: Moderationsregeln (Moderationstechniken) müssen beherrscht werden, der Umgang mit Karten und Wand erfordert Routine
- Tipps: nur ein Aspekt auf eine Karte / nur Stichworte notieren, höchstens drei Zeilen pro Karte / in Druckbuchstaben schreiben, Kartenfragen sorgfältig und zielführend formulieren

5 Wandtafel

- Vorteile: ist einfach zu handhaben / bietet große Schreibfläche, Veränderung ist durch Abwischen jederzeit möglich
- Nachteile: gleichzeitiges Sprechen und Schreiben ist schwierig, große Gefahr, mit der Tafel zu sprechen, Tafelbilder können nicht gesichert werden
- Tipps: auf gut lesbare Schrift und auf Raumaufteilung achten, kontrastierende Kreidefarben benutzen

Punktabfrage (↗ Kapitel 4, Seite 57)

Die Punktabfrage ist eine Einstiegsmethode, die nur geringen Aufwand erfordert. Das Ergebnis der Punktabfrage dient später als Grundlage für das Unterrichtsgespräch. An der Tafel oder auf einem Plakat werden eine oder mehrere Aussagen notiert. Dazu werden verschiedene Beurteilungsmöglichkeiten vorgegeben, z. B. ja – nein, ich stimme zu, ich stimme teils zu, ich stimme nicht zu o. Ä. Die Schülerinnen/Schüler kleben ihren Punkt oder ihre Punkte an der für sie zutreffenden Aussage auf. Die Abfrage sollte möglichst verdeckt von der Klasse durchgeführt werden, um Beeinflussung durch Klassenkameraden zu vermeiden.

Punktuelles/selektives Lesen (↗ Lesetechniken)

Rechtschreibstrategien (Kapitel 13, Seite 175)

Rollenspiel (↗ Szenisches Interpretieren)

Schreibkonferenz

Eine Schreibkonferenz ist ein Beratungsgespräch, das sich mit einem Textentwurf beschäftigt. Die Verfasserin / der Verfasser eines Textes benötigt eine bis maximal drei Personen, die den Text lesen und ihn prüfen.

Möglicher Ablauf einer Schreibkonferenz:

1. Der Text wird vorgelesen.
2. Alle äußern sich spontan zum Inhalt, ggf. werden im Anschluss Fragen dazu gestellt.
3. Gemeinsam gehen alle den Text durch und besprechen sprachliche wie inhaltliche Aspekte. Die Verfasserin / der Verfasser markiert Stellen, die sie/er ändern will, und notiert Vorschläge (↗ Texte sinnvoll markieren).
4. Der Text wird in Bezug auf die Rechtschreibung überprüft.
5. Anschließend überarbeitet die Verfasserin / der Verfasser den Text inhaltlich, sprachlich und orthografisch.

Methoden und Arbeitstechniken

Schreibplan (↗ Kapitel 9, Seite 130)

Sortieraufgabe

Mithilfe einer Sortieraufgabe kann **Vorwissen überprüft** werden. Begriffe aus einem bestimmten Wissensgebiet werden nach „verstanden" und „nicht verstanden" sortiert. Ein Begriff gilt als verstanden, wenn mindestens ein erklärender Satz dazu formuliert werden kann. Im Anschluss sollen die nicht verstandenen Begriffe besprochen und geklärt werden.

Strukturbild (↗ Ideen- und Stoffsammlungen anlegen)

Strukturierte Kontroverse

Die strukturierte Kontroverse dient dazu, für eine umstrittene Fragestellung Argumente für beide Standpunkte zu sammeln und zu beurteilen.

Der in der Methode enthaltene Perspektivwechsel führt dazu, dass die Schülerinnen und Schüler sich mit dem kontroversen Thema strukturiert auseinandersetzen.

Ablauf:

1. Es werden in Einzelarbeit Argumente für oder gegen die vorgegebene Fragestellung gesammelt.
2. Die Argumente werden einem Partner vorgestellt, der die Gegenposition vertritt.
3. Die Positionen werden zu zweit diskutiert.
4. Danach werden die Positionen getauscht und es wird erneut eine Diskussion zur Ausgangsfrage durchgeführt.
5. Die Ergebnisse der Diskussion werden der gesamten Klasse vorgestellt.

Hinweis: Man kann die Methode dahingehend modifizieren, dass unter Punkt 1 bereits ein Schülertandem gemeinsam Argumente für oder gegen eine Fragestellung sammelt und das Tandem danach auf ein zweites Tandem trifft, das die Gegenposition vertritt.

Szenisches Interpretieren (↗ Kapitel 3, Seite 43)

Unterschiedliche Möglichkeiten des szenischen Darstellens dienen der Interpretation von Texten aller Art.

Das **Rollenspiel** ermöglicht durch den Rollentausch, auf spielerische Art eine Situation nachzuempfinden und in dieser als eine fremde Person zu agieren, um Handlungsabläufe und Verhaltensweisen besser nachvollziehen zu können. Rollenspiele können folglich auch als Trainingseinheiten genutzt werden (z. B. im Falle von Bewerbungen, zur Aufarbeitung von Konflikten, zum Erlernen von Gesprächsstrategien). Damit sich die Teilnehmerinnen und Teilnehmer besser in ihre Rollen einfinden, kann mit Rollenkarten gearbeitet werden.

Nach Beendigung des Spiels ist es erforderlich, dass die Teilnehmerinnen und Teilnehmer aus ihren Rollen entlassen werden, um z. B. im Rollenspiel ausgetragene Konflikte nicht in die Wirklichkeit zu übertragen. Die Reflexion der Ereignisse des Rollenspiels kann im freien Gespräch der Rollenspielteilnehmer und des Auditoriums erfolgen. Die Auswertung kann jedoch auch auf der Grundlage von Beobachtungsbögen geschehen, die z. B. durch die Zuschauerinnen und Zuschauer erstellt werden.

Standbilder bauen: So lassen sich die Beziehungen zwischen Figuren visualisieren.

Methoden und Arbeitstechniken

Szenische Präsentationen: Während des Sprechens sollte auch auf Mimik, Gestik und Haltung geachtet werden.

Rezitationtechniken ausprobieren: Variationen in Modulation, Lautstärke und Sprechtempo ermöglichen neue Zugänge zu einzelnen Figuren oder Szenen.

Rollenbiografie schreiben: Zu einer Figurencharakteristik kann in der Ich-Form eine Rollenbiografie erstellt werden, um so die Komplexität einer Figur zu erfassen.

Texte sinnvoll markieren

Farben und grafische Zeichen helfen, Wichtiges im Text zu markieren.

Farben: Mit farbigen Textmarkern überstreichen Sie Textteile; mit farbigen Stiften unterstreichen Sie Textteile.

Schon die Wahl der Farbe kann einen Informationswert haben (z. B. Rot für Wichtiges).

Grafische Zeichen: Die markierten Textteile gewichten die Bedeutung für das Gesamtverständnis, je nachdem ob man Umrahmungen oder Kringel wählt oder nur verschiedene Stricharten beim Unterstreichen.

Symbole als Randmarkierung: Sie helfen dabei, den Text gezielt nachzubearbeiten. Zusätzlich können sie farblich verschieden sein. Beispiele:

➔ wichtig	↓ kritisch, stimme nicht zu	} gehört zusammen
! besonders wichtig	? unklar, nicht verstanden	▽ prüfen, weiterrecherchieren

Texte zusammenfassen (↗ Exzerpieren)

Think-Pair-Share

Think-Pair-Share (denken, teilen, austauschen) ermöglicht auf einfache Weise kooperatives Lernen.

Phase 1: Think – Jeder arbeitet für sich allein, setzt sich mit der Aufgabenstellung auseinander, entwickelt Lösungswege etc.

Phase 2: Pair – Die Ergebnisse werden in Partner- oder Gruppenarbeit besprochen und vertieft.

Phase 3: Share – Die Ergebnisse aus Phase 2 werden im Plenum vorgestellt und im Austausch mit anderen Gruppen weiter vertieft.

Umfrage

Die Umfrage ist eine Methode, um zu einer bestimmten Fragestellung Informationen über Menschen zu sammeln.

Zielgruppe bestimmen: Bevor eine Umfrage zu einem Thema durchgeführt werden kann, muss zunächst der Personenkreis bestimmt werden, der befragt werden soll. Man kann entweder einen repräsentativen Personenkreis befragen oder nach dem Zufallsprinzip auswählen, wen man befragt.

Repräsentativumfrage: Hier wird eine überschaubare Anzahl von Personen befragt, die in ihrer Zusammensetzung (Alter, Berufsstand, Geschlecht, Interessen etc.) ein möglichst genaues Abbild der Zielgruppe darstellen. Die Ergebnisse der Befragung werden auf die Gesamtgruppe hochgerechnet.

Auswahl nach dem Zufallsprinzip: Eine Befragung nach dem Zufallsprinzip ist wesentlich einfacher durchzuführen, die Fehlerquote ist aber auch erheblich höher als bei einer Repräsentativumfrage.

Methoden und Arbeitstechniken

Die Erhebungsmethode bestimmen: Die geeignete Erhebungsmethode hängt von den eigenen organisatorischen und zeitlichen Möglichkeiten ab. Man kann:

- Fragebögen verteilen oder verschicken,
- eine Telefonumfrage starten,
- geeignete Personen in einem Interview befragen,
- einen Fragebogen ins Internet stellen.

Fragen formulieren: Grundsätzlich sollten alle Fragen standardisiert sein, d. h. in der Reihenfolge und Wortwahl immer gleich sein. Es empfiehlt sich, Fragen möglichst eindeutig, präzise und leicht verständlich zu formulieren und mit einfachen Fragen („Eisbrechern") zu starten. Je nach Zielstellung kann zwischen offenen und geschlossenen Fragen gewählt werden.

Geschlossene Fragen: Bei geschlossenen Fragen muss der Befragte zwischen zwei Alternativantworten auswählen (Ja/Nein, Richtig/Falsch oder A/B). Es können auch mehrere Antworten zur Auswahl gestellt werden wie bei einer Multiple-Choice-Frage. Als Sonderform kann man die Skalenfrage verwenden, bei der die Umfrageteilnehmer durch Ankreuzen auf einer Skala eine These bewerten.

Offene Fragen: Bei offenen Fragen können die Teilnehmer/-innen die Antworten frei formulieren. Vermeiden sollte man Suggestivfragen (dabei werden dem Befragten die Antworten in den Mund gelegt, z. B. „Sind Sie auch der Meinung, dass ...?"). Geschlossene Fragen lassen sich leichter auswerten als offene Fragen, da bei offenen Fragen ein Vergleich der Antworten oft schwierig ist.

Validität und Reliabilität einer Umfrage: Die Ergebnisse einer Umfrage sollten dem Anspruch an Validität und Reliabilität genügen. Valide oder gültig sind die Ergebnisse, wenn die Fragen eindeutige Antworten liefern und Fehldeutungen unmöglich sind. Reliabel oder zuverlässig sind die Forschungsergebnisse, wenn die Antworten der Gruppe der Befragten möglichst repräsentativ die Ansichten der Zielgruppe wiedergeben, d. h., wenn die Fehlerquote sehr gering ist.

Präsentation der Umfrage: Für die Präsentation oder Visualisierung von Ergebnissen eignen sich Schaubilder und Diagramme.

Umstellprobe (Kapitel 12, Seite 167)

Visualisierung der Figurenkonstellation

Um **Beziehungen zwischen Figuren** in einem literarischen Text zu untersuchen, ist es hilfreich, sie grafisch zu veranschaulichen. Hierzu notiert man die Namen und und veranschaulicht ihre Beziehungen durch Linien, Pfeile oder Symbole wie Herz (= Liebe), Ring (= miteinander verheiratet), Fragezeichen (= unklare Beziehung), Blitz (= Streit), Smiley (= Sympathie) usw.

Vorfeldtest (Kapitel 12, Seite 169)

Methoden und Arbeitstechniken

Zitieren (↗ Kapitel 1, S. 25)

Mit Zitaten verweist man in textbasierten Aufsätzen und wissenschaftlichen Arbeiten auf bestimmte, wichtige Textstellen. In argumentativen Texten werden so die eigenen Behauptungen belegt. In Erörterungen stützen gut gewählte Zitate die Beweisführung. Auch in Auseinandersetzung mit literarischen Texten belegt man mit Zitaten die Gedankenführung des eigenen Interpretationsansatzes oder nennt Beispiele im Rahmen einer Sprachanalyse.

Wörtliches Zitieren

- Wörtliche Zitate sollten nicht zu lang sein. Verwenden Sie sie nur, wenn Sie eine wichtige Aussage belegen.
- Wörtliche Zitate sind kein Ersatz für Ihre eigenen Gedankengänge, sie untermauern diese nur.
- Für alle Zitate sind Quellenangaben mit Seitenangabe in runden Klammern direkt hinter dem Zitat (oder bei Seminararbeiten auch als Fußnoten) nötig.
- Wörtliche Zitate dürfen im Wortlaut nicht verändert werden. Sie können gekürzt werden. Dann ist die Kürzung durch drei Punkte in eckigen Klammern zu kennzeichnen: [...].
- Zitate, die in den eigenen Satzbau eingepasst werden, müssen grammatikalisch angepasst werden. Diese Veränderungen müssen in eckigen Klammern kenntlich gemacht werden.
- Kürzere wörtliche Zitate werden in den laufenden Text eingebaut und mit doppelten Anführungszeichen versehen.
- Längere wörtliche Zitate stehen ohne Anführungszeichen in einem eigenen Abschnitt, der eingerückt werden sollte.
- Wenn die Textstelle bereits eine direkte Rede mit Anführungszeichen enthält, so erscheint diese im Zitat mit einfachen Anführungszeichen.

Sinngemäßes (indirektes) Zitieren

- Bei sinngemäßen Zitaten (Paraphrasen) dürfen Sie frei formulieren, ohne jedoch den Sinn zu verfälschen.
- Verwenden Sie dabei die indirekte Rede und formulieren Sie im Konjunktiv.
- Zur Kenntlichmachung des fremden Gedankens formulieren Sie einen Einleitungssatz, der sich auf den Autor/ Text bezieht (z. B. Der Autor meint, dass ...)
- Auch sinngemäße Zitate brauchen eine Quellenangabe. Diese beginnt mit „vgl." und ist in runden Klammern direkt hinter dem Zitat (oder bei Seminararbeiten auch als Fußnote) anzubringen.

Ein Projekt strukturieren

Auch wenn Sie gern sofort inhaltlich in Ihr Projekt einsteigen wollen, ist eine sorgfältige Planung und Kontrolle für den Erfolg Ihres Projekts unverzichtbar. Das eigentliche Projektmanagement ist in der Regel Aufgabe der Projektleiterin / des Projektleiters oder eines Leitungsteams. Die folgenden Arbeitsschritte haben sich in Projekten bewährt:

I Das Projekt definieren
- Ein Thema finden
- Die Projektrahmenbedingungen formulieren
- Die Projektorganisation planen

II Das Projekt planen
- Aufgaben in Arbeitspakete bündeln
- Einen Projektstrukturplan aufstellen
- Einen Projektablaufplan erstellen
- Meilensteine definieren
- Zuständigkeiten regeln

III Das Projekt durchführen
- Projektcontrolling, z. B. durch Zwischenberichte der Teams
- Fortlaufende Projektdokumentation

IV Das Projekt abschließen
- Projektpräsentation
- Projektabschlussbericht
- Projektevaluation

Jedes Projektmanagement hat eine inhaltliche, eine personelle und eine zeitliche Dimension. Auf der inhaltlichen Ebene überlegen Sie, welche Teilaufgaben oder Arbeitsschritte nötig sind, um das gesetzte Ziel zu erreichen. Dazu eignen sich Kreativitätstechniken wie Brainstorming, Brainwriting, Kartenabfrage oder Mindmapping. Aufgaben, die zusammengehören, werden gebündelt. Zu jedem gebündelten Arbeitspaket, beispielsweise „Pressearbeit", lassen sich konkrete Handlungsanweisungen oder Teilschritte formulieren, beispielsweise einen Presseverteiler erstellen, Kontakte zu örtlichen Presseorganen herstellen oder Pressetexte entwerfen.

1 Strukturieren Sie Ihr Projekt inhaltlich.

a) Sammeln Sie mit einer Kreativitätstechnik Ihrer Wahl, z. B. der Kartenabfrage, alle Ideen und Überlegungen, die den Mitgliedern Ihrer Projektgruppe einfallen. Wichtig ist, dass zunächst kein Vorschlag kommentiert oder bewertet wird.
b) Ordnen Sie die Ergebnisse hinsichtlich ihrer Bedeutung für das Thema. Dazu können Sie jedem Teilnehmer drei Klebepunkte geben, mit denen er seine Wahl trifft.
c) Ordnen und bündeln Sie alle Vorschläge zu Arbeitspaketen, die Sie durchnummerieren.
d) Stellen Sie fest, welche Arbeiten aufeinander aufbauen und welche Arbeiten zeitaufwendig sind.
e) Listen Sie auf, welche organisatorischen Voraussetzungen für einzelne Arbeitspakete notwendig sind und welche Materialien Sie benötigen.

Auf der personellen Ebene geht es um die Bildung von Teams, die unterschiedliche Anforderungen bewältigen und möglichst viele Aufgabenbereiche abdecken können. Jedes Team ist für ein oder mehrere Arbeitspakete verantwortlich; die Zuständigkeiten sollten in einem Protokoll festgehalten werden. Jedes Team ernennt eine Teamleiterin bzw. einen -leiter und/oder eine Teamsprecherin bzw. einen -sprecher.

Ein Projekt strukturieren

2 Bilden Sie Teams. Ordnen Sie den Teams die Arbeitspakete aus Aufgabe 1 zu.

Auf der zeitlichen Ebene überlegen Sie, in welcher Reihenfolge die Arbeitsschritte erledigt werden sollen. Dafür erstellen Sie einen Projektstrukturplan nach folgendem Schema:

Schema

Projektstrukturplan		
I Vorbereitungs- und Sammelphase	II Planungsphase	III Durchführungsphase
Arbeitspaket 1: ...	**Arbeitspaket 2: ...**	**Arbeitspaket 3: ...**

Die konkrete Zeitplanung wird in einem Projektablaufplan festgehalten.

Schema

Projektablaufplan (Auszug)

	Termin	1. Woche	2. Woche	3. Woche	4. Woche	5. Woche	**verantwortliches Team**	**erledigt**
Arbeitspaket	**Beginn**							
1: Zeitungen anschreiben	02.06.						Florian	

Als Meilensteine trägt man Termine ein, die für alle Projektteilnehmerinnen und -teilnehmer und für den weiteren Ablauf wichtig sind.

Schema

Meilensteindiagramm

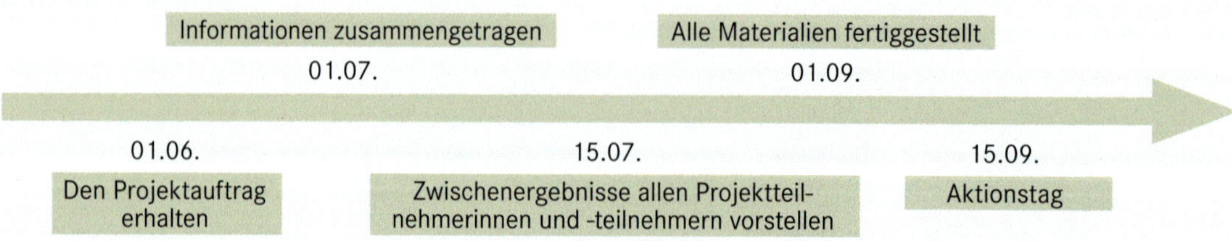

3 Planen Sie den zeitlichen Ablauf Ihres Projekts.

a) Erstellen Sie einen Projektstrukturplan.

b) Erstellen Sie am Computer einen vollständigen Ablaufplan für die Dauer des Projekts.

c) Übertragen Sie den Ablaufplan auf eine Wandzeitung.

d) Einigen Sie sich auf drei bis vier Meilensteine, die für den Erfolg Ihres Projekts wichtig sind.

Kapitel 15

Nachschlagen

Barock (1600–1700) (↗ Kapitel 2, Seite 33)

Der Begriff „Barock" (der oder das) lässt sich zurückführen auf den portugiesischen Begriff „barocco", was „unregelmäßige, schiefe Perle" bedeutet. Zunächst wurde die Bezeichnung „barock" abwertend im Sinn von „absonderlich", „schwülstig" verwendet, im 20. Jahrhundert etablierte sich die Bezeichnung als Epochenbegriff.

Aufklärung (1685–1781) (↗ Kapitel 3, Seite 44)

Der Begriff „Aufklärung" ist die Bezeichnung für eine geistesgeschichtliche Epoche, die sich Ende des 17. Jahrhunderts in ganz Europa und Nordamerika ausbreitete und bis weit ins 18. Jahrhundert hineinwirkte. Es entstanden **literarische Werke,** die Adel und Kirche **kritisierten.** Weil Kritik an der Obrigkeit zu dieser Zeit unter Strafe stand, versuchten die Autoren, sie zu verdecken. Als besonders geeignet erwies sich die Fabel, denn mithilfe von Tiergeschichten konnte menschliches Verhalten maskiert und entlarvt werden. Die **Fabel** war auch wegen ihres lehrhaften Charakters beliebt, denn die **„Aufklärer"** wollten mit ihren Texten **belehren.**

Sturm und Drang (1770–1780) (↗ Kapitel 2, Seite 37 und Kapitel 3, Seite 50)

Die Bezeichnung „Sturm und Drang" ist auf das gleichnamige Drama (1776) von Friedrich Maximilian von Klinger zurückzuführen.

Weimarer Klassik (1786–1805)

Als „klassisch" bezeichnet man im Allgemeinen Werke, die als **vorbildlich und mustergültig** gelten. Die „Weimarer Klassik", die ihr Zentrum in Weimar hatte und deren bedeutendste Vertreter Johann Wolfgang Goethe und Friedrich Schiller sind, gilt als „vorbildliche" Epoche. Zeitlich begrenzt wurde die „Weimarer Klassik" durch Goethes Reise nach Italien (1786–1788) und Schillers Tod (1805).

Die „Weimarer Klassik" fiel in eine **Zeit gesellschaftlicher Umbrüche und politischer Instabilität.** Das gewaltsame Ende der Französischen Revolution und der europaweite Kampf des Bürgertums gegen die Ständegesellschaft veranlassten die Dichter, sich in ihren Werken in eine Idealwelt zurückzuziehen. Die gereiften Schriftsteller wandten sich vom gefühlsbetonten Sturm und Drang ab, überbordende Gefühle erfuhren Mäßigung. An ihre Stelle trat eine

Erhöhung von Menschheitsidealen. Die neuen **Leitgedanken** waren **Humanität und Harmonie:** Die Dichter strebten nach Anerkennung des Einzelnen in seiner Individualität und Andersartigkeit sowie nach Achtung fremder Nationen und Kulturen; ein harmonisches Miteinander konnte ihrer Ansicht nach nur durch die **„ästhetische" Erziehung mittels Kunst und Literatur** erreicht werden, welche die religiös-moralische Erziehung ablösen sollte. Die griechische Antike diente den Dichtern als ideales Vorbild und so verarbeiteten sie - insbesondere Goethe - antike Stoffe; aber auch andere europäische Stoffe erregten ihr Interesse und fanden Eingang in ihre Werke.
Als „klassisch" wird diese Epoche aber nicht nur wegen ihrer Inhalte, sondern auch wegen ihrer **vorbildhaften Sprachgestaltung** bezeichnet. Die Dichter vermieden (nun wieder) Umgangssprache und Dialekt und verwendeten in den Dramen eine gebundene Sprache. Ihnen gelang es, die deutsche Sprache auf hohem Niveau zu vereinheitlichen und damit maßgeblich den Sprachgebrauch breiter Bevölkerungsschichten im Laufe des 19. Jahrhunderts zu beeinflussen.

Romantik (1795 - 1835)

Der Begriff „Romantik" ist zurückzuführen auf das Wort „Roman" (romanhaft, fantastisch, abenteuerlich). Die Romantik ist zu verstehen als **Abkehr vom Vernunftdenken der Spätaufklärung,** aber auch von der Formenwelt und dem Weltverständnis der Klassik.

Die Zeit der Romantik ist geprägt von den Revolutions- und den napoleonischen Kriegen, ab 1815 (Wiener Kongress) von der Rückkehr zum Absolutismus und der einsetzenden Industrialisierung. Die Romantiker wandten sich gegen die arbeitsteilige Spezialisierung, die dem Menschen ihrer Ansicht nach seine ursprüngliche „Ganzheit" raubte. Die Romantiker sahen diese Veränderung der Welt zwiespältig. Sie flohen in die **„heile" Welt der Literatur,** die es ihnen ermöglichte, ihre Idealwelt darzustellen. Bei der Gestaltung literarischer Werke vertraten die Romantiker die Einstellung, der **Dichter habe absolute Freiheit.** Mystische, fantastische und märchenhafte Themen fanden Einzug in die Literatur; es entstand die Gattung des **Kunstmärchens,** in dem Fantasie und Realität vereint wurden. Der Begeisterung für überliefertes Volksgut ist es zu verdanken, dass viele Sammlungen volkstümlicher Märchen, Lieder ... entstanden (beispielsweise Brüder Grimm).

Die Literatur der Romantik zeichnet sich durch die Entdeckung der Subjektivität aus und durch die Vereinigung von **Gegensätzen, die bisher als unvereinbar galten** (Geist und Natur, Endlichkeit und Unendlichkeit, Vergangenheit und Gegenwart). Ziel des Dichters war es, im **Einklang mit dem Universum** zu existieren. Die Romantiker bevorzugten neben dem Roman die **Lyrik,** die es ihnen erlaubte, Gefühle auszudrücken. Zur Zeit der Romantik entstanden in einigen Städten Freundes- oder Gesprächskreise, sogenannte **Salons.** Diese wurden oft von Frauen geführt, wie zum Beispiel der Salon der Rahel Varnhagen in Berlin.

Die Romantik lässt sich in drei Phasen aufteilen, die auch jeweils wechselnde literarische Zentren hatte:

- **Frühromantik oder Jenaer Romantik (ca. 1796 - 1804)**
  Hauptvertreter: die Brüder August Wilhelm und Friedrich Schlegel, Novalis, Ludwig Tieck u. a.
- **Hochromantik oder Heidelberger Romantik (ca. 1805 - 1818)**
  Hauptvertreter: Joseph v. Eichendorff, Achim v. Arnim, Clemens Brentano, Wilhelm u. Jakob Grimm u. a.
- **Spätromantik oder Berliner Romantik (ca. 1818 - 1835)**
  Hauptvertreter: Ludwig Tieck, E. T. A. Hoffmann, Eduard Mörike, Bettina v. Arnim und Friedrich de la Motte Fouqué, Ludwig Uhland u. a.

Ähnlich wie der Barock zeigt auch die Romantik ambivalente Züge: Der **Lebenslust und Lebensfreude,** dem Gefühl der unbeschwerten Jugend und der Sehnsucht nach Weite und Ferne (bei Eichendorff) stehen ein Rückzug von

Vom Barock bis zur Gegenwartsliteratur

der als elend empfundenen Welt und eine **tiefe Todessehnsucht** (bei Novalis) gegenüber. Im politisch-gesellschaftlichen Bereich wird anknüpfend an die Verherrlichung des Mittelalters eine Überbetonung des Nationalgefühls deutlich, die nationalistische Züge in sich trägt.

Junges Deutschland / Vormärz (1815 – 1848)

Nach dem politischen Niedergang Napoleons wurde auf dem Wiener Kongress (1814/15) eine Neuordnung Europas beschlossen mit dem Ziel, flächendeckend die Monarchie wieder einzuführen. Anstatt den Bürgern mehr Rechte einzuräumen, wie von den Fürsten im Krieg gegen Napoleon zugesichert, verschärfte man die Pressezensur, entließ liberal eingestellte Lehrkräfte an Universitäten, verhaftete Studenten national gesinnter Studentenvereinigungen und erließ ein Schreibverbot gegen antimonarchische Schriftsteller. Grundlage für die **Unterdrückung aller liberalen und nationalen Bestrebungen** waren die 1819 verabschiedeten Karlsbader Beschlüsse.

Aus dieser Unterdrückung heraus entstand zwischen 1815 und der Märzrevolution 1848 eine **Bewegung von oppositionellen Schriftstellern.** Sie setzten sich für die Einheit Deutschlands, die Aufhebung der Pressezensur, das Respektieren der Grundrechte aller Menschen, eine gerechte Verteilung der materiellen Güter, aber auch für die Rechte der Frauen ein. Neben **essayistischen und journalistischen Texten** bevorzugten die jungen Schriftsteller des Vormärz die Gattung **Lyrik.** Viele dieser Autoren mussten aus Deutschland fliehen und ins Exil gehen. Einer davon war Heinrich Heine (1797 – 1856), der 1831 ins Exil nach Paris ging. Andere wichtige Schriftsteller dieser Zeit waren Georg Büchner, Georg Herwegh und Hermann Ferdinand Freiligrath.

Die nationale Begeisterung des Vormärz warf aber bereits die Schatten eines hemmungslosen Nationalismus und eines irrationalen Antisemitismus voraus.

Bürgerlicher Realismus (1848 – 1890)

Mitte des 19. Jahrhunderts strebten zahlreiche **Dichter aus dem Bürgertum** danach, in ihren Werken die **reale Welt** zu zeigen. Dieser Anspruch der **wirklichkeitsgetreuen Darstellung der Dinge** gab der Epoche ihren Namen. Zeitlich wurde der Realismus von der Märzrevolution 1848 und dem Naturalismus (ab 1880) begrenzt. Beide Strömungen, Realismus und Naturalismus, existierten eine Zeit lang nebeneinander.

Die Dichter des Realismus wandten sich von den politischen Zielen des Vormärz ab. Zu enttäuschend war für sie die politische Realität nach der niedergeschlagenen Revolution 1848. Auch die Ideale der Romantik lehnten sie ab. In die Zeit des Realismus fielen **tief greifende gesellschaftliche und wirtschaftliche Veränderungen.** Die zunehmende Industrialisierung führte zur Verelendung der stetig wachsenden Stadtbevölkerung, aber auch zu einem Aufstieg des wirtschaftlich erfolgreichen Bürgertums. In der Mitte des 19. Jahrhunderts wuchs der **Glaube an die Allmacht der Naturwissenschaften.** Wichtige wissenschaftliche Entdeckungen und Theorien sowie technische Erfindungen fielen in diese Zeit.

Naturalismus (ca. 1880 – 1900)

Die sich dem Naturalismus verbunden fühlenden Schriftsteller wollten die **Wirklichkeit ungeschönt** in ihre literarischen Werke übertragen. Die Grundlage dafür bildete die **genaue Beobachtung der Natur.** Damit standen die Naturalisten im Gegensatz zu der verklärenden Wirklichkeitsdarstellung der Realisten.

Vom Barock bis zur Gegenwartsliteratur

Das Leben des ausgehenden 19. Jahrhunderts war geprägt vom Wachstum der Großstädte, der Beschleunigung des Lebens und den immer mehr an Bedeutung gewinnenden Naturwissenschaften. Dem Fortschrittsoptimismus stand die Kritik am Verlust überlieferter Werte entgegen. Mittelpunkt naturalistischer Darstellungen waren die einfachen Leute: die leidenden Armen, die Geknechteten - sie repräsentierten die Schattenseiten der Industrialisierung und Technisierung. Durch die **Fokussierung auf gesellschaftliche Missstände** und das soziale Elend (Mietskasernen, Elendsviertel, Ausbeutung der Fabrikarbeiter) ergriffen die Naturalisten für die armen Leute Partei. Sie bildeten schonungslos das Hässliche und Schockierende, das moralische wie materielle Elend ab.

Die Naturalisten revolutionierten nicht nur die Themen ihrer literarischen Werke, sondern auch deren Sprache. Sie verwendeten in ihren Dramen beispielsweise **Jargon und Dialekt.** Neben Gerhart Hauptmann sind wichtige Vertreter des Naturalismus beispielsweise Arno Holz, Johannes Schlaf, Wilhelm Bölsche und Hermann Sudermann.

Expressionismus (ca. 1910–1925)

Der Begriff „Expressionismus“ (lat. „ex“ = aus; „premere“ = drücken) bedeutet **„Ausdruckskunst“** und bezeichnet eine literarische Strömung in der Zeit von etwa 1910 bis 1925.

Die Expressionisten wollten **neue, revolutionäre Ausdrucksformen** schaffen und wandten sich gegen bestehende Normen und Konventionen. Das Leben in der Großstadt und die Verkümmerung des Menschen (körperlicher und psychischer Verfall, Verelendung) inspirierten die Expressionisten. Sie lehnten die Nachahmung der Natur, wie die Naturalisten sie anstrebten, ab. Ihre Werke drückten **innerlich gesehene Wahrheiten und Erlebnisse** aus. Der Erste Weltkrieg (1914–1918), eine bis dahin noch nie erlebte Welle der Vernichtung von Menschen, wurde ebenfalls Gegenstand der expressionistischen Kunst. Viele Expressionisten begrüßten den Krieg, da sie Sehnsucht nach dem Neuen Menschen hatten, der so entstehen würde. Neben **schockierenden Inhalten** zeichneten auch **freie Sprachexperimente** die expressionistischen Werke aus. In rauschhaften, explosiven Sprachfantasien durchbrachen sie das Realistische, sie lösten grammatische Strukturen auf und zerstörten damit die „normale“ Raum-Zeit-Vorstellung, auch Wortneuschöpfungen und eine auffällige Farbsymbolik kennzeichnen ihre Werke.

Es entstanden Werke, die heute noch Geltung haben und deren Einfluss seither spürbar ist. Auch auf Schöpfungen bekannter Autoren späterer Zeit hat der Expressionismus Einfluss genommen. Wichtige Vertreter des literarischen Expressionismus sind neben Alfred Döblin und Gottfried Benn beispielsweise Georg Trakl, Jakob van Hoddis (eigentlich: Hans Davidsohn), Georg Heym und Franz Kafka.

Exilliteratur (1933–1945)

Mit der Machtübernahme der Nationalsozialisten am 30. Januar 1933 veränderte sich nicht nur das politische Leben, sondern auch das Leben der Künstler und Schriftsteller in Deutschland. Am 10. Mai 1933 fand auf dem Vorplatz der Berliner Universität eine öffentliche **Bücherverbrennung** statt. Betroffen waren vor allem Autoren und Schriftsteller jüdischer Herkunft, mit anderen politischen Überzeugungen, aber auch Autoren, die mit Literatur experimentierten und in den Augen der Nationalsozialisten „entartet“ waren. Da während der Weimarer Republik (1919–1933) zahlreiche unterschiedliche schriftstellerische Richtungen entstanden waren, wurde sehr schnell deutlich, dass diese im „Dritten Reich“ in Deutschland keinen Platz mehr hatten. Die Künstler wurden durch die neuen Machthaber gnadenlos verfolgt. So blieben ihnen nur zwei Möglichkeiten: Einige Autoren blieben in Deutschland, zogen sich zurück und gingen in die sogenannte **„innere Emigration“**, das heißt, sie arrangierten sich mit dem System, wählten unpolitische Themen für ihre literarischen Werke oder schrieben gar nicht mehr.

Vom Barock bis zur Gegenwartsliteratur

Für die meisten Autoren jedoch wurde die Situation von 1933 an so unerträglich, dass sie ihre **Heimat aufgaben** und das Land verließen. Die neuen Lebensbedingungen wurden ganz besonders intensiv in Form zahlreicher **Gedichte** aufgearbeitet. Die Autoren der Exilliteratur verfolgten kein einheitliches Programm, ihre politischen Ansichten waren sehr unterschiedlich. Allen gemeinsam war die Ablehnung des Nationalsozialismus. Wichtige Vertreter der Exilliteratur sind beispielsweise die Brüder Thomas und Heinrich Mann, Bertolt Brecht, Anna Seghers, Erich Fried, Kurt Tucholsky und Nelly Sachs.

Literatur nach 1945–heute

In dem zerstörten und in Besatzungszonen aufgeteilten Deutschland gab es nach dem Ende des Zweiten Weltkriegs in allen Bereichen des Lebens einen Neuanfang. Die Teilung Deutschlands führte dazu, dass sich in beiden Teilen **eigenständige literarische Strömungen** entwickelten.

Die westdeutsche Literatur zwischen 1945 und 1975 war eng mit der Gründung der **Gruppe 47** verknüpft. Aus der Gruppe 47 gingen Autoren wie Günter Grass, Heinrich Böll und Siegfried Lenz, aber auch die wichtigsten Vertreter der Schweiz, Max Frisch und Friedrich Dürrenmatt, sowie aus Österreich, Ingeborg Bachmann und Thomas Bernhard, hervor. Zentrales Thema der Literatur war es, das **Nazi-Regime** und seine Folgen in diesen drei deutschsprachigen Staaten kritisch **aufzuarbeiten.**

Die DDR-Literatur thematisierte zwischen 1949 und 1989 neben der **Auseinandersetzung mit dem Faschismus** den Aufbau des Sozialismus als Staatsform. Im Sinne des sozialistischen Realismus sollte der **„Bitterfelder Weg“** – benannt nach dem Tagungsort der ersten Konferenz 1959 – zur „Verherrlichung“ des sozialistischen Menschen in der DDR beitragen. Die Kulturschaffenden waren demnach verpflichtet, die Wirklichkeit in Übereinstimmung mit den Zielen des Sozialismus darzustellen. Somit war der sozialistische Realismus in den Dienst der Erziehung des Menschen zu einer sozialistischen Persönlichkeit gestellt. Herausragende Vertreter der DDR-Literatur sind unter anderem Johannes R. Becher, Christa Wolf und Anna Seghers. Viele der renommierten Autoren, beispielsweise Günter Kunert, Reiner Kunze und Sarah Kirsch, verließen die DDR, um in der Bundesrepublik ohne Zensur ihrem Beruf nachgehen zu können. Der Liedermacher Wolf Biermann wurde aufgrund politischer Kontroversen aus der DDR ausgebürgert.

Zwischen 1975 und der Wiedervereinigung dominierten zwei literarische Strömungen. Zum einen setzten sich sowohl west- als auch ostdeutsche Autoren zunehmend kritisch mit dem geteilten Deutschland auseinander. Zu nennen sind hier u. a. Martin Walser und Volker Braun. Zum anderen kam in den 1980er-Jahren der Begriff **„Postmoderne“** auf. Kennzeichnend für diese Literatur ist das Spiel mit traditionellen Erzählmustern und Motiven, wie beispielsweise in dem Roman „Das Parfum“ von Patrick Süskind.

Die Literatur nach der Wiedervereinigung 1990 zeichnet sich durch große Vielfalt aus. Eine einheitliche literarische Strömung ist in der neuesten deutschen Literatur nicht feststellbar. Schlagworte, die schon früher auftauchten, Postmoderne, Neorealismus und Popliteratur, scheinen sich zu verfestigen.

Als ein auffälliges Merkmal des Literaturbetriebs kann angeführt werden, dass die großen Verlage vermehrt auf junge literarische Nachwuchstalente setzen und in den letzten Jahren zahlreiche gefeierte junge Autorinnen und Autoren hervorgebracht haben. Auch international erwarben sich deutschsprachige Schriftstellerinnen und Schriftsteller Ansehen: Michael Ende schreibt 1979 „Die unendliche Geschichte“, Patrik Süßkind veröffentlicht 1985 „Das Parfüm“, beide Bücher sind Weltbeststeller, die auch verfilmt wurden. Der Nobelpreis für Literatur geht 2004 an Elfriede Jelinek, 2009 an Herta Müller und 2019 an Peter Handke.

Die Fülle der Publikationen spiegelt auch die Fülle der literarischen Themen, die in den letzten Jahren im Vordergrund stehen: Erinnerungsliteratur, interkulturelle Literatur und digitale Literatur.

Epochenüberblick

Beginn und Ende literarischer Epochen und Strömungen lassen sich nur selten konkreten Jahreszahlen zuordnen, die chronologische Einteilung dient aber der Orientierung. Die folgende Übersicht gibt daher einen groben Überblick über die gängige Einteilung der Literaturgeschichte.

750 · 1470 · Epochenumbruch 1500

Anfänge der deutschen Literatur – Mittelalter (750–1470)
- religiöse Dichtung: Legende, Mystik
- höfische Dichtung: Minnesang, Epos, z. B. **Walther von der Vogelweide**

Frühe Neuzeit (1450–1600)
- Volksbuch und Schwank, z. B. „Till Eulenspiegel"
- Fastnachtspiel, z. B. **Sachs**
- Kirchenlied, z. B. **Luther**

1600 · 1720 · 1740

Barock (1600–1750)
- Epik: Roman, z. B. **Grimmelshausen**
- Lyrik: Bildgedicht und Emblem, Sonett, z. B. **Gryphius**
- Poetik, z. B. **Opitz**: „Buch von der Deutschen Poeterey"

Aufklärung (1720–1800)
- Epik: Fabel, Parabel, z. B. **Lessing**
- Drama, z. B. **Lessing**
- Philosophische Schriften, z. B. **Kant**

1750 · 1770 · 1780 · 1785 · Epochenumbruch 1800

Empfindsamkeit (1740–1780)
- Epik: Brief- und Bildungsroman, z. B. **La Roche**: Geschichte des Fräuleins von Sternheim
- Lyrik: Naturlyrik, z. B. **Klopstock, Claudius**

Sturm und Drang (1770–1785)
- Drama: Bürgerliches Trauerspiel, z. B. **Schiller**
- Lyrik: Hymne, z. B. **Goethe**, politische Lyrik, z. B. **Bürger**

1795 · 1800 · 1805 · 1820 · Epochenumbruch 1800

Weimarer Klassik (1786–1805)
- Dramen von **Goethe** und **Schiller**
- Lyrik: Distichen, Ideenlyrik, Balladen von **Goethe** und **Schiller**

Romantik (1795–1835)
- Epik: Roman, z. B. **Tieck**
- Novelle/Erzählung, z. B. **E. T. A. Hoffmann**
- Kunstmärchen, z. B. **Hauff**
- Lyrik, z. B. **Novalis, Brentano, Eichendorff**
- Sammlungen von Volksliedern und Volksmärchen, z. B. **Brüder Grimm**

1830 · 1835 · 1848 · 1850 · Frührealismus

Biedermeier (1820–1850)
- Epik: Novelle, Erzählung, z. B. **Mörike, Stifter**
- Lyrik, z. B. **Droste-Hülshoff**

Vormärz (1830–1848)
- Lyrik: politische Lyrik, z. B. **Heine**
- Flugblatt, journalistische Schriften, z. B. **Büchner, Heine**

Epochenüberblick

1880 · 1890

Moderne / Epochenumbruch 1900

Poetischer/bürgerlicher Realismus
(1850–1890)
- Epik: Roman, Novelle, z. B. Keller, Fontane

Naturalismus
(1880–1900)
- Epik: Novelle, Roman, z. B. Holz/Schlaf
- Drama, z. B. Hauptmann

1910 · 1900

Expressionismus
(1910–1925)
- Drama, z. B. G. Kaiser: „Die Bürger von Calais“
- Lyrik, z. B. Benn, Heym, Trakl

Wichtiger Autor zur Zeit des Expressionismus: Kafka

Ästhetizismus – Fin de siècle
(1890–1920): Impressionismus, Jugendstil, Décadence, Sezession, Neoromantik, Surrealismus
- Epik: Roman, z. B. Musil, Erzählung, Novelle, z. B. Th. Mann
- Lyrik, z. B. Rilke

1920 · 1925 · 1933 · 1945

Literatur der Weimarer Republik
(1919–1933): z. B. Neue Sachlichkeit
- Epik: Roman, z. B. Keun
- Drama: episches Theater, z. B. Brecht: „Die Dreigroschenoper“
- Lyrik: Gebrauchslyrik
- Journalistische Texte: Reportagen, z. B. Kisch

Exilliteratur
(1933–1945)
- Epik: Roman, z. B. Seghers, K. Mann
- Drama: episches Theater, z. B. Brecht
- Lyrik: Gebrauchslyrik
- Journalistische Texte, z. B. Tucholsky, E. Mann

1989 · 1980 · 1960

Vielfalt der Stile

Literatur der BRD und der DDR zwischen 1960 und 1989
- Epik: postmoderner Roman, z. B. Süskind
- Drama: politisches Dokumentartheater, z. B. Weiss
- Lyrik: politische Lyrik, z. B. Enzensberger, Rühmkorf, Biermann

Nachkriegsliteratur
(1945–1960)
- Epik: Kurzgeschichte, z. B. Borchert, Böll
- Lyrik: konkrete Poesie, z. B. Gomringer, Rühm

Vielfalt der Stile / Postmoderne, Neorealismus, Popliteratur (1989 bis zur Gegenwart)
- Epik: postmoderne Erzählliteratur, z. B. B. Strauß, Ransmayr, Zeh, neorealistische Erzählliteratur, z. B. Grass, M. Walser, Popliteratur, z. B. Berg, R. Goetz

Rhetorische Stilmittel

Mit rhetorischen Stilmitteln werden Sätze und Texte sprachlich eindringlicher und interessanter. Es gibt sie sowohl auf der Lautebene als auch auf der Satzbauebene und der Bedeutungsebene. Rhetorische Stilmittel kommen in allen Textsorten zum Einsatz. Diese zu erkennen, hilft Ihnen bei der Analyse und Interpretation von Texten und Gedichten. Rhetorische Stilmittel in eigene Texte bewusst einzubauen, erhöht die Qualität Ihrer Texte.

Stilmittel	Beschreibung	Beispiel	Wirkung
die Alliteration	aneinandergereihte Begriffe mit gleichen Anfangslauten	*Kunst und Krempel*	betonend, einprägsam
die Assonanz	mehrere Wörter mit Vokalen mit dem gleichen Klang auf betonten Silben	*Geben und Nehmen*	atmosphärisch, einprägsam
die Onomatopoesie / Lautmalerei	Geräusche werden in Worte gefasst	*Dingdong / knarren / knurren*	veranschaulichend, lädt direkt ein, dabei zu sein
die Akkumulation	Reihung von Begriffen zu einem genannten oder nicht genannten Oberbegriff	*die Schwarzen, die Roten, die Grünen*	verstärkend, veranschaulichend
die Anapher	Wort-Wiederholung am Satz-/ Versanfang oder am Anfang von Satzteilen	*Wir wissen ..., wir müssen ..., wir fordern ...*	etwas besonders hervorhebend, einen Rhythmus erzeugend
der Chiasmus	spiegelartig über Kreuz angeordnete Stellung einzelner Wörter/ Satzglieder	*Eng ist die Welt und das Gehirn ist weit.*	veranschaulichend, kontrastierend
die Epipher	Wortwiederholung am Satz-/ Versende oder am Ende von Satzteilen	*Das ist nicht erlaubt. Das ist nirgendwo erlaubt.*	hervorhebend, einen Rhythmus erzeugend
die Ellipse	unvollständiger Satz	*Je mehr, desto besser.*	verknappend, Impulse setzend
die Inversion	Umstellung der gängigen Satzreihenfolge	*Ein Versager ist er, weiter nichts! / Schnell ist es!*	ein spezieller Satzteil, entgegen der Hörgewohnheit
der Parallelismus	Sätze oder Teilsätze in symmetrischem Aufbau	*Das Wasser fließt, der Wind weht, die Blumen blühen.*	einprägsam, rhythmisch, harmonisierend
das Pars pro toto	ein Teil wird für ein Ganzes gesetzt	*Nun hatte er wieder ein Dach über dem Kopf.*	veranschaulichend, ein Bild erzeugend
die rhetorische Frage	eine (Schein-)Frage, die Meinung der Autorin/des Autors ausdrückend	*Wer ist schon perfekt?*	verstärkend, eindringlich, manipulierend

Rhetorische Stilmittel

Stilmittel	Beschreibung	Beispiel	Wirkung
die Allegorie	konkrete Darstellung abstrakter Begriffe, oft durch Personifikation	*Stadt als „Schiff“ …*	verbildlichend, veranschaulichend
die Antithese	Entgegenstellung von Gedanken oder Begriffen	*Himmel und Hölle*	kontrastierend, macht auf Probleme aufmerksam
der Euphemismus	Beschönigung	*„entschlafen“ statt „sterben“*	poetisch, künstlich harmonisierend
die Hyperbel	Übertreibung	*Sie wartete eine Ewigkeit.*	Aufmerksamkeit weckend, den eigenen Standpunkt verstärkend
die Ironie	Behauptung, die erkennen lässt, dass das Gegenteil gemeint ist	*Das ist ja eine schöne Bescherung.*	Abstand schaffend, wertend
die Klimax	Steigerung vom Schwächeren zum Stärkeren (Antiklimax ist umgekehrt)	*Er kam, er sah, er siegte.*	sehr eindringlich, betonend
die Metapher	Bedeutungsübertragung; sprachliche Verknüpfung zweier semantischer Bereiche, die gewöhnlich unverbunden sind	*Flut von Menschen / Insel der Freiheit*	veranschaulichend, ein Bild erzeugend
die Metonymie	ein Begriff wird durch einen anderen, unmittelbar verwandten ersetzt	*Sie hat den ganzen Goethe gelesen.*	veranschaulichend, Bilder und Assoziationen erzeugend
der Neologismus	Wortneuschöpfung, oft Zusammensetzung zweier Begriffe	*Gendersternchen*	Aufmerksamkeit weckend
das Oxymoron	Kombination aus zwei sich widersprechenden Begriffen	*„offenes Geheimnis“ / bittersüß*	verschärfend, Aufmerksamkeit weckend
die Personifikation	Vermenschlichung einer Sache	*Die Zeit rennt.*	veranschaulichend, plastisch
das Symbol	Darstellung eines abstrakten Begriffs oder Zusammenhangs durch ein konkretes Bild (oft kulturell bedingt)	*„Taube“ für Frieden / „Rose“ oder „Herz“ für Liebe*	einprägsam durch konkretes Bild
der Vergleich	Verknüpfung zweier semantischer Bereiche durch ein Vergleichswort	*schlau wie ein Fuchs*	anschaulich, betonend, erzeugt Assoziationen

Arbeitsanweisungen verstehen – Operatoren kennen

Operatoren sind Arbeitsanweisungen. Sie sind wesentlicher Bestandteil jeder Aufgabenstellung, denn sie benennen die Handlungen, die zum Lösen von Aufgaben notwendig sind. Die Anforderungen der einzelnen Operatoren können pro Bundesland leicht voneinander abweichen. Vergewissern Sie sich daher bei Ihrer Lehrkraft zu den Operatoren. Je höher der Zahlenwert, desto höher der Schwierigkeitsgrad einer Aufgabe.

Verb	Anforderung (erwartete Tätigkeit)	Anforderungsbereich
analysieren	Sie erschließen einen Text als Ganzes oder unter einer bestimmten Fragestellung. Dabei beachten Sie den Zusammenhang von Inhalt, Form und Sprache.	1, 2, 3
anwenden	Sie beziehen einen bekannten Sachverhalt oder eine bekannte Methode auf eine neue Problemstellung.	2
begründen	Sie stellen einen Zusammenhang zwischen Ursachen und Folgen oder Wirkungen her. Sie untermauern eine Aussage oder These durch Sach- und Fachkenntnisse, d. h. mit nachvollziehbaren Argumenten (z. B. mit Beispielen, Belegen).	2, 3
belegen	Sie stützen eine Aussage durch ein ausgewiesenes Zitat oder einen Verweis.	2
berücksichtigen	Sie stellen Zusammenhänge her, indem Sie Bekanntes und Neues einbeziehen.	2
beschreiben	Sie stellen vorgegebene Situationen, Texte, Sachverhalte, grafische Darstellungen, Personen, Vorgänge sachlich genau dar, ohne sie zu bewerten.	1, 2
bestimmen	Sie stellen Sachverhalte und Inhalte prägnant (= auf den Punkt gebracht) und kriteriengeleitet fest.	1
beurteilen	Sie schätzen einen Sachverhalt, eine Aussage, eine Figur auf Basis von Kriterien oder begründeten Wertmaßstäben ein.	2, 3
bewerten	Die Bewertung erfordert zunächst die Beurteilung von Sachverhalten, Problemstellungen usw. Diese Beurteilung ergänzen Sie allerdings durch Ihre persönliche Sichtweise auf der Grundlage Ihrer Wertmaßstäbe, die Sie dabei offenlegen.	3
charakterisieren	Sie erfassen die wesentlichen Merkmale, Eigenschaften, Erscheinungsformen von Personen, Sachverhalten oder Zuständen und beschreiben diese.	2, 3
darstellen/vorstellen	Sie formulieren Ergebnisse, z. B. einer Informationsrecherche, einer Befragung, einer Diskussion, einer Gruppenarbeit, zusammenfassend oder unter einer bestimmten Fragestellung.	1, 2
deuten	Sie entschlüsseln sprachliche Bilder (z. B. Metaphern, Vergleiche, Personifikationen), Textteile oder Texte in ihrer übertragenen Bedeutung und beschreiben diese.	2
entwickeln	Sie werten einzelne Materialien aus, um Wissen, Analyseergebnisse und eigene Ideen zusammenzuführen. Sie gelangen dabei zu einem eigenständigen Konzept, Deutungsergebnis oder Verfahren.	3

Arbeitsanweisungen verstehen – Operatoren kennen

Verb	Anforderung (erwartete Tätigkeit)	Anforderungsbereich
erkennen	Sie erfassen durch Nachdenken und Untersuchen Voraussetzungen, Zusammenhänge und Bedeutungen und ordnen diese ein.	3
erläutern	Sie stellen Sachverhalte, Aussagen, Hintergründe, Einsichten in einem Begründungszusammenhang dar und veranschaulichen diesen mit zusätzlichen Informationen und Beispielen.	2, 3
erschließen	Sie erarbeiten den Sinngehalt oder die Problemstellung eines Textes oder Textteils. Gemäß den vorgegebenen Gesichtspunkten beziehen Sie Bekanntes und Neues ein, um Zusammenhänge herzustellen.	2
erstellen/ gestalten/ verfassen	Sie fertigen unter Beachtung von Vorgaben einen Text an.	3
in Beziehung setzen	Sie stellen auf der Grundlage einer vorgegebenen Betrachtung Sachverhalte, Aussagen oder Problemstellungen in einen Zusammenhang.	2, 3
interpretieren	Auf der Basis der Analyse eines Textes deuten Sie Sinnzusammenhänge. Sie beziehen die Wechselwirkung von Inhalt, Form und Sprache eines Textes in Ihre Betrachtungen ein und gelangen so zu einer schlüssigen Deutung.	1, 2, 3
nennen, aufschreiben/herausschreiben, notieren, bestimmen	Sie tragen die wesentlichen Informationen (Kernaussagen) eines Textes oder eines Sachverhaltes zusammen (Sie zählen sie auf), ohne dass Sie diese kommentieren.	1
nutzen	Sie verwenden gezielt Informationen aus verschiedenen Quellen/Texten.	1
planen, entwerfen	Sie zerlegen einen Arbeitsprozess in einzelne funktionale Handlungsschritte.	2
sich auseinandersetzen mit	Sie wägen eine Aussage oder Problemstellung argumentativ und urteilend ab.	2, 3
überarbeiten	Sie analysieren ein (Text-)Produkt unter Berücksichtigung bestimmter Kriterien mit dem Ziel, es zu verbessern.	1, 2
unterscheiden	Sie ermitteln Unterschiede, Ähnlichkeiten und Gemeinsamkeiten.	2
vergleichen	Sie arbeiten Gemeinsames und Unterschiedliches heraus und stellen diese gegenüber. Sie formulieren gewichtend ein Ergebnis.	2
wiedergeben	Sie formulieren den Inhalt eines Textes mit eigenen Worten. Sie verknappen Inhalte, Aussagen, Zusammenhänge auf das Wesentliche und geben dies strukturiert in wenigen Sätzen wieder.	1, 2
zusammenfassen	Sie geben Inhalte oder Aussagen komprimiert wieder.	1, 2

Nachschlageliste: unregelmäßige Verben

In der Liste finden Sie die Formen der unregelmäßigen Grundverben. Wenn das Verb eine Vorsilbe hat, sind die Formen genauso:

denken	*denkt*	*dachte*	*hat gedacht*
bedenken	*bedenkt*	*bedachte*	*hat bedacht*

Die meisten Verben bilden das Perfekt mit *haben*. Viele Bewegungsverben und Verben, die den Übergang von einem Zustand in einen anderen ausdrücken, bilden das Perfekt häufig mit *sein*.

bekommen	*bekommt*	*bekam*	*hat bekommen*
kommen	*kommt*	*kam*	*ist gekommen*

Infinitiv	3. Person Singular Präsens (er/es/sie/man)	3. Person Singular Präteritum (er/es/sie/man)	3. Person Singular Perfekt (er/es/sie/man)
backen	bäckt/backt	backte/buk *(veraltet)*	hat gebacken
beginnen	beginnt	begann	hat begonnen
beißen	beißt	biss	hat gebissen
bergen	birgt	barg	hat geborgen
sich besinnen	besinnt sich	besann sich	hat sich besonnen
betrügen	betrügt	betrog	hat betrogen
bewegen	bewegt	bewog *(das bewog sie dazu, ...)*	hat bewogen
		bewegte *(sich körperlich bewegen)*	hat bewegt
beweisen	beweist	bewies	hat bewiesen
bieten	bietet	bot	hat geboten
binden	bindet	band	hat gebunden
bitten	bittet	bat	hat gebeten
bleiben	bleibt	blieb	ist geblieben
braten	brät	briet	hat gebraten
brechen	bricht	brach	hat/ist gebrochen
brennen	brennt	brannte	hat gebrannt
bringen	bringt	brachte	hat gebracht
denken	denkt	dachte	hat gedacht
dringen	dringt	drang	hat/ist gedrungen
empfehlen	empfiehlt	empfahl	hat empfohlen
entscheiden	entscheidet	entschied	hat entschieden
erschrecken	erschrickt	erschrak *(sich selbst)*	ist erschrocken
	(*aber:* ich erschrecke)	erschreckte *(eine andere Person)*	hat erschreckt
essen	isst	aß	hat gegessen
fahren	fährt	fuhr	hat/ist gefahren
fallen	fällt	fiel	ist gefallen
fangen	fängt	fing	hat gefangen
finden	findet	fand	hat gefunden
fliegen	fliegt	flog	ist geflogen
fliehen	flieht	floh	ist geflohen

Nachschlageliste: unregelmäßige Verben

Infinitiv	3. Person Singular Präsens (er/es/sie/man)	3. Person Singular Präteritum (er/es/sie/man)	3. Person Singular Perfekt (er/es/sie/man)
fließen	fließt	floss	ist geflossen
fressen	frisst	fraß	hat gefressen
frieren	friert	fror	hat/ist gefroren
geben	gibt	gab	hat gegeben
gehen	geht	ging	ist gegangen
gelingen	gelingt	gelang	ist gelungen
gelten	gilt	galt	hat gegolten
genießen	genießt	genoss	hat genossen
geschehen	geschieht	geschah	ist geschehen
gewinnen	gewinnt	gewann	hat gewonnen
gleichen	gleicht	glich	hat geglichen
greifen	greift	griff	hat gegriffen
halten	hält	hielt	hat gehalten
hängen	hängt	hing *(ohne Akkusativobjekt)* hängte *(den Mantel)*	hat gehangen hat gehängt
heben	hebt	hob	hat gehoben
heißen	heißt	hieß	hat geheißen
helfen	hilft	half	hat geholfen
kennen	kennt	kannte	hat gekannt
klingen	klingt	klang	hat geklungen
kommen	kommt	kam	ist gekommen
kriechen	kriecht	kroch	ist gekrochen
laden	lädt	lud	hat geladen
lassen	lässt	ließ	hat gelassen
laufen	läuft	lief	ist gelaufen
leiden	leidet	litt	hat gelitten
leihen	leiht	lieh	hat geliehen
lesen	liest	las	hat gelesen
liegen	liegt	lag	hat gelegen
lügen	lügt	log	hat gelogen
meiden	meidet	mied	hat gemieden
mögen	mag	mochte	hat gemocht
nehmen	nimmt	nahm	hat genommen
nennen	nennt	nannte	hat genannt
raten	rät	riet	hat geraten
reiben	reibt	rieb	hat gerieben
reißen	reißt	riss	hat/ist gerissen
reiten	reitet	ritt	ist geritten
rennen	rennt	rannte	ist gerannt

Nachschlageliste: unregelmäßige Verben

Infinitiv	3. Person Singular Präsens (er/es/sie/man)	3. Person Singular Präteritum (er/es/sie/man)	3. Person Singular Perfekt (er/es/sie/man)
riechen	riecht	roch	hat gerochen
ringen	ringt	rang	hat gerungen
rufen	ruft	rief	hat gerufen
schaffen	schafft	schuf *(ein Kunstwerk)*	hat geschaffen
		schaffte *(einen Rekord)*	hat geschafft
scheinen	scheint	schien	hat geschienen
schieben	schiebt	schob	hat geschoben
schlafen	schläft	schlief	hat geschlafen
schlagen	schlägt	schlug	hat geschlagen
schleichen	schleicht	schlich	ist geschlichen
schleifen	schleift	schliff	hat geschliffen
schließen	schließt	schloss	hat geschlossen
schlingen	schlingt	schlang	hat geschlungen
schmeißen	schmeißt	schmiss	hat geschmissen
schmelzen	schmilzt	schmolz	hat/ist geschmolzen
schneiden	schneidet	schnitt	hat geschnitten
schreiben	schreibt	schrieb	hat geschrieben
schreien	schreit	schrie	hat geschrien
schreiten	schreitet	schritt	ist geschritten
schweigen	schweigt	schwieg	hat geschwiegen
schwellen	schwillt	schwoll	ist geschwollen
schwimmen	schwimmt	schwamm	hat/ist geschwommen
schwingen	schwingt	schwang	hat/ist geschwungen
schwören	schwört	schwor	hat geschworen
sehen	sieht	sah	hat gesehen
senden	sendet	sandte/sendete *(einen Brief)*	hat gesandt/gesendet
		sendete *(eine Fernsehsendung)*	hat gesendet
singen	singt	sang	hat gesungen
sinken	sinkt	sank	ist gesunken
sitzen	sitzt	saß	hat gesessen
spinnen	spinnt	spann	hat gesponnen
sprechen	spricht	sprach	hat gesprochen
springen	springt	sprang	ist/hat gesprungen
stechen	sticht	stach	hat gestochen
stehen	steht	stand	hat gestanden
stehlen	stiehlt	stahl	hat gestohlen
steigen	steigt	stieg	ist gestiegen
sterben	stirbt	starb	ist gestorben
stoßen	stößt	stieß	ist/hat gestoßen

Nachschlageliste: unregelmäßige Verben

Infinitiv	3. Person Singular Präsens (er/es/sie/man)	3. Person Singular Präteritum (er/es/sie/man)	3. Person Singular Perfekt (er/es/sie/man)
streichen	streicht	strich	hat gestrichen
streiten	streitet	stritt	hat gestritten
tragen	trägt	trug	hat getragen
treffen	trifft	traf	hat getroffen
treiben	treibt	trieb	hat getrieben
treten	tritt	trat	hat getreten
trinken	trinkt	trank	hat getrunken
tun	tut	tat	hat getan
überwinden	überwindet	überwand	hat überwunden
unterscheiden	unterscheidet	unterschied	hat unterschieden
verderben	verdirbt	verdarb	ist/hat verdorben
vergessen	vergisst	vergaß	hat vergessen
verlieren	verliert	verlor	hat verloren
verschwinden	verschwindet	verschwand	ist verschwunden
verzeihen	verzeiht	verzieh	hat verziehen
wachsen	wächst	wuchs	ist gewachsen
waschen	wäscht	wusch	hat gewaschen
weichen	weicht	wich	ist gewichen
weisen	weist	wies	hat gewiesen
sich wenden	wendet sich	wandte sich *(an jemanden)*	hat sich gewandt
wenden	wendet	wendete *(das Auto)*	hat gewendet
werben	wirbt	warb	hat geworben
werfen	wirft	warf	hat geworfen
wiegen	wiegt	wiegte *(ein Baby)* wog *(das Gewicht)*	hat gewiegt hat gewogen
wissen	weiß	wusste	hat gewusst
ziehen	zieht	zog	hat/ist gezogen
zwingen	zwingt	zwang	hat gezwungen
Hilfsverben			
haben	hat	hatte	hat gehabt
sein	ist	war	ist gewesen
werden	wird	wurde	ist geworden
Modalverben			
dürfen	darf	durfte	hat gedurft / hat ... dürfen
können	kann	konnte	hat gekonnt / hat ... können
müssen	muss	musste	hat gemusst / hat ... müssen
sollen	soll	sollte	hat gesollt / hat ... sollen
wollen	will	wollte	hat gewollt / hat ... wollen

PagePlayer-App Übersicht: Audios, Videos, Texte

Inhalte der PagePlayer-App

PagePlayer-App Übersicht: Audios, Videos, Texte

CHECKLISTEN
(als Wiederholungsübungen zum Markieren)

AUDIOAUFNAHMEN

ERKLÄRVIDEOS

Textsortenverzeichnis

Textsorten-/Bildquellenverzeichnis

Bildquellenverzeichnis

Cover Shutterstock.com/optimarc; S. 11 Shutterstock.com/sebra; S. 12 Shutterstock.com/robuart; S. 14 stock.adobe.com/Copyright © 2000–2006 Adobe Systems, Inc. All Rights Reserved; S. 18 Shutterstock.com/Anviczo; S. 20 Shutterstock.com/Just dance; S. 23 Shutterstock.com/Magicleaf; S. 27 Shutterstock.com/BrAt82; S. 28 akg-images/Gary Waters/IkonImages; S. 30 Shutterstock.com/GoodStudio; S. 36 mauritius images/alamy stock photo/ART Collection; S. 39 DRAMA Agentur für Theaterfotografie, Berlin; S. 40 Meininger Staatstheater/Foto: Erhard Driesel (foto-ed); S. 43 Shutterstock.com/Blan-k; S. 45 interfoto e.k./Sammlung Rauch; S. 47 DRAMA Agentur für Theaterfotografie, Berlin; S. 53.1 Shutterstock.com/Kaponia Aliaksei; S. 53.2 Shutterstock.com/UfaBizPhoto; S. 53.3 Shutterstock.com/DavideAngelini; S. 53.4 stock.adobe.com/shintartanya; S. 55 Shutterstock.com/NickJulia; S. 58 Shutterstock.com/Alhovik; S. 60 Shutterstock.com/Anatolir; S. 65 Shutterstock.com/Evgeniy_D; S. 67 Shutterstock.com/Rawpixel.com; S. 68 Cornelsen/VDL/shutterstock.com/IhorZigor(1) shutterstock/Prokopenko Oleg(2) FaberrInk(3) Sudowoodo(4), nach Chill, Hanni/Meyn, Hermann 1996: Funktionen der Massenmedien in der Demokratie. In: Informationen zur politischen Bildung, Heft 260, 3/1996; S. 71 ARD/ZDF-Onlinestudie 2020; S. 75/76 Cornelsen/Matthias Pflügner; S. 77 Shutterstock.com/Lenka Horavova; S. 78 Shutterstock.com/VECTOR FUN; S. 81 stock.adobe.com/Copyright © 2000–2006 Adobe Systems, Inc. All Rights Reserved; S. 86 stock.adobe.com; S. 88 Cornelsen/Matthias Pflügner; S. 91 Shutterstock.com/fizkes; S. 92 Shutterstock.com/Pavlo S; S. 97 Shutterstock.com/HollyHarry; S. 99 Shutterstock.com/Daxiao Productions; S. 105 stock.adobe.com/tomertu; S. 107 Shutterstock.com/FrankHH; S. 109 stock.adobe.com; S. 113 Shutterstock.com/Le Panda; S. 121 Shutterstock.com/Micolas; S. 122 Shutterstock.com/Solveig Been; S. 125 Cornelsen/VDL/Institut für Demoskopie Allensbach; S. 128 Shutterstock.com/Blue Island; S. 132 Shutterstock.com/Yulia Grigoryeva; S. 135 Shutterstock.com/WAYHOME studio; S. 137 Shutterstock.com/Christian Horz; S. 139 Shutterstock.com/Pond Saksit; S. 141 Shutterstock.com/Jiri Miklo; S. 142 Lo Scarabeo S.r.l., Torino/by Dino Battaglia; S. 145 Cornelsen/Hans Wunderlich; S. 147 Schulz von Thun Institut für Kommunikation/© Friedemann Schulz von Thun; Hamburg; S. 148 Shutterstock.com/Nina design; S. 149 Junfermann Verlag, Paderborn 2016/Zeichnung: Holger Mair; S. 151 Shutterstock.com/naum; S. 153 Imago Stock & People GmbH/Schöning; S. 158 mauritius images/dieKleinert; S. 161 dpa Picture-Alliance (5843); S. 162 RABE/toonpool.com; S. 163 Shutterstock.com/Peshkova; S. 173 Shutterstock.com/Lamai Prasitsuwan; S. 174 Shutterstock.com/Andy Dean Photography; S. 181 Shutterstock.com/Smit; S. 187 Shutterstock.com/tynyuk; S. 191 Shutterstock.com/EQRoy; S. 207 stock.adobe.com/DjiggiBodgi.com

Textquellenverzeichnis

Texte, die mit einem Sternchen (*) gekennzeichnet sind, wurden aus didaktischen Gründen verändert und/oder gekürzt.

Aesop: *Vom Fuchs und Raben, S. 12.* Aus: Das Deutschbuch 978-3-06-451417-1. Berlin: Cornelsen 2017, S. 55 (*)

Bahlo, Nils u. a.: *Jugendsprache als Varietät, S. 157.* Aus: Nils Bahlo u. a.: Jugendsprache. Eine Einführung. Berlin: J. B. Metzler Verlag, © Springer-Verlag GmbH Deutschland, ein Teil von Springer Nature 2019, S. 47 (*)

Baum, Carla: *Viertagewoche. Es ist Zeit für radikale Flexibilität, S. 106 f.* Aus: ZEIT ONLINE GmbH, https://www.zeit.de/arbeit/2020-01/viertagewoche-flexible-arbeitszeiten-modelle-work-life-balance/komplettansicht [01.01.2021] (*)

Borries, Friedrich von; Kasten, Benjamin: *Mobilität, S. 124.* Aus: Stadt der Zukunft. Wege in die Globalopolis. Frankfurt am Main: Fischer Verlag 2019, S. 78–79 (*)

Brecht, Bertolt: *Der hilflose Knabe, S. 12.* Aus: Bertolt Brecht: Gesammelte Werke. Band 12. Frankfurt am Main: Suhrkamp 1967 (*)

Breuer, Ingeborg: *Schwerpunktthema Mobilität – Eine Erfindung der Moderne?, S. 124 f.* Aus: Deutschlandradio, https://www.deutschlandfunk.de/schwerpunktthema-mobilitaet-eine-erfindung-der-moderne.1148.de.html?dram:article_id=277349 [01.01.2021]. Deutschlandfunk 2014 (*)

Büchner, Georg: *Woyzeck – Wirtshaus (Auszug), S. 143.* Aus: Woyzeck. Bearb. v. Claudia von Böhl. Hrsg. v. Florian Radvan und Anne Steiner. Berlin: Cornelsen 2014, S. 32–33 (*)

Büchner, Georg: *Woyzeck, S. 142.* Aus: Woyzeck von Georg Büchner, Graphic Novel gezeichnet von Dino Battaglia. Altamira Verlag 1990 S. 18, Lo Scarabeo S.r.l. Torino (*)

Capus, Alex: *Baby, S. 13.* Aus: Mein Nachbar Urs. München: Hanser 2014, S. 91 f.

Culkin, John: *Erst gestalten wir unsere Werkzeuge, dann gestalten sie uns, S. 120*

Dignös, Eva: *So poliert man Sprachkenntnisse wieder auf. Keine App ist so gut wie ein Gespräch, S. 78.* Aus: dpa Deutsche Presse Agentur GmbH (*)

Dörrie, Doris: *Ohne Gepäck, S. 14–16.* Aus: Was wollen Sie von mir? Zürich: © Diogenes Verlag AG 1989, S. 73–78 (*)

Dürscheid, Christa; Schneider, Jan Georg: *Was ist Standardsprache?, S. 155.* Aus: Christa Dürscheid, Jan Georg Schneider: Standardsprache und Variation. Tübingen: Gunter Narr Verlag 2019, S. 7–11 (*)

Faulstich, Werner: *Grundkurs Filmanalyse: Der Spielfilm als „Literatur“, S. 56.* In: Grundkurs Filmanalyse. Paderborn: UTB GmbH, 3. aktualisierte Aufl. 2013, S. 20–22 (*)

Fluck, Hans-R.: *Zur Bedeutung und Bestimmung von Fachsprachen in unserer Gesellschaft, S. 158.* Aus: Hans-R. Fluck: Fachsprachen: Zur Funktion, Verwendung und Beschreibung eines wichtigen Kommunikationsmittels unserer Gesellschaft. Mannheim: Bibliographisches Institut & F.A. Brockhaus AG 2000 / Wiesbaden: GfdS (Gesellschaft für deutsche Sprache) 2000, S. 89 f. (*)

Gates, William „Bill“ Henry III: *Die Macht der künstlichen Intelligenz ist so unglaublich, dass sie die Gesellschaft auf tiefgehende Weise verändern wird, S. 120*

Gensing, Patrick: *Desinformation und Fake News. Wie sich das politische Klima wandelt, S. 82 f.* Aus: Fakten gegen Fake News oder Der Kampf um die Demokratie. Berlin: Duden 2019. Zit. n.: Bonn: Sonderausgabe für die Bundeszentrale für politische Bildung 2020, S. 156–159, 162–164 (*)

Goethe, Johann Wolfgang von: *Prometheus, S. 36.* In: Conrady, Karl Otto (Hrsg.): Das große deutsche Gedichtbuch. Zürich, Düsseldorf: Patmos Verlag GmbH und Co. KG 2000, S. 275 (*)

Greiffenberg, Catharina Regina von: *Das beglückende Unglück, S. 32.* In: Conrady, Karl Otto (Hrsg.): Das große deutsche Gedichtbuch. Zürich, Düsseldorf: Patmos Verlag GmbH und Co. KG 2000, S. 183 (*)

Gryphius, Andreas: *Tränen in schwerer Krankheit, S. 30.* In: Conrady, Karl Otto (Hrsg.): Das große deutsche Gedichtbuch. Zürich, Düsseldorf: Patmos Verlag GmbH und Co. KG 2000, S. 169 (*)

Hacke, Axel: *Sommerfest bei T., S. 23.* Aus: Balkonlesebuch. Erzählungen und zwei Gedichte. Ausgewählt von Daniel Kampa. Zürich: Diogenes Verlag AG 2010, S. 37–40 (Quellennachweis dort: Aus: Axel Hacke: Auf mich hört ja keiner. © 1999 by Antje Kunstmann Verlag, München)

Harsdörffer, Georg Philipp: *Das Leben des Menschen, S. 28.* In: Conrady, Karl Otto (Hrsg.): Das große deutsche Gedichtbuch. Zürich, Düsseldorf: Patmos Verlag GmbH und Co. KG 2000, S. 173 (*)

Hauptmann, Gerhart: *Bahnwärter Thiel. Auszug (1888); Textauszug (2. Kapitel), S. 170.* Aus: Novellistische Studie. Hrsg. v. Florian Radvan und Anne Steiner; bearb. v. Alexander Joist. Berlin: Cornelsen 2017, S. 22 (*)

Hauptmann, Gerhart: *Bahnwärter Thiel. Auszug (1888); Textauszug (3. Kapitel), S. 171.* Aus: Novellistische Studie. Hrsg. v. Florian Radvan und Anne Steiner; bearb. v. Alexander Joist. Berlin: Cornelsen 2017, S. 30 (*)

Textquellenverzeichnis

Hawking, Stephen: *KI ist wahrscheinlich das Beste oder das Schlimmste, was der Menschheit passieren kann, S. 120*

Hermann, Dorothea: *Der Roboter fährt die Einkäufe nach Hause, S. 126.* In: „Tagblatt", 23.01.2020, Schwäbisches Tagblatt GmbH (*)

Hoffmannswaldau, Christian Hoffmann von: *Das menschliche Leben (Auszug), S. 33.* In: Vesper, Will: Deutsche Gedichte des siebzehnten Jahrhunderts. München: 1921, S. 87 f. Faksimile (*)

Holz, Arno: *Selbstporträt, S. 54.* Buch der Zeit. Lieder eines Modernen. Berlin: Fontane, 2. Auflage 1892, S. 393–394

Kant, Immanuel: *Beantwortung der Frage: Was ist Aufklärung?, S. 44.* In: Berlinische Monatsschrift, Dezember 1784, 481–494, zitiert nach: Immanuel Kant, Was ist Aufklärung? Ausgewählte kleine Schriften, hrsg. von Horst D. Brandt. Hamburg: 1999, S. 20–22 (*)

Kraft, Hans: *Paul Watzlawick, S. 144.* Aus: Rhetorik und Gesprächsführung. Stuttgart: Verlag W. Kohlhammer, 2016, S. 132–134. In: Watzlawick, Paul; Bavelas, Janet Beavin; Jackson, Don D.: Menschliche Kommunikation: Formen, Störungen, Paradoxien. Bern, Stuttgart, Toronto: 8. Auflage Huber 1990 (*)

Kurzweil, Ray: *Wenn Sie im Jahr 2035 mit einem Menschen sprechen, sprechen Sie mit jemandem, der eine Kombination aus biologischer und nicht-biologischer Intelligenz ist, S. 120*

Lessing, Gotthold Ephraim: *Emilia Galotti (Zweiter Aufzug, Vierter Auftritt), S. 41 f.* Aus: Gotthold Ephraim Lessing: Emilia Galotti, bearb. v. Maren Rennoch und Stephanie Sellier. Hrsg. v. Florian Radvan und Anne Steiner. Berlin: Cornelsen 2014, S. 38–40 (*)

Nick, Dagmar: *Idylle, S. 38.* In: Gedichte und Interpretationen. Gegenwart II. Hrsg. v. Walter Hinck. Stuttgart: Reclam 1997, S. 320 (zitiert nach: Nachkrieg und Frieden. Gedichte als Index. 1945–1995. Hrsg. von Hilde Domin und Clemens Greve. Frankfurt a. M.: Fischer Taschenbuch Verlag, 1995, S. 191 (Erstdruck). Mit Genehmigung von Dagmar Nick, München

Nützel, Nikolaus: *Gegen Französisch, Englisch – und überhaupt alles Fremde. Oder: Lässt sich der Einfluss anderer Sprachen zurückdrängen?, S. 160.* Aus: Nikolaus Nützel: Sprache oder was den Mensch zum Menschen macht, München: cbj 2007, S. 75–77 (*)

Özdemir, Cem: *Schillerrede, S. 51–52.* Aus: www.dla-marbach.de/fileadmin/redaktion/Downloads/2019_1110_Schillerrede_DLA_VOE_fuer_Homepage.pdf [01.01.2021] (*)

Paul, Hermann: *In Wirklichkeit werden …, S. 154.* Prinzipien der Sprachgeschichte. Tübingen: Niemeyer 1880 (*)

Raab, Claudia: *Repair-Café in Rodenbach hat wieder geöffnet, S. 97.* Aus: Claudia Raab, Gelnhausen, https://www.op-online.de/region/main-kinzig-kreis/rodenbach/staubsauger-nach-corona-regeln-zerlegt-repair-cafe-in-rodenbach-hat-wieder-geoeffnet-90040871.html [01.01.2021] (*)

Riethmüller, Heinrich: *Lesekultur im Wandel – ein Essay, S. 73 f.* In: Aus Politik und Zeitgeschichte 12/2019, S. 34 f., www.bpb.de/287319 [01.01.2021], Bundeszentrale für politische Bildung bpb, S. 3–5 (*)

Rosenberg, Marshall B.: *Der Prozess der Gewaltfreien Kommunikation, S. 149.* Aus: Gewaltfreie Kommunikation. Eine Sprache des Lebens. Paderborn: 12., überarbeitete und erweiterte Auflage Junfermann, 2016, S. 21 f. © Paderborn: Junfermann Verlag 2001 (*)

Schiller, Friedrich: *Die Räuber (3. Akt, 2. Szene), S. 47–49.* Aus: Friedrich Schiller: Die Räuber, bearb. v. Judith Woll und Ulrike von Thenen. Hrsg. v. Florian Radvan und Anne Steiner. Berlin: Cornelsen 2013, S. 106, 113–117 (*)

Schulz von Thun, Friedemann: *Das Kommunikationsquadrat, S. 146.* Aus: www.schulz-von-thun.de/die-modelle/das-kommunikationsquadrat [01.01.2021], Schulz von Thun Institut (*)

Sentker, Andreas: *Mehr Zukunft auf dem Acker, S. 99–101.* https://www.zeit.de/2020/03/landwirtschaft-agrarwende-nachhaltigkeit-ackerbau-konsum-tierhaltung/komplettansicht [01.01.2021], Zeitverlag Gerd Bucerius GmbH (*)

Silesius, Angelus: *Ohne Warum, S. 29.* In: Conrady, Karl Otto (Hrsg.): Das große deutsche Gedichtbuch. Zürich, Düsseldorf: © Patmos Verlag GmbH und Co. KG 2000, S. 180 (*)

Strang, Caroline: *Ein Chip, der unter die Haut geht, S. 112–114.* Aus: © Südwest Presse Media Service GmbH, https://www.schwaebische-post.de/1856724/ [01.01.2021] (*)

Troll, Thaddäus: *… auf amtsdeutsch, S. 159.* Rotkäppchen auf amtsdeutsch von Thaddäus Troll. Aus: DIE ZEIT, Nr. 52, 21. 12. 1984; Originalquelle: „Das große Thaddäus Troll-Lesebuch" (Auszug), Hoffmann und Campe Verlag, Hamburg 1981 (*)

Twain, Mark: *Die schreckliche deutsche Sprache (1880), S. 188.* Aus: Mark Twain: Germany and the Awful German Language. Deutschland und die schreckliche deutsche Sprache. München: dtv Verlagsgesellschaft mbH & Co. KG 2019, S. 109/111. Übersetzer: Harald Raykowski (*)

Wagner, David: *Badeschlappen, S. 18.* Aus: Was alles fehlt. Zwölf Geschichten. München, Zürich: Piper 2002 (*)

Textquellenverzeichnis

Walser, Robert: *Der Nachen, S. 26.* Aus: Liebesgeschichten. Zusammengestellt und mit einem Nachwort versehen von Volker Michels. suhrkamp taschenbuch 2318. Erste Auflage 1994, mit Genehmigung der Inhaberin der Rechte, der Carl Seelig-Stiftung Zürich. © dieser Zusammenstellung Zürich: Suhrkamp Verlag 1978 (Quellennachweis dort: aus R. W. „Kleine Dichtungen", 1915 im Kurt Wolff Verlag, Leipzig. WA Bd. 2, S. 12) (*)

Walser, Robert: *Eine verflixte Geschichte, S. 20–21.* Aus: Liebesgeschichten, zusammengestellt und mit einem Nachwort versehen von Volker Michels. suhrkamp taschenbuch 2318. Erste Auflage 1994, mit Genehmigung der Inhaberin der Rechte, der Carl Seelig-Stiftung Zürich. © dieser Zusammenstellung: Zürich: Suhrkamp Verlag 1978 (Quellennachweis dort: Erstdruck in „Neue Zürcher Zeitung", Januar 1916. WA Bd. 8, S. 221) (*)

Wells, Benedict: *Fast genial, S. 151 f.* Zürich: Diogenes 2013, S. 97–99 (*)

Widmer, Urs: *5. Gangübungen (Auszug), S. 140.* In: Top Dogs. Theaterbibliothek im Verlag der Autoren. Frankfurt am Main: © Verlag der Autoren 1997, S. 48 f. (*)

Winkler, Sabine: *Wie ausgerechnet eine 74-Jährige die Absurdität von Social Media aufzeigt, S. 87.* Aus: Axel Springer Syndication GmbH, https://www.welt.de/kmpkt/article205412361/DollyPartonChallenge-Wie-eine-74-Jaehrige-die-Absurditaet-von-Social-Media-aufzeigt.html [01.01.2021] (*)

Unbekannte und ungenannte Verfasser

Die Geschichte des Kinos, S. 176. Originalbeitrag

Die Handlungsanalyse, S. 58. Originalbeitrag

Die künstliche Frau Holle, S. 181. Originalbeitrag

Duden – Die deutsche Rechtschreibung, S. 177. Aus: Duden. Die deutsche Rechtschreibung. Berlin: Dudenverlag 2017, 27., völlig neu bearbeitete und erweiterte Aufl., Bd. 1., S. 629 (*)

Fast Fashion versus Slow Fashion – Wie Mode umweltfreundlicher wird, S. 94. Aus: Esslinger Zeitung / Bechtle Verlag, https://www.esslinger-zeitung.de/ratgeber/tipps-und-trends_artikel,-fast-fashion-vs-slow-fashion-die-zukunft-der-mode-_arid,2280619.html [01.01.2021] (*)

Freundlich bleiben, Seite 88. Originalbeitrag

Inhaltsangabe, S. 40. Originalbeitrag

Inhaltsangabe, S. 45. Originalbeitrag

Leserkommentare zum Text „Viertagewoche – Es ist Zeit für radikale Flexibilität", S. 110. Auf der Grundlage der Kommentare von https://www.zeit.de/arbeit/2020-01/viertagewoche-flexible-arbeitszeiten-modelle-work-life-balance/komplettansicht [01.01.2021]. Originalbeitrag

Letzte Woche gab es die lang ersehnte Eröffnung des Unverpackt-Ladens, S. 104. Originalbeitrag

Marga Faulstich, S. 182. Originalbeitrag

Shell Jugendstudie 2019 (Auszug), S. 92. Aus: Shell Deutschland Oil GmbH, https://www.shell.de/ueber-uns/shell-jugendstudie.html bzw. https://www.shell.de/ueber-uns/shell-jugendstudie/_jcr_content/par/toptasks.stream/1570708341213/4a002dff58a7a9540cb9e83ee0a37a0ed8a0fd55/shell-youth-study-summary-2019-de.pdf [01.01.2021], S. 13 (*)

Shell Jugendstudie 2019, S. 69. Aus: Shell Deutschland Oil GmbH, https://www.shell.de/ueber-uns/shell-jugendstudie.html bzw. https://www.shell.de/ueber-uns/shell-jugendstudie/_jcr_content/par/toptasks.stream/1570708341213/4a002dff58a7a9540cb9e83ee0a37a0ed8a0fd55/shell-youth-study-summary-2019-de.pdf [01.01.2021], S. 14 (*)

Theaterzettel der Uraufführung, S. 45. https://www.friedrich-schiller-archiv.de/die-raeuber-text/theaterzettel-urauffuehrung/ [01.01.2021] (*)

Tipps für eine gute Rede, S. 136. Originalbeitrag

Was ist ein Podcast?, S. 137. Originalbeitrag

Zensur auf YouTube: Können wir die Meinungsfreiheit nur wahren, wenn wir Hass akzeptieren?, S. 80. Originalbeitrag

Sachwortverzeichnis

Sachwortverzeichnis

Sachwortverzeichnis

Projektleitung: Uta Kural
Redaktion: Uschi Pein-Schmidt, Sickte
Titelfoto: Shutterstock.com/optimarc
Gesamtgestaltung und technische Umsetzung: LemmeDESIGN, Berlin

www.cornelsen.de

Die Webseiten Dritter, deren Internetadressen in diesem Lehrwerk angegeben sind, wurden teilweise von Cornelsen mit fiktiven Inhalten zur Veranschaulichung und/oder Illustration von Aufgabenstellungen und Inhalten erstellt. Alle anderen Webseiten wurden vor Drucklegung sorgfältig geprüft. Der Verlag übernimmt keine Gewähr für die Aktualität und den Inhalt dieser Seiten oder solcher, die mit ihnen verlinkt sind.

1. Auflage, 1. Druck 2021

Alle Drucke dieser Auflage sind inhaltlich unverändert und können im Unterricht nebeneinander verwendet werden.

Druck: Mohn Media Mohndruck, Gütersloh

ISBN 978-3-06-452132-2 (Schülerbuch)
ISBN 978-3-06-452134-6 (E-Book)

PEFC
PEFC/04-31-1033

PEFC zertifiziert
Dieses Produkt stammt aus nachhaltig bewirtschafteten Wäldern und kontrollierten Quellen.

www.pefc.de